会计学专业系列教材
新企业会计准则

ACCOUNTING FOR GOVERNMENTAL & NONPROFIT ENTITIES

政府与非营利组织会计

【第3版】

编著 **杨 洪 杨孙蕾**

机械工业出版社
CHINA MACHINE PRESS

图书在版编目（CIP）数据

政府与非营利组织会计 / 杨洪，杨孙蕾编著 . —3 版 . —北京：机械工业出版社，2019.11
（2024.1 重印）
（会计学专业新企业会计准则系列教材）

ISBN 978-7-111-63956-5

I. 政…　II. ①杨…　②杨…　III. 单位预算会计 – 高等学校 – 教材　IV. F810.6

中国版本图书馆 CIP 数据核字（2019）第 219549 号

本书共分五篇十三章，系统阐述了政府与非营利组织会计确认、计量和报告的最新基本理论与实务。第 3 版内容反映最新准则及制度的要求。第一篇介绍基本理论；第二篇介绍行政事业单位会计；第三篇介绍财政总预算会计；第四篇介绍政府决算报告与财务报告概述；第五篇介绍民间非营利组织会计。本书框架结构简约清晰，内容紧凑，示例丰富精彩，表达直观易懂。

本书可作为高等院校会计学、财务管理、审计学等专业学生，跨专业考入会计学专业、公共管理学专业的硕士研究生和会计学专业硕士研究生的教材；也可作为注册会计师考试和会计职称考试的参考用书；还可作为从事政府与非营利组织财务、会计与审计实务工作及其相关经济管理工作人士的参考用书。

出版发行：机械工业出版社（北京市西城区百万庄大街 22 号　邮政编码：100037）

责任编辑：杜　霜		责任校对：殷　虹	
印　　刷：固安县铭成印刷有限公司		版　　次：2024 年 1 月第 3 版第 3 次印刷	
开　　本：185mm×260mm　1/16		印　　张：28.25	
书　　号：ISBN 978-7-111-63956-5		定　　价：59.00 元	

客服电话：（010）88361066　68326294

中国社会治理结构和财政管理体制正处于急剧变革中，这要求政府与非营利组织会计系统的合理回应。十八届三中全会《中共中央关于全面深化改革若干重大问题的决定》提出了"建立权责发生制的政府综合财务报告制度"的重要战略部署。2014年12月国务院批转了财政部制定的《权责发生制政府综合财务报告制度改革方案》。2015年10月财政部发布了新的《财政总预算会计制度》，2015年10月发布了《政府会计准则——基本准则》及随后的9项具体准则和1项应用指南，2017年10月发布了《政府会计制度——行政事业单位会计科目和报表》。随着这些会计法规的发布和实施，政府会计的确认、计量、记录和报告又一次发生了重大变化，政府与非营利组织会计的教学和实务也随之面临新一轮的知识更新。在此背景下，我们对《政府与非营利组织会计》(第2版)进行了修订。

本书是2015年度湖北高校省级精品资源共享课程"政府与非营利组织会计"的配套教材。秉承"精品·创新·务实"的理念，第3版以《政府会计准则——基本准则》《政府会计制度——行政事业单位会计科目和报表》和《财政总预算会计制度》为基础，以《2019年政府收支分类科目》为基准，进行了修订。与第2版相比，第3版有三大变化：①调整了总体框架，将"行政事业单位会计"合并为第二篇，新增了第四篇"政府决算报告与财务报告概述"；②调整了篇章结构，将政府收支分类、政府采购、国库集中收付等内容，纳入第一篇，以帮助读者更透彻、更快地理解政府与非营利组织会计业务的特殊性；将行政事业单位会计前移，作为第二篇，将财政总预算会计后移，作为第三篇；③系统更新了全书内容，对本书第一章至第十三章的学习目标、开篇案例、正文、本章小结均进行了系统更新，以充分反映新会计准则的精髓。本书还补充完善了练习题，切实满足课堂教学和课外自学的需求。

本书的读者对象大致定位为四类人群：①高等院校会计学、财务管理、审计学、工商管理、财政学、税收、行政管理、经济学、工程造价等专业的学生；②从事政府与非营利组织财务、会计与审计实务工作及其相关经济管理工作的人士；③跨专业考入会计学专业、公共管理学专业的硕士研究生和会计学专业硕士阶段学习的研究生；④打算参加注册会计师考试和会计职称考试的考生。

本书包括以下五篇内容。

第一篇,基本理论。该篇由第一章构成,以政府与非营利组织特定会计环境为逻辑起点,阐述了政府与非营利组织会计的概念、核算模式、准则体系、会计目标、基本假设、会计信息质量特征、会计要素等,系统呈现了政府与非营利组织会计的基本理论和整体框架。

第二篇,行政事业单位会计。该篇由第二章至第七章构成,以《政府会计准则——基本准则》《政府会计制度——行政事业单位会计科目和报表》和《2019年政府收支分类科目》为基准,系统介绍了行政事业单位会计资产、负债、净资产与预算结余、财务会计收入与预算会计收入、费用与支出的确认、计量和报告。

第三篇,财政总预算会计。该篇由第八章至第十一章构成,以2016年1月1日开始实施的《财政总预算会计制度》和2019年1月1日开始执行的《2019年政府收支分类科目》为基础,系统介绍了财政总预算会计资产、负债、净资产、收入和支出的确认、计量和报告。

第四篇,政府决算报告与财务报告概述。该篇由第十二章构成,以《政府会计准则第9号——财务报表编制和列报》为基础,系统介绍了政府决算报告和财务报告的目标、内容、构成编制要求以及合并财务报告的合并方法及项目列报。

第五篇,民间非营利组织会计。该篇由第十三章构成,以2005年《民间非营利组织会计制度》为基准,重点介绍了民间非营利组织资产、负债、净资产、收入、费用中明显不同于企业会计的特定业务的确认、计量和报告。

本书力求精益求精,与现有同类教材相比,具有鲜明的特色:①内容新颖实用。第二章至第十三章以最新会计准则和制度为依据,聚焦我国政府与非营利组织会计的最新实务,能很好地帮助教师教学、学生学习和考生参加会计考试。②理论知识系统化。第一章的理论部分力求系统呈现中外政府与非营利组织会计的基本理论精华,弥补现行教材基本理论零散或碎片化的不足,开拓读者的会计视野,帮助读者获得系统的知识体系。③结构有序紧凑。由于行政单位会计与事业单位会计"有同有异",第三章和第四章着重介绍行政单位会计特有的以及与事业单位会计相同的内容,第五章和第六章则着重介绍事业单位特有的内容。这样较好地处理了两者"有同有异"的问题,也使得全书内容循序渐进,浑然一体,章节布局各得其所、互为补充又避免交叉重复。④示例丰富精炼。本书示例既强化基础知识,又紧扣新预算及会计法规的重点、难点和变化点,力求丰富详尽,深入浅出,贴近政府与非营利组织会计的实际操作,为读者自学、考试、实务操作提供切实帮助。⑤表达直观易懂。第3版有大量的对比分录,清楚地展示了财务会计与预算会计的关联和差异,还设计了大量的图表,避免了冗长的文字叙述,使读者轻松阅读,省心省时。

本书由杨洪教授、杨孙蕾博士编撰。杨洪教授负责编写本书的大纲以及全书的总纂、

修订、调整和定稿。杨洪教授撰写了第一章至第十二章，杨孙蕾博士撰写了第十三章。

关于本书详细的教学建议，请参考如下二维码内容。

感谢中南财经政法大学会计学院张琦教授关于教材编写的建议，感谢武汉纺织大学会计学院部分教师在教材结构与内容、习题编写等方面的诸多宝贵意见，还要感谢本书编写过程中所参阅相关论著的作者和机械工业出版社给予的支持与帮助。

由于水平所限，本书难免存在疏漏之处，敬请读者提出宝贵意见。

杨洪

2019 年 9 月于武汉东湖

目 录

第三篇　财政总预算会计

第四篇　政府决算报告与财务报告概述

第五篇　民间非营利组织会计

基 本 理 论

政府与非营利组织会计概述

▶ **学习目标** ◀

1.了解政府会计与民间非营利组织会计的环境特征。
2.理解中国政府与非营利组织会计的核算模式。
3.了解中国政府与非营利组织会计的准则体系。
4.理解中国政府与非营利组织会计的概念框架。
5.理解政府收入及支出的分类科目设置方法。
6.了解政府单一账户体系的构成及其功能点。

▶ **开篇案例**

市长的紧急救济基金

新近当选的 Wherever 市的市长注意到，在刚建立的城市普通基金的预算中，收入比支出多出 15 000 美元。第二年，在飓风造成大量损失后，她命令市政官员从普通基金中拿出 15 000 美元来建立一个紧急救济基金。由于飓风突至，所以事前没有针对这件事制定拨款计划。当面对媒体时，她指出普通基金只是在平衡预算法要求下，用来达到预算收支平衡的，然而，从良心角度讲，她却不能容忍在人民需要帮助的时候，市政的钱在闲置。

从会计角度看，市长做得对吗？从道德角度呢？

资料来源：拉扎克，霍布，艾夫斯.政府与非盈利组织会计导论（原书第 2 版）[M].张志超，等译.北京：机械工业出版社，2003.

第一节　政府与非营利组织会计的概念及核算模式

一、政府与非营利组织的概念及发展

广义的政府可以被看成是一种制定和实施公共决策、实现有序统治的机构，它泛指各

基本理论

政府与非营利组织会计概述

▶ **学习目标** ◀

1. 了解政府会计与民间非营利组织会计的环境特征。

2. 理解中国政府与非营利组织会计的核算模式。

3. 了解中国政府与非营利组织会计的准则体系。

4. 理解中国政府与非营利组织会计的概念框架。

5. 理解政府收入及支出的分类科目设置方法。

6. 了解政府单一账户体系的构成及其功能点。

▶ **开篇案例**

市长的紧急救济基金

新近当选的 Wherever 市的市长注意到，在刚建立的城市普通基金的预算中，收入比支出多出 15 000 美元。第二年，在飓风造成大量损失后，她命令市政官员从普通基金中拿出 15 000 美元来建立一个紧急救济基金。由于飓风突至，所以事前没有针对这件事制定拨款计划。当面对媒体时，她指出普通基金只是在平衡预算法要求下，用来达到预算收支平衡的，然而，从良心角度讲，她却不能容忍在人民需要帮助的时候，市政的钱在闲置。

从会计角度看，市长做得对吗？从道德角度呢？

资料来源：拉扎克，霍布，艾夫斯. 政府与非盈利组织会计导论（原书第 2 版）[M]. 张志超，等译. 北京：机械工业出版社，2003.

第一节　政府与非营利组织会计的概念及核算模式

一、政府与非营利组织的概念及发展

广义的政府可以被看成是一种制定和实施公共决策、实现有序统治的机构，它泛指各

类国家公共权力机关，包括一切依法享有制定法律、执行和贯彻法律，以及解释和应用法律的公共权力机构，即通常所谓的立法机构、行政机构和司法机构。狭义的政府是国家政权机构中的行政机关，即一个国家政权体系中依法享有行政权力的组织体系。

非营利组织是指在政府部门和以盈利为目的的企业之外的，不以盈利为目的的，从事公益事业的一切志愿团体、组织或民间协会。它的目标通常是支持或处理个人关心或者公众关注的议题或事件。非营利组织所涉及的领域非常广，包括艺术、慈善、教育、政治、宗教、学术、环保等。

政府与非营利组织在最近的40多年中，获得突飞猛进的发展。20世纪70年代末80年代初，一场以追求"经济、效率和效益"为目标的新公共管理运动，在英国、美国、澳大利亚和新西兰等国兴起，并逐步扩展到其他西方国家乃至全世界。这是一场重塑社会治理主体的公民社会运动，形成了由政府、营利组织和民间非营利组织共同治理的格局。在美国，非营利机构提供了政府出资的所有社会服务的56%，就业和训练服务的48%，保健服务的44%[⊖]。

1978年以前，中国政府主要是全能型的"统制型"政府，政府通过指令性计划和行政手段直接进行经济管理和社会管理，同时扮演着生产者、监督者、控制者的角色，为社会和民众提供公共服务的职能和角色被淡化。20世纪90年代中期，中国拉开了政府公共服务改革的大幕，其核心是政府职能的转变，即转变为公共服务的规划者和执行者。30多年的改革实践，释放了蕴涵在中国社会各个层面巨大的能量和多样化的需求，原有的政治化、行政化、一体化的社会走向了开放化、市场化和多元化。社会治理结构的优化，给政府与非营利组织带来了新的发展空间，为中国社会迈向自我服务、自我管理的多元治理奠定了坚实的基础。这场社会变革的结果之一，就是政府与非营利组织会计的基础性作用愈发凸显。

二、政府与非营利组织运行的环境特征

一般认为，政府与非营利组织开展业务所处的经济、社会、法律以及政治环境与营利组织存在明显不同。

（一）组织目标的多样性

政府的基本目标是提供促进或维护本国或本地公民福祉的服务，具体又包括很多目标，如建立法律体系，提供国防安全、公共医疗保健、公共教育与研究、环境保护、公共交通等服务。这些目标之间可能存在竞争或冲突。因为这些目标的达成均离不开预算或捐赠资金，如投入国防安全的预算过大，可能会挤占达成其他目标所需的必要资金，如穷兵黩武很可能会导致民不聊生。因此对每一项活动分配的资金都是政治博弈的过程。

（二）无法单纯用货币衡量组织活动绩效

政府与非营利组织的存在是以提供市场不宜提供、难以提供或无法提供，但社会不可或缺的产品或服务为前提的，这些产品或服务的价值常常无法用货币来衡量。比如，你能用货币计算被挽救的珍稀野生藏羚羊种群的价值吗？此外，由于政府与非营利组织中常常缺乏竞争，资源的提供与产品和服务的受惠之间不存在关联性，或关联程度较小，业绩和运行成果计量通常较为困难，不存在盈利动机和盈利指标构成的分配和规范机制，很难通

过市场竞争机制优胜劣汰。

（三）法律约束下的业务运行

政府与非营利组织提供的产品或服务，往往出于法律的要求或其他授权。如，中国实施9年义务教育是根据《中华人民共和国义务教育法》的要求，学校不能出于成本考虑，或认为学龄儿童不应该享受这类服务而拒绝提供。政府维持业务运行所需的经费主要通过税收、向社会公众发行债券、国有资产经营收益等方式获取，非营利组织则主要通过捐赠和政府拨款取得。政府征税及举借债务的资格、程序、规模和用途一般会受到法律的严格限制。以地方政府发行债券为例，根据中华人民共和国财政部2015年3月12日发布的《地方政府一般债券发行管理暂行办法》，地方政府一般债券以省、自治区、直辖市政府（含经省级政府批准自办债券发行的计划单列市政府）为发行主体，以地方政府为偿还主体，主要以一般公共预算收入还本付息，期限为1年、3年、5年、7年和10年，用于没有收益的公益性项目。政府与非营利组织提供的某些产品或服务虽然也像私人组织一样对使用者进行收费，但收费不是为获利，而是为弥补部分成本。因此收费标准的制定通常不考虑产品或服务的供求关系，以成本为基础。

（四）激励机制不足

由于政府与非营利组织外部存在众多的政治势力，内部有繁多的规则和制度限制，承受着较多的外部影响和压力，管理人员在决策过程中拥有较少的自主权。同时，政府与非营利组织管理人员对下属和下层机构的权威也相对较小。另外，政府与非营利组织的一个显著特征是没有最终委托人的代理人，不存在"剩余索取权"的激励机制，规则和制度上的限制约束着工资、提升等外在激励的作用，激励机制明显不足。

三、政府会计与非营利组织会计的概念

（一）政府会计

政府会计是从西方国家引进的概念，类似于中国历史上的官厅会计。政府会计有好几个同义语，常见的有"公共部门会计"和"公共会计"，一般认为，政府会计是主要用于确认、计量、记录和报告政府会计主体资金运动及预算执行活动及其受托责任履行情况的会计。这里的政府是一个广义的概念，其主体可以是一级政府，也可以是公务单位和公立非营利组织，甚至是公营企业。

政府会计包括政府财务会计和政府预算会计。

（二）政府财务会计

政府财务会计是指以权责发生制为基础对政府会计主体发生的各项经济业务或者事项进行会计核算，主要反映和监督政府会计主体财务状况、运行情况和现金流量等的会计。其主要包括资产、负债、收入、费用等内容。

（三）政府预算会计

政府预算会计是指以收付实现制为基础对政府会计主体预算执行过程中发生的全部收入和全部支出进行会计核算，主要反映和监督预算收支执行情况的会计。

中国政府预算会计包括财政总预算会计、行政单位预算会计和事业单位预算会计三个部分。

（四）非营利组织会计

非营利组织分公立和私立两种，公立非营利组织主要依靠政府拨款运营，中国的事业单位类似公立非营利组织。公立非营利组织会计纳入政府会计体系。

私立非营利组织主要依靠民间捐赠，中国称为民间非营利组织。民间非营利组织会计是民间非营利组织以货币为主要计量单位，运用会计的程序和方法，确认、计量、记录和报告民间非营利组织财务状况、运作结果和现金流动情况及结果的一种信息系统。

四、中国政府与民间非营利组织会计的核算模式

（一）政府会计核算模式

中华人民共和国财政部 2015 年 10 月 23 日发布的《政府会计准则——基本准则》第三条明确规定：政府会计由预算会计和财务会计构成。

政府预算会计与财务会计在会计核算上适度分离又相互衔接。适度分离体现为核算功能分离、核算基础分离和报告体系分离，如表 1-1 所示。相互衔接是要求政府预算会计要素和财务会计要素相互协调，决算报告和财务报告相互补充，共同反映政府会计主体的预算执行信息和财务信息，使公共资金管理中预算管理、财务管理和绩效管理相互联结、融合，全面提高管理水平和资金使用效率。

表 1-1　政府预算会计与政府财务会计的比较

政府会计	核算功能	核算基础	报告体系
政府预算会计	应准确完整反映政府预算收入、支出和结余等预算执行信息	收付实现制	根据预算会计核算生成的数据为准的决算报告
政府财务会计	应全面准确反映政府的资产、负债、净资产、收入、费用等财务信息	权责发生制	根据财务会计核算生成的数据为准的财务报告

（二）民间非营利组织会计核算模式

民间非营利组织会计的核算模式一般是财务会计模式，以权责发生制为核算基础，以生成的权责发生制会计信息为准编制财务会计报告。

第二节　政府与非营利组织会计准则体系

一、国际公共部门会计准则体系

国际公共部门会计准则（IPSAS）由国际公共部门会计准则委员会（IPSASB）负责制定，是全球政府与非营利组织会计准则的标杆。其制定 IPSAS 的基本观点是，以权责发生制为基本导向，关注对外财务报告，最大限度地将国际会计准则和国际财务报告准则套用于公共部门。

从 2000 年 5 月至 2015 年 1 月，IPSASB 共发布了 38 项准则。$^{\ominus}$ IPSAS 可划分为三类：①涉及公共部门会计要素的确认和计量；②涉及通用目的的财务报告；③涉及需要个别处理的具体交易及事项。

二、美国政府与非营利组织会计准则体系

（一）美国联邦政府会计准则

由于联邦政府的特殊性，为统一制定联邦政府机构所应遵循的会计规范，1991 年，

㊀　梅元清，王英，孙乙侨.政府会计准则制定的国际比较——基于 IPSASB、FASAB 与 GASB 准则体系 ［J］.财会月刊，2017.

美国财政部、管理与预算局和审计署达成协议，共同组建了联邦会计准则顾问委员会（FASAB），负责制定联邦政府的会计规范。由 FASAB 制定的会计原则和准则，需要经过财政部、管理与预算局以及审计署首脑的同意，然后由管理与预算局和审计署联合发布。

从 1993 年 3 月至 2016 年 12 月，FASAB 已发布了 7 项概念公告、49 项准则公告、7 项解释、8 项技术公告、15 项技术布告以及 2 项职员实施指南。其中，概念公告是用于指导处理和理解具体事项的一般性原则；准则公告是 FASAB 采用适当的程序在考虑各信息使用者的需求后所颁布的会计准则；解释是用于说明定义并指导准则公告的；技术公告对准则公告及解释提供指导；技术布告是会计和审计政策委员会（AAPC）提供的经 FASAB 审核和发布的实施指导；职员实施指南是由过半数的 FASAB 成员同意的工作人员所提供的实施指南⊖。

（二）州、地方政府与公立非营利组织会计准则

美国政府会计准则委员会（GASB）成立于 1984 年，由美国财务会计基金会任命的 7 名成员组成，主要负责州和地方政府会计准则的制定。GASB 的使命是制定和完善美国州政府会计准则和财务报告，以便为财务报告的使用者提供有用的信息，指导和教育公众，包括报告发布者、审计师和财务报告使用者。

自 20 世纪 90 年代美国发布《政府绩效和成果法》以来，GASB 通过多年努力形成了涵盖财务会计、管理会计和预算会计的公认会计准则体系。截至 2017 年 6 月，该委员会已发布了 6 项概念公告、87 项准则公告、6 项解释、14 项技术公告以及 2 项实施指南。⊖

（三）私立非营利组织会计准则

根据美国会计准则制定机构的分工，非政府举办的学校和医院等私立非营利组织，由 FASAB 为其制定会计准则。在美国，GASB 不允许政府举办的学校、医院等公立非营利组织在未经允许的情况下使用 FASAB 制定发布的会计规范。FASAB 则严格要求所有私立单位包括私立学校、医院等私立非营利组织遵循其发布的会计规范。因此，目前在美国，公立非营利组织会计规范和私立非营利组织会计规范之间存在着较大的差别。

三、英国政府会计准则

英国政府会计分为中央政府会计和地方政府会计。《政府财务报告手册》是英国规范中央政府会计核算与报告的主要规范，规范资源会计中采纳的会计概念和一般原则，规定主要会计报表的格式及附注等。2005 ～ 2006 财年名称变更后还规定了各会计要素确认、计量与报告的方法，着力对政府会计领域特有会计问题的处理方法予以详细规定和说明。

地方政府会计主要遵循特许公共财政与会计师协会（CIPFA）制定的《推荐实务公告》。英国地方政府会计改革比较迅速，基本上采用与企业会计准则相一致的准则。

为了满足英国编制政府整体财务报告的需求，中央政府会计和地方政府会计准则的内容正逐渐趋同，差异越来越小。

四、中国政府与非营利组织会计准则

中国政府与非营利组织的会计准则体系由政府会计准则、政府会计制度和民间非营利组织会计制度构成。

⊖⊖ 梅元清，王英，孙乙侨.政府会计准则制定的国际比较——基于 IPSASB、FASAB 与 GASB 准则体系
[J].财会月刊，2017.

（一）政府会计准则

政府会计准则包括基本准则、具体准则和应用指南三个层次。

迄今已出台的政府会计准则有：

- 《政府会计准则——基本准则》
- 《政府会计准则第 1 号——存货》
- 《政府会计准则第 2 号——投资》
- 《政府会计准则第 3 号——固定资产》
- 《政府会计准则第 4 号——无形资产》
- 《政府会计准则第 5 号——公共基础设施》
- 《政府会计准则第 6 号——政府储备物资》
- 《政府会计准则第 7 号——会计调整》
- 《政府会计准则第 8 号——负债》
- 《政府会计准则第 9 号——财务报表编制和列报》
- 《〈政府会计准则第 3 号——固定资产〉应用指南》

本书对这些准则和指南做了全面阐述，并将它们的主要内容渗透到第一篇"基本理论"、第二篇"行政事业单位会计"、第三篇"财政总预算会计"和第四篇"政府决算报告与财务报告概述"中。

（二）政府会计制度

政府会计制度包括财政总预算会计制度、行政事业单位会计制度及其补充规定和其他政府会计制度。

1. 财政总预算会计制度

财政总预算会计制度中，最重要的是财政部 2015 年 10 月 10 日发布的，2016 年 1 月 1 日起实施的《财政总预算会计制度》。

《财政总预算会计制度》的内容全面系统地体现在本书的第三篇"财政总预算会计"中。

2. 行政事业单位会计制度

行政事业单位会计制度中，最重要的是财政部 2017 年 10 月 24 日发布的，2019 年 1 月 1 日起实施的《政府会计制度——行政事业单位会计科目和报表》。

《政府会计制度——行政事业单位会计科目和报表》的内容全面系统地体现在本书的第二篇"行政事业单位会计"中。

3. 行政事业单位会计制度的补充规定

《政府会计制度——行政事业单位会计科目和报表》是按照统一性原则，在有机归并现行行政单位、事业单位和行业事业单位会计制度基础上形成的，部分行业事业单位的特殊业务未完全体现在该制度中。

为了规范医院、高等学校、科学事业单位等行业事业单位特殊经济业务或事项的会计核算，财政部结合行业单位实际情况，对《政府会计制度——行政事业单位会计科目和报表》做出了必要补充。

2018 年 7 月至今，财政部陆续发布了 7 项《政府会计制度——行政事业单位会计科目和报表》的补充规定：

- 《关于彩票机构执行〈政府会计制度——行政事业单位会计科目和报表〉的补充规定》
- 《关于国有林场和苗圃执行〈政府会计制度——行政事业单位会计科目和报表〉的补充规定》

- 《关于基层医疗卫生机构执行〈政府会计制度——行政事业单位会计科目和报表〉的补充规定》
- 《关于科学事业单位执行〈政府会计制度——行政事业单位会计科目和报表〉的补充规定》
- 《关于医院执行〈政府会计制度——行政事业单位会计科目和报表〉的补充规定》
- 《关于中小学校执行〈政府会计制度——行政事业单位会计科目和报表〉的补充规定》
- 《关于高等学校执行〈政府会计制度——行政事业单位会计科目和报表〉的补充规定》

因篇幅有限，本书没有涉及上述7项补充规定的内容。

4.其他政府会计制度

除了上述政府会计制度外，我国还有一些核算特殊会计主体的特殊经济业务的会计制度，如财政部2008年8月19日发布的、2009年1月1日起实施的《土地储备资金会计核算办法（试行）》等。

因篇幅有限，本书也没有涉及《土地储备资金会计核算办法（试行）》的内容。

（三）民间非营利组织会计制度

民间非营利组织包括依照国家法律、行政法规登记的社会团体、基金会、民办非企业单位，以及寺院、宫观、清真寺、教堂等。民间非营利组织最重要的会计规范为财政部2004年8月8日发布的、2005年1月1日开始实施的《民间非营利组织会计制度》。

本书的第五篇"民间非营利组织会计"只阐述上述"（三）民间非营利组织会计制度"的内容。

第三节　政府与非营利组织会计目标、信息质量特征与会计假设

一、会计目标

（一）国外政府与非营利会计的目标

会计目标主要取决于信息使用者的需要，政府与非营利组织的信息使用者十分广泛，主要有：

（1）资财供给者或其代表。资财供给者包括"被动资源提供者"诸如纳税人，以及"自愿资源提供者"诸如贷款人、捐赠人、供应商、收费服务的消费者、投资人、立法机关和选举的官员、中央机构、监管团体、顾问团等，这些债权人和出资者为了合理使用资财需要了解会计信息。

（2）服务对象。服务对象指服务的用户和受益人，包括公民及其代表、立法机关和监督检查机构。

（3）治理机关和监督机关。前者如议会、理事会、监事会，后者如本组织的全国总部、服务对象的代表组织、政府主管机构等。他们负责制定政策，并对政府与非营利组织的管理人员进行监督和考评，需要利用会计信息。

（4）经理人员。经理人员包括行政领导和单位职工，他们负责执行治理机关规定的政策，管理本组织的日常业务，也要利用会计信息。

这些群体共同的信息需求是要求提供有关评价受托责任的信息和有助于进行资源配置、政治和社会方面决策的信息。

根据IPSASB的规定，政府与非营利组织财务报告的目标是为通用财务报告使用者提

供有关报告主体的信息，这些信息有助于评价报告主体的受托责任以及进行资源分配、政治和社会方面的决策。

GASB 第一号概念公告《财务报告的目的》指出：政府单位会计信息被应用于以下几个方面：①将议会通过的预算与实际执行情况进行比较；②评价政府单位当前的财务状况和过去时期的财务运营绩效；③对审议和通过有关法案、制度、规则提供帮助；④评价政府单位的效率与效果。

（二）中国政府会计目标

中国政府会计目标包括决算报告目标和财务报告目标。

1. 决算报告目标

决算报告的目标是向决算报告使用者提供与政府预算执行情况有关的信息，综合反映政府会计主体预算收支的年度执行结果，有助于决算报告使用者进行监督和管理，并为编制后续年度预算提供参考和依据。政府决算报告使用者包括各级人民代表大会及其常务委员会、各级政府及其有关部门、政府会计主体自身、社会公众和其他利益相关者。

2. 财务报告目标

财务报告的目标是向财务报告使用者提供与政府的财务状况、运行情况（含运行成本）和现金流量等有关信息，反映政府会计主体公共受托责任履行情况，有助于财务报告使用者做出决策或者进行监督和管理。政府财务报告使用者包括各级人民代表大会常务委员会、债权人、各级政府及其有关部门、政府会计主体自身和其他利益相关者。

二、会计信息质量特征

会计信息质量特征的通俗含义是会计信息的质量标准，是指财务报告提供的信息对使用者有用的那些性质，即什么样的会计信息才算有用或有助于决策。

（一）GASB 规定的会计信息质量特征

（1）可理解性。它要求会计提供的信息要便于使用者理解和利用。它包含两个要求：①会计信息应当清晰明了、简明扼要；②会计要提供对使用者决策相关的信息，不应因某些使用者难以理解而排除某些复杂的内容或放弃某种提供方式。

（2）相关性。它要求会计提供的信息与使用者评价经济责任和进行经济决策的需要相关联。相关性要求会计信息应及时并有预测价值和反馈价值。

（3）可靠性。可靠性是指能如实地反映会计信息意在反映的情况，并能通过核实用户保证它反映情况的质量。可靠性要求会计信息可复核、中立和真实。

（4）可比性。它要求对数据要按照相同的会计方法处理，会计指标口径一致，相互可比，包括会计信息的横向可比和纵向可比。

（5）重要性。凡是对信息用户评价经营责任和进行经济决策将产生重大影响的信息，就属于重要信息，信息的重要程度取决于，如果该信息被省略或有差错，在特定环境中，对评价和决策有多大影响。对于重要信息可采用单独列报、详细说明等方式来提供。

（6）效益大于成本。它要求使用会计信息而带来的效益应当超过提供会计信息所发生的成本。这一要求对于及时性、可靠性、重要性都会产生一定的约束力。

（二）中国政府与非营利组织的会计信息质量特征

1. 中国政府会计信息质量要求

中国《政府会计准则——基本准则》规定了 7 项会计信息质量要求：

（1）真实性。政府会计主体应当以实际发生的经济业务或者事项为依据进行会计核算，如实反映各项会计要素的情况和结果，保证会计信息真实可靠。

（2）完整性。政府会计主体应当将发生的各项经济业务或者事项统一纳入会计核算，确保会计信息能够全面反映政府会计主体预算执行情况和财务状况、运行情况、现金流量等。

（3）相关性。政府会计主体提供的会计信息，应当与反映政府会计主体公共受托责任履行情况以及报告使用者决策或者监督、管理的需要相关，有助于报告使用者对政府会计主体过去、现在或者未来的情况做出评价或者预测。

（4）及时性。政府会计主体对已经发生的经济业务或者事项，应当及时进行会计核算，不得提前或者延后。

（5）可比性。政府会计主体提供的会计信息应当具有可比性。

同一政府会计主体不同时期发生的相同或者相似的经济业务或者事项，应当采用一致的会计政策，不得随意变更。确需变更的，应当将变更的内容、理由及其影响在附注中予以说明。

不同政府会计主体发生的相同或者相似的经济业务或者事项，应当采用一致的会计政策，确保政府会计信息口径一致，相互可比。

（6）可理解性。政府会计主体提供的会计信息应当清晰明了，便于报告使用者理解和使用。

（7）实质重于形式。政府会计主体应当按照经济业务或者事项的经济实质进行会计核算，不限于以经济业务或者事项的法律形式为依据。

2. 民间非营利组织会计信息质量要求

《民间非营利组织的会计制度》还提出"配比""历史成本""谨慎性"和"划分费用化支出和资本化支出"的原则。

三、会计基本假设

会计学是建立在一定假设基础上的一门学科，会计假设构成了会计基本理论的基础。美国注册会计师协会（AICPA）的研究项目特别委员会把会计的基本假设视为"来自客观环境对会计的约束条件和财务会计的基本前提"。

（一）会计主体

会计主体假设是所有会计假设的基础，为会计核算确定空间范围，明确了会计对谁所掌握的经济资源、承担的负债、开展活动的经济内容进行核算和报告。政府与非营利组织会计主体形式多样，一般可归纳为记录主体和报告主体两种形式。

1. 美国政府会计主体

根据 GASB 的规定，美国地方政府会计的记录主体是基金和账群。美国政府会计的报告主体是基本政府、基本政府中负有财务责任的组织以及其他一些紧密相关的组织，包括美国联邦政府、联邦政府机构、州县政府、州县街道政府机构以及事业单位（如大学、医院等）。这种报告会计主体设置有利于分清各级政府的相应受托责任。

在美国，民间非营利组织的报告主体是整个组织，而其会计主体却是各类基金。对每一种受托资源分别建立一个基金，并分别核算与报告。每一个基金都是一个会计主体，有多少个基金，就有多少个会计主体。

2. 中国政府会计主体

一般来说，中国政府财务会计主体既是记账主体又是报告主体，包括各级政府、各部门、各单位。其中，各部门、各单位是指与本级政府财政部门直接或者间接发生预算拨款关系的国家机关、军队、政党组织、社会团体、事业单位和其他单位。

政府预算会计的记录主体与报告主体是各级财政部门或单位。

对于国家指定用途的资金，应当按规定的用途使用，也可作为会计主体单独核算反映。例如，《土地储备资金会计核算办法暂行规定》明确规定：土地储备资金是会计主体，需要单独设置账户和编制会计报表。这表明中国在某些领域或对某些业务也采用基金会计。

（二）持续运行

持续运行假设政府与非营利组织会计主体的业务活动在可预见的未来能够持续不断地运行下去。政府与非营利组织开展的公共活动需要耗费一定的资源，以持续运行为假设，才能为会计主体按照规定用途使用资产、按照约定条件清偿债务和选择会计方法和政策提供基础。如果政府和非营利组织不能持续运行，则应改变会计方法和政策，并在财务报告中做相应披露。

（三）会计分期

会计分期是指将政府与非营利组织持续运行的时间人为地划分为时间阶段，以便分阶段结算账目，编制决算报告和财务报告。会计期间至少分为年度和月度。会计年度、月度等会计期间的起讫日期采用公历日期。

会计分期假设便于政府会计主体分期结算账目，按规定编制决算报告和财务报告。

（四）货币计量

货币计量是指政府与非营利组织会计的核算对象能够以货币方式进行计量，在中国，是指以人民币为记账本位币。发生外币业务时，应当将有关外币金额折算为人民币金额计量，同时登记外币金额。

第四节　政府与非营利组织会计要素的确认、计量与报告

一、会计要素的确认

（一）会计要素确认的特点

政府与非营利组织的资产很难进行定义。政府与非营利组织的资产包括自然资源、继承资产、基础设施资产、国防资产、大量的无形资产等。当由于缺乏可靠计量而使这类资产不能被确认时，为反映这类资产往往以附注的形式来披露。

政府与非营利组织的负债也很难进行定义。政府存在货币发行、环境负债、雇员养老金负债等特殊负债，同时很难把政府的合约或法律义务与政治承诺、提供一般福利的社会责任间进行区分。与公司的有限责任相比，民主政府倾向于扩大它们的责任，这导致更大的预算和经常的赤字。

政府与非营利组织的收入和费用存在非匹配性。政府提供公共物品具有垄断性。公共物品的非排他性使得不付费者照样也能消费，因此需要通过税收等非交换性交易对其进行融资。这些特征使得产品或服务的提供和收入的确认失去联系，使公共组织的收入和费用无法进行匹配。同时，由于政府和公众间的许多交易和事项的非自愿性加剧了收入和费用的非匹配性。另外，政府的运营报表按资源流动进行计量和确认，不注重计量政府的服务努力和成就。

（二）中国政府与非营利组织会计要素的确认

1. 政府预算会计要素

政府预算会计要素包括预算收入、预算支出与预算结余。

预算收入是指政府会计主体在预算年度内依法取得的并纳入预算管理的现金流入。

预算支出是指政府会计主体在预算年度内依法发生并纳入预算管理的现金流出。

预算结余是指政府会计主体预算年度内预算收入扣除预算支出后的资金余额，以及历年滚存的资金余额。

结余资金是指年度预算执行终了，预算收入实际完成数扣除预算支出和结转资金后剩余的资金。

结转资金是指预算安排项目的支出年终尚未执行完毕或者因故未执行，且下年需要按原用途继续使用的资金。

2. 政府财务会计要素

中国政府财务会计要素包括资产、负债、净资产、收入和费用。

（1）资产。资产是指政府会计主体过去的经济业务或者事项形成的，由政府会计主体控制的，预期能够产生服务潜力或者带来经济利益流入的经济资源。

服务潜力是指政府会计主体利用资产提供公共产品和服务以履行政府职能的潜在能力。

经济利益流入表现为现金及现金等价物的流入，或者现金及现金等价物流出的减少。

政府会计主体的资产按照流动性，分为流动资产和非流动资产。

流动资产是指预计在1年内（含1年）耗用或者可以变现的资产，包括货币资金、短期投资、应收及预付款项、存货等。

非流动资产是指流动资产以外的资产，包括固定资产、在建工程、无形资产、长期投资、公共基础设施、政府储备资产、文物文化资产、保障性住房和自然资源资产等。

（2）负债。负债是指政府会计主体过去的经济业务或者事项形成的，预期会导致经济资源流出政府会计主体的现时义务。

现时义务是指政府会计主体在现行条件下已承担的义务。未来发生的经济业务或者事项形成的义务不属于现时义务，不应当确认为负债。

政府会计主体的负债按照流动性，分为流动负债和非流动负债。

流动负债是指预计在1年内（含1年）偿还的负债，包括应付及预收款项、应付职工薪酬、应缴款项等。

非流动负债是指流动负债以外的负债，包括长期应付款、应付政府债券和政府依法担保形成的债务等。

（3）净资产。净资产是指政府会计主体资产扣除负债后的净额。

（4）收入。收入是指报告期内导致政府会计主体净资产增加的、含有服务潜力或者经济利益的经济资源的流入。

（5）费用。费用是指报告期内导致政府会计主体净资产减少的、含有服务潜力或者经济利益的经济资源的流出。

二、会计要素的计量

（一）会计要素计量的特点

政府与非营利组织资产的计量，应区分交换性或非交换性交易获得的资产，分别采用不同的计量模式。对交换性交易获得的资产采用历史成本，或修正的历史成本进行计量，对于以非交换性交易获得的资产，以收到的资产的公允价值计量。大部分国家占有的土地是它们祖先留下或通过武力占领的，所以，历史成本即使易于获得，也没有意义。除极少例外情况，如美国曾向法国购买路易斯安那州，向俄国购买阿拉斯加州，国家不会通过买卖交易取得新领土。因而，市场价格虽然具有可验证性，却很难获得。确认和计量自然资源和文物的价值也会遇到同样的问题。

负债也不易于在中央政府契约的或法定的义务与其政治承诺和对大众福利的社会责任之间划清界限。与有限责任公司相反，政府往往倾向于扩展它们的责任。由于政府会计的计量重点是当期的财务资源，忽视长期债务的计量，以致政府存在大量的隐性债务，给政府的持续运行带来极大的风险。

政府没有明确的所有者，其权益属于人民，这就使得政府与非营利组织在应用会计恒等式和经营成果的计算方面产生问题。

政府提供公共物品是公众共同的消费品，没有人愿意为之付费，所以只能通过税收来筹集资金。这个特征切断了履行服务与收入确认之间的联系，使得收入很难与费用配比。

由于政府与公众之间的许多交易是非自愿性质的，政府的运营报表往往只反映资源流动情况，计量重点是"支出"，而非"费用"，且附带地计量政府的服务努力与成就。

（二）中国政府与非营利组织会计要素的计量

1. 资产的计量

资产的计量属性主要包括历史成本、重置成本、现值、公允价值和名义金额。

在历史成本计量下，资产按照取得时支付的现金金额或者支付对价的公允价值计量。

在重置成本计量下，资产按照现在购买相同或者相似资产所需支付的现金金额计量。

在现值计量下，资产按照预计从其持续使用和最终处置中所产生的未来净现金流入量的折现金额计量。

在公允价值计量下，资产按照市场参与者在计量日发生的有序交易中，出售资产所能收到的价格计量。

无法采用上述计量属性的，采用名义金额（即人民币1元）计量。

政府会计主体在对资产进行计量时，一般应当采用历史成本。

采用重置成本、现值、公允价值计量的，应当保证所确定的资产金额能够持续、可靠计量。

2. 负债的计量

负债的计量属性主要包括历史成本、现值和公允价值。

在历史成本计量下，负债按照因承担现时义务而实际收到的款项或者资产的金额，或者承担现时义务的合同金额，或者按照为偿还负债预期需要支付的现金计量。

在现值计量下，负债按照预计期限内需要偿还的未来净现金流出量的折现金额计量。

在公允价值计量下，负债按照市场参与者在计量日发生的有序交易中，转移负债所需支付的价格计量。

政府会计主体在对负债进行计量时，一般应当采用历史成本。

采用现值、公允价值计量的，应当保证所确定的负债金额能够持续、可靠计量。

三、财务报告

（一）政府财务报告主体

美国采用"双主体"报告模式。首先，政府作为一个整体构成一个报告主体，对其能够实际控制的财务资源的获得与使用情况进行报告，反映其财务和营运受托责任履行情况。其次，基金层面以普通基金、受托基金和企业基金作为报告主体，对那些主要的基金单独编报基金财务报告，非主要的基金则合并在一起编报基金财务报告。

中国正构建多层次的政府报告主体模式，即一级政府、政府组成单位、事业单位均是报告主体，同时应当根据相关规定编制合并财务报表。

（二）美国政府与非营利组织财务报告

美国联邦政府财务报告包括资产负债表、净成本表、运作和净额变动表、联邦收入汇总表、联邦税收返还支付表以及报表附注。资产负债表按历史成本和权责发生制基础编制。净成本表反映了实体的全部成本或主要预算计划、可用于抵消成本的交易性收入以及净成本的信息，这里的成本包括折旧费。运作和净额变动表反映了联邦政府的非交易性收入、政府运作净成本、净额的变动等信息。

美国州和地方政府的财务报告包括资产负债表、政府运作表及会计报表附注，在保留基金制会计的同时，要求按权责发生制编制。政府运作报表是按服务或政府职能为导向编制的。此外，不要求编制现金流量表，但要求披露"管理层阐述和建议"的信息。

非营利组织的财务报告按权责发生制基础编制，向外提供的财务报告主要包括资产负债表、业务报告、现金流量表、经营费用表。其中资产负债表，要求对净资产按非限制性、暂时限制性和永久限制性分类，分别列示其金额。

（三）中国政府与非营利组织会计报告

1. 政府会计报告

中国的政府会计报告包括决算报告和财务报告。

1）政府决算报告

政府决算报告是综合反映政府会计主体年度预算收支执行结果的文件。

政府决算报告应当包括决算报表和其他应当在决算报告中反映的相关信息和资料，如财政总预算会计的收入支出表、一般公共预算执行情况表、政府性基金预算执行情况表、国有资本经营预算执行情况表等。

符合预算收入、预算支出和预算结余定义及其确认条件的项目应当列入政府决算报表。

政府决算报告的编制主要以收付实现制为基础，以预算会计核算生成的数据为准。

2）政府财务报告

政府财务报告是反映政府会计主体某一特定日期的财务状况和某一会计期间的运行情况和现金流量等信息的文件，包括财务报表和其他应当在财务报告中披露的相关信息和资料。

政府财务报告包括政府综合财务报告和政府部门财务报告。

政府综合财务报告是指由政府财政部门编制的，反映各级政府整体财务状况、运行情况和财政中长期可持续性的报告。

政府部门财务报告是指政府各部门、各单位按规定编制的财务报告。

财务报表是对政府会计主体财务状况、运行情况和现金流量等信息的结构性表述。财务报表包括会计报表和附注。会计报表至少应当包括资产负债表、收入费用表和现金流量表。附注是对在资产负债表、收入费用表、现金流量表等报表中列示项目所做的进一步说明，以及对未能在这些报表中列示项目的说明。

附注是对在资产负债表、收入费用表、现金流量表等报表中列示项目所做的进一步说明，以及对未能在这些报表中列示项目的说明。

除了现金流量表，政府财务报告的编制主要以权责发生制为基础，以财务会计核算生成的数据为准。

2. 民间非营利组织的会计报告

民间非营利组织的财务会计报告是指反映民间非营利组织某一特定日期财务状况和某

一会计期间业务活动情况和现金流量的书面文件。

民间非营利组织的财务会计报告包括会计报表、会计报表附注和财务情况说明书。

非营利组织的会计报表又分为资产负债表、业务活动表和现金流量表。

第五节　影响政府会计的公共财政管理制度

中国的财政预算体制改革已取得了长足的发展，部门预算、政府收支分类、国库集中支付、政府采购、收支两条线管理等改革，以及财政科学化、精细化管理的理念都对政府会计环境产生了重大影响，并对政府会计与财务报告系统提出了新的要求。

一、促进财政可持续发展

实行以收付实现制政府会计核算为基础的决算报告制度，主要反映政府年度预算执行情况的结果。但随着中国经济社会发展，仅实行决算报告制度，无法科学、全面、准确反映各级政府资产负债和成本费用，不利于强化政府资产管理、降低行政成本、提升运行效率、有效防范财政风险，难以满足建立现代财政制度、促进财政长期可持续发展和推进国家治理现代化的要求。因此，必须推进政府会计改革，建立全面反映政府资产负债、收入费用、运行成本、现金流量等财务信息的权责发生制政府综合财务报告制度。

权责发生制政府综合财务报告制度的总体目标是通过构建统一、科学、规范的政府会计准则体系，建立健全政府财务报告编制办法，适度分离政府财务会计与预算会计、政府财务报告与决算报告功能，全面、清晰反映政府财务信息和预算执行信息，为开展政府信用评级、加强资产负债管理、改进政府绩效监督考核、防范财政风险等提供支持，促进政府财务管理水平提高和财政经济可持续发展，力争在 2020 年前建立具有中国特色的政府会计准则体系和权责发生制政府综合财务报告制度。

权责发生制政府综合财务报告制度改革具体包括以下内容。

（1）建立政府会计准则体系和政府财务报告制度框架体系，包括：①制定政府会计基本准则和具体准则及应用指南；②健全完善政府会计制度；③制定政府财务报告编制办法和操作指南；④建立健全政府财务报告审计和公开制度。

（2）编报政府部门财务报告，包括：①清查核实资产负债；②编制政府部门财务报告；③开展政府部门财务报告审计；④报送并公开政府部门财务报告；⑤加强部门财务分析。

（3）编报政府综合财务报告，包括：①清查核实财政直接管理的资产负债；②编制政府综合财务报告；③开展政府综合财务报告审计；④报送并公开政府综合财务报告；⑤应用政府综合财务报告信息。

二、政府收入与支出的分类

（一）政府收支分类科目

政府收支分类就是对政府收入和支出进行类别和层次划分，以全面、准确、清晰地反映政府收支活动。

政府收支分类科目影响行政事业单位、财政总预算会计的收入、支出、净资产三类科目的核算内容，也是大部分会计明细科目设置的重要依据。

政府收支分类科目是政府收入和支出分类的类别名称，是编制政府预算、组织预算执行以及各级财政总预算会计、行政事业单位会计进行明细分类核算的重要依据。

政府收支分类科目一般分为收入科目和支出科目两大块。

(二) 政府收入分类科目

政府收入是指政府财政为实现政府职能，根据法律法规等所筹集的资金。根据预算法，政府的全部收入和支出都应当纳入预算，所以政府收入即为预算收入，政府支出即为预算支出。

收入分类科目反映政府收入的来源和性质。

根据《2019 年政府收支分类科目》（以下简称《分类科目》），政府收入分为类、款、项、目四级。类级科目下设相应的款级科目，款级科目下分设相应的项级科目，项级科目下设相应的目级科目，从类到目，逐级详细，如表 1-2 从《分类科目》中摘取的"政府收入"的部分内容所示。

如表 1-2 所示，类级科目设置了 6 个：税收收入（101）、社会保险基金收入（102）、非税收入（103）、贷款转贷回收本金收入（104）、债务收入（105）和转移性收入（110）。

表 1-2　政府收入的分类与级次

科目编码				科目名称	说明
类	款	项	目		
101				税收收入	
	01			增值税	反映……
		01		国内增值税	反映……
			01	国有企业增值税	中央与地方共用收入科目。反映……
			02	集体企业增值税	……
			…	……	……
102				社会保险基金收入	
	01			企业职工基本养老保险基金收入	……
		01		企业职工基本养老保险费收入	……
		02		企业职工基本养老保险基金财政补贴收入	……
		…		……	……
103				非税收入	
	01			政府性基金收入	……
	02			农网还贷资金收入	……
		01		中央农网还贷资金收入	……
		02		地方农网还贷资金收入	……
		…		……	……
104				贷款转贷回收本金收入	
	01			国内贷款回收本金收入	……
	02			国外贷款回收本金收入	……
		01		外国政府贷款回收本金收入	……
		…		……	……
105				债务收入	
	03			中央政府债务收入	……
		01		中央政府国内债务收入	……
		02		中央政府国外债务收入	……
			01	中央政府境外发行主权债券收入	……

（续）

科目编码				科目名称	说明
类	款	项	目		
			02	中央政府向外国政府借款收入	……
			…	……	
110				转移性收入	
	01			返还性收入	……
		02		所得税基数返还收入	……
		03		成品油税费改革税收返还收入	……
		…		……	……

（三）政府支出分类科目

政府支出是指一级政府为实现其职能，对根据法令和法规所取得的资金进行的再分配。政府支出分类科目是政府支出按一定的标准进行分类后的类别名称。

根据《分类科目》，政府支出有功能分类和经济分类两类基本标准。在编制部门预算时，每一笔支出都同时列在功能支出和经济支出的框架中，从中可以清楚地看出这个部门做了哪些事、钱花在了哪些方面。

1. 政府支出的功能分类

支出功能分类，是对政府支出按主要职能活动分类，其显示的是政府的钱"干了什么"，起到了什么样的社会作用。

这种分类的优点是：

（1）能够清晰反映政府各项职能活动支出的总量、结构和方向，便于根据建立公共财政体制的要求和宏观调控的需要，有效进行总量控制和结构调整。

（2）支出功能分类与支出经济分类相配合，可以形成一个相对稳定的、既反映政府职能活动又反映支出性质、既有总括反映又有明细反映的支出分类框架，从而为全方位的政府支出分析创造了有利条件。

（3）便于国际比较。支出按功能分类符合国际通行的做法，这种分类方法将各部门和单位相同职能的支出归于同一功能下，不受国家政府组织机构差别的影响，从而有利于进行国际比较。

根据《分类科目》，政府支出分为类、款、项三级。以"教育"为例，类、款、项三级结构对应为"教育"——"普通教育"——"小学教育"，反映出政府为完成教育职能在"普通教育"中用于"小学教育"这个具体方面的支出费用。

类级科目设置了共29个：一般公共服务支出（201）、外交支出（202）、国防支出（203）、公共安全支出（204）、教育支出（205）、科学技术支出（206）、文化旅游体育与传媒支出（207）、社会保障和就业支出（208）、社会保险基金支出（209）、卫生健康支出（210）、节能环保支出（211）、城乡社区支出（212）、农林水支出（213）、交通运输支出（214）、资源勘探信息等支出（215）、商业服务业等支出（216）、金融支出（217）、援助其他地区支出（219）、自然资源海洋气象等支出（220）、住房保障支出（221）、粮油物资储备支出（222）、国有资本经营预算支出（223）、灾害防治及应急管理支出（224）、预备费（227）、其他支出（229）、转移性支出（230）、债务还本支出（231）、债务付息支出（232）和债务发行费用支出（233）。

类级科目下设相应的款级科目，款级科目下分设相应的项级科目，类、款、项依次逐级细化，如表1-3从《分类科目》中摘取的"政府支出"的部分内容所示。

表 1-3 政府支出的功能分类与级次

科目编码			科目名称	说明
类	款	项		
201			一般公共服务支出	……
	01		人大事务	……
		01	行政运行	……
		02	一般行政管理事务	……
		…	……	……
	02		政协事务	……
		01	行政运行	……
		…	……	……
	99		其他一般公共服务支出	……
		01	国家赔偿费用资产	……
		99	其他一般公共服务支出	……
…	…	…	……	……
205			教育支出	……
	01		教育管理事务	……
		…	……	……
	02		普通教育	……
		01	学前教育	……
		…	……	……
		05	高等教育	……
…	…	…	……	……
232			债务付息支出	……
	01		中央政府国内债务付息支出	……
	02		中央政府国外债务付息支出	……
	03		地方政府一般债务付息支出	……
		01	地方政府一般债券付息支出	……
		…	……	……
233			债务发行费用支出	……
	01		中央政府国内债务发行费用支出	……
	02		中央政府国外债务发行费用支出	……
	03		地方政府一般债务发行费用支出	……

2. 政府支出的经济分类

对政府支出按经济性质进行分类，则是对政府支出按具体用途进行的分类，显示的是"钱花到哪儿去了"。以教育经费为例，款级科目显示多少钱给教师发工资，多少钱用于购买教学设施，这使我们比较容易判断这些钱怎么花，花得合不合理。

根据《分类科目》，政府支出分为政府预算支出分类科目和部门预算支出经济分类科目两个层次。每个层次类级科目下设相应的款级科目，类、款依次逐级细化。

（1）政府预算支出及分类科目。

这一层共设置了15个类级科目：机关工资福利支出（501）、机关商品和服务支出（502）、机关资本性支出（一）（503）、机关资本性支出（二）（504）、对事业单位经常性补助

（505）、对事业单位资本性补助（506）、对企业补助（507）、对企业资本性补助（508）、对个人和家庭的补助（509）、对社会保障基金补助（510）、债务利息及费用支出（511）、债务还本支出（512）、转移性支出（513）、预备费及预留（514）、其他支出（599）。

（2）部门预算支出经济分类科目。

这一层共设置了10个类级科目：工资福利支出（301）、商品和服务支出（302）、对个人和家庭的补助（303）、债务利息及费用支出（307）、资本性支出（基本建设）（309）、资本性支出（310）、对企业补助（基本建设）（311）、对企业补助（312）、对社保基金补助（313）和其他支出（399）。

表1-4从《分类科目》中摘取了"部门预算支出与经济分类科目"的部分内容。

表 1-4 部门预算支出经济分类科目与级次

科目编码		科目名称	说明
类	款		
301		工资福利支出	反映单位开支的在职职工和编制外长期聘用人员……
	01	基本工资	反映按规定发放的基本工资。包括公务员的职务……
	02	津贴补贴	反映……
	03	奖金	反映……
	…	……	反映……
302		商品和服务支出	反映单位购买商品和服务的支出（不包括用于……）
	01	办公费	反映……
	02	印刷费	反映……
	03	咨询费	反映……
	…	……	反映……
303		对个人和家庭的补助	反映政府用于对个人和家庭的补助支出
	01	离休费	反映……
	02	退休费	反映……
	…	……	反映……
	08	助学金	反映……
			反映……
307		债务利息及费用支出	反映政府对各类企业、事业单位及民间非营利组织……
	01	国内债务付息	反映……
	02	国外债务付息	反映……
…	…	……	反映……
310		资本性支出	反映非各级发展与改革部门集中安排的用于购置……
	01	房屋建筑物购建	反映……
	02	办公设备购置	反映……
	03	专用设备购置	反映……
	05	基础设施建设	反映……
	…	……	反映……
	99	其他资本性支出	反映……
399		其他支出	财政部门或有预算分配权的部门专用科目。反映……
	06	赠与	反映……
	07	国家赔偿费用支出	反映……
	08	对民间非营利组织和群众性自治组织补贴	反映……
	99	其他支出	反映……

三、政府采购制度

财政部发布统计显示，2017 年全国政府采购规模持续快速增长，采购规模达 32 114.3 亿元，比上年同口径增加 6 382.9 亿元，增长 24.8%，占全国财政支出和 GDP 的比重分别为 12.2% 和 3.9%。其中，货物类采购规模为 8 001.8 亿元，比上年增长 10.5%；工程类采购规模为 15 210.9 亿元，比上年增长 11.6%；服务类采购规模为 8 901.6 亿元，比上年增长 83.1%。货物、工程、服务采购规模占全国政府采购规模的比重分别为 24.9%、47.4% 和 27.7%。 ⊖

推行政府采购制度直接导致政府会计主体除了自行采购、自行支付的业务活动外，还增加了政府采购和集中支付的业务内容。

（一）政府采购制度概念

政府采购是指国家各级政府为从事日常的政务活动或为了满足公共服务的目的，利用国家财政性资金和政府借款购买货物、工程和服务的行为。

政府采购制度是在长期的政府采购实践中形成的对政府采购行为进行管理的一系列法律和惯例的总称，是现代财政制度的重要组成部分。具体来说，政府采购制度包括以下内容：①政府采购政策，包括采购的目标和原则；②政府采购的方式和程序；③政府采购的组织管理。

（二）政府采购的主要当事方

政府采购的主要当事方包括：

（1）政府采购管理机关。政府采购管理机关是指财政部门内部设立的，制定政府采购政策、法规和制度，规范和监督政府采购行为的行政管理机构。该机关不参与和干涉采购中的具体商业活动。

（2）政府采购机关。政府采购机关是指政府设立的负责本级财政性资金的集中采购和招标组织工作的专门机构。

（3）采购主体。采购主体是指使用财政性资金采购物资或者服务的国家机关、事业单位或其他社会组织。

（4）政府采购社会中介机构。政府采购社会中介机构是指依法取得招标代理资格，从事招标代理业务的社会中介组织。

（5）供应商。供应商是指与采购人可能或者已经签订采购合同的供应商或者承包商。

（6）政府采购资金管理部门。政府采购资金管理部门是指编制政府采购资金预算、监督采购资金的部门，包括财政部门和采购单位的财务部门。

（三）政府采购内容及限额

1. 采购内容

政府采购的内容应当是《政府集中采购目录》以内的货物、工程和服务，或者虽未列入其中，但采购金额超过了规定的限额标准的货物、工程和服务。

《政府集中采购目录》中的采购内容一般是各采购单位通用的货物、工程和服务，如计算机、打印机、复印机、传真机、公务车、电梯、取暖锅炉等货物，房屋修缮和装修工程，会议服务、汽车维修、保险、加油等服务。

中央预算单位《政府集中采购目录》的采购内容还包括在中央部门内通用的货物、工

⊖ 苏泓珵. 2017 年全国政府采购规模达 32 114 亿占 GDP 比重 3.9% ［EB/OL］.（2018-10-01）. http://news.163.com/18/1001/08/DT157UU0000187VE.html.

程和服务，如防汛抗旱和救灾物资、医疗设备和器械、气象专用仪器、警用设备和用品、质检专用仪器、海洋专用仪器等。

《政府集中采购目录》中的采购内容，无论金额大小都属于政府采购的范围。

2. 政府采购限额

《政府集中采购目录》以外的采购内容，采购金额超过政府采购的最低限额标准的，也属于政府采购的范围。

《政府集中采购目录》和政府采购最低限额标准由国务院和省、自治区、直辖市人民政府规定。

《中华人民共和国政府采购法》实施以来，国务院办公厅公布的中央预算单位政府采购的最低限额标准为：货物和服务单项或批量为 50 万元，工程为 60 万元。

（四）政府采购形式与方式

1. 政府采购形式

集中采购模式，即由一个专门的政府采购机构负责本级政府的全部采购任务。

分散采购模式，即由各支出采购单位自行采购。

半集中半分散采购模式，即由专门的政府采购机构负责部分项目的采购，而其他的则由各单位自行采购。

中国政府采购中，集中采购占了很大的比重，列入集中采购目录和达到一定采购金额以上的项目必须进行集中采购。

2. 政府采购方式

（1）公开招标。公开招标是政府采购的主要方式，其他方式是政府采购的辅助采购方式。

公开招标的具体数额标准，属于中央预算的政府采购项目，由国务院规定；属于地方预算的政府采购项目，由省、自治区、直辖市人民政府规定；因特殊情况需要采用公开招标以外的采购方式的，应当在采购活动开始前获得设区的市、自治州以上人民政府采购监督管理部门的批准。

采购人不得将应当以公开招标方式采购的货物或者服务化整为零或者以其他任何方式规避公开招标采购。

（2）邀请招标。邀请招标也称选择性招标，由采购人根据供应商或承包商的资信和业绩，选择一定数目的法人或其他组织（不能少于三家），向其发出招标邀请书，邀请他们参加投标竞争，从中选定中标的供应商。

（3）竞争性谈判。竞争性谈判是指采购人或代理机构通过与多家供应商（不少于三家）进行谈判，最后从中确定中标的供应商。

（4）单一来源。单一来源采购也称直接采购，是指达到了限额标准和公开招标数额标准，但所购商品的来源渠道单一，或属专利、首次制造、合同追加、原有采购项目的后续扩充和发生了不可预见紧急情况不能从其他供应商处采购等情况。

（5）询价。询价是指采购人向有关供应商发出询价单让其报价，在报价基础上进行比较并确定最优供应商的一种采购方式。

（五）政府采购的基本流程

政府采购的基本流程是由政府设立的集中采购机构依据政府制定的集中采购目录，受采购人的委托，按照公开、公平、公正的采购原则，以及必须遵循的市场竞争机制和一系列专门操作规程进行的统一采购。

图 1-1 展示了临夏州州级政府集中采购工作流程。

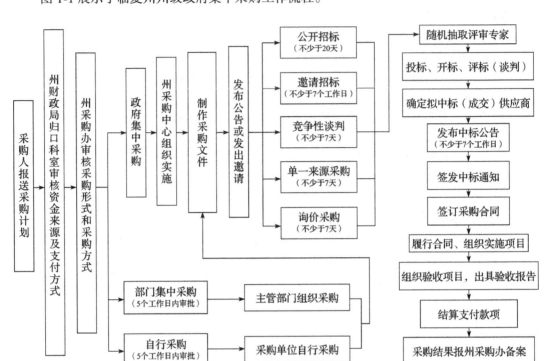

图 1-1   临夏州州级政府集中采购工作流程图

四、国库集中收付制度

(一)国库集中收付制度的概念

国库集中收付即国际上的国库单一账户制度,它是指将政府所有的财政性资金集中在国库或国库指定的代理银行开设的账户,进行归口管理,所有财政资金的收支都通过这一账户体系进行集中收缴、拨付和清算,收入直接缴入国库或财政专户,支出通过国库单一账户体系支付到商品和劳务供应者或用款单位的运行模式。

目前,中国已建立了以国库集中收付制度为主体的现代国库框架,并以国库单一账户体系为基础、资金缴拨以国库集中收付为主要形式。

国库集中支付制度对行政事业单位会计、财政总预算会计产生了三方面的影响:

(1)影响核算内容。除了行政事业单位自行采购、自行支付的业务活动外,还增加了政府采购和集中支付的业务活动。

(2)影响会计核算基础。由于行政事业单位不涉及资金实际收付,按收付实现制确认预算收入和支付便失去了合理的基础,这为政府会计采用权责发生制提供了空间。

(3)影响政府会计的科目设置和报表体系。为如实反映国库集中支付业务,政府会计系统地调整了会计科目和财务报告体系。例如,在行政单位和事业单位会计科目中增设"零余额账户用款额度"和"财政应返还额度"等科目。

(二)国库体系

国家金库简称国库,是国家财政资金的出纳、保管机构,负责办理预算收入的收纳、划分、留解、退付和预算支出的拨付。

中国国库单一账户实行国家统一领导、分级管理的财政体制，原则上一级财政设立一级国库，包括总库、分库、中心支库和支库四级。中国人民银行总行经理总库；各省、自治区、直辖市中国人民银行分行经理分库；各省辖市、自治州和成立一级财政的地区，由市、地（州）中国人民银行分、支行经理中心支库；县（市）中国人民银行支行（城市区办事处）经理支库。

县级以上各级财政必须设立国库，具备条件的乡、民族乡、镇也应当设立国库。

（三）国库集中收付

中国实行国库集中收缴和集中支付制度。所有政府的收支都通过国库单一账户体系进行集中收缴、拨付和清算。

1. 政府收入的集中收缴

全部政府收入应缴入国库，对于法律有明确规定或者经国务院批准的特定专用资金，可以依照国务院的规定设立财政专户。

适应财政国库管理制度的改革要求，政府收入集中收缴分为直接缴库和集中汇缴。

（1）直接缴库。直接缴库的税收收入，由纳税人或税务代理人提出纳税申报，经征收机关审核无误后，由纳税人通过开户银行将税款缴入国库单一账户。直接缴库的其他收入，比照税收收入直接缴库程序缴入国库单一账户或财政专户。

（2）集中汇缴。小额零散税收和法律另有规定的应缴收入，由征收机关于收缴收入的当日，汇总缴入国库单一账户。非税收入中的现金缴款，比照小额零散税收收入集中汇缴程序缴入国库单一账户或财政专户。

2. 政府支出的集中支付

全部政府支出通过国库单一账户体系支付到商品和劳务供应者或用款单位。

按照不同的支付主体，对不同类型的支出应分别实行财政直接支付和财政授权支付。

（1）财政直接支付。财政直接支付，是指由财政部门开具支付令，通过国库单一账户体系，直接将财政资金支付到收款人（即商品和劳务供应者，下同）或用款单位账户。实行财政直接支付的支出包括：

①工资支出、购买支出以及中央对地方的专项转移支付，拨付企业大型工程项目或大型设备采购的资金等，直接支付到收款人；

②转移支出（中央对地方专项转移支出除外），包括中央对地方的一般性转移支付中的税收返还、原体制补助、过渡期转移支付、结算补助等支出，对企业的补贴和未指明购买内容的某些专项支出等，支付到用款单位（包括下级财政部门和预算单位）。

财政直接支付的基本流程如图 1-2 所示。

（2）财政授权支付。财政授权支付，是指由预算单位根据财政授权，自行开具支付令，通过国库单一账户体系中的单位零余额账户或财政专户将资金支付到收款人账户。

实行财政授权支付的支出包括未实行财政直接支付的购买支出和零星支出。如：

差旅费支出，指单位工作人员出差发生的费用支出，国内及境外学习、考察支出除外；

交通费支出，指单位车船等各类交通工具发生的费用支出，车辆维修、

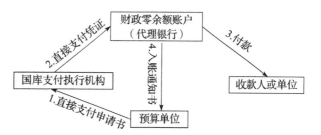

图 1-2　财政直接支付基本流程示意图

保险和刷卡加油除外；

　　劳务费支出，指单位向个人支付劳务发生的费用支出；

　　咨询费支出，指单位向个人咨询发生的费用支出；

　　奖励性支出，指单位向部分个人奖励发生的费用支出；

　　其他零星现金支出，指单位未包括上述支出范围的一些零星现金支出。

　　财政授权支付的基本流程如图 1-3 所示。

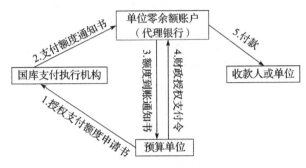

图 1-3　财政授权支付流程示意图

（四）国库单一账户体系

　　国库单一账户体系由 6 类账户构成，每类账户功能定位各异。

1. 财政部门开设的银行账户

　　（1）国库单一账户。财政部门在中国人民银行开设国库单一账户，按收入和支出设置分类账，收入账按预算科目进行明细核算，支出账按资金使用性质设立分账册。该类账户为国库存款账户，用于记录、核算和反映纳入预算管理的财政收入和支出活动，并用于与财政部门在商业银行开设的零余额账户进行清算，实现支付。

　　（2）财政零余额账户。财政部门按资金使用性质在商业银行开设的零余额账户，该类账户用于财政直接支付和与国库单一账户支出清算。财政零余额账户与国库单一账户相互配合，构成财政资金支付过程的基本账户。为了保证财政资金在支付实际发生前不流出国库单一账户，须先由代理银行支付，每日终了再由代理银行向国库单一账户进行清算。

　　（3）财政专户。财政专户是指财政部门为履行财政管理职能，在银行业金融机构开设用于管理核算特定资金的银行结算账户。该账户用于记录、核算和反映特定资金的收入和支出活动，由财政部门负责管理。代理银行根据财政部门的要求和支付指令，办理财政专户的收入和支出业务。其中，银行业金融机构，是指在中华人民共和国境内依法设立的商业银行、城市信用合作社、农村信用合作社等吸收公众存款的金融机构以及政策性银行。

　　预算单位不得将财政专户的资金转入本单位其他账户核算。

2. 财政部门为预算单位开设的银行账户

　　（1）单位零余额账户。财政部门按资金使用性质在商业银行为预算单位开设零余额账户，该类账户用于财政授权支付和清算。

　　（2）小额现金账户。财政部门在商业银行为预算单位开设小额现金账户，主要是方便预算单位日常发生的一些零星分散、数额小、支付频繁的支出。该类账户用于记录、核算和反映预算单位的零星支出活动，并用于与国库单一账户清算。

3. 特设银行账户

　　由于中国现处于改革和发展的关键时期，政策性支出项目较多，对资金的支出有特殊要求，经国务院或国务院授权财政部批准，特设置预算单位开设的特殊专户。该类账户用于记录、核算和反映预算单位的特殊专项支出活动，并用于与国库单一账户清算。预算单位不得将其他账户资金转入特设账户核算。

　　国库单一账户体系及其功能可归纳如图 1-4 所示。

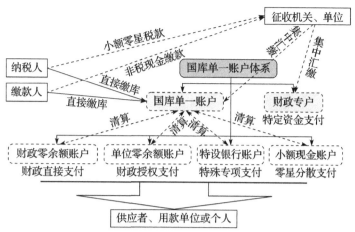

图 1-4　国库单一账户体系示意图

五、电子政务

大力发展电子政务已成为中国各级政府深化行政体制改革和进行管理创新的重要举措。在电子政务下，传统的政府与非营利组织管理方式必然受到挑战，要实现包括预算编制、收入支出管理、资金往来结算、会计核算与监督、对外数据接收、会计报表的编制与年终决算、后勤财务、工资统发、国库集中收付和政府采购等在内的业财一体化，要对业务流程进行整合，这为有效解决中国目前存在的信息公开量少、互动交流不足及公开途径比较单一等问题，推进会计流程的优化，促进会计信息公开，推动会计信息共享，提高中国电子政务信息公开服务效率提供了可能。

▶ 本章小结

社会治理结构的变革，使政府及非营利组织会计的作用日益凸显。政府及非营利组织不同于营利组织的营运环境、复杂多样的组织形式以及公民对政治民主和社会公平的日益关注，造就了政府及非营利组织会计不同于营利组织的会计体系和特征。政府与非营利组织会计以公共受托责任为基本会计目标，现金制、修正现金制、修正权责发生制、权责发生制等多种会计核算基础并存。由于非交换交易等业务的特殊性和公共受托责任的难以界定，政府与非营利组织资产、负债、净资产的会计确认和计量具有很大的难度和模糊性，收入与费用难以遵循配比原则。政府与非营利组织既有记账主体又有报告主体。随着中国政治经济体制改革的不断深入，财政可持续发展、政府收支分类改革、政府采购和国库集中收付制度和电子政务等因素推动着中国政府及非营利组织会计的整体变革。中国政府会计由预算会计和财务会计构成，通过政府会计准则与政府会计制度共同规范，政府预算会计和政府财务会计核算模式既适度分离又相互衔接。

▶ 关键术语

▶ 想一想，做一做

行政事业单位会计

第二章

行政事业单位会计概述

1. 了解行政单位会计的组织构成。
2. 了解事业单位及其分类。
3. 掌握行政单位会计科目及体系。
4. 掌握事业单位会计科目及体系。

▶ 开篇案例

小梅、小武和小芳的课后讨论

小梅、小武和小芳是同班同学，他们都是会计学专业大二的本科生。小梅的父亲是县卫生防疫站的医生，小武的母亲是国有三甲医院的内科医生，小芳的大姨是省红十字会的专职工作人员。他们在学习"政府与非营利组织会计"课程后进行了讨论。

小梅认为，她父亲的工作单位县卫生防疫站属于卫生局管辖，应适用《行政单位会计制度》。小武认为不对，认为县卫生防疫站应适用《事业单位会计制度》。小芳认为他们俩都不对，因为县卫生防疫站属于医疗部门，应适用《医院会计制度》。

小芳认为大姨的工作单位省红十字会属于非营利组织，应适用《民间非营利组织会计制度》，小武和小梅认为不对，他们认为应适用《事业单位会计制度》。

你同意他们的观点吗？学习本章后，请说出你的判断和依据。

第一节　行政事业单位会计的特点

一、行政事业单位概念

行政事业单位包括行政单位和事业单位。

（一）行政单位的概念

行政单位是进行国家行政管理、组织经济建设和文化建设、维护社会公共秩序的单位，是各级党的机关、人大机关、行政机关、政协机关、审判机关、检察机关和各民主党派机关的统称。我国的行政单位具体有：

（1）权力机关，各级人民代表大会。

（2）行政机关，是指依宪法和有关组织法的规定设置的，行使国家行政职权，负责对国家各项行政事务进行组织、管理、监督和指挥的国家机关。其主要包括：国务院及其所属各部委、各直属机构和办事机构；派驻国外的大使馆、代办处、领事馆和其他办事机构；地方各级人民政府及其所属的各工作部门；地方各级人民政府的派出机关，如专员公署、区公所、街道办事处、驻外地办事处；其他国家行政机关，如海关、商品检验局、劳改局（处）、公安消防队、公安机关、看守所、监狱、基层税务所、财政驻厂员、市场管理所等。

（3）司法机关，包括法院、检察院及有关功能部门。

（4）实行预算管理的其他机关、政党组织等，主要包括中国共产党、各民主党派以及共青团、妇联、工会等组织。各党派、人民团体和各种协会，虽不属于行政单位，但由于其经费由财政拨款，是按照公务员法管理的事业单位，其会计核算应当遵照行政单位会计制度执行。

（二）事业单位的概念及分类

1. 事业单位的概念

事业单位，是指承担公益服务的单位。它们不同于承担行政职能、使用行政编制的行政部门和进行生产经营的企业。有统计表明，中国有126万个事业单位，共计3 000多万正式职工中，教育、卫生和农技服务从业人员三项相加，占总人数的3/4，其中教育系统人员即达到一半左右，另有900万离退休人员，总数超过4 000万人。[⊖]

事业单位遍布中国各级政府及部门，如国务院共有社科院、中科院等直属事业单位14个，有国资委、科技部等相关部委29个，税务总局、市场监管总局等直属机构18个，以及部委管理的国家局10个。在这些机构下面，基本上都有数目不等的相关事业单位，具体可以分为以下几类：①教育事业单位；②科学事业单位；③文化事业单位；④体育事业单位；⑤广播电视事业单位；⑥新闻出版事业单位；⑦文物事业单位；⑧档案事业单位；⑨地震事业单位；⑩林业园林事业单位；⑪水利事业单位；⑫医疗卫生事业单位；⑬环保环卫事业单位；⑭房地产事业单位和其他事业单位。

事业单位使用事业编制，也不同于使用公务员编制的行政单位和企业自定编制。事业单位的编制可以分为全额事业单位、差额事业单位、自收自支事业单位三种。其中全额是指人员经费、工资福利等由财政全额供养的单位，差额单位和自收自支单位都具备一部分或者全部的生产经营职能，可以部分或者全部自给。在事业单位改革中，自收自支事业单位要进行转型，将承担的公益服务职能整合到其他事业单位，将承担的生产经营、收费、中介等职能推向社会，参与市场自由竞争。

2. 事业单位的分类

（1）按事业单位分类改革的规定。事业单位可分为行政类事业单位、公益类事业单位和生产经营类事业单位。

行政类事业单位，是指完全、主要或者部分承担行政职能的事业单位，目前省市县三级此类事业单位正在改革，要求将其承担的行政职能逐步划归行政机关行使，承担的公益

⊖　资料来源：http://www.offcn.com/zg/sydwzn/gaige.html。

服务职能保留，按其职能性质进行整合。

公益类事业单位，根据职责任务、服务对象和资源配置等情况，又分为公益一类和公益二类。

承担义务教育、基础性科研、公共文化、公共卫生及基层的基本医疗服务等基本公益服务，不能或不宜由市场配置资源的，划入公益一类。其资金由财政全额供给，不再允许其存在经营性活动。比如乡镇诊所、社区医院等属于基层的基本医疗服务等单位。

承担高等教育、非营利性医疗等公益服务，可部分由市场配置资源的，划入公益二类。公益二类事业单位，允许其部分市场配置资源，即有收费职能，但不允许进行以盈利为目的的生产经营活动，应剥离其承担的生产经营、中介、收费等职能，改制为企业运营，将其承担的公益服务职能进行整合。这类事业单位主要是差额或自收自支类的事业单位。今后，事业单位将实行"政事分开、政企分开、管办分离"的管理和运作模式，只承担公益服务职能。高校、职业教育、综合医院等属于此类。

生产经营类事业单位，是指由国家设立的从事生产经营性活动的事业单位，其生产的产品或提供的服务，可以由市场代替。这类事业单位多使用自收自支类事业编制。这类事业单位将全面改为企业，撤销机构，撤销自收自支和自定自筹类编制，推向市场，自主经营，自负盈亏。

（2）按事业单位使用的事业编制。事业单位可分为前述的全额事业单位、差额事业单位和自收自支事业单位三种。

《地方各级人民政府机构设置和编制管理条例》颁布之后，除法律规定的编制类型外，不允许地方政府使用自收自支、自定自筹类编制。

二、行政事业单位会计的特点

（一）行政单位会计的特点

与事业单位会计相比，行政单位会计有不少显著特点。

1. 业务内容的相对同质性

一般而言，行政单位代表政府行使公共权力，即依法从政府财政获取履行公共职责的资金，在履行公共受托责任过程中发生各种耗费或支出，其业务内容以资金来源、占用和使用为核心，没有事业单位可能发生的筹资、投资业务，业务相对较窄，业务内容比较相似。

2. 收支渠道的相对规范性

行政单位的收入主要来源于各级财政拨款，其次才是捐赠收入、利息收入、租金收入和其他收入，收入来源较窄，也比较规范。

代表政府履行公共受托职责是行政单位的基本职能，相应地，业务活动费用或行政支出是其资源耗费或资金支出最重要的组成部分，因此，其费用或支出的渠道也相对规范。

（二）事业单位会计的特点

与行政单位会计相比，事业单位会计有不少显著特点。

1. 业务内容的相对统一与多样性

业务内容的相对统一性是指事业单位会计不仅有货币资金、应收应付、存货、投资、固定资产、无形资产、借款等共同的常规业务形态。业务内容的多样性是指由于所处行业不同，事业单位的会计业务往往呈现显著的行业特征。例如，国有林场和苗圃、医疗卫生、中小学校、高等学校等不同行业事业单位的资产表现形式有所不同，成本与费用确认的差异极大，这是事业单位会计制度采用《政府会计制度——行政事业单位会计科目和报表》，与多项补充规定的重要现实基础。

2. 收入来源的渠道多

事业单位的收入是指事业单位开展业务及其他活动依法取得的非偿还性资金，来源主要依赖财政部门拨款，也可以自己创收，包括财政拨款收入、事业收入、上级补助收入、附属单位上缴收入、经营收入、投资收益、捐赠收入、利息收入、租金收入和其他收入等。

3. 开支的途径多

事业单位的开支途径比较多，既有资本性支出也有费用性支出；既有自身开展业务活动的业务活动开支，如业务活动费用或事业支出，又有转给其他单位的开支，对附属单位的开支、上缴上级开支；还有用于经营的开支、债务还本、税金和其他开支等。

4. 会计主体多元化

根据申报预算经费的部门或单位不同，事业单位可分为一级预算单位、二级预算单位和三级（基层）预算单位。一级预算单位是指向同级财政局汇总报送分月用款计划的预算单位。二级预算是指单向一级预算单位汇总报送分月用款计划且有下属单位的预算单位。三级预算单位也称基层预算单位，是指向二级预算单位或没有二级预算单位而直接向一级预算单位领报预算资金的基层单位。

相应地，事业单位会计主体也可依次分为一级、二级和三级（基层）会计主体。同时，就单个事业单位来看，资金来源渠道较多，支出方向也不单纯地用于本单位的支出需要。例如，红十字总会的会计适用《政府会计制度——行政事业单位会计科目和报表》，而红十字会下属的各具体基金（如"壹基金"等）适用《民间非营利组织会计制度》。因而，事业单位会计组织结构呈现多元化的特征。

三、行政事业单位会计核算的要求

行政事业单位应当根据政府会计准则（包括基本准则和具体准则）规定的原则和《政府会计制度——行政事业单位会计科目和报表》的要求，对其发生的各项经济业务或事项进行会计核算。

单位对基本建设投资应当按照本制度规定统一进行会计核算，不再单独建账，但是应当按项目单独核算，并保证项目资料完整。

单位会计核算应当具备财务会计与预算会计双重功能，实现财务会计与预算会计适度分离并相互衔接，全面、清晰反映单位财务信息和预算执行信息。

单位财务会计核算实行权责发生制；单位预算会计核算实行收付实现制，国务院另有规定的，依照其规定。

单位对于纳入部门预算管理的现金收支业务，在采用财务会计核算的同时应当进行预算会计核算；对于其他业务，仅需进行财务会计核算。

第二节　行政事业单位会计要素及会计科目

一、行政事业单位会计要素

行政事业单位会计要素包括财务会计要素和预算会计要素。

财务会计要素包括资产、负债、净资产、收入和费用。

预算会计要素包括预算收入、预算支出和预算结余。

二、行政单位会计科目

行政单位会计科目包括财务会计科目和预算会计科目。

财务会计科目包括资产类、负债类、净资产类、收入类和费用类共 5 大类。

预算会计科目包括预算收入类、预算支出类和预算结余类共 3 大类。

其中，有 2 个会计科目为行政单位独有，如表 2-1 中带"＊"号的会计科目，其余均为行政事业单位共用的会计科目。

具体科目名称及编号见表 2-1。

表 2-1　行政单位会计科目表

序号	编号	名称	序号	编号	名称
一、财务会计科目					
（一）资产类					
1	1001	库存现金	15	1611	工程物资
2	1002	银行存款	16	1613	在建工程
3	1011	零余额账户用款额度	17	1701	无形资产
4	1021	其他货币资金	18	1702	无形资产累计摊销
5	1201	财政应返还额度	19	1703	研发支出
6	1212	应收账款	20	1801	公共基础设施
7	1214	预付账款	21	1802	公共基础设施累计折旧（摊销）
8	1218	其他应收款	22	1811	政府储备物资
9	1301	在途物资	23	1821	文物文化资产
10	1302	库存物品	24	1831	保障性住房
11	1303	加工物品	25	1832	保障性住房累计折旧
12	1401	待摊费用	26	1891	受托代理资产
13	1601	固定资产	27	1901	长期待摊费用
14	1602	固定资产累计折旧	28	1902	待处理财产损溢
（二）负债类					
29	2101	应交增值税	35	2307	其他应付款
30	2102	其他应交税费	36	2401	预提费用
31	2103	应缴财政款	37	2502	长期应付款
32	2201	应付职工薪酬	38	2601	预计负债
33	2302	应付账款	39	2901	受托代理负债
34	2303	应付政府补贴款＊			
（三）净资产类					
40	3001	累计盈余	43	3401	无偿调拨净资产
41	3301	本期盈余	44	3501	以前年度盈余调整
42	3302	本年盈余分配			
（四）收入类			（五）费用类		
45	4001	财政拨款收入	51	5001	业务活动费用
46	4601	非同级财政拨款收入	52	5301	资产处置费用
47	4603	捐赠收入	53	5901	其他费用
48	4604	利息收入			
49	4605	租金收入			
50	4609	其他收入			

（续）

序号	编号	名称	序号	编号	名称
二、预算会计科目					
（一）预算收入类			（二）预算支出类		
1	6001	财政拨款预算收入	4	7101	行政支出 *
2	6601	非同级财政拨款预算收入	5	7901	其他支出
3	6609	其他预算收入			
（三）预算结余类					
6	8001	资金结存	9	8201	非财政拨款结转
7	8101	财政拨款结转	10	8202	非财政拨款结余
8	8102	财政拨款结余	11	8501	其他结余

三、事业单位会计科目

事业单位会计科目也包括 5 大类财务会计科目和 3 大类预算会计科目。

其中，有 39 个会计科目为事业单位独有，如表 2-2 中带"*"号的会计科目，其余均为行政事业单位共用的会计科目。

具体科目名称及编号见表 2-2。

表 2-2　事业单位会计科目表

序号	编号	名称	序号	编号	名称
一、财务会计科目					
（一）资产类					
1	1001	库存现金	18	1501	长期股权投资 *
2	1002	银行存款	19	1502	长期债券投资 *
3	1011	零余额账户用款额度	20	1601	固定资产
4	1021	其他货币资金	21	1602	固定资产累计折旧
5	1101	短期投资 *	22	1611	工程物资
6	1201	财政应返还额度	23	1613	在建工程
7	1211	应收票据 *	24	1701	无形资产
8	1212	应收账款	25	1702	无形资产累计摊销
9	1214	预付账款	26	1703	研发支出
10	1215	应收股利 *	27	1801	公共基础设施
11	1216	应收利息 *	28	1802	公共基础设施累计折旧（摊销）
12	1218	其他应收款	29	1811	政府储备物资
13	1219	坏账准备 *	30	1821	文物文化资产
14	1301	在途物资	31	1831	保障性住房
15	1302	库存物品	32	1832	保障性住房累计折旧
16	1303	加工物品	33	1891	受托代理资产
17	1401	待摊费用	34	1901	长期待摊费用
			35	1902	待处理财产损溢
（二）负债类					
36	2001	短期借款 *	38	2102	其他应交税费
37	2101	应交增值税	39	2103	应缴财政款

（续）

序号	编号	名称	序号	编号	名称
40	2201	应付职工薪酬	46	2401	预提费用
41	2301	应付票据 *	47	2501	长期借款 *
42	2302	应付账款	48	2502	长期应付款
43	2304	应付利息 *	49	2601	预计负债
44	2305	预收账款 *	50	2901	受托代理负债
45	2307	其他应付款			
（三）净资产类					
51	3001	累计盈余	55	3302	本年盈余分配
52	3101	专用基金 *	56	3401	无偿调拨净资产
53	3201	权益法调整 *	57	3501	以前年度盈余调整
54	3301	本期盈余			
（四）收入类					
58	4001	财政拨款收入	63	4602	投资收益 *
59	4101	事业收入 *	64	4603	捐赠收入
60	4201	上级补助收入 *	65	4604	利息收入
61	4301	附属单位上缴收入 *	66	4605	租金收入
62	4401	经营收入 *	67	4609	其他收入
	4601	非同级财政拨款收入			
（五）费用类					
68	5001	业务活动费用	72	5401	上缴上级费用 *
69	5101	单位管理费用 *	73	5501	对附属单位补助费用 *
70	5201	经营费用 *	74	5801	所得税费用 *
71	5301	资产处置费用	75	5901	其他费用
二、预算会计科目					
（一）预算收入类					
1	6001	财政拨款预算收入	5	6401	经营预算收入 *
2	6101	事业预算收入 *	6	6501	债务预算收入 *
3	6201	上级补助预算收入 *	7	6602	投资预算收益 *
4	6301	附属单位上缴预算收入 *	8	6609	其他预算收入
（二）预算支出类					
10	7201	事业支出 *	14	7601	投资支出 *
11	7301	经营支出 *	15	7701	债务还本支出 *
12	7401	上缴上级支出 *	16	7901	其他支出
13	7501	对附属单位补助支出 *			
（三）预算结余类					
17	8001	资金结存	22	8301	专用结余 *
18	8101	财政拨款结转	23	8401	经营结余 *
19	8102	财政拨款结余	24	8501	其他结余
20	8201	非财政拨款结转	25	8701	非财政拨款结余分配 *
21	8202	非财政拨款结余			

四、行政事业单位会计科目的使用要求

行政事业单位应当按照下列规定运用会计科目：

（1）单位应当按照《政府会计制度——行政事业单位会计科目和报表》的规定设置和使用会计科目。在不影响会计处理和编制报表的前提下，单位可以根据实际情况自行增设或减少某些会计科目。

（2）单位应当执行《政府会计制度——行政事业单位会计科目和报表》统一规定的会计科目编号，以便于填制会计凭证、登记账簿、查阅账目，实行会计信息化管理。

（3）单位在填制会计凭证、登记会计账簿时，应当填列会计科目的名称，或者同时填列会计科目的名称和编号，不得只填列会计科目编号或不填列会计科目名称。

（4）单位设置明细科目或进行明细核算，除遵循《政府会计制度——行政事业单位会计科目和报表》规定外，还应当满足权责发生制政府部门财务报告和政府综合财务报告编制的其他需要。

▶ 本章小结

行政单位是进行国家行政管理、组织经济建设和文化建设、维护社会公共秩序的单位，包括权力机关、行政机关、司法机关、检察机关以及实行预算管理的其他机关、政党组织等。事业单位，是指承担公益服务的单位。按事业单位分类改革的规定，其可分为行政类事业单位、公益类事业单位、生产经营类事业单位；按使用的事业编制，其可分为全额事业单位、差额事业单位和自收自支事业单位。

与事业单位会计相比，行政单位会计具有业务内容相对同质和收支渠道相对规范的特点，而事业单位会计则具有业务内容的相对统一与多样性、收入来源的渠道多、开支的途径多、会计主体多元化的特点。行政事业单位的会计核算应当具备财务会计与预算会计双重功能，实现财务会计与预算会计适度分离并相互衔接，全面、清晰反映单位财务信息和预算执行信息。行政事业单位的财务会计要素包括资产、负债、净资产、收入和费用。预算会计要素包括预算收入、预算支出和预算结余。每类要素下都设置若干会计科目，其中，大部分为行政事业单位共同使用的会计科目，少部分为专属于行政单位的会计科目，如行政支出和应付政府补贴款，也有专属于事业单位的会计科目，如与事业收入与支出、投资业务、银行借款、经营业务、上级补助业务、附属单位业务以及结余分配等业务有关的会计科目。

▶ 关键术语

▶ 想一想，做一做

第三章

行政单位的收入、费用与支出

▶ **学习目标** ◀

1. 理解行政单位财务会计收入与预算会计收入项目及其内容。
2. 理解行政单位财务会计收入与预算会计收入、费用与支出的对应关系。
3. 掌握财政拨款收入与财政拨款预算收入科目的明细科目的设置方法。
4. 掌握业务活动费用与行政支出科目的明细科目的设置方法。
5. 掌握行政单位财务会计收入与预算会计收入、费用与支出的账务处理。

▶ **开篇案例**

教育部给哪所大学的教育经费最多？清华排名第一！

不同类型的高校科研经费也不同，越是重点高校，科研经费越多。但同样是教育部直属高校，拨的经费也会不同。2017 年，财政部给各大学拨付的经费如表 3-1 所示。

表 3-1　财政部给各大学拨付的经费　　　　　　　（单位：亿元）

序号	大学	教育经费拨款	科研经费	教育事业收入	经费总计
1	清华大学	29.9	50.79	12.2	92.89
2	浙江大学	23.04	41.23	7.7	71.97
3	北京大学	27.78	27.24	9.5	64.52
4	上海交通大学	20.58	33.48	7.8	61.86
5	华中科技大学	23.61	24.59	6.9	55.1
6	复旦大学	19.27	25.67	7.1	52.04
7	四川大学	23.56	21.61	6.3	51.47
8	同济大学	15.93	26.34	6.4	48.67
9	吉林大学	28.43	15.13	5.1	48.66
10	武汉大学	23.85	14.73	8.2	46.78
11	中山大学	18.42	19.3	8.4	46.12

（续）

序号	大学	教育经费拨款	科研经费	教育事业收入	经费总计
12	山东大学	25.33	13.31	5.6	44.24
13	中南大学	19.91	12.72	4.3	36.93
14	东南大学	13.95	18.41	2.4	34.76
15	西安交通大学	16.27	15.23	3.2	34.7
16	华南理工大学	14.27	14.04	4.8	33.11
17	南京大学	14.49	14.99	3	32.48
18	西南大学	18.86	4.39	6.7	29.95
19	重庆大学	15.48	7.7	5.2	28.38
20	武汉理工大学	16.73	7.68	3.8	28.21

请问：教育部拨付各大学经费时，应怎样进行会计处理？

资料来源：中国自主招生网.教育部给哪所大学的教育经费最多？清华排名第一！［EB/OL］.（2017-08-14）.
http://www.sohu.com/a/164475124_334498.

第一节　行政单位的财务会计收入与预算会计收入

一、行政单位收入的内容

行政单位有两种不同口径的收入：一种是以权责发生制为基础的财务会计收入，另一种是以收付实现制为基础的预算会计收入。

（一）财务会计收入

财务会计的收入包括财政拨款收入、非同级财政拨款收入、捐赠收入、利息收入、租金收入和其他收入。

其中：

财政拨款收入是指行政单位应收的或实际收到的来自同级财政部门的各类财政拨款。

非同级财政拨款收入是指行政单位从非同级财政部门应收或实际收到的各类财政拨款，如从上级财政取得的拨款。

捐赠收入是行政单位收到的其他单位、企业或社会公众等捐赠的货币资金或物资。

利息收入是指行政单位发生的银行存款的利息。

租金收入是指行政单位对外出租资产应收或实际收取的租金。

其他收入是指行政单位收到的除财政拨款收入、非同级财政拨款收入、捐赠收入、利息收入、租金收入以外的各种款项。

（二）预算会计收入

预算会计的收入包括财政拨款预算收入、非同级财政拨款预算收入和其他预算收入。

其中：

财政拨款预算收入是指行政单位实际收到的来自同级财政部门的各类财政拨款。

非同级财政拨款预算收入是行政单位实际收到的来自非同级财政部门的各类财政拨款。

其他预算收入是指行政单位收到的除财政拨款预算收入和非同级财政预算拨款收入以外的款项。

(三) 财务会计收入与预算会计收入的平行核算

行政单位发生的每项收入业务，既应按权责发生制核算财务会计的收入，也应按收付实现制核算预算会计的收入。因此，财务会计的收入科目与预算收入的科目之间存在基于经济业务的对应关系，如图3-1所示：

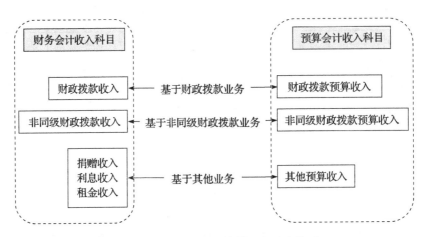

图 3-1　核算收入的会计科目的对应关系

二、财政拨款收入与财政拨款预算收入

(一) 账户设置

1. 财政拨款收入

单位应设置"财政拨款收入"科目核算单位从同级政府财政部门取得的各类财政拨款。期末结转后，科目应无余额。

同级政府财政部门预拨的下期预算款和没有纳入预算的暂付款项，以及采用实拨资金方式通过本单位转拨给下属单位的财政拨款，应通过"其他应付款"科目核算，不通过本科目核算。

该科目可按照一般公共预算财政拨款、政府性基金预算财政拨款等拨款种类进行明细核算。

2. 财政拨款预算收入

单位应设置"财政拨款预算收入"科目核算单位从同级政府财政部门取得的各类财政拨款。年末结转后，科目应无余额。

该科目应当设置"基本支出"和"项目支出"两个明细科目，并按照《分类科目》中"支出功能分类科目"的项级科目进行明细核算，同时，在"基本支出"明细科目下按照"人员经费"和"日常公用经费"进行明细核算，在"项目支出"明细科目下按照具体项目进行明细核算。

有一般公共预算财政拨款、政府性基金预算财政拨款等两种或两种以上财政拨款的单位，还应当按照财政拨款的种类进行明细核算。

(二) 账务处理

1. 财政直接支付方式下

根据收到的"财政直接支付入账通知书"及相关原始凭证，按照通知书中的直接支付入账金额，编制财务会计分录为：

财政拨款收入	财政拨款预算收入
借：库存物品 　　固定资产 　　业务活动费用 　　应付职工薪酬 　贷：财政拨款收入	借：行政支出 　贷：财政拨款预算收入

涉及增值税业务的，相关账务处理参见"应交增值税"科目。

年末，根据本年度财政直接支付预算指标数与当年财政直接支付实际支付数的差额，

财政拨款收入	财政拨款预算收入
借：财政应返还额度——财政直接支付 　贷：财政拨款收入	借：资金结存——财政应返还额度 　贷：财政拨款预算收入

【例 3-1】 某市工商局收到财政部门委托代理银行转来的财政直接支付入账通知单，财政部门为该单位支付了为开展日常行政活动所发生的经费 88 000 元及专项专业业务活动所发生的经费 590 000 元。这两项经费分别在《分类科目》支出功能分类科目中的类款项"一般公共服务支出——商贸事务——行政运行"和"一般公共服务支出——市场监督管理事务——市场监督管理专项"科目中反映。该工商局只有一般公共预算财政拨款这种拨款类型。

市工商局应编制财务会计分录为：

借：业务活动费用 678 000
　贷：财政拨款收入——一般公共预算财政拨款 678 000

市工商局应编制预算会计分录为：

借：行政支出 678 000
　贷：财政拨款预算收入
　　　——基本支出——行政运行——日常公用经费 88 000
　　　——项目支出——市场监督管理专项 590 000

【例 3-2】 某市卫生局 2019 年度被市财政局批复的年度预算为 5 000 000 元。1 月 10 日，收到市财政局代理银行的财政直接支付入账通知单，支付 1 月份员工工资福利 180 000 元和集中采购的办公用品价款 300 000 元，不能抵扣的增值税 39 000 元。员工工资福利和办公用品在《分类科目》支出功能分类科目中的类款项"卫生健康支出——卫生健康管理事务——行政运行"中反映。该卫生局有一般公共预算财政拨款和政府性基金预算拨款等两种拨款类型。年末，代理银行与人民银行国库清算后，根据代理银行提供的对账单，2019 年度直接支付总额为 4 800 000 元。

市卫生局应编制财务会计分录为：

借：库存物品 339 000
　　应付职工薪酬 180 000
　贷：财政拨款收入——一般公共预算财政拨款 519 000
年末
借：财政应返还额度——财政直接支付 200 000
　贷：财政拨款收入——一般公共预算财政拨款 200 000

　　市卫生局应编制预算会计分录为：

借：行政支出	519 000	
贷：财政拨款预算收入		519 000

"财政拨款预算收入"明细账同时登记如下：

一般公共预算财政拨款——基本支出——行政运行——人员经费	180 000	
——日常公用经费	339 000	

年末

借：资金结存——财政应返还额度	200 000	
贷：财政拨款预算收入——一般公共预算财政拨款		200 000

2. 财政授权支付方式下

财政拨款收入	财政拨款预算收入
根据收到的"财政授权支付额度到账通知书"，按照通知书中的授权支付额度	
借：零余额账户用款额度 　　贷：财政拨款收入	借：资金结存——零余额账户用款额度 　　贷：财政拨款预算收入
年末，本年度财政授权支付预算指标数大于零余额账户用款额度下达数的，根据未下达的用款额度	
借：财政应返还额度——财政授权支付 　　贷：财政拨款收入	借：资金结存——财政应返还额度 　　贷：财政拨款预算收入

　　【例 3-3】 某市卫生局 2019 年度被市财政局批复的年度授权支付额度为 200 000 元。1 月 5 日收到财政授权支付额度到账通知书，已有 150 000 元额度到账。1 月 8 日通过授权支付方式支付 1 月用于机关后勤的零星开支 100 000 元。年末，代理银行与中国人民银行国库清算后，根据代理银行提供的对账单，2019 年度授权支付总额为 140 000 元。

　　市卫生局应编制财务会计分录为：

1 月 5 日

借：零余额账户用款额度	150 000	
贷：财政拨款收入——一般公共预算财政拨款		150 000

1 月 8 日

借：业务活动费用	100 000	
贷：零余额账户用款额度		100 000

年末

借：财政应返还额度——财政授权支付	50 000	
贷：财政拨款收入		50 000

　　市卫生局应编制预算会计分录为：

借：资金结存——零余额账户用款额度	150 000	
贷：财政拨款预算收入		150 000
借：行政支出	100 000	
贷：资金结存——零余额账户用款额度		100 000

年末

借：资金结存——财政应返还额度	50 000	
贷：财政拨款预算收入		50 000

3. 其他方式下

财政拨款收入	财政拨款预算收入
收到款项时，按照实际收到的拨款金额	
借：银行存款 　贷：财政拨款收入	借：资金结存——货币资金 　贷：财政拨款预算收入
单位收到下期预算的财政预拨款，应当在下个预算期，按照预收的金额	
—	借：资金结存——货币资金 　贷：财政拨款预算收入

4. 因差错更正或购货退回等发生国库直接支付款项退回

财政拨款收入	财政拨款预算收入
属于以前年度支付的款项，按照退回金额	
借：财政应返还额度——财政直接支付 　贷：以前年度盈余调整 　　　库存物品	—
属于本年度支付的款项，按照退回金额	
借：财政拨款收入 　贷：业务活动费用 　　　库存物品	借：财政拨款预算收入 　贷：行政支出

【例 3-4】某市公安局 2019 年 3 月 24 日，因差错更正 2018 年度需退回国库 200 000 元。3 月 30 日因 2019 年 1 月 10 日所购货物退回 50 000 元，所购货物价款已由供应商退还国库。

市公安局应编制分录为：

财务会计	预算会计
3 月 24 日 借：财政应返还额度——财政直接支付 200 000 　贷：以前年度盈余调整　　　　　200 000	—
3 月 30 日 借：财政拨款收入　　　　50 000 　贷：库存物品　　　　　　　50 000	3 月 30 日 借：财政拨款预算收入　　　50 000 　贷：行政支出　　　　　　　50 000

5. 期末结清收入

财政拨款收入	财政拨款预算收入
借：财政拨款收入 　贷：本期盈余	借：财政拨款预算收入 　贷：财政拨款结转——本年收支结转

【例 3-5】年终，市科技局收入科目结账前"财政拨款收入——一般公共预算财政拨款"余额为 4 800 000 元，"财政拨款收入——政府性基金预算财政拨款"余额为 200 000 元，"财政拨款预算收入——基本支出——人员经费"余额 3 000 000 元，"财政拨款预算收入——项目支出——A 项目"2 000 000 元。

市科技局应编制财务会计分录为：

借：财政拨款收入——一般公共预算财政拨款　　　4 800 000
　　　　　　——政府性基金预算财政拨款　　　200 000
　贷：本期盈余　　　　　　　　　　　　　　　　　　　5 000 000

市科技局应编制预算会计分录为：

借：财政拨款预算收入——基本支出——人员经费　　　3 000 000

　　　　　　　　　　——项目支出——A 项目　　　2 000 000

　　贷：财政拨款结转——本年收支结转　　　　　　　　　　　　　　5 000 000

三、非同级财政拨款收入与非同级财政拨款预算收入

（一）账户设置

1. 非同级财政拨款收入

单位应设置"非同级财政拨款收入"科目核算单位从非同级政府财政部门取得的经费拨款，包括从同级政府其他部门取得的横向转拨财政款、从上级或下级政府财政部门取得的经费拨款等。期末结转后，科目应无余额。

该科目应当按照本级横向转拨财政款和非本级财政拨款进行明细核算，并按照收入来源进行明细核算。

2. 非同级财政拨款预算收入

单位应设置"非同级财政拨款预算收入"科目核算单位从非同级政府财政部门取得的财政拨款，包括本级横向转拨财政款和非本级财政拨款。期末结转后，科目应无余额。

该科目应当按照非同级财政拨款预算收入的类别、来源、《分类科目》中"支出功能分类科目"的项级科目等进行明细核算。非同级财政拨款预算收入中如有专项资金收入，还应按照具体项目进行明细核算。

（二）账务处理

非同级财政拨款收入	非同级财政拨款预算收入
按照应收或实际收到的金额确认收入	
借：其他应收款 　　银行存款 　贷：非同级财政拨款收入	借：资金结存——货币资金 　贷：非同级财政拨款预算收入
期末结清科目本期发生额	
借：非同级财政拨款收入 　贷：本期盈余	借：非同级财政拨款预算收入——专项资金收入 　贷：非财政拨款结转——本年收支结转 借：非同级财政拨款预算收入——非专项资金收入 　贷：其他结余

【例3-6】某市文化局向文化部申请的地方非物质文化保护专项经费已获批立项，由中央财政下拨立项经费 800 000 元，但该专项资金尚未下拨。年末，"非同级财政拨款预算收入"科目余额中，专项资金明细账余额共计 19 000 000 元，非专项资金明细账余额共计 6 000 000 元。

文化局应编制财务会计分录为：

立项时

借：其他应收款　　　　　　　　　　　　　　　800 000

　贷：非同级财政拨款收入　　　　　　　　　　　　　　　800 000

文化局应编制预算会计分录为：

借：非同级财政拨款预算收入——专项资金收入　　　19 000 000

　　　　　　　　　　　　——非专项资金收入　　　6 000 000

　贷：非财政拨款结转——本年收支结转　　　　　　　　　19 000 000

　　　其他结余　　　　　　　　　　　　　　　　　　　6 000 000

四、捐赠收入、利息收入、租金收入和其他收入与其他预算收入

（一）账户设置

1. 捐赠收入

单位应设置"捐赠收入"科目核算单位接受其他单位或者个人捐赠取得的收入。期末结转后，科目应无余额。

该科目应当按照捐赠资产的用途和捐赠单位等进行明细核算。

2. 利息收入

单位应设置"利息收入"科目核算单位取得的银行存款利息收入。期末结转后，科目应无余额。

3. 租金收入

单位应设置"租金收入"科目核算单位经批准利用国有资产出租取得并按照规定纳入本单位预算管理的租金收入。期末结转后，科目应无余额。

该科目应当按照出租国有资产类别和收入来源等进行明细核算。

4. 其他收入

单位应设置"其他收入"科目核算单位取得的除财政拨款收入、捐赠收入、利息收入、租金收入以外的各项收入，包括现金盘盈收入、行政单位收回已核销的其他应收款、无法偿付的应付、置换换出资产评估增值等。期末结转后，科目应无余额。

该科目应当按照其他收入的类别、来源等进行明细核算。

5. 其他预算收入

单位应设置"其他预算收入"科目核算单位除财政拨款预算收入、非同级财政拨款预算收入之外的纳入部门预算管理的现金流入，包括捐赠预算收入、利息预算收入、租金预算收入、现金盘盈收入等。期末结转后，科目应无余额。

该科目应当按照其他收入类别、《分类科目》中"支出功能分类科目"的项级科目等进行明细核算。其他预算收入中如有专项资金收入，还应按照具体项目进行明细核算。

单位发生的捐赠预算收入、利息预算收入、租金预算收入金额较大或业务较多的，可单独设置"6603 捐赠预算收入""6604 利息预算收入""6605 租金预算收入"等科目。

（二）账务处理

1. 接受捐赠

捐赠收入	其他预算收入
按照实际收到的货币资金金额	
借：银行存款 　　库存现金 　贷：捐赠收入	借：资金结存——货币资金 　贷：其他预算收入
接受捐赠的存货、固定资产等非现金资产	
借：库存物品（确定的成本） 　　固定资产（确定的成本） 　贷：银行存款（相关税费） 　　　捐赠收入（差额）	支付的相关税费等 借：其他支出 　贷：资金结存

捐赠收入	其他预算收入
接受捐赠的资产按照名义金额入账的	
按照名义金额 借：库存物品 　　固定资产 　贷：捐赠收入 同时，按照发生的相关税费、运输费等 借：其他费用 　贷：银行存款	支付的相关税费等 借：其他支出 　贷：资金结存

2. 取得利息

利息收入	其他预算收入
取得银行存款利息时，按照实际收到的金额	
借：银行存款 　贷：利息收入	借：资金结存——货币资金 　贷：其他预算收入

【例 3-7】 某县民政局取得银行存款利息收入 2 000 元，收到对该县抗日及抗美援朝军人的社会捐款 210 000 元，节假日慰问物资 40 000 元，接收捐赠物资过程中民政局用现金支付了运杂费 200 元。

县民政局应编制会计分录为：

财务会计		预算会计	
借：银行存款　　　　　　2 000		借：资金结存——货币资金　212 000	
贷：利息收入　　　　　　　　2 000		贷：其他预算收入　　　　　　212 000	
借：银行存款　　　　　　210 000		借：其他支出　　　　　　　　200	
库存物品　　　　　　40 000		贷：资金结存——货币资金　　　200	
贷：捐赠收入——军人　　　249 800			
库存现金　　　　　　　200			

3. 获取租金

租金收入。国有资产出租收入，应当在租赁期内各个期间按照直线法予以确认。涉及增值税业务的，相关账务处理参见"应交增值税"科目。

采用预收租金方式的，预收租金时，按照收到的金额 借：银行存款 　贷：预收账款 分期确认租金收入时，按照各期租金金额 借：预收账款 　贷：租金收入	采用后付租金方式的，每期确认租金收入时，按照各期租金金额 借：应收账款 　贷：租金收入 收到租金时，按照实际收到的金额 借：银行存款 　贷：应收账款 采用分期收取租金方式的，每期收取租金时，按照租金金额 借：银行存款 　贷：租金收入
其他预算收入，实际收到时，按收到的金额 借：资金结存——货币资金 　贷：其他预算收入	

4. 现金盘盈

每日现金账款核对中发现的现金溢余，属于无法查明原因的部分，报经批准后，借记"待处理财产损溢"科目，贷记"其他收入"科目。

	其他收入	其他预算收入
发现时	借：库存现金 　贷：待处理财产损溢	借：资金结存——货币资金 　贷：其他预算收入
经核实，属于应支付给有关个人和单位的部分，按照实际支付的金额	借：待处理财产损溢 　贷：其他应付款 借：其他应付款 　贷：银行存款	借：其他预算收入 　贷：资金结存——货币资金
属于无法查明原因的部分，报经批准后	借：待处理财产损溢 　贷：其他收入	—

5. 科技成果转化

其他收入	其他预算收入
单位科技成果转化所取得的收入，按照规定留归本单位的，按照所取得收入扣除相关费用之后的净收益 借：银行存款 　贷：其他收入	收到时，按收到的金额 借：资金结存——货币资金 　贷：其他预算收入

6. 收回已核销的其他应收款

其他收入	其他预算收入
行政单位已核销的其他应收款在以后期间收回的，按照实际收回的金额 借：银行存款 　贷：其他收入	收到时，按收到的金额 借：资金结存——货币资金 　贷：其他预算收入

7. 无法偿付的应付及预收款项

其他收入	其他预算收入
无法偿付或债权人豁免偿还的应付账款、其他应付款及长期应付款 借：应付账款 　　其他应付款 　　长期应付款 　贷：其他收入	—

【例3-8】某县教育局2019年7月31日临时出租会议室收取租金2 000元，当日现金盘点发现盘盈100元，从市教育局取得专门用于该县中小学多媒体教学设施的专项资金850 000元。8月5日，经核实，盘盈的现金为少付给张三的医药费报销款，县教育局随后用现金支付给了张三本人。

县教育局应编制会计分录为：

财务会计	预算会计
2019 年 7 月 31 日 借：银行存款　　　　　　852 000 　　贷：租金收入　　　　　　　　2 000 　　　　其他收入　　　　　　850 000 借：库存现金　　　　　　　　100 　　贷：待处理财产损溢　　　　　　100	2019 年 7 月 31 日 借：资金结存——货币资金　　852 100 　　贷：其他预算收入　　　　　　852 100
8 月 5 日 借：待处理财产损溢　　　　　100 　　贷：其他应付款　　　　　　　　100 借：其他应付款　　　　　　　100 　　贷：库存现金　　　　　　　　　100	8 月 5 日 借：其他预算收入　　　　　　　100 　　贷：资金结存——货币资金　　　100

8. 期末结清收入科目本期发生额

捐赠收入	其他预算收入
借：捐赠收入 　　利息收入 　　租金收入 　　其他收入 　　贷：本期盈余	分两种情况处理： 借：其他预算收入——专项资金收入 　　贷：非财政拨款结转——本年收支结转 借：其他预算收入——非专项资金收入 　　贷：其他结余

【例 3-9】年终，市技术监督局有关收入科目结账前余额如下表所示：

科目	贷方余额
捐赠收入	587 000
利息收入	20 000
租金收入	366 000
其他收入	1 508 000
其他预算收入——专项资金收入	1 000 000
——非专项资金收入	300 000

市技术监督局应编制会计分录为：

财务会计	预算会计
借：捐赠收入　　　　587 000 　　利息收入　　　　　20 000 　　租金收入　　　　366 000 　　其他收入　　　1 508 000 　　贷：本期盈余　　　　　　2 481 000	借：其他预算收入——专项资金收入　1 000 000 　　　　　　　　——非专项资金收入　300 000 　　贷：非财政拨款结转——本年收支结转　1 000 000 　　　　其他结余　　　　　　　　　　300 000

第二节　行政单位的费用与支出

一、行政单位费用与支出的内容

（一）财务会计的费用内容

行政单位的费用是以权责发生制为核算基础形成的，属于财务会计的口径，包括业务活动费用、资产处置费用和其他费用。

其中，业务活动费用是指行政单位为实现其职能目标，依法履职或开展专业业务活动及其辅助活动所发生的各项费用，如工资薪酬、办公费用等。

资产处置费用是指行政单位处置各种资产过程中发生的各项费用，如处置资产的账面价值、处置过程中发生的相关税费、处置收入等。

其他费用是指行政单位发生的除业务活动费用和资产处置费用以外的费用，如利息费用、罚没支出、现金资产捐赠支出等。

（二）预算会计的支出内容

行政单位的支出是以收付实现制为核算基础形成的，属于预算会计的口径，包括行政支出和其他支出。

其中，行政支出是指行政单位为实现其职能目标，依法履职或开展专业业务活动及其辅助活动所支付的各项费用。

其他支出是指行政单位支付的除行政支出以外的各项支出，如资产处置过程的支出、利息支出、现金捐赠支出等。

（三）财务会计费用与预算会计支出的平行核算

行政单位既应按权责发生制核算财务会计的费用，也应按收付实现制核算预算会计的支出。因此，财务会计的费用科目与预算会计的支出科目之间存在基于经济业务的对应关系，如图3-2所示。

图 3-2　核算费用、支出的会计科目对应关系

二、预算支出的分类

为全面反映单位各项预算支出的内容，分析和考核各项支出的实际发生和使用效果，提高单位资金使用的社会效益和经济效益，了解支出的不同分类是很有必要的，这些分类适用于行政及事业单位的支出分类。

1. 按《分类科目》的部门预算支出经济分类划分

以《分类科目》部门预算支出经济分类为标准，单位的支出可分为工资福利支出（301）、商品和服务支出（302）、对个人和家庭的补助（303）、债务利息及费用支出（307）、资本性支出（基本建设）（309）、资本性支出（310）、对企业补助（基本建设）（311）、对企业补助（312）、对社会保障基金补助（313）和其他支出（399）共10个类级科目，类级科目下再设款级科目，从类级科目到款级科目，内容逐级细化。

2. 按部门预算要求进行的分类

按部门预算要求，费用及支出分为基本支出和项目支出两类。基本支出包括人员经费预算支出和日常办公经费预算支出。人员经费预算支出由工资福利支出和对个人和家庭的补助组成。日常办公经费预算支出由商品和服务支出、基本建设支出和其他资本性支出组成。项目支出根据需要选择使用工资福利支出、商品和服务支出、基本建设支出、其他资本性支出类级科目及有关的款级科目。

3. 按不同经费来源的分类

按不同的经费来源，单位的费用及支出可分为财政拨款支出、非同级财政拨款和其他资金支出。

其中，财政拨款支出可分为一般预算经费支出和基金预算经费支出。一般预算经费支出是指行政单位使用财政一般预算拨入经费而发生的经费支出；基金预算经费支出是指行政单位使用财政基金预算拨入经费而发生的经费支出。

非同级财政拨款是指使用上级财政或下级财政拨款发生的专项支出。

其他资金支出是指行政单位使用除了财政拨款或非同级财政拨款外发生的经费支出。

三、业务活动费用与行政支出

（一）账户设置

1. 业务活动费用

行政单位应设置"业务活动费用"科目核算单位为实现其职能目标，依法履职或开展专业业务活动及其辅助活动所发生的各项费用。期末结转后，科目应无余额。

该科目应当按照项目、服务或者业务类别、支付对象等进行明细核算。

为了满足成本核算需要，该科目下还可按照"工资福利费用""商品和服务费用""对个人和家庭的补助费用""对企业补助费用""固定资产折旧费""无形资产摊销费""公共基础设施折旧（摊销）费""保障性住房折旧费""计提专用基金"等成本项目设置明细科目，归集能够直接计入业务活动或采用一定方法计算后计入业务活动的费用。

2. 行政支出

行政单位应设置"行政支出"科目核算行政单位履行其职责实际发生的各项现金流出。年末结转后，科目应无余额。

该科目应当分别按照"财政拨款支出""'非财政专项资金支出'和'其他资金支出'""'基本支出'和'项目支出'"等进行明细核算，并按照《分类科目》中"支出功能分类科目"的项级科目进行明细核算；"基本支出"和"项目支出"明细科目下应当按照《分类科目》中"部门预算支出经济分类科目"的款级科目进行明细核算，同时在"项目支出"明细科目下按照具体项目进行明细核算。

有一般公共预算财政拨款、政府性基金预算财政拨款等两种或两种以上财政拨款的行政单位，还应当在"财政拨款支出"明细科目下按照财政拨款的种类进行明细核算。

对于预付款项，可通过在"行政支出"科目下设置"待处理"明细科目进行核算，待确认具体支出项目后再转入"行政支出"科目下相关明细科目。年末结账前，应将"行政支出"科目下的"待处理"明细科目余额全部转入"行政支出"科目下相关明细科目。

(二) 账务处理

1. 人员薪酬

业务活动费用	行政支出
履职或开展业务活动人员计提的薪酬，按照计算确定的金额	
借：业务活动费用 　　贷：应付职工薪酬	——
向单位职工个人支付薪酬时，按照实际支付的金额	
借：应付职工薪酬 　　贷：财政拨款收入 　　　　零余额账户用款额度 　　　　银行存款	借：行政支出 　　贷：财政拨款预算收入 　　　　资金结存
按照规定代扣代缴个人所得税以及代扣代缴或为职工缴纳职工社会保险费、住房公积金等时，按照实际缴纳的金额	
借：其他应交税费——应交个人所得税 　　应付职工薪酬——社会保险费 　　　　　　　　　——住房公积金 　　贷：财政拨款收入 　　　　零余额账户用款额度 　　　　银行存款	借：行政支出 　　贷：财政拨款预算收入 　　　　资金结存

【例 3-10】某市教育局 2019 年 2 月底计提 2 月税前工资总额 580 000 元，其中，基本工资 220 000 元，津贴补贴 190 000 元，离休费 100 000 元，退休费 70 000 元。3 月 10 日收到代理银行转来的财政直接支付到账通知单，支付了 2 月的工薪 550 000 元及 30 000 元代扣代缴的个人所得税。

该教育局应编制财务会计分录为：

计提时

借：业务活动费用——工资福利费用　　　　　　　　410 000
　　　　　　　　——对个人和家庭的补助费用　　　170 000
　　贷：应付职工薪酬　　　　　　　　　　　　　　　　　　　580 000

代扣个人所得税时

借：应付职工薪酬　　　　　　　　　　　　　　　　30 000
　　贷：其他应交税费——应交个人所得税　　　　　　　　　　30 000

支付薪酬及代缴个人所得税时

借：应付职工薪酬　　　　　　　　　　　　　　　　550 000
　　其他应交税费——应交个人所得税　　　　　　　30 000
　　贷：财政拨款收入　　　　　　　　　　　　　　　　　　　580 000

该教育局应编制预算会计分录为：

借：行政支出——财政拨款支出——基本支出——基本工资　220 000
　　　　　　　　　　　　　　　　　　　　——津贴补贴　　190 000
　　　　　　　　　　　　　　　　　　　　——离休费　　　100 000
　　　　　　　　　　　　　　　　　　　　——退休费　　　70 000
　　贷：财政拨款预算收入　　　　　　　　　　　　　　　　580 000

2. 外部人员劳务费

业务活动费用	行政支出
为履职或开展业务活动发生的外部人员劳务费	
按照计算确定的金额 借：业务活动费用 　　贷：其他应交税费——应交个人所得税 　　　　其他应付款（应付金额） 　　　　财政拨款收入 　　　　零余额账户用款额度 　　　　银行存款	按支付给外部人员的金额 借：行政支出 　　贷：财政拨款预算收入 　　　　资金结存
按照规定代扣代缴个人所得税时，按照实际缴纳的金额	
借：其他应交税费——应交个人所得税 　　贷：财政拨款收入 　　　　零余额账户用款额度 　　　　银行存款	借：行政支出 　　贷：财政拨款预算收入 　　　　资金结存

【例 3-11】 某市教育局聘请软件公司开发专用软件，2019 年 4 月 20 日计提应付个人所得税前劳务费 200 000 元。5 月 5 日其收到代理银行转来的财政授权支付到账通知单，为教育局支付了软件开发人员劳务费 140 000 元及 40 000 元代扣代缴个人所得税额。

该教育局应编制财务会计分录为：

2019 年 4 月 20 日计提时

借：业务活动费用　　　　　　　　　　　　　　　　　　200 000

　　贷：其他应交税费——应交个人所得税　　　　　　　　　　　40 000

　　　　其他应付款　　　　　　　　　　　　　　　　　　　160 000

5 月 5 日

借：其他应交税费——应交个人所得税　　　　　　　　　　40 000

　　其他应付款　　　　　　　　　　　　　　　　　　　140 000

　　贷：零余额账户用款额度　　　　　　　　　　　　　　　180 000

该教育局应编制预算会计分录为：

借：行政支出——财政拨款支出——基本支出——劳务费　　180 000

　　贷：资金结存——货币资金　　　　　　　　　　　　　　180 000

3. 购买、领用库存物资或政府储备物资

业务活动费用	行政支出
现购、赊购库存物资或政府储备物资	
借：库存物品 　　政府储备物资 　　贷：应付账款（赊购） 　　　　财政拨款收入 　　　　零余额账户用款额度 　　　　银行存款	按现购时支付的金额 借：行政支出 　　贷：财政拨款预算收入 　　　　资金结存

业务活动费用	行政支出
发生预付账款时，按照实际支付的金额	
借：预付账款 　　贷：财政拨款收入 　　　零余额账户用款额度 　　　银行存款	借：行政支出 　　贷：财政拨款预算收入 　　　资金结存
为履职或开展业务活动领用库存物品，以及动用发出相关政府储备物资	
借：业务活动费用 　　贷：库存物品 　　　政府储备物资	—

【例3-12】市统计局2019年4月23日收到财政部门委托代理银行转来的财政直接支付入账通知单，支付了批量购买的办公用品货款100 000元，不能抵扣的增值税13 000元，收到财政部门委托代理银行转来的财政授权支付入账通知单，支付随用随买的办公耗材10 000元，不能抵扣的增值税1 300元，预付专用材料定金20 000元。4月26日，领用批量购买的办公用品2 000元。

该统计局应编制财务会计分录为：

2019年4月23日

借：业务活动费用　　　　　　　　　　　　　　　　　　11 300
　　库存物品　　　　　　　　　　　　　　　　　　　113 000
　　预付账款　　　　　　　　　　　　　　　　　　　 20 000
　　贷：财政拨款收入　　　　　　　　　　　　　　　　　　　144 300

4月26日

借：业务活动费用　　　　　　　　　　　　　　　　　　 2 000
　　贷：库存物品　　　　　　　　　　　　　　　　　　　　　 2 000

该统计局应编制预算会计分录为：

2019年4月23日

借：行政支出——财政拨款支出——基本支出
　　　　　　　——办公经费　　　　　　　　　　　 124 300
　　　　　　　——专用材料购置费　　　　　　　　　 20 000
　　贷：财政拨款预算收入　　　　　　　　　　　　　　　　　144 300

4月26日，无须做会计处理。

【例3-13】某市文化局收到财政部门委托代理银行转来的财政直接支付到账通知单，通过"政府性基金预算——文化体育与传媒支出——文化事业建设费安排的支出"支付70 000元，用于市文化"人才培训教学"专项。

该文化局应编制财务会计分录为：

借：业务活动费用　　　　　　　　　　　　　　　　　　70 000
　　贷：财政拨款收入　　　　　　　　　　　　　　　　　　　 70 000

该文化局应编制预算会计分录为：

借：行政支出——财政拨款支出
　　　　　　　——政府性基金预算财政拨款
　　　　　　　——项目支出——人才培训教学　　　　 70 000
　　贷：财政拨款预算收入　　　　　　　　　　　　　　　　　 70 000

4. 折旧或摊销

业务活动费用	行政支出
为履职或开展业务活动所使用的固定资产、无形资产以及为所控制的公共基础设施、保障性住房计提的折旧、摊销，按照计提金额	
借：业务活动费用 　贷：固定资产累计折旧 　　　无形资产累计摊销 　　　公共基础设施累计折旧（摊销） 　　　保障性住房累计折旧	—

5. 其他税金及费用

业务活动费用	行政支出
为履职或开展业务活动发生的城市维护建设税、教育费附加、地方教育附加、车船税、房产税、城镇土地使用税等，按照计算确定应交纳的金额	
借：业务活动费用 　贷：其他应交税费	—
为履职或开展业务活动发生其他各项费用时	
按照费用确认金额 借：业务活动费用 　贷：财政拨款收入 　　　零余额账户用款额度 　　　银行存款 　　　应付账款 　　　其他应付款 　　　其他应收款	按照实际支付的金额 借：行政支出 　贷：财政拨款预算收入 　　　资金结存

【例 3-14】某市交通局 2019 年 8 月份应计提固定资产折旧 70 000 元，办公软件应摊销 30 000 元。为履行业务活动发生的车船税、房产税、城镇土地使用税等共计 5 000 元，其应交水电费 3 000 元。

市交通局应编制分录为：

财务会计	预算会计
借：业务活动费用——固定资产折旧费　70 000 　　　　　　　　——无形资产摊销费　30 000 　　　　　　　　——其他税费　　　　5 000 　　　　　　　　——水电费　　　　　3 000 　贷：固定资产累计折旧　　　　　　　70 000 　　　无形资产累计摊销　　　　　　　30 000 　　　其他应交税费　　　　　　　　　5 000 　　　应付账款　　　　　　　　　　　3 000	—

6. 购货退回

业务活动费用	行政支出
发生当年购货退回等业务	
对于已计入本年业务活动费用的，按照收回或应收的金额 借：财政拨款收入 　　零余额账户用款额度 　　银行存款 　　其他应收款 　贷：业务活动费用	属于当年支出收回的，按照收回金额 借：财政拨款预算收入 　　资金结存 　贷：行政支出

【例 3-15】 某市环保局将 2019 年上半年购买的不符合合同规格的办公用品 60 000 元退回供货单位。供货单位已经将退货款直接支付国库，并且已经收到财政国库支付执行机构转来的入账通知书。

该环保局应编制分录为：

财务会计	预算会计
借：财政拨款收入 60 000 　贷：库存物品 60 000	借：财政拨款预算收入 60 000 　贷：行政支出 60 000

7. 差错更正

业务活动费用	行政支出
因差错更正等发生国库直接支付款项退回的，属于本年度收支的款项，按照退回金额	
借：财政拨款收入 　贷：业务活动费用 　　库存物品	借：财政拨款预算收入 　　资金结存 　贷：行政支出

8. 期末结清科目发生额

业务活动费用	行政支出
借：本期盈余 　贷：业务活动费用	按不同资金来源分别处理： 借：财政拨款结转——本年收支结转 　贷：行政支出——财政拨款支出 借：非财政拨款结转——本年收支结转 　贷：行政支出——非财政专项资金支出 借：其他结余 　贷：行政支出——其他资金支出

【例 3-16】 某市环保局 2019 年末有关费用支出科目余额如下：

业务活动费用——工资福利费用	33 000 000
——商品和服务费用	22 000 000
——对个人和家庭的补助费用	50 000
——固定资产折旧费	790 000
——无形资产摊销费	390 000
行政支出——财政拨款支出——政府性基金预算财政拨款	
——项目支出	13 060 000
——一般公共预算财政拨款	
——基本支出	58 600 000
——非财政专项资金支出——项目支出	950 000
——其他资金支出	320 000

该环保局应编制财务会计分录为：

借：本期盈余	56 230 000
贷：业务活动费用——工资福利费用	33 000 000
——商品和服务费用	22 000 000
——对个人和家庭的补助费用	50 000
——固定资产折旧费	790 000
——无形资产摊销费	390 000

该环保局应编制预算会计分录为：

借：财政拨款结转——本年收支结转   71 660 000

  非财政拨款结转——本年收支结转   950 000

  其他结余   320 000

 贷：行政支出——财政拨款支出——政府性基金预算财政拨款

         ——项目支出   13 060 000

       ——一般公共预算财政拨款

         ——基本支出   58 600 000

    ——非财政专项资金支出——项目支出   950 000

    ——其他资金支出   320 000

四、资产处置费用、其他费用与其他支出

资产处置的形式按照规定包括无偿调拨、出售、出让、转让、置换、对外捐赠、报废、毁损以及货币性资产损失核销等。

（一）账户设置

1. 资产处置费用

行政单位应设置"资产处置费用"科目核算单位经批准处置资产时发生的费用，包括转销的被处置资产价值，以及在处置过程中发生的相关费用或者处置收入小于相关费用形成的净支出。期末结转后，科目应无余额。

单位在资产清查中查明的资产盘亏、毁损以及资产报废等，应当先通过"待处理财产损溢"科目进行核算，再将处理资产价值和处理净支出计入"资产处置费用"科目。

该科目应当按照处置资产的类别、资产处置的形式等进行明细核算。

2. 其他费用

行政单位应设置"其他费用"科目核算单位发生的除业务活动费用、资产处置费用以外的各项费用，包括利息费用、罚没支出、现金资产捐赠支出以及相关税费、运输费等。期末结转后，科目应无余额。

该科目应当按照其他费用的类别等进行明细核算。

单位发生的利息费用较多的，可以单独设置"5701 利息费用"科目。

3. 其他支出

行政单位应设置"其他支出"科目核算单位除行政支出以外的各项现金流出，包括利息支出、对外捐赠现金支出、现金盘亏损失、接受捐赠（调入）和对外捐赠（调出）非现金资产发生的税费支出、资产置换过程中发生的相关税费支出和罚没支出等。

该科目应当按照其他支出的类别，"财政拨款支出""非财政专项资金支出"和"其他资金支出"，《分类科目》中"支出功能分类科目"的项级科目和"部门预算支出经济分类科目"的款级科目等进行明细核算。其他支出中如有专项资金支出，还应按照具体项目进行明细核算。

单位发生利息支出、捐赠支出等其他支出金额较大或业务较多的，可单独设置"7902 利息支出""7903 捐赠支出"等科目。

（二）账务处理

1. 资产处置费用与其他支出

（1）不通过"待处理财产损溢"科目核算的资产处置。

资产处置费用	其他支出
①按照规定报经批准处置资产时	
借：资产处置费用 　　固定资产累计折旧 　　无形资产累计摊销 　　公共基础设施累计折旧（摊销） 　　保障性住房累计折旧 　贷：库存物品 　　　固定资产 　　　无形资产 　　　公共基础设施 　　　政府储备物资 　　　文物文化资产 　　　保障性住房 　　　其他应收款 　　　在建工程	—
②处置资产过程中仅发生相关费用的，按照实际发生金额	
借：资产处置费用 　贷：银行存款 　　　库存现金	借：其他支出 　贷：资金结存
③处置资产过程中取得收入的，按照取得的价款	
借：库存现金/银行存款（收到的金额） 　　资产处置费用（借方差额） 　贷：银行存款/库存现金（支付的费用） 　　　应缴财政款（贷方差额）	—
④涉及增值税业务的，相关账务处理参见"应交增值税"科目	

【例 3-17】 某市环保局按规定拍卖一超标公车，该车原价 350 000 元，累计折旧 50 000 元，拍卖过程中用银行存款支付相关费用 12 000 元，拍卖收入银行存款 270 000 元。

该环保局应编制分录为：

财务会计			预算会计		
借：资产处置费用	300 000		借：其他支出	12 000	
固定资产累计折旧	50 000		贷：资金结存		12 000
贷：固定资产		350 000			
借：银行存款	270 000				
贷：银行存款		12 000			
应缴财政款		258 000			

（2）通过"待处理财产损溢"科目核算的资产处置。

1）现金盘亏

资产处置费用	其他支出
发现现金短缺时	
借：待处理财产损溢 　贷：库存现金	借：其他支出 　贷：资金结存——货币资金
待查明原因后	
借：其他应收款（应由责任人赔偿或应追回的） 　　资产处置费用（无法查明原因报经批准核销） 　贷：待处理财产损溢	

资产处置费用	其他支出
收到补偿款时	
借：库存现金 　　银行存款 　　贷：其他应收款	借：资金结存——货币资金 　　贷：其他支出

2）资产清查

资产处置费用	其他支出
单位资产清查过程中发现盘亏或者毁损、报废的存货、固定资产、无形资产、公共基础设施、政府储备物资、文物文化资产、保障性住房等时	
借：待处理财产损溢——待处理财产价值 　　固定资产累计折旧 　　无形资产累计摊销 　　公共基础设施累计折旧（摊销） 　　保障性住房累计折旧 　　贷：库存物品 　　　　固定资产 　　　　无形资产 　　　　公共基础设施 　　　　政府储备物资 　　　　文物文化资产 　　　　保障性住房 　　　　其他应收款 　　　　在建工程	——
报经批准处理时	
借：资产处置费用 　　贷：待处理财产损溢——待处理财产价值	——
处置资产过程中仅发生相关费用的，按照实际发生金额	
借：待处理财产损溢——处理净收入 　　贷：银行存款 　　　　库存现金	借：其他支出 　　贷：资金结存
处置资产过程中取得收入的，按照取得的金额	
借：库存现金 　　银行存款 　　贷：待处理财产损溢——处理净收入	借：资金结存 　　贷：其他支出
处理收支结清时，处理过程中所取得收入小于所发生相关费用的，按照相关费用减去处理收入后的净支出	
借：资产处置费用 　　贷：待处理财产损溢——处理净收入	——

参见本书第四章第一节中库存物品、第二节中固定资产、无形资产等相应部分内容的示例。

2. 其他费用与其他支出

（1）对外捐赠现金资产。

其他费用	其他支出
借：其他费用 　　贷：银行存款 　　　　库存现金等	借：其他支出 　　贷：资金结存——货币资金

（2）单位接受捐赠（或无偿调入）以名义金额计量的存货、固定资产、无形资产，以及成本无法可靠取得的公共基础设施、文物文化资产等发生的相关税费、运输费等。

其他费用	其他支出
借：其他费用 　贷：财政拨款收入 　　　零余额账户用款额度 　　　银行存款 　　　库存现金	借：其他支出 　贷：资金结存

（3）罚没支出。

其他费用	其他支出
借：其他费用 　贷：银行存款 　　　库存现金 　　　其他应付款	借：其他支出 　贷：资金结存——货币资金

【例 3-18】某市农业局 2019 年 6 月 20 日对外捐出银行存款 10 000 元，用现金支付无偿调入以名义金额计量的专用设备过程中发生的运输费 1 000 元。

市农业局应编制分录为：

财务会计		预算会计	
借：其他费用　　　　11 000 　贷：银行存款　　　　　　10 000 　　　库存现金　　　　　　 1 000		借：其他支出　　　　11 000 　贷：资金结存　　　　　　11 000	

（4）单位发生的与受托代理资产相关的税费、运输费、保管费等。

其他费用	其他支出
实际支付或应付的金额 借：其他费用 　贷：财政拨款收入 　　　零余额账户用款额度 　　　银行存款 　　　库存现金 　　　其他应付款	按实际支付金额 借：其他支出 　贷：资金结存

（5）期末结清费用及支出科目发生额。

其他费用	其他支出
借：本期盈余 　贷：其他费用 　　　资产处置费用	分三种情况处理： 借：财政拨款结转——本年收支结转 　贷：其他支出——财政拨款支出 借：非财政拨款结转——本年收支结转 　贷：其他支出——非财政专项资金支出 借：其他结余 　贷：其他支出——其他资金支出

【例 3-19】某市环保局 2019 年 12 月 31 日有关费用及其他支出及其明细账余额如下所示：

资产处置费用——固定资产——出售　　　　　　　　　　　210 000
　　　　　　　　　　　　　——毁损　　　　　　　　　　　 35 000
其他费用——利息费用　　　　　　　　　　　　　　　　　　1 000
　　　　——捐赠费用　　　　　　　　　　　　　　　　　　14 000
其他支出——财政拨款支出——生态环境保护宣传　　　　　　349 000
　　　　——非财政专项资金支出——生态环境监测与信息　　 80 000
　　　　——其他资金支出——森林管护　　　　　　　　　　 20 000

该环保局应编制财务会计分录为：

借：本期盈余   260 000

　　贷：资产处置费用——固定资产——出售   210 000

　　　　　　　　　　　　　　　——毁损   35 000

　　　　其他费用——利息费用   1 000

　　　　　　　　　——捐赠费用   14 000

该环保局应编制预算会计分录为：

借：财政拨款结转——本年收支结转   349 000

　　非财政拨款结转——本年收支结转   80 000

　　其他结余   20 000

　　贷：其他支出——财政拨款支出——生态环境保护宣传   349 000

　　　　　　　　　——非财政专项资金支出——生态环境监测与信息   80 000

　　　　　　　　　——其他资金支出——森林管护   20 000

▶ 本章小结

行政单位的收入有两种口径：一种是以权责发生制为基础的财务会计收入，另一种以是收付实现制为基础的预算会计收入。财务会计收入包括财政拨款收入、非同级财政拨款收入、捐赠收入、利息收入、租金收入和其他收入。预算会计收入包括财政拨款预算收入、非同级财政拨款预算收入和其他预算收入。行政单位既应按权责发生制核算财务会计收入，也应按收付实现制核算预算会计的收入。

行政单位的费用是以权责发生制为核算基础形成的，属于财务会计的口径，包括业务活动费用、资产处置和其他费用。支出是以收付实现制为核算基础形成的，属于预算会计的口径，包括行政支出和其他支出。行政单位既应按权责发生制核算财务会计的费用，同时，也应按收付实现制核算预算会计的支出。

财政拨款收入与财政拨款预算收入的核算分为财政直接支付、财政授权支付和其他方式支付下的账务处理。非同级财政拨款收入、捐赠收入、利息收入、租金收入和其他收入一般涉及其他方式支付的收入确认的账务处理。业务活动费用和行政支出的核算一般涉及人员薪酬、外部人员劳务费、购买、领用库存物资或政府储备物资、折旧或摊销、其他税金及费用、购货退回、差错更正的账务处理。资产处置按照规定包括无偿调拨、出售、出让、转让、置换、对外捐赠、报废、毁损以及货币性资产损失核算等。资产处置发生的费用及净损失一般计入"资产处置费用"科目。行政单位的其他业务一般可能涉及财务会计的"捐赠收入""利息收入""租金收入""其他收入""其他费用"和预算会计的"其他预算收入""其他支出"科目的核算。

期末，财务会计收入与费用的本期发生额均结转至"本期盈余"科目。年末，只有"财政拨款预算收入"科目的本年发生额全部结转至"财政拨款结转"科目，而其他各预算收入和支出科目的本年发生额则应分别按财政拨款、非财政专项拨款或其他资金来源分别结转至"财政拨款结转""非财政拨款结转"和"其他结余"科目。

▶ 关键术语

▶ 想一想，做一做

第四章

行政单位的资产、负债、净资产与预算结余

▶ **学习目标** ◀

1. 掌握行政单位资产的核算。
2. 掌握行政单位负债的核算。
3. 掌握行政单位净资产和预算结余的核算。

▶ **开篇案例**

政府无偿划拨的不动产

某行政单位获得政府无偿划拨不动产，原有房产证，没有土地证。行政事业单位国有资产处置核准表上房产原值 180 万元，划入该行政单位后拆迁装修费用了 300 多万元。

该行政单位应以什么价值入账？办下不动产证后，土地应以什么价值入账？

第一节　行政单位的流动资产

行政单位的流动资产主要包括货币资金、应收预付款、存货和待摊费用等。

一、货币资金

货币资金是指处于货币形态的资产，包括库存现金、银行存款、零余额账户用款额度和其他货币资金。

（一）库存现金

1.账户设置

库存现金是指存放在单位会计部门的现金，单位应当严格按照国家有关现金管理的规定收支现金。

单位应当设置"库存现金"科目核算现金的各项收支业务。科目期末借方余额，反映单位实际持有的库存现金。

该科目应设置"受托代理资产"明细科目，核算单位受托代理、代管的现金。

　　单位应当设置"库存现金日记账"，由出纳人员根据收付款凭证，按照业务发生顺序逐笔登记。每日终了，出纳人员还应当计算当日的现金收入合计数、现金支出合计数和结余数，并将结余数与实际库存数核对，做到账款相符。

　　现金收入业务繁多、单独设有收款部门的单位，收款部门的收款员应当将每天所收现金连同收款凭据一并交财务部门核收记账，或者将每天所收现金直接送存开户银行后，将收款凭据及向银行送存现金的凭证等一并交财务部门核收记账。

　　单位有外币现金的，应当分别按照人民币、各种外币设置"库存现金日记账"进行明细核算。

2. 账务处理

（1）从银行提取现金或将现金存入银行，只做财务会计分录，不做预算会计分录。

　　借：库存现金
　　　　贷：银行存款
　　　　　　零余额账户用款额度

（2）从银行或单位零余额账户提取现金，应按照实际提取的金额编制如下会计分录。

财务会计	预算会计
按照实际提取现金金额	
借：库存现金 　　贷：零余额账户用款额度	借：资金结存——货币资金 　　贷：资金结存——零余额账户用款额度
将现金存入银行或退回单位零余额账户，按照实际存入金额，做相反会计分录	

（3）因内部职工出差等原因借出的现金，应编制如下会计分录。

财务会计	预算会计
按照实际借出的现金金额	
借：其他应收款 　　贷：库存现金	—
出差人员报销差旅费时，按照实际报销的金额	
借：业务活动费用 　　库存现金（报销额小于借出额的差额） 　　贷：其他应收款（实际借出的现金金额） 　　库存现金（报销额大于借出额的差额）	借：行政支出 　　贷：资金结存——货币资金

　　【例4-1】某单位从财政部门为本单位在商业银行开设的零余额账户中提取现金5 000元，用于支付单位工作人员李某出差费，实际支出4 808元，余款192元退回单位零余额账户。

　　该单位应编制分录为：

财务会计		预算会计	
提现时			
借：库存现金	5 000	借：资金结存——货币资金	
贷：零余额账户用款额度	5 000	贷：资金结存——零余额账户用款额度	
预支时			
借：其他应收款——李某	5 000	—	
贷：库存现金	5 000		
报销及将余款192元退回单位时			
借：业务活动费用	4 808	借：行政支出	4 808
库存现金	192	贷：资金结存——货币资金	4 808
贷：其他应收款——李某	5 000		

（4）因购买服务、物品或者其他事项支付现金，按照实际支付的金额，编制如下会计分录。

财务会计	预算会计
借：业务活动费用 　　库存物品 　　应交增值税 　贷：库存现金	借：行政支出 　贷：资金结存——货币资金

【例 4-2】某单位以库存现金 900 元支付业务培训讲课费。

该单位应编制分录为：

财务会计	预算会计
借：业务活动费用　　　　900 　贷：库存现金　　　　　　900	借：行政支出　　　　　　900 　贷：资金结存——货币资金　900

（5）以库存现金对外捐赠，按照实际捐出的金额，编制如下会计分录。

财务会计	预算会计
借：其他费用 　贷：库存现金	借：其他支出 　贷：资金结存——货币资金

（6）收到或支付受托代理、代管的现金，只做财务会计分录，不做预算会计分录。

按照实际收到的金额

借：库存现金——受托代理资产

　贷：受托代理负债

支付受托代理、代管的现金，按照实际支付的金额

借：受托代理负债

　贷：库存现金——受托代理资产

（7）发现有现金溢余或短缺时，应编制如下会计分录。

单位应日清月结，对每日账款核对中发现有待查明原因的现金短缺或溢余的，应当通过"待处理财产损溢"科目进行核算。

财务会计	预算会计
①现金溢余	
发现溢余时，按照实际溢余金额	
借：库存现金 　贷：待处理财产损溢	借：资金结存——货币资金 　贷：其他预算收入
查明处理时	
借：待处理财产损溢 　贷：其他应付款（属于应付给有关人员或单位的） 　　　其他收入（属于无法查明原因的，报经批准后）	——
支付给有关人员或单位时，按支付的金额	
借：其他应付款 　贷：库存现金	借：其他预算收入 　贷：资金结存——货币资金

财务会计	预算会计
②现金短缺	
发现短缺时，按实际短缺金额	
借：待处理财产损溢 　贷：库存现金	借：其他支出 　贷：资金结存——货币资金
查明处理时	
借：其他应收款（应由责任人赔偿或应追回的） 　　资产处置费用（无法查明原因经批准核销） 　贷：待处理财产损溢	—
收到责任人赔偿款时	
借：库存现金 　贷：其他应收款	借：资金结存——货币资金 　贷：其他支出

【例 4-3】 某行政单位 2019 年 3 月 19 日，盘点现金发现短缺 92 元，3 月 20 日查明 58 元为多付员工甲报销的差旅费，余下 34 元无法查明原因。2019 年 3 月 21 日员工甲已退回 58 元。

该单位应编制分录为：

财务会计		预算会计	
3 月 19 日			
借：待处理财产损溢	92	借：其他支出	92
贷：库存现金	92	贷：资金结存——货币资金	92
3 月 20 日			
借：其他应收款——甲	58	—	
资产处置费用	34		
贷：待处理财产损溢	92		
3 月 21 日			
借：库存现金	58	借：资金结存——货币资金	58
贷：其他应收款	58	贷：其他支出	58

（二）银行存款

1. 账户设置

银行存款是指单位存入银行或其他金融机构的各种存款。

单位应设置"银行存款"科目核算存入银行或其他金融机构的各种存款。科目期末借方余额，反映单位实际存放在银行或其他金融机构的款项。

该科目应设置"受托代理资产"明细科目，核算单位受托代理、代管的银行存款。

单位应当按开户银行或其他金融机构、存款种类及币种等，分别设置"银行存款日记账"，由出纳人员根据收付款凭证，按照业务的发生顺序逐笔登记，每日终了应结出余额。

"银行存款日记账"应定期与"银行对账单"核对，至少每月核对一次。月度终了，单位银行存款账面余额与银行对账单余额之间如有差额，必须逐笔查明原因并进行处理，按月编制"银行存款余额调节表"，调节相符。

2. 账务处理

财务会计	预算会计
①将款项存入银行或其他金融机构，按照实际存入的金额	
借：银行存款 　贷：库存现金 　　　其他收入	借：资金结存——货币资金 　贷：其他预算收入等

财务会计	预算会计
②收到银行存款利息，按照实际收到的金额	
借：银行存款 　贷：利息收入	借：资金结存——货币资金 　贷：其他预算收入
③支付银行手续费等	
借：业务活动费用 　贷：银行存款	借：行政支出 　贷：资金结存——货币资金
④以银行存款支付相关费用，按照实际支付的金额	
借：业务活动费用 　　其他费用 　贷：银行存款	借：行政支出 　　其他支出 　贷：资金结存——货币资金
⑤以银行存款对外捐赠，按照实际捐出的金额	
借：其他费用 　贷：银行存款	借：其他支出 　贷：资金结存——货币资金

【例4-4】某单位按规定收到应上缴国库的罚款收入 23 000 元，开出转账支票向希望工程捐款 50 000 元，开出现金支票支付公务车辆维修费 30 260 元。

该单位应编制分录为：

财务会计			预算会计		
借：银行存款	23 000		—		
贷：应缴财政款		23 000			
借：其他费用	50 000		借：行政支出		30 260
业务活动费用	30 260		其他支出		50 000
贷：银行存款		80 260	贷：资金结存——货币资金		80 260

收到或支付受托代理、代管的银行存款，只做财务会计分录，不做预算会计分录。

财务会计	预算会计
按照实际收到的金额 借：银行存款——受托代理资产 　贷：受托代理负债	—
支付受托代理、代管的银行存款，按照实际支付的金额 借：受托代理负债 　贷：银行存款——受托代理资产	—

（三）零余额账户用款额度

1. 零余额账户用款额度的概念

零余额账户用款额度是指实行国库集中支付的预算单位根据财政部门批复的用款计划收到和支用的零余额账户用款额度。

零余额账户用款额度是预算单位零余额账户的用款额度，具有与人民币存款相同的支付结算功能。只能用于办理转账、汇兑、委托收款和提取现金等支付业务，单位的自有收入、经营收入、往来收入等非财政性资金，不得进入本单位零余额账户。

当财政部门向预算单位零余额账户的代理银行下达零余额账户用款额度时，预算单位的零余额账户用款额度增加。单位零余额账户由预算单位根据经批准的单位预算和用款计划，向单位零余额账户的代理银行开具支付令。当通过单位零余额账户向收款人支付款项、提取现金时，零余额账户用款额度减少。当零余额账户用款额度大于零余额账户的实际支用数时，就产生尚未支用的零余额账户用款额度。

2. 零余额账户用款额度与财政应返还额度的关系

财政应返还额度是指实行国库集中支付的预算单位应收财政返还的资金额度。

财政应返还额度包括财政直接支付下的和财政授权支付下的财政应返还额度。

（1）财政直接支付下的财政应返还额度。财政直接支付下的财政应返还额度为预算单位本年度财政直接支付用款额度与当年财政直接支付实际支出数的差额，如图4-1所示，对该差额，单位年末应同时确认为一项债权及本年度的收入。

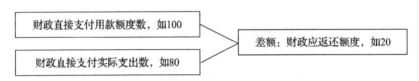

图 4-1   财政直接支付下财政应返还额度的确定

（2）财政授权支付下的财政应返还额度。财政授权支付下的财政应返还额度包括两部分：一是财政已授权但尚未下达至预算单位零余额账户，如图4-2的"差额10"，对该差额10，预算单位应同时确认为一项债权及本年度的收入，次年，财政将差额10的额度下达至预算单位零余额账户时，再从债权转入"零余额账户用款额度"科目；二是财政已授权下达至预算单位零余额账户，但尚未使用的额度，如图4-2的"差额5"所示，对该差额5，财政年末应先注销该零余额账户用款额度，次年初由财政予以恢复，恢复后预算单位可按规定继续使用。

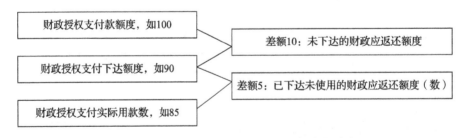

图 4-2   财政授权支付下财政应返还额度的确定

3. 账户设置

单位应设置"零余额账户用款额度"科目核算实行国库集中支付的单位根据财政部门批复的用款计划收到和支用的零余额账户用款额度。科目期末借方余额，反映单位尚未支用的零余额账户用款额度。年末注销单位零余额账户用款额度后，科目应无余额。

4. 账务处理

财务会计	预算会计
①收到额度	
根据"财政授权支付到账通知书"所列金额	
借：零余额账户用款额度 　贷：财政拨款收入	借：资金结存——零余额账户用款额度 　贷：财政拨款预算收入

财务会计	预算会计
②按照规定支用额度	
支付日常活动费用 借：业务活动费用 　贷：零余额账户用款额度	借：行政支出 　贷：资金结存——零余额账户用款额度
购买存货或购建固定资产，按实际成本 借：库存物品 　　固定资产 　　在建工程 　贷：零余额账户用款额度（实付额） 　　　应付账款（应付额）	
③因购货退回等发生财政授权支付额度退回的，按照退回的金额	
本年度授权支付的款项 借：零余额账户用款额度 　贷：库存物品	借：资金结存——零余额账户用款额度 　贷：行政支出
以前年度授权支付的款项 借：零余额账户用款额度 　贷：库存物品 　　　以前年度盈余调整等	借：资金结存——零余额账户用款额度 　贷：财政拨款结转——年初余额调整 　　　财政拨款结余——年初余额调整
④年末，注销额度	
根据代理银行提供的对账单注销额度 借：财政应返还额度——财政授权支付 　贷：零余额账户用款额度	借：资金结存——财政应返还额度 　贷：资金结存——零余额账户用款额度
本年度财政授权支付预算指标数大于零余额账户额度下达数的，根据未下达的用款额度 借：财政应返还额度——财政授权支付 　贷：财政拨款收入	借：资金结存——财政应返还额度 　贷：财政拨款预算收入
⑤下年初，恢复额度	
根据代理银行提供的额度恢复到账通知书恢复财政授权支付额度 借：零余额账户用款额度 　贷：财政应返还额度—财政授权支付	借：资金结存——零余额账户用款额度 　贷：资金结存——财政应返还额度
收到财政部门批复的上年末未下达零余额账户用款额度 借：零余额账户用款额度 　贷：财政应返还额度——财政授权支付	借：资金结存——零余额账户用款额度 　贷：资金结存——财政应返还额度

【例4-5】某单位2019年有授权支付预算指标500 000元，已下达额度400 000元，实际使用370 000元额度支付所购物品价款。年终财政收回额度，并于2020年1月恢复全部额度。2020年1月实际授权支付20 000元用于日常活动费用。

该单位应编制分录为：

财务会计	预算会计
①财政下达授权支付额度500 000元时	
借：零余额账户用款额度　400 000 　贷：财政拨款收入　　　　　　400 000	借：资金结存 　　——零余额账户用款额度　400 000 　贷：财政拨款预算收入　　　　　400 000

财务会计	预算会计
②单位实际使用授权额度时	
借：库存物品　　　　　　　　　370 000 　贷：零余额账户用款额度　　　　　　370 000	借：行政支出　　　　　　　　　370 000 　贷：资金结存——零余额账户用款额度　370 000
③年终时，注销已下达的未用额度30 000元，确认未下达的额度100 000元	
借：财政应返还额度——财政授权支付130 000 　贷：财政拨款收入——财政授权支付　100 000 　　　零余额账户用款额度　　　　　30 000	借：资金结存——财政应返还额度　130 000 　贷：财政拨款预算收入　　　　　　100 000 　　　资金结存——零余额账户用款额度　30 000
④2020年恢复上年已注销未用额度30 000元时	
借：零余额账户用款额度　　　　　30 000 　贷：财政应返还额度——财政授权支付　30 000	借：资金结存——零余额账户用款额度30 000 　贷：资金结存——财政应返还额度　　30 000
⑤单位收到财政部门批复的上年未下达零余额账户用款额度100 000元时	
借：零余额账户用款额度　　　　100 000 　贷：财政应返还额度——财政授权支付　100 000	借：资金结存 　　——零余额账户用款额度　　100 000 　贷：资金结存——财政应返还额度　　100 000
⑥2020年实际授权支付时	
借：业务活动费用　　　　　　　20 000 　贷：零余额账户用款额度　　　　　20 000	借：行政支出　　　　　　　　　370 000 　贷：资金结存——零余额账户用款额度　370 000

二、应收及预付款项

行政单位的应收及预付款项包括财政应返还额度、应收账款、预付账款和其他应收款。

（一）财政应返还额度

1. 账户设置

单位应设置"财政应返还额"总账科目核算实行国库集中支付的行政单位应收财政返还的资金额度。科目期末借方余额，反映行政单位尚未使用的以前年度财政资金额度。

该科目应当设置"财政直接支付"和"财政授权支付"两个明细科目，进行明细核算。

2. 账务处理

1）财政直接支付

财务会计	预算会计
①年末本年度预算指标数与当年实际支付数的差额	
借：财政应返还额度——财政直接支付 　贷：财政拨款收入	借：资金结存——财政应返还额度 　贷：财政拨款预算收入
②下年度使用以前年度财政直接支付额度支付款项时	
借：业务活动费用 　贷：财政应返还额度——财政直接支付	借：行政支出等 　贷：资金结存——财政应返还额度

【例4-6】 某单位2019年度财政批复的用款计划为17 000 000元，2019年年终，根据代理银行提供的对账单，直接支付用款计划尚有400 000元未使用。2020年1月5日财政恢复了直接支付额度400 000元。2020年1月10日通过国库使用该额度直接支付本月业务接待费用30 000元。

该单位应编制分录为：

财务会计	预算会计
① 2019 年 12 月 31 日	

借：财政应返还额度——财政直接支付 400 000
  贷：财政拨款收入   400 000
	借：资金结存——财政应返还额度 400 000
	  贷：财政拨款预算收入 400 000

② 2020 年 1 月 10 日	

借：业务活动费用   30 000
  贷：财政应返还额度——财政直接支付 30 000
	借：行政支出 30 000
	  贷：资金结存——财政应返还额度 30 000

2）财政授权支付

财政授权支付相关的财政应返还额账务处理在第 64 页"（三）零余额账户用款额度"的"4. 账务处理"中的④至⑤已经完整清楚介绍，具体示例参考【例 4-5】，此处不再重述。

（二）应收账款

1. 账户设置

单位应设置"应收账款"科目核算行政单位因出租资产、出售物资等应收取的款项。科目期末借方余额，反映单位尚未收回的应收账款。

该科目按照债务单位（或个人）进行明细核算。

2. 账务处理

财务会计	预算会计
①应收账款收回后不需上缴财政	

单位发生应收账款时，按照应收未收金额
借：应收账款
  贷：租金收入
    其他收入
	—

②收回应收账款时，按照实际收到的金额	

借：银行存款
  贷：应收账款
	借：资金结存
	  贷：其他预算收入

③应收账款收回后需上缴财政	

按照应收未收金额
借：应收账款
  贷：应缴财政款
收回应收账款时，按照实际收到的金额
借：银行存款
  贷：应收账款
	—

（三）预付账款

1. 账户设置

单位应设置"预付账款"科目核算单位按照购货、服务合同或协议规定预付给供应单位（或个人）的款项，以及按照合同规定向承包工程的施工企业预付的备料款和工程款。科目期末借方余额，反映单位实际预付但尚未结算的款项。

该科目应当按照供应单位（或个人）及具体项目进行明细核算，对于基本建设项目发生的预付账款，还应当在本科目所属基建项目明细科目下设置"预付备料款""预付工程款""其他预付款"等明细科目，进行明细核算。

2. 账务处理

财务会计	预算会计
①根据购货、服务合同或协议规定预付款项时，按照预付金额	
借：预付账款 　贷：财政拨款收入 　　　零余额账户用款额度 　　　银行存款	借：行政支出等 　贷：财政拨款预算收入 　　　资金结存
②收到所购资产或服务时，按照购入资产或服务的成本	
借：库存物品 　　固定资产 　　无形资产 　　业务活动费用等 　贷：预付账款（按照相关预付账款的账面余额） 　　　财政拨款收入（按财政直接支付补付额） 　　　零余额账户用款额度（按授权支付补付额） 　　　银行存款（按银行存款补付的金额）	按补付款项 借：行政支出等 　贷：财政拨款预算收入 　　　资金结存
③根据工程进度结算工程价款及备料款时，按照结算金额	
借：在建工程 　贷：预付账款 　　　财政拨款收入 　　　零余额账户用款额度 　　　银行存款	按补付款项 借：行政支出等 　贷：财政拨款预算收入 　　　资金结存
④发生预付账款退回的，按照实际退回金额	
借：财政拨款收入——本年直接支付 　　财政应返还额度——以前年度直接支付 　　零余额账户用款额度 　　银行存款等 　贷：预付账款	借：财政拨款预算收入（属于当年退回的） 　　资金结存 　贷：行政支出（属于当年退回的） 　　　财政拨款结余——年初余额调整 　　　财政拨款结转——年初余额调整等
⑤单位应当于每年年末，对预付账款进行全面检查。如果有确凿证据表明预付账款不再符合预付款项性质，或者因供应单位破产、撤销等原因可能无法收到所购货物或服务的，应当先将其转入其他应收款，再按照规定进行处理	
将预付账款账面余额转入其他应收款时 借：其他应收款 　贷：预付账款	—

【例 4-7】某单位为小规模纳税人，2019 年 5 月 8 日，向 B 公司采购 A 材料 2 500 件，单价 40 元，增值税率 13%，对方代垫包装费 760 元，总计 113 760 元，已通过财政直接向 B 公司预付买价的 40%。5 月 18 日，全部 A 材料验收入库，余款财政直接支付。另现金支付入库前挑选整理费 400 元。

该单位应编制分录为：

财务会计		预算会计	
①5 月 8 日			
借：预付账款	40 000	借：行政支出	40 000
贷：财政拨款收入	40 000	贷：财政拨款预算收入	40 000
②5 月 18 日			
借：库存物品	114 160	借：行政支出	74 160
贷：预付账款	40 000	贷：资金结存	400
财政拨款收入	73 760	财政拨款预算收入	73 760
库存现金	400		

（四）其他应收款

1. 账户设置

单位应设置"其他应收款"科目核算单位除财政应返还额度、预付账款以外的其他各项应收及暂付款项，如职工预借的差旅费、已经偿还银行尚未报销的本单位公务卡欠款、拨付给内部有关部门的备用金、应向职工收取的各种垫付款项、支付的可以收回的订金或押金等。科目期末借方余额，反映单位尚未收回的其他应收款。

该科目应当按照其他应收款的类别以及债务单位（或个人）进行明细核算。

2. 账务处理

财务会计	预算会计
①发生其他各种应收及暂付款项时，按照实际发生金额	
借：其他应收款 　贷：零余额账户用款额度 　　　银行存款 　　　库存现金等	—
②收回其他各种应收及暂付款项时，按照收回的金额	
借：库存现金 　　银行存款 　贷：其他应收款	—
③单位内部实行备用金制度的，有关部门使用备用金以后应当及时到财务部门报销并补足备用金。财务部门核定并发放备用金时，按照实际发放金额	
借：其他应收款 　贷：库存现金 根据报销金额用现金补足备用金定额时 借：业务活动费用 　贷：库存现金	按实际报销金额 借：行政支出等 　贷：资金结存
④偿还尚未报销的本单位公务卡欠款时，按照偿还的款项	
借：其他应收款 　贷：零余额账户用款额度 　　　银行存款 持卡人报销时，按照报销金额 借：业务活动费用 　贷：其他应收款	按实际报销金额 借：行政支出等 　贷：资金结存
⑤将预付账款账面余额转入其他应收款时	
借：其他应收款 　贷：预付账款	—
⑥已核销的其他应收款在以后期间收回，按照实际收回金额	
借：银行存款等 　贷：其他收入	借：资金结存——货币资金 　贷：其他预算收入

【例 4-8】某单位 2019 年 8 月 31 日，通过财政授权支付偿还尚未报销的本单位公务卡欠款共计 190 000 元。9 月 10 日，持卡人报销了其中的 155 004 元，全部属于业务活动费用。

该单位应编制分录为：

财务会计		预算会计	
① 8 月 31 日			
借：其他应收款	190 000		
贷：零余额账户用款额度	190 000		
② 9 月 10 日报销			
借：业务活动费用	155 004	借：行政支出	155 004
贷：其他应收款	155 004	贷：资金结存	155 004

三、存货

(一) 存货的确认与计量

1. 存货的定义

存货，是指单位在开展业务活动及其他活动中为耗用或出售而储存的资产，如材料、产品、包装物和低值易耗品等，以及未达到固定资产标准的用具、装具、动植物等，不包括政府储备物资、收储土地。

2. 存货的确认

存货同时满足下列条件的，应当予以确认：①与该存货相关的服务潜力很可能实现或者经济利益很可能流入单位；②该存货的成本或者价值能够可靠地计量。

3. 初始计量

存货在取得时应当按照成本进行初始计量。

购入的存货，其成本包括购买价款、相关税费、运输费、装卸费、保险费以及使得存货达到目前场所和状态所发生的归属于存货成本的其他支出。

但下列各项应当在发生时确认为当期费用，不计入在途物品成本：仓储费用（不包括在加工过程中为达到下一个加工阶段所必需的费用）；不能归属于使存货达到目前场所和状态所发生的其他支出。

(二) 在途物品

1. 账户设置

单位应设置"在途物品"科目核算单位采购材料等物资时货款已付或已开出商业汇票但尚未验收入库的在途物品的采购成本。科目期末借方余额，反映单位在途物品的采购成本。

该科目可按照供应单位和物品种类进行明细核算。

2. 账务处理

在途物品主要通过外购的方式取得，涉及购买物品及验收入库等业务。

财务会计	预算会计
①单位购入材料等物品，结算凭证收到货未到，款已付	
借：在途物品（按照确定的物品采购成本） 　贷：财政拨款收入 　　　零余额账户用款额度 　　　银行存款	借：行政支出等 　贷：财政拨款预算收入 　　　资金结存
②所购材料等物品到达验收入库	
借：库存物品（按照确定的库存物品成本金额） 　贷：在途物品（按照物品采购成本金额） 　　　银行存款（按物品达到目前场所和状态发生的其他支出）	

【例 4-9】某单位按照税法规定属于增值税一般纳税人。2019 年 8 月 3 日该单位购入一批专用材料 1 000 千克，增值税专用发票上载明的货款为 100 000 元，增值税额 13 000 元，对方代垫包装费 1 000 元。款项未付。增值税不能抵扣。

该单位应编制分录为：

财务会计	预算会计
2019 年 8 月 3 日	
借：在途物品　　　　　114 000 　贷：应付账款　　　　　　　　114 000	—

（三）库存物品

1. 账户设置

单位应设置"库存物品"科目核算单位在开展业务活动及其他活动中为耗用或出售而储存的各种材料、产品、包装物、低值易耗品，以及达不到固定资产标准的用具、装具、动植物等的成本。科目期末借方余额，反映单位库存物品的实际成本。

该科目应当按照库存物品的种类、规格、保管地点等进行明细核算。

已完成的测绘、地质勘查、设计成果等的成本，也通过"库存物品"科目核算。

单位随买随用的零星办公用品，可以在购进时直接列作费用，不通过"库存物品"科目核算。

单位控制的政府储备物资，应当通过"政府储备物资"科目核算，不通过"库存物品"科目核算。

单位受托存储保管的物资和受托转赠的物资，应当通过"受托代理资产"科目核算，不通过"库存物品"科目核算。

单位为在建工程购买和使用的材料物资，应当通过"工程物资"科目核算，不通过"库存物品"科目核算。

单位储存的低值易耗品、包装物较多的，可以在"库存物品"科目（低值易耗品、包装物）下按照"在库""在用"和"摊销"等进行明细核算。

2. 取得库存物品的账务处理

库存物品的取得方式包括：购入、自行加工、接受捐赠、无偿调入等。

（1）外购取得库存物品。购入的库存物品，其成本包括购买价款、相关税费、运输费、装卸费、保险费以及使得存货达到目前场所和状态所发生的归属于存货成本的其他支出。

财务会计	预算会计
①单位购入材料等物品，结算凭证收到货未到，款已付	
借：库存物品（按照确定的库存物品成本的金额） 　贷：财政拨款收入（已财政直接支付） 　　　零余额账户用款额度（已财政授权支付） 　　　银行存款（已银行存款支付） 　　　应付账款（赊购库存物品）	按支付金额 借：行政支出等 　贷：财政拨款预算收入 　　　资金结存
②所购材料等物品到达验收入库	
借：库存物品（按照确定的库存物品成本） 　贷：在途物品（按照物品采购成本） 　　　银行存款（按达到目前场所和状态发生的其他支出）	—

【例 4-10】续【例 4-9】该单位 2019 年 8 月 10 日，收到材料并验收入库。8 月 23 日，采用财政授权支付方式通过代理银行零余额账户支付上述款项。

该单位应编制分录为：

财务会计		预算会计	
① 2019 年 8 月 10 日，验收入库			
借：库存物品	114 000	—	
贷：在途物品	114 000		
② 2019 年 8 月 23 日，支付款项			
借：应付账款	114 000	借：行政支出	114 000
贷：零余额账户用款额度	114 000	贷：资金结存	114 000

（2）加工取得库存物资。参见第 76 页"（四）加工物品"部分内容。

（3）接受捐赠的存货。其成本按照有关凭据注明的金额加上相关税费、运输费等确定；没有相关凭据可供取得，但按规定经过资产评估的，其成本按照评估价值加上相关税费、运输费等确定；没有相关凭据可供取得也未经资产评估的，其成本比照同类或类似资产的市场价格加上相关税费、运输费等确定；没有相关凭据且未经资产评估、同类或类似资产的市场价格也无法可靠取得的，按照名义金额入账，相关税费、运输费等计入当期费用。

财务会计	预算会计
①接受捐赠的库存物品验收入库	
借：库存物品（按照确定的成本） 　贷：银行存款（按照发生的相关费用、运输费等） 　　　捐赠收入（按照其差额）	实际支付的相关税费 借：其他支出 　贷：资金结存
②接受捐赠的库存物品按照名义金额入账的，按照名义金额	
借：库存物品 　贷：捐赠收入 同时，按照发生的相关税费、运输费等 借：其他费用 　贷：银行存款	按照发生的相关税费、运输费等 借：其他支出 　贷：资金结存

【例 4-11】某单位 2019 年 8 月 15 日，收到社会捐赠的灾区防寒物资。由捐赠方提供的增值税专用发票注明，采购价格共计 100 000 元，增值税 13 000 元，运杂费共计 2 000 元。上述价税款及运杂费均由捐赠方付讫。

该单位应编制分录为：

财务会计		预算会计
借：库存物品	115 000	—
贷：捐赠收入	115 000	

（4）无偿调入的存货，其成本按照调出方账面价值加上相关税费、运输费等确定。

财务会计	预算会计
①接受无偿调入的库存物品验收入库	
借：库存物品（按照确定的成本） 　贷：银行存款等（按照发生的相关税费等） 　　　无偿调拨净资产（按照其差额）	实际支付的相关税费 借：其他支出 　贷：资金结存
②接受无偿调入的库存物品按照名义金额入账的，按照名义金额	
借：库存物品 　贷：无偿调拨净资产 同时，按照发生的相关税费、运输费等 借：其他费用 　贷：银行存款等	按发生的相关税费、运输费等 借：其他支出 　贷：资金结存

【例 4-12】 某单位 2019 年 10 月 11 日，收到某企业无偿调入的救灾物资。调出方没能提供相应的发票，也没有按规定经过资产评估，且很多物资市场价格无法可靠取得。该单位用银行存款支付了运杂费共计 1 000 元。上述价税款及运杂费均由捐赠方付讫。

该单位应编制分录为：

财务会计		预算会计	
借：库存物品	1	借：其他支出	1 000
贷：无偿调拨净资产	1	贷：资金结存	1 000
借：其他费用	1 000		
贷：银行存款	1 000		

（5）通过置换取得的存货，其成本按照换出资产的评估价值，加上支付的补价或减去收到的补价，加上为换入存货发生的其他相关支出确定。

财务会计	预算会计
①用固定资产 / 无形资产置换换入的库存物品验收入库	
借：库存物品（按照确定的成本） 　　固定资产累计折旧 　　无形资产累计摊销 　　资产处置费用（若出现借方差额） 　贷：固定资产（按照换出固定资产的账面余额） 　　无形资产（按照换出无形资产的账面余额） 　　银行存款（按照置换过程中发生的其他相关支出） 　　其他收入（若出现贷方差额）	实付的其他相关支出 借：其他支出 　贷：资金结存
②涉及补价的，分别按以下情况处理	
支付补价的 借：库存物品 　　固定资产累计折旧 　　无形资产累计摊销 　　资产处置费用（若出现借方差额） 　贷：固定资产 　　无形资产 　　银行存款（支付的补价） 　　其他收入（若出现贷方差额）	实际支付的补价和其他相关支出 借：其他支出 　贷：资金结存
收到补价的 借：库存物品（按照确定的库存物品成本） 　　银行存款（按照收到的补价） 　　固定资产累计折旧 　　无形资产累计摊销 　　资产处置费用（若出现借方差额） 　贷：固定资产 　　无形资产 　　银行存款（支付的补价和其他相关支出） 　　应缴财政款（按补价扣减相关支出后的净收入） 　　其他收入（若出现贷方差额）	相关支出大于收到补价的差 借：其他支出 　贷：资金结存

3. 发出库存物品的账务处理

1）发出存货的计价方法

单位应当根据实际情况采用先进先出法、加权平均法或者个别计价法确定发出存货的实际成本。计价方法一经确定，不得随意变更。

对于性质和用途相似的存货，应当采用相同的成本计价方法确定发出存货的成本。

对于不能替代使用的存货、为特定项目专门购入或加工的存货，通常采用个别计价法确定发出存货的成本。

2）领用、出售、无偿调出及发出加工库存物品

财务会计	预算会计
①单位开展业务活动等领用库存物品，按照领用物品的实际成本	
借：业务活动费用 　贷：库存物品	—
②出售库存物品	
经批准对外出售不可自主出售的库存物品时，按照库存 物品的账面余额 借：资产处置费用 　贷：库存物品 同时， 借：银行存款（按照收到的价款） 　贷：银行存款（按照处置过程中发生的相关费用） 　　应缴财政款（按照其差额）	—
③经批准无偿调出库存物品	
无偿调出的库存物品发出时，按照库存物品的账面余额 借：无偿调拨净资产 　贷：库存物品 同时，按照无偿调出过程中发生的归属于调出方的相关费用 借：资产处置费用 　贷：银行存款	实际支付的相关费用 借：其他支出 　贷：资金结存
④加工发出库存物品，按照领用、出售等发出物品的实际成本	
借：加工物品 　贷：库存物品	—

【例4-13】某单位为小规模纳税人，采用简易计税方法计算应纳增值税额。2019年10月23日，经批准对外出售不可自主出售的库存物品10件，每件售价200元。所售物品价税款已经收到。该物品每件实际成本700元。该单位用现金支付运杂费200元。

该单位应编制分录为：

财务会计	预算会计
借：资产处置费用　　　　7 000 　贷：库存物品　　　　　　　　7 000	—
按简易计税的增值税为：[2 000÷（1+3%）]×3%=58.25 借：银行存款　　　　　2 000 　贷：库存现金　　　　　　　　200 　　应交增值税　　　　　　　58.25 　　应缴财政款　　　　　1 741.75	—

3）领用低值易耗品、包装物

采用一次转销法摊销低值易耗品、包装物的，在首次领用时将其账面余额一次性摊销计入有关成本费用，采用五五摊销法摊销低值易耗品、包装物的，首次领用时，将其账面余额的50%摊销计入有关成本费用，只做财务会计分录，无须做预算会计分录。

借：有关科目

　　贷：库存物品

采用五五摊销法使用完时，将剩余的账面余额转销计入有关成本费用，只做财务会计分录，无须做预算会计分录。

借：有关科目

　　贷：库存物品

4）对外捐赠库存物品

按规定报经批准对外捐赠、无偿调出的存货，应当将其账面余额予以转销，对外捐赠、无偿调出中发生的归属于捐出方、调出方的相关费用应当计入当期费用。

财务会计	预算会计
经批准对外捐赠的库存物品发出时	
借：资产处置费用 　　贷：库存物品（按照库存物品账面余额） 　　　　银行存款（归属于捐出方的相关费用）	实际支付的相关费用 借：其他支出 　　贷：资金结存

5）置换换出库存物品

经批准置换换出的库存物品，参照"库存物品"科目有关置换换入库存物品的规定进行账务处理。

4.库存物品清查盘点

（1）盘盈的存货。单位应当定期对库存物品进行清查盘点，每年至少盘点一次。

盘盈的存货，按规定经过资产评估的，其成本按照评估价值确定；未经资产评估的，其成本按照重置成本确定。

盘盈的库存物品，其成本按照有关凭据注明的金额确定；没有相关凭据但按照规定经过资产评估的，其成本按照评估价值确定；没有相关凭据也未经过评估的，其成本按照重置成本确定。如无法采用上述方法确定盘盈的库存物品成本的，按照名义金额入账。

盘盈的存货的账务处理一般只做财务会计分录，无须做预算会计分录。

盘盈的库存物品，按照上述方法确定入账成本

借：库存物品

　　贷：待处理财产损溢

按照规定报经批准后处理时，对于盘盈的流动资产

借：待处理财产损溢

　　贷：业务活动费用

如属于以前年度取得的，按照前期差错处理

借：待处理财产损溢

　　贷：以前年度盈余调整

（2）盘亏、毁损或者报废的存货。对于发生的存货毁损，应当将存货账面余额转销计入当期费用，并将毁损存货处置收入扣除相关处置税费后的差额按规定作应缴款项处理（差额为净收益时）或计入当期费用（差额为净损失时）。

盘盈的存货的账务处理一般只涉及财务会计分录，不涉及预算会计分录。

盘亏或者毁损、报废的库存物品，按照待处理库存物品的账面余额，

借：待处理财产损溢

　　贷：库存物品

属于增值税一般纳税人的单位，若因非正常原因导致的库存物品盘亏或毁损，还应当将与该库存物品相关的增值税进项税额转出，按照其增值税进项税额

借：待处理财产损溢

　　贷：应交增值税——应交税金（进项税额转出）

存货盘亏造成的损失，按规定报经批准后应当计入当期费用。

报经批准处理时

借：资产处置费用

　　贷：待处理财产损溢——待处理财产价值

处理毁损、报废实物资产过程中取得的残值或残值变价收入、保险理赔和过失人赔偿等

借：库存现金

　　银行存款

　　库存物品

　　其他应收款

　　贷：待处理财产损溢——处理净收入

处理毁损、报废实物资产过程中发生的相关费用

借：待处理财产损溢——处理净收入

　　贷：库存现金

　　　　银行存款

处理收支结清，如果处理收入大于相关费用的，按照处理收入减去相关费用后的净收入

借：待处理财产损溢——处理净收入

　　贷：应缴财政款

处理收入小于相关费用的，按照相关费用减去处理收入后的净支出

借：资产处置费用

　　贷：待处理财产损溢——处理净收入

【例4-14】某单位为一般纳税人。2019年年末对C专用材料进行清查盘点，盘点结果为实存数量为1 020千克，账存数量1 050千克，加权平均法下的C专用材料单位成本为每千克10元，购入时确认了可抵扣的进项税额。

该单位会计财务会计分录为：

借：待处理财产损溢——待处理财产价值　　　　　　　　　　　　　339

　　贷：库存物品——C专用材料　　　　　　　　　　　　　　　　　300

　　　　应交增值税——应交税金（进项税额转出）　　　　　　　　　39

报经批准予以处置时

借：资产处置费用　　　　　　　　　　　　　　　　　　　　　　　339

　　贷：待处理财产损溢——待处理财产价值　　　　　　　　　　　339

（四）加工物品

单位加工物品主要有两种方式：自制和委托加工。行政单位主要采取委托加工方式。

1. 委托加工存货的成本构成

委托加工的存货成本包括委托加工前存货成本、委托加工的成本（如委托加工费以及按规定应计入委托加工存货成本的相关税费等）以及使存货达到目前场所和状态所发生的

归属于存货成本的其他支出。

2.委托加工存货的账务处理

财务会计	预算会计
①发给外单位加工的材料等，按照其实际成本	
借：加工物品——委托加工物品 　　贷：库存物品	
②支付加工费、运输费等费用，按照实际支付的金额	
借：加工物品——委托加工物品 　　贷：财政拨款收入 　　　　零余额账户用款额度 　　　　银行存款	借：行政支出等 　　贷：财政拨款预算收入 　　　　资金结存
③委托加工完成的材料等验收入库，按照加工前发出材料的成本和加工、运输成本等	
借：库存物品 　　贷：加工物品——委托加工物品	

【例 4-15】某行政单位为小规模纳税人，委托 A 公司代为加工一批专用物品。发给 A 公司的材料成本为 100 000 元，负担的运输费 2 000 元用银行存款支付。加工费用为 30 000 元，通过单位零余额账户付清。假定不考虑其他相关税费。

该单位应编制分录为：

财务会计	预算会计
发出材料 借：加工物品——委托加工物品　100 000 　　贷：库存物品　　　　　　　　　　100 000	—
支付的运费及加工费 借：加工物品——委托加工物品　32 000 　　贷：零余额账户用款额度　　　　　30 000 　　　　银行存款　　　　　　　　　　2 000	支付的运费及加工费 借：行政支出　　　　　　　　32 000 　　贷：资金结存　　　　　　　　32 000
借：库存物品　　　　　　　　　　132 000 　　贷：加工物品——委托加工物品　132 000	—

四、待摊费用

1.账户设置

单位应设置"待摊费用"科目核算单位已经支付，但应当由本期和以后各期分别负担的分摊期在 1 年以内（含 1 年）的各项费用，如预付航空保险费、预付租金等。科目期末借方余额，反映单位各种已支付但尚未摊销的分摊期在 1 年以内（含 1 年）的费用。

该科目应当按照待摊费用种类进行明细核算。

2.账务处理

财务会计	预算会计
①发生待摊费用时，按照实际预付的金额	
借：待摊费用 　　贷：财政拨款收入 　　　　零余额账户用款额度 　　　　银行存款	借：行政支出 　　贷：财政拨款预算收入 　　　　资金结存

财务会计	预算会计
②待摊费用应当在其受益期限内分期平均摊销，如预付航空保险费应在保险期的有效期内、预付租金应在租赁期内分期平均摊销，计入当期费用	
借：业务活动费用 　　贷：待摊费用	—
③如某项待摊费用已经不能使单位受益，应当将其摊余金额一次全部转入当期费用	
借：业务活动费用 　　贷：待摊费用	—

【例 4-16】某单位 2019 年 1 月 4 日单位零余额账户预付了单位半年的电话及网络流量费共计 6 000 元。

该单位应编制分录为：

财务会计	预算会计
2019 年 1 月 4 日	
借：待摊费用　　　　　　　6 000 　　贷：零余额账户用款额度　　　　6 000	借：行政支出　　　　　　　6 000 　　贷：资金结存　　　　　　　　6 000
月末，按月分摊计入当期费用	
借：业务活动费用　　　　1 000 　　贷：待摊费用　　　　　　　1 000	—

第二节　行政单位的非流动资产

行政单位的非流动资产包括固定资产、无形资产、公共基础设施、政府储备物资、文物文化资产、保障性住房、受托代理资产、长期待摊费用等。

一、固定资产

(一) 固定资产的确认

1. 概念及分类

固定资产，是指单位为满足自身开展业务活动或其他活动需要而控制的，使用年限超过 1 年（不含 1 年）、单位价值在规定标准以上，并在使用过程中基本保持原有物质形态的资产，一般包括房屋及构筑物、专用设备、通用设备等。

单位价值虽未达到规定标准，但是使用年限超过 1 年（不含 1 年）的大批同类物资，如图书、家具、用具、装具等，应当确认为固定资产。

固定资产一般分为六类：房屋及构筑物，专用设备，通用设备，文物和陈列品，图书、档案，家具、用具、装具及动植物。

2. 确认标准

（1）初始确认条件。固定资产同时满足下列条件的，应当予以确认：

①与该固定资产相关的服务潜力很可能实现或者经济利益很可能流入单位；

②该固定资产的成本或者价值能够可靠地计量。

（2）初始确认应当考虑的情况。确认固定资产时，应当考虑以下情况：

①固定资产的各组成部分具有不同使用年限或者以不同方式为单位实现服务潜力或提供经济利益，适用不同折旧率或折旧方法且可以分别确定各自原价的，应当分别将各组成

部分确认为单项固定资产；

②应用软件构成相关硬件不可缺少的组成部分的，应当将该软件的价值包括在所属的硬件价值中，一并确认为固定资产；不构成相关硬件不可缺少的组成部分的，应当将该软件确认为无形资产；

③购建房屋及构筑物时，不能分清购建成本中的房屋及构筑物部分与土地使用权部分的，应当全部确认为固定资产；能够分清购建成本中的房屋及构筑物部分与土地使用权部分的，应当将其中的房屋及构筑物部分确认为固定资产，将其中的土地使用权部分确认为无形资产。

（3）后续确认。固定资产在使用过程中发生的后续支出，同时满足前述初始确认两个条件的，应当计入固定资产成本；不符合初始确认条件的，应当在发生时计入当期费用或者相关资产成本。

将发生的固定资产后续支出计入固定资产成本的，应当同时从固定资产账面价值中扣除被替换部分的账面价值。

3. 确认时间

通常情况下，购入、换入、接受捐赠、无偿调入不需安装的固定资产，在固定资产验收合格时确认。

购入、换入、接受捐赠、无偿调入需要安装的固定资产，在固定资产安装完成交付使用时确认；自行建造、改建、扩建的固定资产，在建造完成交付使用时确认。

（二）账户设置

1. 固定资产

单位应设置"固定资产"科目核算单位固定资产的原值。科目应当按照固定资产类别和项目进行明细核算。科目期末借方余额，反映单位固定资产的原值。

该科目应当按照固定资产类别和项目进行明细核算。

采用融资租入方式取得的固定资产，通过"固定资产"科目核算，并设置"融资租入固定资产"明细科目。

经批准在境外购买具有所有权的土地，作为固定资产，通过"固定资产"科目核算并设置"境外土地"明细科目，进行相应明细核算。

以借入、经营租赁租入方式取得的固定资产，不通过"固定资产"科目核算，应当设置备查簿进行登记。

2. 工程物资

单位应设置"工程物资"科目核算单位为在建工程准备的各种物资的成本，包括工程用材料、设备等。该科目可按照"库存材料""库存设备"等工程物资类别进行明细核算。科目期末借方余额，反映单位为在建工程准备的各种物资的成本。

3. 在建工程

单位应设置"在建工程"科目核算单位在建的建设项目工程的实际成本。科目期末借方余额，反映单位尚未完工的建设项目工程发生的实际成本。

购入需要安装的固定资产，应当先通过"在建工程"科目核算，安装完毕交付使用时再转入"固定资产"科目核算。

单位在建的信息系统项目工程、公共基础设施项目工程、保障性住房项目工程的实际成本，也通过该科目核算。

"在建工程"科目应当设置下列6个明细科目，并按照具体项目进行明细核算。

（1）"建筑安装工程投资"明细科目。其用于核算单位发生的构成建设项目实际支出的建筑工程和安装工程的实际成本，不包括被安装设备本身的价值以及按照合同规定支付给施工单位的预付备料款和预付工程款。该明细科目应当设置"建筑工程"和"安装工程"两个明细科目进行明细核算。

（2）"设备投资"明细科目。其用于核算单位发生的构成建设项目实际支出的各种设备的实际成本。

（3）"待摊投资"明细科目。其用于核算单位发生的构成建设项目实际支出的、按照规定应当分摊计入有关工程成本和设备成本的各项间接费用和税费支出。

该明细科目的具体核算内容包括以下9个方面：

①勘查费、设计费、研究试验费、可行性研究费及项目其他前期费用；

②土地征用及迁移补偿费、土地复垦及补偿费、森林植被恢复费及其他为取得土地使用权、租用权而发生的费用；

③土地使用税、耕地占用税、契税、车船税、印花税及按照规定缴纳的其他税费；

④项目建设管理费、代建管理费、临时设施费、监理费、招投标费、社会中介审计（审查）费及其他管理性质的费用；项目建设管理费是指项目建设单位从项目筹建之日起至办理竣工财务决算之日止发生的管理性质的支出，包括不在原单位发工资的工作人员工资及相关费用、办公费、办公场地租用费、差旅交通费、劳动保护费、工具用具使用费、固定资产使用费、招募生产工人费、技术图书资料费（含软件）、业务招待费、施工现场津贴、竣工验收费等；

⑤项目建设期间发生的各类专门借款利息支出或融资费用；

⑥工程检测费、设备检验费、负荷联合试车费及其他检验检测类费用；

⑦固定资产损失、器材处理亏损、设备盘亏及毁损、单项工程或单位工程报废、毁损净损失及其他损失；

⑧系统集成等信息工程的费用支出；

⑨其他待摊性质的支出。

该明细科目应当按照上述费用项目进行明细核算，其中有些费用（如项目建设管理费等），还应当按照更为具体的费用项目进行明细核算。

（4）"其他投资"明细科目。其用于核算单位发生的构成建设项目实际支出的房屋购置支出，基本畜禽、林木等购置、饲养、培育支出，办公生活用家具、器具购置支出，软件研发和不能计入设备投资的软件购置等支出。单位为进行可行性研究而购置的固定资产，以及取得土地使用权支付的土地出让金，也通过该明细科目核算。该明细科目应当设置"房屋购置""基本畜禽支出""林木支出""办公生活用家具、器具购置""可行性研究固定资产购置""无形资产"等明细科目。

（5）"待核销基建支出"明细科目。其用于核算建设项目发生的江河清障、航道清淤、飞播造林、补助群众造林、水土保持、城市绿化、取消项目的可行性研究费以及项目整体报废等不能形成资产部分的基建投资支出。该明细科目应按照待核销基建支出的类别进行明细核算。

（6）"基建转出投资"明细科目。其用于核算为建设项目配套而建成的、产权不归属本单位的专用设施的实际成本。该明细科目应按照转出投资的类别进行明细核算。

4. 固定资产累计折旧

单位应设置"固定资产累计折旧"科目核算单位计提的固定资产累计折旧。科目期末贷方余额，反映单位计提的固定资产折旧累计数。

该科目应当按照所对应固定资产的明细分类进行明细核算。

公共基础设施和保障性住房计提的累计折旧，应当分别通过"公共基础设施累计折旧（摊销）"科目和"保障性住房累计折旧"科目核算，不通过"固定资产累计折旧"科目核算。

（三）账务处理

1. 取得固定资产

固定资产的取得包括外购、建造、融资租入、接受捐赠、无偿调入和置换等方式。

固定资产在取得时应当按照成本进行初始计量，取得方式不同，固定资产初始入账价值的确定方式也不相同。

（1）购入

外购的固定资产，其成本包括购买价款、相关税费以及固定资产交付使用前所发生的可归属于该项资产的运输费、装卸费、安装费和专业人员服务费等。

以一笔款项购入多项没有单独标价的固定资产，应当按照各项固定资产同类或类似资产市场价格的比例对总成本进行分配，分别确定各项固定资产的成本。

财务会计	预算会计
购入不需安装的固定资产验收合格时	
按照确定的固定资产成本 借：固定资产 　贷：财政拨款收入 　　零余额账户用款额度 　　银行存款 　　应付账款	按实际支付金额 借：行政支出等 　贷：财政拨款预算收入 　　资金结存

【例 4-17】某单位为一般纳税人，购入一台不需要安装的办公设备，该设备的增值税不能抵扣。取得的增值税专用发票上注明的设备价款为 100 000 元，增值税进项税额为 13 000 元，发生运输费 2 000 元，款项全部采用财政直接支付通过财政零余额账户付清。假定不考虑其他相关税费。

该单位应编制分录为：

财务会计	预算会计
固定资产实际成本 = 100 000 + 13 000 + 2 000 = 115 000（元） 借：固定资产　　　　115 000 　贷：财政拨款收入　　　　115 000	借：行政支出　　　　115 000 　贷：财政拨款预算收入　　　　115 000

购入需要安装的固定资产，在安装完毕交付使用前通过"在建工程"科目核算，安装完毕交付使用时再转入"固定资产"科目。

借：固定资产
　贷：在建工程

【例 4-18】某单位购入一台需要安装的用于本单位业务活动的专用设备，取得的增值税专用发票上注明的设备价款为 200 000 元，增值税进项税额为 26 000 元，发生运输费 3 400 元，上述款项全部采用财政授权支付。另用银行存款支付安装调试费 12 000 元，用现金支付专业人员服务费 5 300 元。该设备的增值税已认证允许可抵扣。

该单位应编制分录为：

财务会计		预算会计	
在建工程购入成本 = 200 000 + 3 400 = 203 400（元）			
借：在建工程　　　　　　　　　　　203 400		借：行政支出　　　　229 400	
应交增值税——应交税金（进项税额）　26 000		贷：资金结存　　　　　　　229 400	
贷：零余额账户用款额度　　　　　　　229 400			
支付安装调试费和专业人员服务费时			
借：在建工程　　　　　　　　　　　 17 300		借：行政支出　　　　17 300	
贷：银行存款　　　　　　　　　　　 12 000		贷：资金结存　　　　　　　17 300	
库存现金　　　　　　　　　　　　5 300			
完工固定资产成本 = 203 400 + 17 300 = 220 700（元）			
借：固定资产　　　　　　　　　　　220 700		——	
贷：在建工程　　　　　　　　　　　220 700			

若购入固定资产扣留质量保证金：

财务会计	预算会计
①在取得固定资产时	
借：固定资产	按实际支付金额
在建工程	借：行政支出等
贷：财政拨款收入	贷：财政拨款预算收入
零余额账户用款额度	资金结存
银行存款	
应付账款（不含质量保证金的应付额）	
其他应付款（扣留期≤1年的质量保证金额）	
长期应付款（扣留期>1年的质量保证金额）	
②质保期满支付质量保证金时	
借：其他应付款	按实际支付金额
长期应付款	借：行政支出等
贷：财政拨款收入	贷：财政拨款预算收入
零余额账户用款额度	资金结存
银行存款	

【例 4-19】某单位购入一台不需要安装的办公设备，取得的增值税专用发票上注明的设备价款为 100 000 元，增值税进项税额为 13 000 元，发生运输费 2 000 元。通过财政零余额账户支付了 50 000 元。发票金额包含须扣留的质量保证金，金额为价款的 40%。合同约定，保证金待设备正常运行 2 个月后再通过财政零余额账户支付。该设备的增值税不能抵扣。

该单位应编制分录为：

财务会计		预算会计	
固定资产实际成本 = 100 000 + 13 000 + 2 000 = 115 000（元）			
支付须扣留的质量保证金外的款项			
借：固定资产　　　　　　　　115 000		借：行政支出　　　　50 000	
贷：财政拨款收入　　　　　　　50 000		贷：财政拨款预算收入　　　50 000	
应付账款　　　　　　　　　25 000			
其他应付款　　　　　　　　40 000			
设备正常运行 2 个月后			
借：其他应付款　　　　　　　　40 000		借：行政支出　　　　40 000	
贷：财政拨款收入　　　　　　　40 000		贷：财政拨款预算收入　　　40 000	

（2）自行建造

1）成本构成

自行建造的固定资产，其成本包括该项资产至交付使用前所发生的全部必要支出。

在原有固定资产基础上进行改建、扩建、修缮后的固定资产，其成本按照原固定资产账面价值加上改建、扩建、修缮发生的支出，再扣除固定资产被替换部分的账面价值后的金额确定。

已交付使用但尚未办理竣工决算手续的固定资产，应当按照估计价值入账，待办理竣工决算后再按实际成本调整原来的暂估价值。

2）工程物资的账务处理

财务会计	预算会计
①购入为工程准备的物资，其成本包括工程用材料、设备等	
借：工程物资 　贷：财政拨款收入 　　　零余额账户用款额度 　　　银行存款 　　　应付账款	按实际支付金额 借：行政支出等 　贷：财政拨款预算收入 　　　资金结存
②领用工程物资，按照物资成本	
借：在建工程 　贷：工程物资	—
③工程完工后将领出的剩余物资退库时	
借：工程物资 　贷：在建工程	—
④工程完工后将剩余的工程物资转作本单位存货等的	
按照物资成本 借：库存物品 　贷：工程物资	—

【例 4-20】某单位自行建造一座仓库用于存放开展业务活动必需的存货。购入并耗用工程材料一批，价款为 300 000 元，支付的增值税进项税额为 39 000 元，款项以银行存款支付。该工程材料的进项税额按照现行增值税制度规定不得抵扣。

该单位应编制分录为：

财务会计		预算会计	
购入工程物资			
借：工程物资	339 000	借：行政支出	339 000
贷：银行存款	339 000	贷：资金结存	339 000

3）建筑安装工程投资的账务处理

将固定资产等资产转入改建、扩建等时，将固定资产等资产的账面价值转入在建工程，只做财务会计分录，无须做预算会计分录。

借：在建工程——建筑安装工程投资

　　固定资产累计折旧

　贷：固定资产

固定资产等资产改建、扩建过程中涉及替换（或拆除）原资产的某些组成部分的，按照被替换（或拆除）部分的账面价值，只做财务会计分录，无须做预算会计分录。

借：待处理财产损溢

　　贷：在建工程——建筑安装工程投资

单位对于发包建筑安装工程，根据建筑安装工程价款结算账单与施工企业结算工程价款时，

财务会计	预算会计
①发包工程预付工程款时	
借：预付账款——预付工程款 　　贷：财政拨款收入 　　　　零余额账户用款额度 　　　　银行存款等	按实际预付金额 借：行政支出等 　　贷：财政拨款预算收入 　　　　资金结存
②按照进度结算工程款时	
借：在建工程——建筑安装工程投资（按照应承付的工程价款） 　　贷：财政拨款收入 　　　　零余额账户用款额度 　　　　银行存款 　　　　预付账款（按照预付工程款余额） 　　　　应付账款（应付的金额）	按实际补付金额 借：行政支出等 　　贷：财政拨款预算收入 　　　　资金结存

单位自行施工的小型建筑安装工程，按照发生的物料、款项或工薪等各项支出金额，

财务会计	预算会计
购入为工程准备的物资，其成本包括工程用材料、设备等	
借：在建工程——建筑安装工程投资 　　贷：工程物资 　　　　零余额账户用款额度 　　　　银行存款 　　　　应付职工薪酬	按实际补付金额 借：行政支出等 　　贷：财政拨款预算收入 　　　　资金结存

工程竣工，办妥竣工验收交接手续交付使用时，按照建筑安装工程成本（含应分摊的待摊投资），只做财务会计分录，无须做预算会计分录。

借：固定资产

　　贷：在建工程——建筑安装工程投资

【例4-21】续【例4-20】该单位除领用上述全部工程物资外，还领用库存材料一批，材料成本为32 000元。计提建设期间发生工程人员薪酬65 800元。

该单位应编制分录为：

财务会计	预算会计
领用工程物资，按照物资成本 借：在建工程——建筑安装工程投资　　371 000 　　贷：工程物资　　　　　　　　　　　　339 000 　　　　库存物品　　　　　　　　　　　　 32 000	—
计提建设期间发生工程人员薪酬 借：在建工程——建筑安装工程投资　　 65 800 　　贷：应付职工薪酬　　　　　　　　　　 65 800	—
工程完工交付使用时，固定资产成本 = 371 000 + 65 800 = 436 800（元） 借：固定资产　　　　　　　　　　　　　436 800 　　贷：在建工程——建筑安装工程投资　　436 800	—

4）设备投资的账务处理

财务会计	预算会计
购入设备时，按照购入成本	
借：在建工程——设备投资 　贷：工程物资 　　　财政拨款收入 　　　零余额账户用款额度 　　　银行存款	按实际支付金额 借：行政支出等 　贷：财政拨款预算收入 　　　资金结存
设备安装完毕，办妥竣工验收交接手续交付使用时	
按设备投资成本（含设备安装工程成本和分摊的待摊投资） 借：固定资产 　贷：在建工程——设备投资 　　　　　　——建筑安装工程投资——安装工程	—
将不需要安装的设备和达不到固定资产标准的工具、器具交付使用时	
按照相关设备、工具、器具的实际成本 借：固定资产 　　库存物品 　贷：在建工程——设备投资	—

【例4-22】某单位经批准，委托A公司建造一专用设备用于开展专业检测。建造合同规定，合同总价款120 000元，按完工进度分两次支付工程款。完工程度为40%时，支付70 000元，全部完工检验合格后再支付50 000元。5个月后，工程完工交付使用。合同款项全部通过财政直接支付方式结清。

该单位应编制分录为：

财务会计	预算会计
完工程度为40%时	
借：在建工程——设备投资　70 000 　贷：财政拨款收入　　　　　70 000	借：行政支出　　　　　　70 000 　贷：财政拨款预算收入　　70 000
全部完工时	
借：在建工程——设备投资　50 000 　贷：财政拨款收入　　　　　50 000	借：行政支出　　　　　　50 000 　贷：财政拨款预算收入　　50 000
工程完工交付使用时	
借：固定资产　　　　　　120 000 　贷：在建工程——设备投资　120 000	—

5）待摊投资的账务处理

建设工程发生的构成建设项目实际支出的、按照规定应当分摊计入有关工程成本和设备成本的各项间接费用和税费支出，先在"待摊投资"明细科目中归集；建设工程办妥竣工验收手续交付使用时，按照合理的分配方法，摊入相关工程成本、在安装设备成本等。

财务会计	预算会计
单位发生的构成待摊投资的各类费用	
按照实际发生金额 借：在建工程——待摊投资 　贷：财政拨款收入 　　　零余额账户用款额度 　　　银行存款 　　　其他应交税费 　　　固定资产累计折旧 　　　无形资产累计摊销	按实际支付金额 借：行政支出等 　贷：财政拨款预算收入 　　　资金结存
对于建设过程中试生产、设备调试等产生的收入	
借：银行存款（取得的收入金额） 　贷：在建工程——待摊投资（应当冲减建设工程成本 的部分） 　　　应缴财政款（纳入预算管理的差额） 　　　其他收入（不纳入预算管理的差额）	按实际收到金额 借：资金结存 　贷：其他预算收入
由于自然灾害、管理不善等原因造成的单项工程或单位工程报废或毁损，扣除残料价值和过失人或保险公司等赔款后的净损失，报经批准后计入继续施工的工程成本的	
借：在建工程——待摊投资（差额） 　　　银行存款（收到的残料变价收入、过失人或保险公 司赔款等） 　　　其他应收款（应收的过失人或保险公司赔款等） 　贷：在建工程——建筑安装工程投资（报废或毁损的 工程成本）	—
工程交付使用时，按照合理的分配方法分配待摊投资	
借：在建工程——建筑安装工程投资 　　　　　　　——设备投资 　贷：在建工程——待摊投资	—

以下为待摊投资的分配方法及其计算公式：

- 按照实际分配率分配。该方法适用于建设工期较短、整个项目的所有单项工程一次竣工的建设项目。

$$实际分配率 = 待摊投资明细科目余额$$
$$\div（建筑工程明细科目余额 + 安装工程明细科目余额$$
$$+ 设备投资明细科目余额）\times 100\%$$

- 按照概算分配率分配。该方法适用于建设工期长、单项工程分期分批建成投入使用的建设项目。

$$概算分配率 =（概算中各待摊投资项目的合计数 - 其中可直接分配部分）$$
$$\div（概算中建筑工程、安装工程和设备投资合计）\times 100\%$$

- 某项固定资产应分配的待摊投资 = 该项固定资产的建筑工程成本或该项固定资产（设备）的采购成本和安装成本合计 × 分配率

6）其他投资的账务处理

财务会计	预算会计
单位为建设工程发生的房屋购置支出，基本畜禽、林木等的购置、饲养、培育支出，办公生活用家具、器具购置支出，软件研发和不能计入设备投资的软件购置等支出	
按照实际发生金额 借：在建工程——其他投资 　贷：财政拨款收入 　　　零余额账户用款额度 　　　银行存款	按实际支付金额 借：行政支出等 　贷：财政拨款预算收入 　　　资金结存

财务会计	预算会计
工程完成将形成的房屋、基本畜禽、林木等各种财产以及无形资产交付使用时	
按照其实际成本 借：固定资产 　　无形资产 　贷：在建工程——其他投资	—

7）待核销基建支出

财务会计	预算会计
建设项目发生的江河清障、航道清淤、飞播造林、补助群众造林、水土保持、城市绿化等不能形成资产的各类待核销基建支出	
按照实际发生金额 借：在建工程——待核销基建支出 　贷：财政拨款收入 　　　零余额账户用款额度 　　　银行存款	按实际支付金额 借：行政支出等 　贷：财政拨款预算收入 　　　资金结存
取消的建设项目发生的可行性研究费，按照实际发生金额	
借：在建工程——待核销基建支出 　贷：在建工程——待摊投资	—
由于自然灾害等原因发生的建设项目整体报废所形成的净损失，报经批准后转入待核销基建支出	
借：在建工程——待核销基建支出（项目体报废净损失） 　　银行存款（回收的残料变价收入、保险公司赔款等） 　　其他应收款（应收的残料变价收入、保险公司赔款等） 　贷：在建工程——建筑安装工程投资（报废的工程成本）	—
建设项目竣工验收交付使用时，对发生的待核销基建支出进行冲销	
借：资产处置费用 　贷：在建工程——待核销基建支出	

8）基建转出投资的账务处理

为建设项目配套而建成的、产权不归属本单位的专用设施，在项目竣工验收交付使用时，按照转出的专用设施的成本，只做财务会计分录，无须做预算会计分录。

借：在建工程——基建转出投资
　贷：在建工程——建筑安装工程投资
同时
借：无偿调拨净资产
　贷：在建工程——基建转出投资

9）已交付使用但尚未办理竣工决算手续的账务处理

已交付使用但尚未办理竣工决算手续的固定资产，按照估计价值入账，待办理竣工决算后再按照实际成本调整原来的暂估价值。

（3）融资租赁及跨年度分期购入

融资租赁取得的固定资产，其成本按照租赁协议或者合同确定的租赁价款、相关税费以及固定资产交付使用前所发生的可归属于该项资产的运输费、途中保险费、安装调试费等确定。

财务会计	预算会计
融资租入的固定资产	
按确定的成本 借：固定资产 　　在建工程 　贷：长期应付款（按照确定的租赁付款额） 　　　财政拨款收入 　　　零余额账户用款额度 　　　银行存款	按实际支付金额 借：行政支出等 　贷：财政拨款预算收入 　　　资金结存
定期支付租金时，按照实际支付金额	
借：长期应付款 　贷：财政拨款收入 　　　零余额账户用款额度 　　　银行存款	按实际支付金额 借：行政支出等 　贷：财政拨款预算收入 　　　资金结存

【例 4-23】某单位融资租入办公用的一批复印机。租赁合同确定的租赁价款为 30 000 元，每季度支付 5 000 元。另用银行存款相关税费 3 000 元，租赁保险费 1 000 元，运输费 500 元。

该单位应编制分录为：

财务会计	预算会计
固定资产成本＝30 000＋3 000＋1 000＋500＝34 500（元） 借：固定资产　　　　　　34 500 　贷：长期应付款　　　　　　　30 000 　　　银行存款　　　　　　　　4 500	借：行政支出　　　　　　　4 500 　贷：资金结存　　　　　　　　4 500
定期支付租金时 借：长期应付款　　　　　5 000 　贷：银行存款　　　　　　　　5 000	借：行政支出　　　　　　　5 000 　贷：资金结存　　　　　　　　5 000

按照规定跨年度分期付款购入固定资产的账务处理，参照融资租入固定资产。

（4）接受捐赠

接受捐赠的固定资产，其成本按照有关凭据注明的金额加上相关税费、运输费等确定；没有相关凭据可供取得，但按规定经过资产评估的，其成本按照评估价值加上相关税费、运输费等确定；没有相关凭据可供取得也未经资产评估的，其成本比照同类或类似资产的市场价格加上相关税费、运输费等确定；没有相关凭据且未经资产评估、同类或类似资产的市场价格也无法可靠取得的，按照名义金额入账，相关税费、运输费等计入当期费用。

如受赠的是旧的固定资产，在确定其初始入账成本时应当考虑该项资产的新旧程度。

财务会计	预算会计
接受捐赠的固定资产	
借：固定资产（确定的不需要安装的固定资产成本） 　　在建工程（确定的需要安装的固定资产成本） 　贷：零余额账户用款额度（财政授权支付的相关税费） 　　　银行存款（银行存款支付的相关税费） 　　　捐赠收入（按照其差额）	按实际支付金额 借：其他支出等 　贷：资金结存

财务会计	预算会计
接受捐赠的固定资产按照名义金额入账的	
按照固定资产的名义金额 借：固定资产 　　在建工程 　贷：捐赠收入	—
发生的相关税费、运输费等 借：其他费用 　贷：零余额账户用款额度 　　　银行存款	按实际支付金额 借：其他支出等 　贷：资金结存

（5）无偿调入

无偿调入的固定资产，其成本按照调出方账面价值加上相关税费、运输费等确定。

财务会计	预算会计
无偿调入的固定资产	
借：固定资产（确定的不需安装的固定资产成本） 　　在建工程（确定的需要安装的固定资产成本） 　贷：零余额账户用款额度（财政授权支付的相关税费） 　　　银行存款（银行存款支付的相关税费） 　　　无偿调拨净资产（按照其差额）	按实际支付金额 借：其他支出等 　贷：资金结存

（6）置换取得

通过置换取得的固定资产，其成本按照换出资产的评估价值加上支付的补价或减去收到的补价，加上换入固定资产发生的其他相关支出确定。

置换取得的固定资产，参照"库存物品"科目中置换取得库存物品的相关规定进行账务处理。

（7）取得涉及的增值税

固定资产取得时涉及增值税业务的，相关账务处理参见"应交增值税"科目。

2. 固定资产折旧

（1）折旧范围。折旧，是指在固定资产的预计使用年限内，按照确定的方法对应计的折旧额进行系统分摊。

单位应当对固定资产计提折旧，但下列各项固定资产除外：①文物和陈列品；②动植物；③图书、档案；④单独计价入账的土地；⑤以名义金额计量的固定资产。

固定资产提足折旧后，无论能否继续使用，均不再计提折旧；提前报废的固定资产，也不再补提折旧。

已提足折旧的固定资产，可以继续使用的，应当继续使用，规范实物管理。

（2）影响折旧的因素。固定资产应计提的折旧额为其成本，计提固定资产折旧时不考虑预计净残值。

单位应当根据相关规定以及固定资产的性质和使用情况，合理确定固定资产的使用年限。

（3）折旧年限的确定。通常情况下，政府会计主体应当按照表 4-1 规定确定各类应计提折旧的固定资产的折旧年限。

表 4-1　政府固定资产折旧年限表

固定资产类别	内容		折旧年限（年）
房屋及构筑物	业务及管理用房	钢结构	不低于 50
		钢筋混凝土结构	不低于 50
		砖混结构	不低于 30
		砖木结构	不低于 30
	简易房		不低于 8
	房屋附属设施		不低于 8
	构筑物		不低于 8
通用设备	计算机设备		不低于 6
	办公设备		不低于 6
	车辆		不低于 8
	图书档案设备		不低于 5
	机械设备		不低于 10
	电气设备		不低于 5
	雷达、无线电和卫星导航设备		不低于 10
	通信设备		不低于 5
	广播、电视、电影设备		不低于 5
	仪器仪表		不低于 5
	电子和通信测量设备		不低于 5
	计量标准器具及量具、衡器		不低于 5
专用设备	探矿、采矿、选矿和造块设备		10～15
	石油天然气开采专用设备		10～15
	石油和化学工业专用设备		10～15
	炼焦和金属冶炼轧制设备		10～15
	电力工业专用设备		20～30
	非金属矿物制品工业专用设备		10～20
	核工业专用设备		20～30
	航空航天工业专用设备		20～30
	工程机械		10～15
	农业和林业机械		10～15
	木材采集和加工设备		10～15
	食品加工专用设备		10～15
	饮料加工设备		10～15
	烟草加工设备		10～15
	粮油作物和饲料加工设备		10～15
	纺织设备		10～15
	缝纫、服饰、制革和毛皮加工设备		10～15
	造纸和印刷机械		10～20
	化学药品和中药专用设备		5～10
	医疗设备		5～10

（续）

固定资产类别	内容	折旧年限（年）
专用设备	电工、电子专用生产设备	5～10
	安全生产设备	10～20
	邮政专用设备	10～15
	环境污染防治设备	10～20
	公安专用设备	3～10
	水工机械	10～20
	殡葬设备及用品	5～10
	铁路运输设备	10～20
	水上交通运输设备	10～20
	航空器及其配套设备	10～20
	专用仪器仪表	5～10
	文艺设备	5～15
	体育设备	5～15
	娱乐设备	5～15
家具、用具及装具	家具	不低于15
	用具、装具	不低于5

　　国务院有关部门在遵循表 4-1 所规定的固定资产折旧年限的情况下，可以根据实际需要进一步细化本行业固定资产的类别，具体确定各类固定资产的折旧年限，并报财政部审核批准。

　　政府会计主体应当在遵循表 4-1、主管部门有关折旧年限规定的情况下，根据固定资产的性质和实际使用情况，合理确定其折旧年限。

　　单位确定固定资产使用年限，应当考虑下列因素：①预计实现服务潜力或提供经济利益的期限；②预计有形损耗和无形损耗；③法律或者类似规定对资产使用的限制。

　　固定资产的使用年限一经确定，不得随意变更。

　　单位应当对暂估入账的固定资产计提折旧，实际成本确定后不需调整原已计提的折旧额。

　　固定资产因改建、扩建或修缮等原因而延长其使用年限的，应当按照重新确定的固定资产的成本以及重新确定的折旧年限计算折旧额。

　　单位计提融资租入固定资产折旧时，应当采用与自有固定资产相一致的折旧政策。能够合理确定租赁期届满时将会取得租入固定资产所有权的，应当在租入固定资产尚可使用年限内计提折旧；无法合理确定租赁期届满时能够取得租入固定资产所有权的，应当在租赁期与租入固定资产尚可使用年限两者中较短的期间内计提折旧。

　　政府会计主体盘盈、无偿调入、接受捐赠以及置换的固定资产，应当考虑该项资产的新旧程度，按照其尚可使用的年限计提折旧。

　　（4）折旧方法。单位一般应当采用年限平均法或者工作量法计提固定资产折旧。

　　在确定固定资产的折旧方法时，应当考虑与固定资产相关的服务潜力或经济利益的预期实现方式。

　　固定资产折旧方法一经确定，不得随意变更。

（5）折旧计提的时点。固定资产应当按月计提折旧，当月增加的固定资产，当月开始计提折旧；当月减少的固定资产，当月不再计提折旧。

固定资产提足折旧后，无论能否继续使用，均不再计提折旧；提前报废的固定资产，也不再补提折旧。已提足折旧的固定资产，可以继续使用的，应当继续使用，规范实物管理。

（6）账务处理。固定资产应当按月计提折旧，并根据用途计入当期费用或者相关资产成本。

按照应计提折旧金额，只做财务会计分录，无须做预算会计分录。

借：业务活动费用
　　加工物品
　　在建工程
　　贷：固定资产累计折旧

【例 4-24】某单位自行建造的简易用房于 2019 年 3 月 21 日完工交付使用，成本为 48 000 元，预计使用 4 年。按规定，单位应对该厂房采用年限平均法计提折旧。

该单位会计分录为：

3 月末及随后的每月末，月折旧额 = 48 000 ÷ 4 ÷ 12 = 1 000（元）

借：业务活动费用　　　　　　　　　　　　　　　　　　　　　　1 000
　　贷：固定资产累计折旧　　　　　　　　　　　　　　　　　　　　　1 000

3. 与固定资产有关的后续支出

（1）符合固定资产确认条件的后续支出。通常情况下，符合固定资产确认条件的后续支出应计入固定资产成本。

财务会计	预算会计
当固定资产转入改建、扩建时，将固定资产的账面价值转入在建工程	
借：在建工程 　　固定资产累计折旧 　　贷：固定资产	—
为增加固定资产使用效能或延长其使用年限而发生的改建、扩建等后续支出	
借：在建工程 　　贷：财政拨款收入 　　　　零余额账户用款额度 　　　　银行存款	按实际支付金额 借：行政支出等 　　贷：资金结存
改建、扩建等完成交付使用时，按照在建工程成本	
借：固定资产 　　贷：在建工程	—

【例 4-25】续【例 4-22】该单位按规定，对该固定资产按年限平均法计提折旧，预计折旧年限 5 年。交付使用 2 年后，将该设备转入修缮，修缮工程委托 B 公司负责，修缮价款一共 20 000 元，通过财政授权支付方式结清。拆除的部件原价为 12 000 元。1 个月后，修缮完成。

该单位应编制分录为：

财务会计		预算会计	
每月计提折旧时			
月折旧额＝120 000÷（5×12）＝2 000（元） 借：业务活动费用　　　　2 000 　贷：累计折旧　　　　　　　　2 000		—	
使用2年后，将该设备转入修缮时，累计折旧＝2 000×24＝48 000（元） 借：在建工程——设备投资　　72 000 　　固定资产累计折旧　　48 000 　贷：固定资产　　　　　　　　120 000		—	
支付修缮价款时			
借：在建工程——设备投资　　20 000 　贷：零余额账户用款额度　　　　20 000		借：行政支出　　20 000 　贷：资金结存　　　　20 000	
拆除部件， 拆除部件账面价值＝12 000－48 000×12 000÷120 000＝7 200（元） 借：待处理财产损溢　　7 200 　贷：在建工程——设备投资　　　7 200		—	
修缮完工，固定资产成本＝72 000＋20 000－7 200＝84 800（元） 借：固定资产　　84 800 　贷：在建工程——设备投资　　84 800			

（2）不符合固定资产确认条件的后续支出。这类后续支出主要是指为保证固定资产正常使用发生的日常维修等方式的支出。

财务会计	预算会计
应计入相关费用 借：业务活动费用 　贷：财政拨款收入 　　零余额账户用款额度 　　银行存款	借：行政支出等 　贷：财政拨款预算收入 　　资金结存

4. 处置固定资产
按照规定报经批准处置固定资产，应当分别按以下情况处理：

（1）报经批准出售、转让固定资产，只做财务会计分录，无须做预算会计分录。

应当将固定资产账面价值转销计入当期费用，并将处置收入扣除相关处置税费后的差额按规定作应缴款项处理（差额为净收益时）或计入当期费用（差额为净损失时）。

借：资产处置费用
　　固定资产累计折旧
　贷：固定资产

同时

借：银行存款（收到的价款）
　　资产处置费用（差额为净损失）
　贷：银行存款（处置过程中发生的相关费用）
　　应缴财政款（差额为净收益）

【例4-26】某单位将某项闲置的办公用设备出售，该设备原价为100 000元，累计折旧80 000元，处置收到银行存款收入8 000元，用现金支付处置费用300元。

该单位会计分录为：

转入处置时

借：资产处置费用   20 000

    固定资产累计折旧   80 000

  贷：固定资产   100 000

转让固定资产的净损益

借：银行存款   8 000

  贷：库存现金   300

    应缴国库款   7 700

（2）报经批准对外捐赠固定资产。

财务会计	预算会计

应当将固定资产的账面价值予以转销，对外捐赠过程中发生的归属于捐出方的相关费用之和转入"资产处置费用"科目
借：资产处置费用
    固定资产累计折旧
  贷：固定资产
    银行存款（支付的归属于捐出方的相关费用）
	支付的归属于捐出方的相关费用
	借：其他支出等
	  贷：资金结存

（3）报经批准无偿调出固定资产。

财务会计	预算会计

应当将固定资产的账面价值予以转销
借：固定资产累计折旧
    无偿调拨净资产
  贷：固定资产
同时，无偿调出发生的归属于调出方的相关费用
借：资产处置费用
  贷：银行存款
	支付的归属于捐出方的相关费用
	借：其他支出等
	  贷：资金结存

（4）报经批准置换换出固定资产，参照"库存物品"中置换换入库存物品的规定进行账务处理。

5. 盘点清查固定资产

单位应当定期对固定资产进行清查盘点，每年至少盘点一次。对于发生的固定资产盘盈、盘亏或毁损、报废，应当先记入"待处理财产损溢"科目，按照规定报经批准后及时进行后续账务处理。

（1）盘盈的固定资产，其成本按照有关凭据注明的金额确定；没有相关凭据，但按照规定经过资产评估的，其成本按照评估价值确定；没有相关凭据，也未经过评估的，其成本按照重置成本确定。如无法采用上述方法确定盘盈固定资产成本的，按照名义金额（人民币1元）入账。

盘盈的固定资产，只做财务会计分录，无须做预算会计分录。

按照确定的入账成本

借：固定资产

  贷：待处理财产损溢

报经批准后，如属于本年度取得的，按照当年新取得相关资产进行账务处理；如属于以前年度取得的，按照前期差错处理。

借：待处理财产损溢

　　贷：以前年度盈余调整

【例 4-27】某单位年终对固定资产清查发现盘盈的固定资产，无法确定同类或类似固定资产的市场价值，应按名义金额入账。

该单位会计分录为：

借：固定资产　　　　　　　　　　　　　　　　　　　　　　　　　　1

　　贷：待处理财产损溢　　　　　　　　　　　　　　　　　　　　　　　1

（2）盘亏、毁损或报废的固定资产，待处理固定资产的账面价值转入"待处理财产损溢"科目，盘亏造成的损失，按规定报经批准后应当计入当期费用，只做财务会计分录，无须做预算会计分录。

借：待处理财产损溢——待处理财产价值

　　固定资产累计折旧

　　贷：固定资产

报经批准处理时

借：资产处置费用

　　贷：待处理财产损溢——待处理财产价值

处理毁损、报废实物资产过程中取得的残值或残值变价收入、保险理赔和过失人赔偿、处理收支结清参照"存货盘亏、毁损或报废"部分的财务会计和预算会计处理。

【例 4-28】某单位年终对固定资产清查发现盘亏的一项固定资产，该固定资产原价为 40 100 元，累计折旧 23 000 元。现金支付处置费 1 000 元。报经批准后，予以核销。

该单位会计分录为：

发现时

借：待处理财产损溢——待处理财产价值　　　　　　　　17 100

　　固定资产累计折旧　　　　　　　　　　　　　　　　23 000

　　贷：固定资产　　　　　　　　　　　　　　　　　　　　　　40 100

借：待处理财产损溢——处理净收入　　　　　　　　　　1 000

　　贷：库存现金　　　　　　　　　　　　　　　　　　　　　　1 000

借：资产处置费用　　　　　　　　　　　　　　　　　　18 100

　　贷：待处理财产损溢——处理净收入　　　　　　　　　　　　1 000

　　　　　　　　　　——待处理财产价值　　　　　　　　　17 100

二、无形资产

(一) 无形资产的确认

1. 定义

无形资产，是指单位控制的没有实物形态的可辨认非货币性资产，如专利权、商标权、著作权、土地使用权、非专利技术等。

资产满足下列条件之一的，符合无形资产定义中的可辨认性标准：

（1）能够从单位中分离或者划分出来，并能单独或者与相关合同、资产或负债一起，用于出售、转移、授予许可、租赁或者交换。

（2）源自合同性权利或其他法定权利，无论这些权利是否可以从单位或其他权利和义务中转移或者分离。

2. 确认条件

无形资产同时满足下列条件的，应当予以确认：

（1）与该无形资产相关的服务潜力很可能实现或者经济利益很可能流入单位；

（2）该无形资产的成本或者价值能够可靠地计量。

单位在判断无形资产的服务潜力或经济利益是否很可能实现或流入时，应当对无形资产在预计使用年限内可能存在的各种社会、经济、科技因素做出合理估计，并且应当有确凿的证据支持。

单位购入的不构成相关硬件不可缺少组成部分的软件，应当确认为无形资产。

单位自创商誉及内部产生的品牌、报刊名等，不应确认为无形资产。

与无形资产有关的后续支出，符合无形资产确认条件的，应当计入无形资产成本；不符合无形资产确认条件的，应当在发生时计入当期费用或者相关资产成本。

3. 研发支出的确认

单位自行研究开发项目的支出，应当区分研究阶段支出与开发阶段支出。

研究是指为获取并理解新的科学或技术知识而进行的独创性的有计划调查。

开发是指在进行生产或使用前，将研究成果或其他知识应用于某项计划或设计，以生产出新的或具有实质性改进的材料、装置、产品等。

单位自行研究开发项目研究阶段的支出，应当于发生时计入当期费用。

单位自行研究开发项目开发阶段的支出，先按合理方法进行归集，如果最终形成无形资产的，应当确认为无形资产；如果最终未形成无形资产的，应当计入当期费用。

单位自行研究开发项目尚未进入开发阶段，或者确实无法区分研究阶段支出和开发阶段支出，但按法律程序已申请取得无形资产的，应当将依法取得时发生的注册费、聘请律师费等费用确认为无形资产。

（二）账户设置

1. 无形资产

单位应设置"无形资产"科目核算单位无形资产的原值。科目期末借方余额，反映单位无形资产的成本。

该科目应当按照无形资产的类别、项目等进行明细核算。

非大批量购入的、单价小于 1 000 元的无形资产，可以于购买的当期将其成本直接计入当期费用。

2. 无形资产累计摊销

单位应设置"无形资产累计折旧"科目核算单位对使用年限有限的无形资产计提的累计摊销。科目期末贷方余额，反映单位计提的无形资产摊销累计数。

该科目应当按照所对应无形资产的明细分类进行明细核算。

3. 研发支出

单位应设置"研发支出"科目核算单位自行研究开发项目研究阶段和开发阶段发生的各项支出。科目期末借方余额，反映单位预计能达到预定用途的研究开发项目在开发阶段发生的累计支出数。

该科目应当按照自行研究开发项目，分别以"研究支出""开发支出"进行明细核算。

建设项目中的软件研发支出，应当通过"在建工程"科目核算，不通过"研发支出"科目核算。

（三）账务处理

1. 取得无形资产

无形资产在取得时，应当按照成本进行初始计量。取得方式不同，成本构成有所不同。

（1）外购的无形资产，其成本包括购买价款、相关税费以及可归属于该项资产达到预定用途前所发生的其他支出。

财务会计	预算会计
按照确定的无形资产成本 借：无形资产 　贷：财政拨款收入 　　零余额账户用款额度 　　银行存款 　　应付账款	按照实际支付的金额 借：行政支出等 　贷：财政拨款预算收入 　　资金结存

【例4-29】某单位从乙公司购入一项专利权，协议约定价款85 000元，先以财政直接支付方式结清专利权价款50 000元，35 000元尚未支付。另以银行存款支付相关税费1 600元和有关专业服务费用2 000元。

该单位应编制分录为：

财务会计	预算会计
借：无形资产　　　　　　　 88 600 　贷：财政拨款收入　　　　　 50 000 　　应付账款　　　　　　　 35 000 　　银行存款　　　　　　　　3 600	借：行政支出　　　　　　　 53 600 　贷：财政拨款预算收入　　　 50 000 　　资金结存　　　　　　　　3 600

（2）委托软件公司开发软件，视同外购无形资产进行处理。

合同中约定预付开发费用的，

财务会计	预算会计
预付时	
借：预付账款 　贷：财政拨款收入 　　零余额账户用款额度 　　银行存款	实际支付的金额 借：行政支出等 　贷：财政拨款预算收入 　　资金结存
软件开发完成交付使用并支付剩余或全部软件开发费用时	
借：无形资产 　贷：预付账款 　　财政拨款收入 　　零余额账户用款额度 　　银行存款	实际支付的金额 借：行政支出等 　贷：财政拨款预算收入 　　资金结存

（3）研发支出取得的无形资产。

自行开发的无形资产，其成本包括自该项目进入开发阶段后至达到预定用途前所发生的支出总额。

1）研究阶段的支出

财务会计	预算会计
按照从事研究及其辅助活动人员计提的薪酬，研究活动领用的库存物品，发生的与研究活动相关的管理费、间接费和其他各项费用	
借：研发支出——研究支出 　　贷：应付职工薪酬 　　　　库存物品 　　　　财政拨款收入 　　　　零余额账户用款额度 　　　　固定资产累计折旧 　　　　银行存款	实际支付的金额 借：行政支出等 　　贷：财政拨款预算收入 　　　　资金结存
期（月）末，应当将"研发支出——研究支出"科目归集的研究阶段的支出金额转入当期费用	
借：业务活动费用 　　贷：研发支出——研究支出	—

2）开发阶段的支出

财务会计	预算会计
按照从事开发及其辅助活动人员计提的薪酬，开发活动领用的库存物品，发生的与开发活动相关的管理费、间接费和其他各项费用	
借：研发支出——开发支出 　　贷：应付职工薪酬 　　　　库存物品 　　　　财政拨款收入 　　　　零余额账户用款额度 　　　　银行存款 　　　　固定资产累计折旧	实际支付的金额 借：行政支出等 　　贷：财政拨款预算收入 　　　　资金结存
自行研究开发项目完成，达到预定用途形成无形资产的	
借：无形资产 　　贷：研发支出——开发支出（归集的开发阶段的支出金额）	—
单位应当每年年度终了评估研究开发项目是否能够达到预定用途，如预计不能达到预定用途（如无法最终完成开发项目并形成无形资产的），应当将已发生的开发支出金额全部转入当期费用	
借：业务活动费用 　　贷：研发支出——开发支出	—

3）自行研究开发项目已申请取得无形资产

自行研究开发项目尚未进入开发阶段，或者确实无法区分研究阶段支出和开发阶段支出，但按照法律程序已申请取得无形资产的。

财务会计	预算会计
按照依法取得时发生的注册费、聘请律师费等费用	
借：无形资产 　　贷：财政拨款收入 　　　　零余额账户用款额度 　　　　银行存款	实际支付的金额 借：行政支出等 　　贷：财政拨款预算收入 　　　　资金结存
按照依法取得前所发生的研究开发支出	
借：业务活动费用 　　贷：研发支出	—

【例 4-30】某单位自行开发无形资产，研究阶段领用并耗费库存材料 15 200 元，应付研究人员薪酬 11 600 元，专用设备折旧 30 000 元，银行存款支付其他费用 10 000 元。开发阶段领用并耗费库存材料 20 000 元，应付开发人员薪酬 50 000 元，专用设备折旧 40 000 元，银行存款支付其他费用 22 000 元。该无形资产开发获得成功，依法申报取得专利权，申请专利时发生的注册费为 2 000 元，用银行存款支付。

该单位应编制分录为：

财务会计		预算会计	
借：研发支出——研究支出　66 800		借：行政支出　　32 000	
——开发支出　132 000		贷：资金结存　　　32 000	
贷：应付职工薪酬	61 600		
库存物品	35 200		
固定资产累计折旧	70 000		
银行存款	32 000		
期或月末，将研究阶段的支出金额转入当期费用			
借：业务活动费用　66 800		—	
贷：研发支出——研究支出	66 800		
将开发支出转入无形资产			
借：无形资产　132 000		—	
贷：研发支出——开发支出	132 000		
注册费计入无形资产成本		借：行政支出　　2 000	
借：无形资产　2 000		贷：资金结存　　2 000	
贷：银行存款	2 000		

（4）接受捐赠的无形资产，其成本按照有关凭据注明的金额加上相关税费确定；没有相关凭据可供取得，但按规定经过资产评估的，其成本按照评估价值加上相关税费确定；没有相关凭据可供取得，也未经资产评估的，其成本比照同类或类似资产的市场价格加上相关税费确定；没有相关凭据且未经资产评估，同类或类似资产的市场价格也无法可靠取得的，按照名义金额入账，相关税费计入当期费用。

确定接受捐赠无形资产的初始入账成本时，应当考虑该项资产尚可为单位带来服务潜力或经济利益的能力。

财务会计	预算会计
借：无形资产（确定的无形资产成本）	实际支付的金额
贷：零余额账户用款额度（财政授权支付的相关税费）	借：其他支出
银行存款（银行存款支付的相关税费）	贷：资金结存
捐赠收入（差额）	

【例 4-31】某单位接受企业捐赠的专利权，企业无法提供凭证注明专用设备价款，同类或类似专利权的市场价格为 30 000 元，该单位另用现金支付相关税费 1 100 元。

该单位应编制分录为：

财务会计		预算会计	
借：无形资产　31 100		借：其他支出　　1 100	
贷：库存现金	1 100	贷：资金结存　　1 100	
捐赠收入	30 000		

接受捐赠的无形资产按照名义金额入账的,

财务会计	预算会计
按照名义金额 借:无形资产 　贷:捐赠收入 同时,按照发生的相关税费等 借:其他费用 　贷:零余额账户用款额度 　　银行存款	实际支付的相关税费金额 借:其他支出等 　贷:资金结存

【例 4-32】某单位接受企业捐赠的专利技术,企业无法提供凭证注明专用设备价款,无法取得同类或类似专利权的市场价格,也未进行评估。该单位用银行存款支付相关税费 1 500 元。

该单位应编制分录为:

财务会计	预算会计
借:无形资产　　　　　　　1 　贷:捐赠收入　　　　　　　　　1	
借:其他费用　　　　　1 500 　贷:银行存款　　　　　　　1 500	借:其他支出　　　　　1 500 　贷:资金结存　　　　　　　1 500

(5)无偿调入的无形资产,其成本按照调出方账面价值加上相关税费确定。

财务会计	预算会计
借:无形资产(确定的无形资产成本) 　贷:零余额账户用款额度(财政授权支付的相关税费) 　　银行存款(银行存款支付的相关税费) 　　无偿调拨净资产(差额)	实际支付的相关税费金额 借:其他支出等 　贷:资金结存

(6)置换取得的无形资产,通过置换取得的无形资产,其成本按照换出资产的评估价值加上支付的补价或减去收到的补价,加上换入无形资产发生的其他相关支出确定。

参照"库存物品"科目中置换取得库存物品的相关规定进行账务处理。

无形资产取得时涉及增值税业务的,相关账务处理参见"应交增值税"科目。

2. 无形资产摊销

(1)摊销范围。摊销是指在无形资产使用年限内,按照确定的方法对应摊销金额进行系统分摊。

事业单位应当对使用年限有限的无形资产进行摊销,但已摊销完毕仍继续使用的无形资产和以名义金额计量的无形资产除外。

(2)使用年限的确定。无形资产的使用年限应当于取得或形成无形资产时合理确定。

无形资产的使用年限为有限的,应当估计该使用年限。

无法预见无形资产为政府会计主体提供服务潜力或者带来经济利益期限的,应当视为使用年限不确定的无形资产,其不应摊销。

对于使用年限有限的无形资产,政府会计主体应当按照以下原则确定无形资产的摊销年限:

①法律规定了有效年限的,按照法律规定的有效年限作为摊销年限;

②法律没有规定有效年限的,按照相关合同或单位申请书中的受益年限作为摊销年限;

③法律没有规定有效年限、相关合同或单位申请书也没有规定受益年限的，应当根据无形资产为政府会计主体带来服务潜力或经济利益的实际情况，预计其使用年限；

④非大批量购入的、单价小于 1 000 元的无形资产，可以于购买的当期将其成本一次性全部转销。

（3）摊销方法。政府会计主体应当采用年限平均法或者工作量法对无形资产进行摊销，应摊销金额为其成本，不考虑预计残值。

因发生后续支出而增加无形资产成本的，对于使用年限有限的无形资产，应当按照重新确定的无形资产成本以及重新确定的摊销年限计算摊销额。

事业单位应当按月对使用年限有限的无形资产进行摊销，并根据用途计入当期费用或者相关资产成本，只做财务会计分录，无须做预算会计分录。

借：业务活动费用
　　加工物品
　　在建工程
　　贷：无形资产累计摊销

【例 4-33】某单位为提高专业服务能力，从丙公司购入一项专利权，协议约定价款 60 000 元，先通过财政直接支付方式结清专利权价款 55 000 元，后用银行存款支付相关税费 1 000 元和有关专业服务费用 4 000 元。根据法律规定，该专利权预计可使用 10 年。

该单位应编制分录为：

财务会计		预算会计	
借：无形资产　　　　　　　60 000 　　贷：财政拨款收入　　　　55 000 　　　　银行存款　　　　　　5 000		借：行政支出　　　　　　　60 000 　　贷：财政拨款预算收入　　55 000 　　　　资金结存　　　　　　5 000	
每月末，按月摊销时，月摊销额 = 60 000 ÷（10 × 12）= 500（元）			
借：业务活动费用　　　　　500 　　贷：无形资产累计摊销　　500			

3. 与无形资产有关的后续支出

（1）符合无形资产确认条件的后续支出。

财务会计	预算会计
为增加无形资产的使用效能对其进行升级改造或扩展其功能时，如需暂停对无形资产进行摊销的，应转销无形资产的账面价值	
借：在建工程 　　无形资产累计摊销 　　贷：无形资产	—
无形资产后续支出符合无形资产确认条件的，按照支出的金额	
借：无形资产（无须暂停摊销的） 　　在建工程（需暂停摊销的） 　　贷：财政拨款收入 　　　　零余额账户用款额度 　　　　银行存款	借：行政支出 　　贷：财政拨款预算收入 　　　　资金结存
暂停摊销的无形资产升级改造或扩展功能等完成交付使用时，按照在建工程成本	
借：无形资产 　　贷：在建工程	—

（2）不符合无形资产确认条件的后续支出。

财务会计	预算会计
为保证无形资产正常使用发生的日常维护等支出	
借：业务活动费用 　贷：财政拨款收入 　　　零余额账户用款额度 　　　银行存款	借：行政支出 　贷：财政拨款预算收入 　　　资金结存

4. 处置无形资产

按照规定报经批准处置无形资产，应当分别以下情况处理：

财务会计	预算会计
①报经批准出售、转让无形资产，应将被出售、转让无形资产的账面价值转入当期费用，并将处置收入大于相关处置税费后的差额按规定计入当期收入或者做应缴款项处理，将处置收入小于相关处置税费后的差额计入当期费用	
借：资产处置费用 　　无形资产累计摊销 　贷：无形资产	—
同时， 借：银行存款（收到的价款） 　贷：银行存款（支付的价款） 　　　应缴财政款（按照规定应上缴转让净收入的） 　　　其他收入（按照规定将转让收入纳入本单位预算）	如转让收入按照规定纳入本单位预算， 借：资金结存 　贷：其他预算收入
②报经批准对外捐赠无形资产，应转销无形资产的账面价值，对外捐赠中发生的归属于捐出方的相关费用应当计入当期费用	
借：无形资产累计摊销 　　资产处置费用（处置净损失差额） 　贷：无形资产 　　　银行存款（发生的归属于捐出方的相关费用）	归属于捐出方的相关费用 借：其他支出 　贷：资金结存
③报经批准无偿调出无形资产，应当将无形资产的账面价值予以转销，对无偿调出中发生的归属于调出方的相关费用应当计入当期费用	
借：无形资产累计摊销（无形资产累计摊销） 　　无偿调拨净资产（差额） 　贷：无形资产（无形资产账面余额）	—
同时，按照无偿调出过程中发生的归属于调出方的相关费用 借：资产处置费用 　贷：银行存款	归属于调出方的相关费用 借：其他支出 　贷：资金结存

【例4-34】某单位经批准无偿调出一项土地使用权。该土地使用权账面余额为50 000 000元，已累计摊销2 000 000元。调出过程用银行存款支付过户费等共计150 000元。

该单位应编制分录为：

财务会计		预算会计	
借：无形资产累计摊销　　2 000 000 　　无偿调拨净资产　　48 000 000 　贷：无形资产　　　　　　　50 000 000		—	
同时，按照无偿调出过程中发生的归属于调出方的相关费用			
借：资产处置费用　　　　150 000 　贷：银行存款　　　　　　　150 000		借：其他支出　　　　　　150 000 　贷：资金结存　　　　　　　150 000	

报经批准置换换出无形资产，参照"库存物品"科目中置换换入库存物品的规定进行账务处理。

无形资产预期不能为单位带来服务潜力或经济利益，按照规定报经批准核销时，将待核销无形资产的账面价值计入当期费用，只做财务会计分录，无须做预算会计分录。

借：资产处置费用
　　无形资产累计摊销
　　贷：无形资产

无形资产处置时涉及增值税业务的，相关账务处理参见"应交增值税"科目。

5. 清查盘点无形资产

单位应当定期对无形资产进行清查盘点，每年至少盘点一次。单位资产清查盘点过程中发现的无形资产盘盈、盘亏等，参照"固定资产"科目相关规定进行账务处理。

三、公共基础设施

(一) 公共基础设施的确认

1. 定义、特征及内容

公共基础设施，是指政府会计主体为满足社会公共需求而控制的，同时具有以下特征的有形资产：

①是一个有形资产系统或网络的组成部分；

②具有特定用途；

③一般不可移动。

公共基础设施主要包括市政基础设施（如城市道路、桥梁、隧道、公交场站、路灯、广场、公园绿地、室外公共健身器材，以及环卫、排水、供水、供电、供气、供热、污水处理、垃圾处理系统等）、交通基础设施（如公路、航道、港口等）、水利基础设施（如大坝、堤防、水闸、泵站、渠道等）和其他公共基础设施。

下列项目不属于公共基础设施：

①独立于公共基础设施、不构成公共基础设施使用不可缺少组成部分的管理维护用房屋建筑物、设备、车辆等，属于固定资产；

②属于文物文化资产的公共基础设施；

③采用政府和社会资本合作模式（即PPP模式）形成的公共基础设施。

2. 负责确认的会计主体

公共基础设施，应当由按规定对其负有管理维护职责的政府会计主体予以确认。

多个政府会计主体共同管理维护的公共基础设施，应当由对该资产负有主要管理维护职责或者承担后续主要支出责任的政府会计主体予以确认。

分为多个组成部分由不同政府会计主体分别管理维护的公共基础设施，应当由各个政府会计主体分别对其负责管理维护的公共基础设施的相应部分予以确认。

负有管理维护公共基础设施职责的政府会计主体通过政府购买服务方式委托企业或其他会计主体代为管理维护公共基础设施的，该公共基础设施应当由委托方予以确认。

3. 确认条件

公共基础设施同时满足下列条件的，应当予以确认：

①与该公共基础设施相关的服务潜力很可能实现或者经济利益很可能流入政府会计主体；

②该公共基础设施的成本或者价值能够可靠地计量。

4. 确认方式

政府会计主体应当根据公共基础设施提供公共产品或服务的性质或功能特征对其进行分类确认。

公共基础设施的各组成部分具有不同使用年限或者以不同方式提供公共产品或服务，适用不同折旧率或折旧方法且可以分别确定各自原价的，应当分别将各组成部分确认为该类公共基础设施的一个单项公共基础设施。

政府会计主体在购建公共基础设施时，能够分清购建成本中的构筑物部分与土地使用权部分的，应当将其中的构筑物部分和土地使用权部分分别确认为公共基础设施；不能分清购建成本中的构筑物部分与土地使用权部分的，应当整体确认为公共基础设施。

5. 确认时间

通常情况下，对于自建或外购的公共基础设施，政府会计主体应当在该项公共基础设施验收合格并交付使用时确认；对于无偿调入、接受捐赠的公共基础设施，政府会计主体应当在开始承担该项公共基础设施管理维护职责时确认。

(二) 账户设置

1. 公共基础设施

单位应设置"公共基础设施"科目核算单位控制的公共基础设施的原值。科目期末借方余额，反映公共基础设施的原值。

该科目应当按照公共基础设施的类别、项目等进行明细核算。

单位应当根据行业主管部门对公共基础设施的分类规定，制定适合于本单位管理的公共基础设施目录、分类方法，作为进行公共基础设施核算的依据。

2. 公共基础设施累计折旧 (摊销)

单位应设置"公共基础设施"科目核算单位计提的公共基础设施累计折旧和累计摊销。科目期末贷方余额，反映单位提取的公共基础设施折旧和摊销的累计数。

该科目应当按照所对应公共基础设施的明细分类进行明细核算。

(三) 账务处理

1. 取得公共基础设施

公共基础设施在取得时应当按照成本进行初始计量。

(1) 自行建造的公共基础设施，其成本包括完成批准的建设内容所发生的全部必要支出，包括建筑安装工程投资支出、设备投资支出、待摊投资支出和其他投资支出。

完工交付使用时，按照在建工程的成本，

借：公共基础设施

　　贷：在建工程

为建造公共基础设施借入的专门借款的利息，属于建设期间发生的，计入该公共基础设施在建工程成本；不属于建设期间发生的，计入当期费用。

已交付使用但尚未办理竣工决算手续的公共基础设施，应当按照估计价值入账，待办理竣工决算后再按照实际成本调整原来的暂估价值。

(2) 接受其他单位无偿调入的公共基础设施，其成本按照该项公共基础设施在调出方的账面价值加上归属于调入方的相关费用确定。

财务会计	预算会计
确定的公共基础设施成本与发生的归属于调入方的相关费用的差额计入无偿调拨净资产	
借：公共基础设施 　贷：财政拨款收入 　　　零余额账户用款额度 　　　银行存款 　　　无偿调拨净资产	支付的归属于调入方的相关费用 借：其他支出 　贷：财政拨款预算收入 　　　资金结存
无偿调入的公共基础设施成本无法可靠取得的，按照发生的相关税费、运输费等金额	
借：其他费用 　贷：财政拨款收入 　　　零余额账户用款额度 　　　银行存款	支付的归属于调入方的相关费用 借：其他支出 　贷：财政拨款预算收入 　　　资金结存

【例 4-35】2019 年 1 月 3 日，某单位经批准无偿调入一小广场。该广场账面余额为6 000 000 元，已累计折旧 500 000 元。调入过程中该单位通过单位零余额账户支付过户费等共计 30 000 元。

该单位应编制分录为：

财务会计		预算会计	
借：公共基础设施　5 530 000 　贷：零余额账户用款额度　　30 000 　　　无偿调拨净资产　　5 500 000		借：其他支出　30 000 　贷：资金结存　30 000	

（3）接受捐赠的公共基础设施，其成本按照有关凭据注明的金额加上相关费用确定；没有相关凭据可供取得，但按规定经过资产评估的，其成本按照评估价值加上相关费用确定；没有相关凭据可供取得，也未经资产评估的，其成本比照同类或类似资产的市场价格加上相关费用确定。

如受赠的是旧的公共基础设施，在确定其初始入账成本时应当考虑该项资产的新旧程度。

财务会计	预算会计
将确定的公共基础设施成本与发生的归属于受捐方的相关费用的差额确认为捐赠收入	
借：公共基础设施 　贷：财政拨款收入 　　　零余额账户用款额度 　　　银行存款 　　　捐赠收入	支付的归属于受捐赠方的相关费用 借：其他支出 　贷：财政拨款预算收入 　　　资金结存
接受捐赠的公共基础设施成本无法可靠取得的	
借：其他费用 　贷：财政拨款收入 　　　零余额账户用款额度 　　　银行存款	支付的归属于受捐赠方的相关费用 借：其他支出 　贷：财政拨款预算收入 　　　资金结存

（4）外购的公共基础设施，其成本包括购买价款、相关税费以及公共基础设施交付使用前所发生的可归属于该项资产的运输费、装卸费、安装费和专业人员服务费等。

财务会计	预算会计
按照确定的成本 借：公共基础设施 　贷：财政拨款收入 　　　零余额账户用款额度 　　　银行存款	支付的金额 借：行政支出 　贷：财政拨款预算收入 　　　资金结存

（5）对于成本无法可靠取得的公共基础设施，单位应当设置备查簿进行登记，待成本能够可靠确定后按照规定及时入账。

（6）对于包括不同组成部分的公共基础设施，其只有总成本、没有单项组成部分成本的，政府会计主体可以按照各单项组成部分同类或类似资产的成本或市场价格比例对总成本进行分配，分别确定公共基础设施中各单项组成部分的成本。

2. 公共基础设施的折旧

（1）折旧范围。政府会计主体应当对公共基础设施计提折旧，但政府会计主体持续进行良好的维护使得其性能得到永久维持的公共基础设施和确认为公共基础设施的单独计价入账的土地使用权除外。

（2）折旧应考虑的因素。公共基础设施应计提的折旧总额为其成本，计提公共基础设施折旧时不考虑预计净残值。

政府会计主体应当对暂估入账的公共基础设施计提折旧，实际成本确定后不需调整原已计提的折旧额。

政府会计主体应当根据公共基础设施的性质和使用情况，合理确定公共基础设施的折旧年限。政府会计主体确定公共基础设施折旧年限，应当考虑下列因素：①设计使用年限或设计基准期；②预计实现服务潜力或提供经济利益的期限；③预计有形损耗和无形损耗；④法律或者类似规定对资产使用的限制。

公共基础设施的折旧年限一经确定，不得随意变更，但处于改建、扩建等建造活动期间的公共基础设施，而应当暂停计提折旧的除外。

对于政府会计主体接受无偿调入、捐赠的公共基础设施，应当考虑该项资产的新旧程度，按照其尚可使用的年限计提折旧。

（3）折旧方法。政府会计主体一般应当采用年限平均法或者工作量法计提公共基础设施折旧。

在确定公共基础设施的折旧方法时，应当考虑与公共基础设施相关的服务潜力或经济利益的预期实现方式。

公共基础设施折旧方法一经确定，不得随意变更。

（4）折旧期间。公共基础设施应当按月计提折旧，并计入当期费用。

当月增加的公共基础设施，当月开始计提折旧；当月减少的公共基础设施，当月不再计提折旧。

（5）折旧暂停、终止及变更。处于改建、扩建等建造活动期间的公共基础设施，应当暂停计提折旧。

因改建、扩建等原因而延长公共基础设施使用年限的，应当按照重新确定的公共基础设施的成本和重新确定的折旧年限计算折旧额，不需调整原已计提的折旧额。

公共基础设施提足折旧后，无论能否继续使用，均不再计提折旧；已提足折旧的公共基础设施，可以继续使用的，应当继续使用，并规范实物管理。

提前报废的公共基础设施，不再补提折旧。

对于确认为公共基础设施的单独计价入账的土地使用权，应当按规定进行摊销。

（6）会计处理。按月计提公共基础设施折旧时，按照应计提的折旧额

借：业务活动费用
　　贷：公共基础设施累计折旧（摊销）

按月对确认为公共基础设施的单独计价入账的土地使用权进行摊销时，按照应计提的摊销额，只做财务会计分录，无须做预算会计分录。

借：业务活动费用
　　贷：公共基础设施累计折旧（摊销）

【例 4-36】续【例 4-35】假设该无偿调入的小广场尚可使用的年限预计为 20 年。

该单位会计分录为：

1 月份应计折旧 = 5 530 000 ÷（20 × 12）= 23 041.7（元）

借：业务活动费用　　　　　　　　　　　　　　　　23 041.7
　　贷：公共基础设施累计折旧（摊销）　　　　　　　　　　　23 041.7

3. 与公共基础设施有关的后续支出

在原有公共基础设施基础上进行改建、扩建等建造活动后的公共基础设施，其成本按照原公共基础设施账面价值加上改建、扩建等建造活动发生的支出，再扣除公共基础设施被替换部分的账面价值后的金额确定。

财务会计	预算会计
将公共基础设施转入改建、扩建时，将公共基础设施的账面价值结转至在建工程	
借：在建工程 　　公共基础设施累计折旧（摊销） 　　贷：公共基础设施	—
符合公共基础设施确认条件的后续支出，应当计入公共基础设施成本。通常情况下，为增加公共基础设施使用效能或延长其使用年限而发生的改建、扩建等后续支出，应当计入公共基础设施成本	
借：在建工程 　　贷：财政拨款收入 　　　　零余额账户用款额度 　　　　银行存款	实际支付的金额 借：行政支出 　　贷：财政拨款预算收入 　　　　资金结存
改建、扩建完成，竣工验收交付使用时，按工程成本 借：公共基础设施 　　贷：在建工程	—
不符合公共基础设施确认条件的后续支出，应当计入当期费用。如为保证公共基础设施正常使用发生的日常维修、养护等后续支出等	
借：业务活动费用 　　贷：财政拨款收入 　　　　零余额账户用款额度 　　　　银行存款	实际支付的金额 借：行政支出 　　贷：财政拨款预算收入 　　　　资金结存

【例4-37】某单位按规定，对某公共基础设施按年限平均法计提折旧，该公共基础设施原值为1 000万元，预计使用20年，已交付使用并折旧2年。现因故障需对该基础设施进行修缮扩建。修缮工程委托A公司负责，修缮价款一共200万元，通过财政直接支付方式结清。1个月后，修缮扩建完成。修缮扩建后该公共基础设施可再延长使用年限4年。

该单位应编制分录为：

财务会计	预算会计
将公共基础设施转入修缮扩建时	
累计折旧额 = 10 000 000 ÷ 20 × 2 = 1 000 000（元） 借：在建工程　　　　　　　　　　9 000 000 　公共基础设施累计折旧（摊销）　1 000 000 　　贷：公共基础设施　　　　　　　　10 000 000	—
修缮扩建增加了公共基础设施的使用年限，应当计入公共基础设施成本	
借：在建工程　　　　　　　　　　2 000 000 　　贷：财政拨款收入　　　　　　　　2 000 000	借：行政支出　　　　　　　　　2 000 000 　　贷：财政拨款预算收入　　　　　2 000 000
公共基础设施改建、扩建完成，竣工验收交付使用时	
借：公共基础设施　　　　　　　　11 000 000 　　贷：在建工程　　　　　　　　　　11 000 000	—
修缮后年折旧 = 11 000 000 ÷（18 + 4）= 500 000（元） 修缮后的月折旧 = 500 000 ÷ 12 = 41 667（元） 借：业务活动费用　　　　　　　　41 667 　　贷：公共基础设施累计折旧（摊销）　41 667	—

4. 处置公共基础设施

按照规定报经批准处置公共基础设施，分别按以下情况处理：

财务会计	预算会计
①报经批准对外捐赠公共基础设施，应将公共基础设施的账面价值加上捐赠过程中发生的归属于捐出方的相关费用之和计入资产处置费用	
借：公共基础设施累计折旧（摊销） 　资产处置费用 　　贷：公共基础设施 　　　银行存款	支付的归属于捐出方的相关费用 借：其他支出 　　贷：资金结存
②报经批准无偿调出公共基础设施，应将公共基础设施的账面价值转入无偿调拨净资产，同时，确认无偿调出过程中发生的归属于调出方的相关费用	
借：公共基础设施累计折旧（摊销） 　无偿调拨净资产 　　贷：公共基础设施 借：资产处置费用 　　贷：银行存款	支付的调出方的相关费用 借：其他支出 　　贷：资金结存

【例4-38】某单位经批准无偿调出某一公共基础设施。该基础设施账面余额为3 000 000元，已累计摊销60 000元，调出过程中用银行存款支付过户费等共计170 000元。

该单位应编制分录为：

财务会计	预算会计
借：公共基础设施累计折旧（摊销） 60 000 　　无偿调拨净资产 2 400 000 　贷：公共基础设施 3 000 000	—
同时，发生的归属于调出方的相关费用	
借：资产处置费用 170 000 　贷：银行存款 170 000	借：其他支出 170 000 　贷：资金结存 170 000

5. 清查盘点公共基础设施

单位应当定期对公共基础设施进行清查盘点。对于发生的公共基础设施盘盈、盘亏、毁损或报废，应当先记入"待处理财产损溢"科目，按照规定报经批准后及时进行后续账务处理。

（1）盘盈的公共基础设施，其成本按照有关凭据注明的金额确定；没有相关凭据，但按照规定经过资产评估的，其成本按照评估价值确定；没有相关凭据，也未经过评估的，其成本按照重置成本确定。盘盈的公共基础设施成本无法可靠取得的，单位应当设置备查簿进行登记，待成本确定后按照规定及时入账。

盘盈的公共基础设施，按照确定的入账成本，只做财务会计分录，无须做预算会计分录。

借：公共基础设施
　贷：待处理财产损溢

（2）盘亏、毁损或报废的公共基础设施，在报经批准后将公共基础设施账面价值予以转销，并将报废、毁损过程中取得的残值变价收入扣除相关费用后的差额按规定做应缴款项处理（差额为净收益时）或计入当期费用（差额为净损失时）。具体参照"固定资产盘亏、毁损或报废"部分的会计处理。只做财务会计分录，无须做预算会计分录。

借：待处理财产损溢
　　公共基础设施累计折旧（摊销）
　贷：公共基础设施

四、政府储备物资

（一）政府储备物资的确认

1. 定义及范围

政府储备物资，是指政府会计主体为满足实施国家安全与发展战略，进行抗灾救灾，应对公共突发事件等特定公共需求而控制的，同时具有下列特征的有形资产。

①在应对可能发生的特定事件或情形时动用；

②其购入、存储保管、更新（轮换）、动用等由政府及相关部门发布的专门管理制度规范。

政府储备物资包括战略及能源物资、抢险抗灾救灾物资、农产品、医药物资和其他重要商品物资，通常情况下由政府会计主体委托承储单位存储。

下列不属于政府储备物资：

①企业以及纳入企业财务管理体系的事业单位接受政府委托收储并按企业会计准则核

算的储备物资；

②政府会计主体的存货。

2. 负责确认的会计主体

通常情况下，符合后续确认条件的政府储备物资，应当由按规定对其负有行政管理职责的政府会计主体予以确认。

行政管理职责主要指提出或拟定收储计划、更新（轮换）计划、动用方案等。

相关行政管理职责由不同政府会计主体行使的政府储备物资，由负责提出收储计划的政府会计主体予以确认。

对政府储备物资不负有行政管理职责但接受委托具体负责执行其存储保管等工作的政府会计主体，应当将受托代储的政府储备物资作为受托代理资产核算。

3. 确认条件

政府储备物资同时满足下列条件的，应当予以确认：

①与该政府储备物资相关的服务潜力很可能实现或者经济利益很可能流入政府会计主体；

②该政府储备物资的成本或者价值能够可靠地计量。

（二）账户设置

单位应设置"政府储备物资"科目核算单位控制的政府储备物资的成本。科目期末借方余额，反映政府储备物资的成本。

该科目应当按照政府储备物资的种类、品种、存放地点等进行明细核算。单位根据需要，可在本科目下设置"在库""发出"等明细科目进行明细核算。

对政府储备物资不负有行政管理职责但接受委托具体负责执行其存储保管等工作的单位，其受托代储的政府储备物资应当通过"受托代理资产"科目核算，不通过"政府储备物资"科目核算。

（三）账务处理

1. 取得政府储备物资

政府储备物资取得时，应当按照其成本入账，但下列各项不计入政府储备物资成本：①仓储费用；②日常维护费用；③不能归属于使政府储备物资达到目前场所和状态所发生的其他支出。

（1）购入的政府储备物资，其成本包括购买价款和政府会计主体承担的相关税费、运输费、装卸费、保险费、检测费以及使政府储备物资达到目前场所和状态所发生的归属于政府储备物资成本的其他支出。

财务会计	预算会计
验收入库时，按照确定的成本 借：政府储备物资 　　贷：财政拨款收入 　　　　零余额账户用款额度 　　　　银行存款	实际支付额 借：行政支出 　　贷：财政拨款预算收入 　　　　资金结存

（2）涉及委托加工政府储备物资业务的，委托加工的政府储备物资，其成本包括委托加工前物料成本、委托加工的成本（如委托加工费以及按规定应计入委托加工政府储备物资成本的相关税费等）以及政府会计主体承担的使政府储备物资达到目前场所和状态所发生的归属于政府储备物资成本的其他支出。

相关账务处理参照"加工物品"科目。

（3）接受捐赠的政府储备物资，其成本按照有关凭据注明的金额加上政府会计主体承担的相关税费、运输费等确定；没有相关凭据可供取得，但按规定经过资产评估的，其成本按照评估价值加上政府会计主体承担的相关税费、运输费等确定；没有相关凭据可供取得，也未经资产评估的，其成本比照同类或类似资产的市场价格加上政府会计主体承担的相关税费、运输费等确定。

财务会计	预算会计
验收入库，将确定的政府储备物资成本与单位承担的相关税费、运输费等的差额计入捐赠收入	
借：政府储备物资　　贷：财政拨款收入　　　　零余额账户用款额度　　　　银行存款　　　　捐赠收入	支付的归属于捐赠方的相关费用　借：其他支出　　贷：财政拨款预算收入　　　　资金结存

（4）接受无偿调入的政府储备物资验收入库，其成本按照调出方账面价值加上归属于政府会计主体的相关税费、运输费等确定。

财务会计	预算会计
应将确定的政府储备物资成本与单位承担的相关税费、运输费等的差额计入无偿调拨净资产	
借：政府储备物资　　贷：财政拨款收入　　　　零余额账户用款额度　　　　银行存款　　　　无偿调拨净资产	支付的归属于调入方的相关费用　借：其他支出　　贷：财政拨款预算收入　　　　资金结存

2.发出政府储备物资

政府会计主体应当根据实际情况采用先进先出法、加权平均法或者个别计价法确定政府储备物资发出的成本。计价方法一经确定，不得随意变更。

对于性质和用途相似的政府储备物资，政府会计主体应当采用相同的成本计价方法确定发出物资的成本。

对于不能替代使用的政府储备物资，为特定项目专门购入或加工的政府储备物资，政府会计主体通常应采用个别计价法确定发出物资的成本。

政府储备物资发出时，分别按以下情况处理：

（1）因动用而发出无须收回的政府储备物资的，应当在发出物资时将其账面余额予以转销，计入当期费用，只做财务会计分录，无须做预算会计分录。

借：业务活动费用
　　贷：政府储备物资

（2）因动用而发出需要收回或者预期可能收回政府储备物资的，政府会计主体应当在按规定的质量验收标准收回物资时，将未收回物资的账面余额予以转销，计入当期费用，只做财务会计分录，无须做预算会计分录。

借：政府储备物资——发出
　　贷：政府储备物资——在库

按照规定的质量验收标准收回物资时，

借：政府储备物资——在库（收回物资的原账面余额）

    业务活动费用（未收回物资的原账面余额）

    贷：政府储备物资——发出（发出时登记在"发出"明细科目中的余额）

【例 4-39】某单位经批准发出需要收回的政府储备物资。该政府储备物资账面余额为 560 000 元。按照规定的质量验收标准收回物资时尚有 40 000 元无法收回。

该单位应编制分录为：

借：政府储备物资——发出	560 000	
贷：政府储备物资——在库		560 000

按照规定的质量验收标准收回物资时

借：政府储备物资——在库	520 000	
业务活动费用	40 000	
贷：政府储备物资——发出		560 000

（3）因行政管理主体变动等原因而将政府储备物资调拨给其他主体的，政府会计主体应当在发出物资时将其账面余额予以转销，只做财务会计分录，无须做预算会计分录。

借：无偿调拨净资产

   贷：政府储备物资

（4）对外销售政府储备物资并按照规定将销售净收入上缴财政的，发出物资时，按照发出物资的账面余额，只做财务会计分录，无须做预算会计分录。

借：资产处置费用

   贷：政府储备物资

取得销售价款时，按照规定销售收入扣除相关税费后上缴财政的，

借：银行存款（实际收到的款项金额）

   贷：银行存款（发生的相关税费）

      应缴财政款（销售价款大于所承担的相关税费后的差额）

【例 4-40】某单位经批准对外销售政府储备物资。该政府储备物资账面余额为 1 120 000 元。实现销售收入为 1 400 000 元，增值税 182 000 元。用银行存款支付运杂费 5 000 元。该销售收入须上缴财政。

该单位应编制分录为：

借：资产处置费用	1 120 000	
贷：政府储备物资		1 120 000

取得销售价款时

借：银行存款	1 582 000	
贷：银行存款		5 000
应交增值税——应交税金（销项税额）		182 000
应缴财政款		1 395 000

3. 清查盘点政府储备物资

单位应当定期对政府储备物资进行清查盘点，每年至少盘点一次。对于发生的政府储

备物资盘盈、盘亏或者报废、毁损，应当先记入"待处理财产损溢"科目，按照规定报经批准后及时进行后续账务处理。

（1）盘盈的政府储备物资，其成本按照有关凭据注明的金额确定；没有相关凭据，但按规定经过资产评估的，其成本按照评估价值确定；没有相关凭据，也未经资产评估的，其成本按照重置成本确定。

按照确定的入账成本，只做财务会计分录，无须做预算会计分录。

> 借：政府储备物资
>   贷：待处理财产损溢

（2）盘亏或者毁损、报废的政府储备物资，按照待处理政府储备物资的账面余额，只做财务会计分录，无须做预算会计分录。

> 借：待处理财产损溢
>   贷：政府储备物资

政府储备物资报废、毁损的，政府会计主体应当按规定报经批准后将报废、毁损的政府储备物资的账面余额予以转销，确认应收款项（确定追究相关赔偿责任的）或计入当期费用（因储存年限到期报废或非人为因素致使报废、毁损的）。

> 借：其他应收款
>   资产处置费用
>   贷：待处理财产损溢

同时，将报废、毁损过程中取得的残值变价收入扣除政府会计主体承担的相关费用后的差额按规定做应缴款项处理（差额为净收益时）或计入当期费用（差额为净损失时）。

> 借：银行存款
>   资产处置费用（差额为净损失时）
>   贷：银行存款
>   应缴财政款（差额为净收益时）

政府储备物资盘亏的，政府会计主体应当按规定报经批准后将盘亏的政府储备物资的账面余额予以转销，确定追究相关赔偿责任的，确认应收款项；属于正常耗费或不可抗力因素造成的，计入当期费用。

> 借：其他应收款
>   资产处置费用
>   贷：待处理财产损溢

五、文物文化资产

文物文化资产是指用于展览、教育或研究等目的的历史文物、艺术品以及其他具有文化或历史价值并做长期或永久保存的典藏等。科目期末借方余额，反映文物文化资产的成本。

（一）账户设置

单位应设置"文物文化资产"科目核算单位为满足社会公共需求而控制的文物文化资产的成本。

科目应当按照文物文化资产的类别、项目等进行明细核算。

单位为满足自身开展业务活动或其他活动需要而控制的文物和陈列品，应当通过"固定资产"科目核算，不通过本科目核算。

（二）账务处理

1.取得文物文化资产

文物文化资产在取得时，应当按照其成本入账。

（1）外购的文物文化资产，其成本包括购买价款、相关税费以及可归属于该项资产达到预定用途前所发生的其他支出（如运输费、安装费、装卸费等）。

财务会计	预算会计
外购的文物文化资产	
按照确定的成本 借：文物文化资产 　　贷：财政拨款收入 　　　　零余额账户用款额度 　　　　银行存款	实际支付的金额 借：行政支出 　　贷：财政拨款预算收入 　　　　资金结存

（2）接受其他单位无偿调入的文物文化资产，其成本按照该项资产在调出方的账面价值加上归属于调入方的相关费用确定。将确定的文物文化资产成本与发生的归属于调入方的相关费用的差额计入无偿调拨净资产。

财务会计	预算会计
应将确定的政府储备物资成本与单位承担的相关税费、运输费等的差额计入无偿调拨净资产	
借：文物文化资产 　　贷：零余额账户用款额度 　　　　银行存款 　　　　无偿调拨净资产	支付的归属于调入方的相关费用 借：其他支出 　　贷：财政拨款预算收入 　　　　资金结存
无偿调入的文物文化资产成本无法可靠取得的，按发生的归属于调入方的相关费用	
借：其他费用 　　贷：财政拨款收入 　　　　零余额账户用款额度 　　　　银行存款	借：其他支出 　　贷：财政拨款预算收入 　　　　资金结存

（3）接受捐赠的文物文化资产，其成本按照有关凭据注明的金额加上相关费用确定；没有相关凭据可供取得，但按照规定经过资产评估的，其成本按照评估价值加上相关费用确定；没有相关凭据可供取得，也未经评估的，其成本比照同类或类似资产的市场价格加上相关费用确定。

财务会计	预算会计
验收入库，将确定的文物文化资产成本与单位承担的相关税费、运输费等的差额计入捐赠收入	
借：文物文化资产 　　贷：财政拨款收入 　　　　零余额账户用款额度 　　　　银行存款 　　　　捐赠收入	支付的归属于受捐赠方的相关费用 借：其他支出 　　贷：财政拨款预算收入 　　　　资金结存
接受捐赠的文物文化资产成本无法可靠取得的，按照发生的相关税费等金额	
借：其他费用 　　贷：财政拨款收入 　　　　零余额账户用款额度 　　　　银行存款	支付的归属于受捐赠方的相关费用 借：其他支出 　　贷：财政拨款预算收入 　　　　资金结存

【例4-41】某单位接收社会个人捐赠的文物一件。经评估，该文物价值为120 000元。该事业单位用银行存款补偿捐赠者2 000元。

该单位应编制分录为：

财务会计		预算会计	
借：文物文化资产	122 000	借：其他支出	2 000
贷：银行存款	2 000	贷：资金结存	2 000
捐赠收入	120 000		

（4）对于成本无法可靠取得的文物文化资产，单位应当设置备查簿进行登记，待成本能够可靠确定后按照规定及时入账。

2.与文物文化资产有关的后续支出

与文物文化资产有关的后续支出，参照"公共基础设施"科目相关规定进行处理。

3.处置文物文化资产

按照规定报经批准处置文物文化资产，应当分别按以下情况处理：

1）报经批准对外捐赠文物文化资产

财务会计	预算会计
按照被处置文物文化资产账面余额和捐赠过程中发生的归属于捐赠方的相关费用的合计数，计入当期费用	
借：资产处置费用 　贷：文物文化资产 　　银行存款	归属于捐出方的相关费用 借：其他支出 　贷：资金结存

【例4-42】某单位对外捐赠艺术品一件。该艺术品的账目余额为5 000元。该单位用银行存款支付运杂费200元。

该单位应编制分录为：

财务会计		预算会计	
借：资产处置费用	5 200	借：其他支出	200
贷：文物文化资产	5 000	贷：资金结存	200
银行存款	200		

2）报经批准无偿调出文物文化资产

财务会计	预算会计
按照被处置文物文化资产账面余额 借：无偿调拨净资产 　贷：文物文化资产	——
发生的归属于调出方的相关费用 借：资产处置费用 　贷：银行存款	归属于调出方的相关费用 借：其他支出 　贷：资金结存

4.清查盘点文物文化资产

单位应当定期对文物文化资产进行清查盘点，每年至少盘点一次。对于发生的文物文化资产盘盈、盘亏、毁损或报废等，参照"固定资产盘盈、盘亏、毁损或报废"部分规定进行账务处理。

六、保障性住房

保障性住房是指政府为中低收入住房困难家庭所提供的限定标准、限定价格或租金的住房，一般由廉租住房、经济适用住房、政策性租赁住房、定向安置房等构成。这种类型的住房有别于完全由市场形成价格的商品房。

（一）账户设置

1. 保障性住房

单位应设置"保障性住房"科目核算单位为满足社会公共需求而控制的保障性住房的原值。科目期末借方余额，反映保障性住房的原值。

该科目应当按照保障性住房的类别、项目等进行明细核算。

2. 保障性住房累计折旧

单位应设置"保障性住房累计折旧"科目核算单位计提的保障性住房的累计折旧。该科目应当按照所对应保障性住房的类别进行明细核算。科目期末贷方余额，反映单位计提的保障性住房折旧累计数。

（二）账务处理

1. 取得保障性住房

保障性住房在取得时，应当按其成本入账。

财务会计	预算会计
①外购的保障性住房，其成本包括购买价款、相关税费以及可归属于该项资产达到预定用途前所发生的其他支出	
按照确定的成本 借：保障性住房 　贷：财政拨款收入 　　　零余额账户用款额度 　　　银行存款	按实际支付金额 借：行政支出 　贷：财政拨款预算收入 　　　资金结存
②自行建造的保障性住房交付使用时，按照在建工程成本	
借：保障性住房 　贷：在建工程	—
已交付使用但尚未办理竣工决算手续的保障性住房，按照估计价值入账，待办理竣工决算后再按照实际成本调整原来的暂估价值	
③接受其他单位无偿调入的保障性住房，其成本按照该项资产在调出方的账面价值加上归属于调入方的相关费用确定	
借：保障性住房 　贷：零余额账户用款额度 　　　银行存款 　　　无偿调拨净资产	按实际支付相关税费金额 借：行政支出 　贷：资金结存
④接受捐赠、融资租赁取得的保障性住房，参照"固定资产"科目相关规定进行处理	

2. 保障性住房的折旧

单位应比照固定资产折旧按月对其控制的保障性住房计提折旧。

按月计提保障性住房折旧时，按照应计提的折旧额，只做财务会计分录，无须做预算会计分录。

借：业务活动费用
　贷：保障性住房累计折旧

3. 与保障性住房有关的后续支出

参照"固定资产"科目相关规定进行处理。

4. 出租保障性住房

按照规定出租保障性住房并将出租收入上缴同级财政，按照收取的租金金额，只做财务会计分录，无须做预算会计分录。

借：银行存款
    贷：应缴财政款

【例 4-43】某单位按规定按月收取廉租房租金。本月共向租户收取了共计 25 000 元租金并存入银行。

该单位会计分录为：

借：银行存款   25 000
    贷：应缴财政款   25 000

5. 批准处置保障性住房

按照规定报经批准处置保障性住房，应当分别以下情况处理：

财务会计	预算会计
①报经批准无偿调出保障性住房，应将保障性住房的账面价值转入无偿调拨净资产	

借：保障性住房累计折旧
    无偿调拨净资产
  贷：保障性住房
	—

同时，将无偿调出过程中发生的归属于调出方的相关费用确认为当期费用	

借：资产处置费用
  贷：银行存款
	借：其他支出
	  贷：资金结存等

②报经批准出售保障性住房，将被出售保障性住房的账面价值转入当期费用	

借：资产处置费用
    保障性住房累计折旧
  贷：保障性住房
	—

同时，将收到的价款与出售过程中发生的相关费用之差计入应缴财政款	

借：银行存款
  贷：银行存款
     应缴财政款
	—

【例 4-44】某单位报经批准出售一批经济适用房。该批经济适用房账面余额 1.25 亿元，已折旧 5 年共计 895 万元。出售价款共计 1.47 亿元，出售过程中发生的费用共计 226 万元。

该单位会计分录为：

借：资产处置费用   116 050 000
    保障性住房累计折旧   8 950 000
  贷：保障性住房   125 000 000
借：银行存款   147 000 00
  贷：银行存款   2 260 000
    应缴财政款   144 740 000

6. 清查盘点保障性住房

单位应当定期对保障性住房进行清查盘点。对于发生的保障性住房盘盈、盘亏、毁损或报废等，参照"固定资产"科目相关规定进行账务处理。

七、受托代理资产

(一) 账户设置

单位应设置"受托代理资产"科目核算单位接受委托方委托管理的各项资产，包括受托指定转赠的物资、受托存储保管的物资等的成本。科目期末借方余额，反映单位受托代理实物资产的成本。

该科目应当按照资产的种类和委托人进行明细核算，属于转赠资产的，还应当按照受赠人进行明细核算。

单位管理的罚没物资也应当通过该科目核算。

单位收到的受托代理资产为现金和银行存款的，不通过该科目核算，应当通过"库存现金""银行存款"科目进行核算。

(二) 账务处理

1. 受托转赠物资

财务会计	预算会计
①接受委托人委托需要转赠给受赠人的物资，其成本按照有关凭据注明的金额确定	
接受委托转赠的物资验收入库，按照确定的成本 借：受托代理资产 　　贷：受托代理负债	—
受托协议约定由受托方承担相关税费、运输费等的，还应当按照实际支付的相关税费、运输费等金额	
借：其他费用 　　贷：银行存款	借：其他支出 　　贷：资金结存等
②将受托转赠物资交付受赠人时，按照转赠物资的成本	
借：受托代理负债 　　贷：受托代理资产	—
③转赠物资的委托人取消了对捐赠物资的转赠要求，且不再收回捐赠物资的，应当将转赠物资转为单位的存货、固定资产等	
按照转赠物资的成本 借：受托代理负债 　　贷：受托代理资产 同时： 借：库存物品 　　固定资产 　　贷：其他收入	—

2. 受托存储保管物资

财务会计	预算会计
①接受委托人委托存储保管的物资，其成本按照有关凭据注明的金额确定。接受委托储存的物资验收入库	
按照确定的成本 借：受托代理资产 　　贷：受托代理负债	—

财务会计	预算会计
②发生由受托单位承担的与受托存储保管的物资相关的运输费、保管费等费用时，按照实际发生的费用金额	
借：其他费用 　贷：银行存款	借：其他支出 　贷：资金结存
③根据委托人要求交付或发出受托存储保管的物资时，按照发出物资的成本	
借：受托代理负债 　贷：受托代理资产	—

3. 罚没物资

只做财务会计分录，无须做预算会计分录。

（1）取得罚没物资时，其成本按照有关凭证注明的金额确定。罚没物资验收（入库）时，按照确定的成本

借：受托代理资产
　贷：受托代理负债

罚没物资成本无法可靠确定的，单位应当设置备查簿进行登记。

（2）按照规定处置或移交罚没物资时，按照罚没物资的成本

借：受托代理负债
　贷：受托代理资产

处置时取得款项的，按照实际取得的款项金额

借：银行存款
　贷：应缴财政款

单位受托代理的其他实物资产，参照"受托代理资产"科目有关受托转赠物资、受托存储保管物资的规定进行账务处理。

【例 4-45】某单位取得一项罚没物资，该物资的发票注明价款 20 000 元，增值税 2 600 元，按规定处置该物资时取得价款 15 000 元，增值税 2 550 元。

该单位会计分录为：

借：受托代理资产　　　　　　　　　　　　22 600
　贷：受托代理负债　　　　　　　　　　　　　　　22 600

按照规定处置或移交罚没物资时，按照罚没物资的成本

借：受托代理负债　　　　　　　　　　　　22 600
　贷：受托代理资产　　　　　　　　　　　　　　　22 600

处置时取得款项的，按照实际取得的款项金额

借：银行存款　　　　　　　　　　　　　　17 550
　贷：应缴财政款　　　　　　　　　　　　　　　　15 000
　　　应交增值税——应交税金（销项税额）　　　　2 550

八、长期待摊费用

（一）账户设置

单位应设置"长期待摊费用"科目核算单位已经支出，但应由本期和以后各期负担的分摊期限在 1 年以上（不含 1 年）的各项费用，如以经营租赁方式租入的固定资产发生的改良支出等。科目期末借方余额，反映单位尚未摊销完毕的长期待摊费用。

该科目应当按照费用项目进行明细核算。

（二）账务处理

财务会计	预算会计
①发生待长期摊费用时，按照实际支付的金额	
借：长期待摊费用 　贷：财政拨款收入 　　　零余额账户用款额度 　　　银行存款	借：行政支出 　贷：财政拨款预算收入 　　　资金结存
②长期待摊费用应当在其受益期限内分期平均摊销，计入当期费用	
借：业务活动费用 　贷：长期待摊费用	—
③如某项长期待摊费用已经不能使单位受益，应当将其摊余金额一次全部转入当期费用	
借：业务活动费用 　贷：长期待摊费用	—

【例4-46】某单位2019年6月2日租入了一套办公用房，租期3年。租金每年支付一次。同日通过单位零余额账户预付了未来一年的租金18 000元。6月24日，通过单位零余额账户支付了该用房的必要装修费36 000元。

该单位应编制分录为：

财务会计	预算会计
2019年6月2日 借：待摊费用　　　　　　　　　18 000 　贷：零余额账户用款额度　　　　　18 000	借：行政支出　　　　　　　　18 000 　贷：资金结存　　　　　　　　　18 000
2019年6月24日 借：长期待摊费用　　　　　　　36 000 　贷：零余额账户用款额度　　　　　36 000	借：行政支出　　　　　　　　36 000 　贷：资金结存　　　　　　　　　36 000
2019年6月末，按月分摊计入当期费用 借：业务活动费用　　　　　　　2 500 　贷：待摊费用　　　　　　　　　1 500 　　　长期待摊费用　　　　　　　1 000	—

九、待处理财产损溢

（一）账户设置

单位应设置"待处理财产损溢"科目核算单位在资产清查过程中查明的各种资产盘盈、盘亏和报废、毁损的价值。科目期末如为借方余额，反映尚未处理完毕的各种资产的净损失；期末如为贷方余额，反映尚未处理完毕的各种资产净溢余。年末，经批准处理后，科目一般应无余额。

该科目应当按照待处理的资产项目进行明细核算；对于在资产处理过程中取得收入或发生相关费用的项目，还应当设置"待处理财产价值""处理净收入"明细科目，进行明细核算。

单位资产清查中查明的资产盘盈、盘亏、报废和毁损，一般应当先记入"待处理财产损溢"科目，按照规定报经批准后及时进行账务处理。年末结账前一般应处理完毕。

（二）账务处理

账务处理参照在前述"一、货币资金"至"十、受托代理资产"中相应内容。

第三节　行政单位的流动负债

行政单位的流动负债包括应交税费、应缴财政款、应付职工薪酬、应付账款、应付财政补贴款、其他应付款、预提费用。

一、应交增值税

因增值税业务在事业单位更为常见，系统的具体账务处理参见本书第六章第三节中的"三、应交增值税"的内容。

二、其他应交税费

行政单位的其他税费一般涉及个人所得税，个人所得税在应付职工薪酬部分已全面介绍，城市维护建设税、教育费附加、地方教育附加、车船税、房产税、城镇土地使用税在事业单位更为常见，故其他应交税费的全面完整的账户设置及账务处理参考本书第六章第三节中的"四、其他应交税费"的内容。

三、应缴财政款

应缴财政款，是指政府会计主体暂时收取、按规定应当上缴国库或财政专户的款项而形成的负债。

（一）账户设置

单位应设置"应缴财政款"科目核算单位取得或应收的按照规定应当上缴财政的款项。科目期末贷方余额，反映单位应当上缴财政但尚未缴纳的款项。年终清缴后，科目一般应无余额。

该科目应当按照应缴财政款项的类别进行明细核算。

（二）账务处理

（1）单位取得或应收按照规定应缴财政的款项时，只做财务会计分录。

借：银行存款

　　应收账款

　贷：应缴财政款

（2）单位处置资产取得的应上缴财政的处置净收入的账务处理，参见处置存货、处置固定资产、处置无形资产等相应部分账务处理，只做财务会计分录。

（3）单位上缴应缴财政的款项时，按照实际上缴的金额，只做财务会计分录。

借：应缴财政款

　贷：银行存款

四、应付职工薪酬

应付职工薪酬，是指政府会计主体为获得职工（含长期聘用人员）提供的服务而给予各种形式的报酬，或因辞退等原因而给予职工补偿所形成的负债。职工薪酬包括工资、津贴补贴、奖金、社会保险费等。

（一）账户设置

单位应设置"应付职工薪酬"科目核算单位按照有关规定应付给职工（含长期聘用人员）及为职工支付的各种薪酬，包括基本工资、国家统一规定的津贴补贴、规范津贴补贴

（绩效工资）、改革性补贴、社会保险费（如职工基本养老保险费、职业年金、基本医疗保险费等）、住房公积金等。科目期末贷方余额，反映单位应付未付的职工薪酬。

该科目应当根据国家有关规定按照"基本工资"（含离退休费）"国家统一规定的津贴补贴""规范津贴补贴（绩效工资）""改革性补贴""社会保险费""住房公积金""其他个人收入"等进行明细核算。其中，"社会保险费""住房公积金"明细科目核算内容包括单位从职工工资中代扣代缴的社会保险费、住房公积金，以及单位为职工计算缴纳的社会保险费、住房公积金。

（二）账务处理

1. 计提职工薪酬

计算确认当期应付职工薪酬，含单位为职工计算缴纳的医疗保险费、养老保险费、职业年金等社会保险费和住房公积金。

（1）计提从事专业及其辅助活动人员的职工薪酬，只做财务会计分录。

借：业务活动费用
　　贷：应付职工薪酬

（2）计提应由在建工程、加工物品、自行研发无形资产负担的职工薪酬，分以下几种情况处理，只做财务会计分录：

①应由自制物品负担的职工薪酬，计入自制物品成本；

②应由工程项目负担的职工薪酬，比照有关借款费用的处理原则计入工程成本或当期费用；

③应由自行研发项目负担的职工薪酬，在研究阶段发生的，计入当期费用；在开发阶段发生并且最终形成无形资产的，计入无形资产成本。

借：在建工程
　　加工物品
　　研发支出
　　贷：应付职工薪酬

2. 向职工支付工资、津贴补贴等薪酬

财务会计	预算会计
按照实际支付的金额	
借：应付职工薪酬 　　贷：财政拨款收入 　　　　零余额账户用款额度 　　　　银行存款	借：行政支出 　　贷：财政拨款预算收入 　　　　资金结存

3. 按照税法规定代扣职工个人所得税

按照实际代扣的金额，只做财务会计分录。

借：应付职工薪酬——基本工资
　　贷：其他应交税费——应交个人所得税

从应付职工薪酬中代扣为职工垫付的水电费、房租等费用时，按照实际扣除的金额，只做财务会计分录。

借：应付职工薪酬——基本工资
　　贷：其他应收款

从应付职工薪酬中代扣社会保险费和住房公积金，按照代扣的金额，只做财务会计分录。

借：应付职工薪酬——基本工资
　　贷：应付职工薪酬——社会保险费
　　　　　　　　　　——住房公积金

4.按照国家有关规定缴纳职工社会保险费和住房公积金

财务会计	预算会计
按照实际支付的金额	
借：应付职工薪酬——社会保险费 　　　　　　　　——住房公积金 　　贷：财政拨款收入 　　　　零余额账户用款额度 　　　　银行存款	借：行政支出 　　贷：财政拨款预算收入 　　　　资金结存

5.从应付职工薪酬中支付的其他款项

财务会计	预算会计
按照实际支付的金额	
借：应付职工薪酬 　　贷：零余额账户用款额度 　　　　银行存款	借：行政支出 　　贷：财政拨款预算收入 　　　　资金结存

【例4-47】某单位计提本月职工薪酬130 000元，其中，从事专业及其辅助活动人员的职工薪酬130 000元。其中，包含按国家规定为职工缴纳社会保险费、住房公积金12 000元。按税法规定计算应代扣代缴的个人所得税金额2 000元，从应付职工薪酬中缴纳职工负担的社会保险费4 000元、住房公积金6 000元。全部采用财政直接支付方式予以支付。

该单位财务会计分录为：
计提时
借：业务活动费用　　　　　　　　　　　　　　130 000
　　贷：应付职工薪酬　　　　　　　　　　　　　　　130 000
应代扣代缴的个人所得税
借：应付职工薪酬——基本工资　　　　　　　　2 000
　　贷：其他应交税费——应交个人所得税　　　　　　2 000
从应付职工薪酬中缴纳职工负担的社会保险费、住房公积金
借：应付职工薪酬——基本工资　　　　　　　　10 000
　　贷：应付职工薪酬——社会保险费　　　　　　　　4 000
　　　　　　　　　　——住房公积金　　　　　　　　6 000
支付时
借：应付职工薪酬　　　　　　　　　　　　　　118 000
　　贷：财政拨款收入　　　　　　　　　　　　　　　118 000
该单位预算会计分录为：
借：行政支出　　　　　　　　　　　　　　　　118 000
　　贷：财政拨款预算收入　　　　　　　　　　　　　118 000

五、应付账款

应付账款，是指政府会计主体因取得资产、接受劳务、开展工程建设等而形成的负债。

（一）账户设置

单位应设置"应付账款"科目核算单位因购买物资、接受服务、开展工程建设等而应付的偿还期限在1年以内（含1年）的款项。科目期末贷方余额，反映单位尚未支付的应付账款金额。

该科目应当按照债权人进行明细核算。对于建设项目，还应设置"应付器材款""应付工程款"等明细科目，并按照具体项目进行明细核算。

（二）账务处理

财务会计	预算会计
①收到所购材料、物资、设备或服务以及确认完成工程进度但尚未付款时，根据发票及账单等有关凭证，按照应付未付款项的金额	
借：库存物品 　　固定资产 　　在建工程 　　贷：应付账款	—
②偿付应付账款时，按照实际支付的金额	
借：应付账款 　　贷：财政拨款收入 　　　　零余额账户用款额度 　　　　银行存款	借：行政支出 　　贷：财政拨款预算收入 　　　　资金结存
③无法偿付或债权人豁免偿还的应付账款，应当按照规定报经批准后进行账务处理。经批准核销时	
借：应付账款 　　贷：其他收入	—
核销的应付账款应在备查簿中保留登记。	
④涉及增值税业务的，相关账务处理参见"应交增值税"科目	

【例4-48】某单位为小规模纳税人，开展业务活动需要购入一批专用材料，增值税专用发票注明价款52 700元，增值税6 851元，材料已验收入库，款项未付。1个月后，款项通过财政直接支付方式支付。

该单位应编制分录为：

财务会计	预算会计
购买材料时 借：库存物品　　　　59 551 　　贷：应付账款　　　　　　59 551	—
1个月后 借：应付账款　　　　59 551 　　贷：财政拨款收入　　　　59 551	借：行政支出　　　　　　59 551 　　贷：资金结存　　　　　　　　59 551

六、应付政府补贴款

(一) 账户设置

单位应设置"应付政府补贴款"科目核算负责发放政府补贴的行政单位按照规定应当支付给政府补贴接受者的各种政府补贴款。科目期末贷方余额，反映行政单位应付未付的政府补贴金额。

该科目应当按照应支付的政府补贴种类进行明细核算。单位还应当根据需要按照补贴接受者进行明细核算，或者建立备查簿对补贴接受者予以登记。

(二) 账务处理

财务会计	预算会计
①发生应付政府补贴时，按照依规定计算确定的应付政府补贴金额	
借：业务活动费用 　贷：应付政府补贴款	
②支付应付政府补贴款时，按照支付金额	
借：应付政府补贴款 　贷：零余额账户用款额度 　　　银行存款	借：行政支出 　贷：财政拨款预算收入 　　　资金结存

【例 4-49】某单位按照规定计算出应付政府补贴款为 3 210 元，通过财政授权支付方式支付。

该单位应编制分录为：

财务会计	预算会计
借：业务活动费用　　　　3 210 　贷：应付政府补贴款　　　　3 210	
借：应付政府补贴款　　　　3 210 　贷：零余额账户用款额度　　3 210	借：行政支出　　　　　　3 210 　贷：资金结存　　　　　　3 210

七、其他应付款

(一) 账户设置

单位应设置"其他应付款"科目核算单位除应交增值税、其他应交税费、应缴财政款、应付职工薪酬、应付账款、应付政府补贴款以外，其他各项偿还期限在 1 年内（含 1 年）的应付及暂收款项，如收取的押金、存入保证金、已经报销但尚未偿还银行的本单位公务卡欠款等。

同级政府财政部门预拨的下期预算款和没有纳入预算的暂付款项，以及采用实拨资金方式通过本单位转拨给下属单位的财政拨款，也通过该科目核算。

该科目应当按照其他应付款的类别以及债权人等进行明细核算。

(二) 账务处理

（1）发生或支付其他应付及暂收款项时，应编制如下会计分录。

财务会计	预算会计
①收到款项时	
借：银行存款 　贷：其他应付款	—

财务会计	预算会计
②支付（或退回）其他应付及暂收款项时	
借：其他应付款 　贷：银行存款	—
③将暂收款项转为收入时	
借：其他应付款 　贷：其他收入	借：资金结存 　贷：其他预算收入

【例 4-50】某行政单位在开展业务活动时将包装物借给 A 公司，并收取押金 500 元现金。1 个月后，因包装物被意外毁损，无法归还，押金冲抵包装物损失。

该单位应编制分录为：

财务会计	预算会计
借：库存现金　　　　　500 　贷：其他应付款　　　　　　　500	
借：其他应付款　　　　　500 　贷：其他收入　　　　　　　　500	借：资金结存　　　　　500 　贷：其他预算收入　　　　　　500

（2）收到同级政府财政部门预拨的下期预算款和没有纳入预算的暂付款项时，应编制如下会计分录。

财务会计	预算会计
①按照实际收到的金额	
借：银行存款 　贷：其他应付款	—
②待到下一预算期或批准纳入预算时	
借：其他应付款 　贷：财政拨款收入	借：资金结存 　贷：财政拨款预算收入等
③采用实拨资金方式通过本单位转拨给下属单位的财政拨款，按照实际收到的金额	
借：银行存款 　贷：其他应付款	
④向下属单位转拨财政拨款时，按照转拨的金额	
借：其他应付款 　贷：银行存款	—

【例 4-51】某单位 2019 年 12 月 10 日，收到同级政府财政部门预拨的 2020 年预算款 5 000 000 元。

该单位应编制分录为：

财务会计	预算会计
2019 年 12 月 10 日，收到款项 借：银行存款　　　5 000 000 　贷：其他应付款　　　　5 000 000	—
2020 年 1 月批准纳入预算时 借：其他应付款　　　5 000 000 　贷：财政拨款收入　　　5 000 000	借：资金结存　　　5 000 000 　贷：财政拨款预算收入　　　5 000 000

（3）本单位公务卡持卡人报销时，应编制如下会计分录。

财务会计	预算会计
按照审核报销的金额	
借：业务活动费用 　贷：其他应付款	—
偿还公务卡欠款时	
借：其他应付款 　贷：零余额账户用款额度	借：行政支出 　贷：资金结存

（4）涉及质保金形成其他应付款的，相关账务处理参见"固定资产"科目。

（5）无法偿付或债权人豁免偿还的其他应付款项，应当按照规定报经批准后进行账务处理。

经批准核销时，只做财务会计分录。

借：其他应付款

　　贷：其他收入

核销的其他应付款应在备查簿中保留登记。

八、预提费用

（一）账户设置

单位应设置"预提费用"科目核算单位预先提取的已经发生但尚未支付的费用，如预提租金费用等。科目期末贷方余额，反映单位已预提但尚未支付的各项费用。

（二）账务处理

按期预提租金等费用时，应编制如下会计分录。

财务会计	预算会计
按照预提的金额 借：业务活动费用 　贷：预提费用	—
实际支付款项时，按照支付金额 借：预提费用 　贷：零余额账户用款额度 　　银行存款	借：行政支出 　贷：资金结存

【例 4-52】某单位 2019 年 12 月 31 日，按规定预提 2020 年度报刊杂志费 16 000 元。

该单位会计财务会计分录为：

借：业务活动费用　　　　　　　　　　　　　　　　　　　　16 000

　　贷：预提费用　　　　　　　　　　　　　　　　　　　　　　16 000

第四节　行政单位的非流动负债

行政单位的非流动负债包括长期应付款、预计负债、受托代理负债等。

一、长期应付款

（一）账户设置

单位应设置"长期应付款"科目核算单位发生的偿还期限超过 1 年（不含 1 年）的应

付款项，如以融资租赁方式取得固定资产应付的租赁费等。科目期末贷方余额，反映单位尚未支付的长期应付款金额。

该科目应当按照长期应付款的类别以及债权人进行明细核算。

(二) 账务处理

财务会计	预算会计
①发生长期应付款时	
借：固定资产 　　在建工程 　贷：长期应付款	—
②支付长期应付款时，按照实际支付的金额	
借：长期应付款 　贷：财政拨款收入 　　零余额账户用款额度 　　银行存款	借：行政支出 　贷：财政拨款预算收入 　　资金结存
③无法偿付或债权人豁免偿还的长期应付款，应当按照规定报经批准后进行账务处理。经批准核销时	
借：长期应付款 　贷：其他收入	—
核销的长期应付款应在备查簿中保留登记	
涉及增值税业务的，相关账务处理参见"应交增值税"科目。	
④涉及质保金形成长期应付款的，相关账务处理参见"固定资产"科目	

【例 4-53】某单位融资租入办公用房。租赁合同确定的租赁价款为 400 000 元，每季度支付 20 000 元。另用银行存款支付相关税费 30 000 元，租赁保险费 10 000 元。

该单位应编制分录为：

财务会计	预算会计
固定资产成本 = 400 000 + 30 000 + 10 000 = 440 000（元） 借：固定资产　　　　　　440 000 　贷：长期应付款　　　　　　400 000 　　银行存款　　　　　　　　40 000	借：行政支出　　　　　40 000 　贷：资金结存　　　　　　　40 000
定期支付租金时 借：长期应付款　　　20 000 　贷：银行存款　　　　　　20 000	借：行政支出　　　　　20 000 　贷：资金结存　　　　　　　20 000

二、预计负债

(一) 确认与计量

1. 确认

或有事项，是指由过去的经济业务或者事项形成的，其结果须由某些未来事项的发生或不发生才能决定的不确定事项。未来事项是否发生不在政府会计主体控制范围内。

常见的或有事项主要包括：未决诉讼或未决仲裁、对外国政府或国际经济组织的贷款担保、承诺（补贴、代偿）、自然灾害或公共事件的救助等。

政府会计主体应当将与或有事项相关且满足负债定义及确认条件的现时义务确认为预计负债。

不应当将下列与或有事项相关的义务确认为负债，但应当按照规定对该类义务进行披露：

（1）过去的经济业务或者事项形成的潜在义务，其存在须通过未来不确定事项的发生或不发生予以证实，未来事项是否能发生不在政府会计主体控制范围内。潜在义务是指结果取决于不确定未来事项的可能义务。

（2）过去的经济业务或者事项形成的现时义务，履行该义务不是很可能导致经济资源流出政府会计主体或者该义务的金额不能可靠计量。

2. 计量

预计负债应当按照履行相关现时义务所需支出的最佳估计数进行初始计量。

所需支出存在一个连续范围，且该范围内各种结果发生的可能性相同的，最佳估计数应当按照该范围内的中间值确定。

在其他情形下，最佳估计数应当分别按下列情况确定：①或有事项涉及单个项目的，按照最可能发生金额确定；②或有事项涉及多个项目的，按照各种可能结果及相关概率计算确定。

政府会计主体在确定最佳估计数时，一般应当综合考虑与或有事项有关的风险、不确定性等因素。

政府会计主体清偿预计负债所需支出预期全部或部分由第三方补偿的，补偿金额只有在基本确定能够收到时才能作为资产单独确认。确认的补偿金额不应当超过预计负债的账面余额。

政府会计主体应当在报告日对预计负债的账面余额进行复核。有确凿证据表明该账面余额不能真实反映当前最佳估计数的，应当按照当前最佳估计数对该账面余额进行调整。履行该预计负债的相关义务不是很可能导致经济资源流出政府会计主体时，应当将该预计负债的账面余额予以转销。

（二）账户设置

单位应设置"预计负债"科目核算单位对因或有事项所产生的现时义务而确认的负债，如对未决诉讼等确认的负债。科目期末贷方余额，反映单位已确认但尚未支付的预计负债金额。

该科目应当按照预计负债的项目进行明细核算。

（三）账务处理

财务会计	预算会计
①确认预计负债时，按照预计的金额	
借：业务活动费用 　　其他费用 　贷：预计负债	—
②实际偿付预计负债时，按照偿付的金额	
借：预计负债 　贷：银行存款 　　零余额账户用款额度	借：其他支出 　贷：资金结存
③根据确凿证据需要对已确认的预计负债账面余额进行调整的	
按调整增加的金额 借：有关科目 　贷：预计负债	—
按照调整减少的金额 借：预计负债 　贷：有关科目	—

三、受托代理负债

（一）账户设置

单位应设置"受托代理负债"科目核算单位接受委托取得受托代理资产时形成的负债。科目期末贷方余额，反映单位尚未交付或发出受托代理资产形成的受托代理负债金额。

（二）账务处理

参见"库存现金""银行存款""受托代理资产"等科目相应部分内容。

第五节   行政单位的净资产及预算结余

一、净资产及预算结余的内容

行政单位有两种不同口径的净资产：一种是以权责发生制为基础的财务会计净资产，包括累计盈余、本期盈余、本年盈余分配、无偿调拨净资产和以前年度盈余调整；另一种以是收付实现制为基础的预算结余，包括资金结存、财政拨款结转结余、非财政拨款结转结余和其他结余。

行政单位既应按权责发生制核算财务会计的净资产，也应按收付实现制核算预算会计的结余。

二、净资产

（一）本期盈余

1.账户设置

单位应设置"本期盈余"科目核算单位本期各项收入、费用相抵后的余额。科目期末贷方余额，反映单位自年初至当期期末累计实现的盈余。科目期末借方余额，反映单位自年初至当期期末累计发生的亏损。年末结账后，科目应无余额。

2.账务处理

1）期末，将各类收入科目的本期发生额转入本期盈余

借：财政拨款收入

　　非同级财政拨款收入

　　捐赠收入

　　利息收入

　　租金收入

　　其他收入

　贷：本期盈余

【例4-54】2019年12月31日，某行政单位全部财务会计收入科目12月贷方发生额合计："财政拨款收入"为20 000 000元，"非同级财政拨款收入"为400 000元，"捐赠收入"为20 000元，"利息收入"为10 000元，"租金收入"为30 000元，"其他收入"为550 000元。

该单位会计分录为：

借：财政拨款收入 　　　　　　　　　　　　　　20 000 000

　　非同级财政拨款收入 　　　　　　　　　　　　400 000

　　捐赠收入 　　　　　　　　　　　　　　　　　20 000

　　利息收入 　　　　　　　　　　　　　　　　　10 000

　　租金收入 　　　　　　　　　　　　　　　　　30 000

　　其他收入 　　　　　　　　　　　　　　　　　550 000

　　贷：本期盈余 　　　　　　　　　　　　　　　　　　　21 010 000

2）将各类费用科目本期发生额转入本期盈余

借：本期盈余

　　贷：业务活动费用

　　　　资产处置费用

　　　　其他费用

【例 4-55】2019 年 12 月 31 日，某行政单位全部财务会计费用科目 12 月借方发生额合计："业务活动费用"为 19 500 000 元，"资产处置费用"为 560 000 元，"其他费用"为 540 000 元。

该单位会计分录为：

借：本期盈余 　　　　　　　　　　　　　　　20 600 000

　　贷：业务活动费用 　　　　　　　　　　　　　　　　19 500 000

　　　　资产处置费用 　　　　　　　　　　　　　　　　　560 000

　　　　其他费用 　　　　　　　　　　　　　　　　　　　540 000

（二）本年盈余分配

1. 账户设置

单位应设置"本年盈余分配"科目核算单位本年度盈余分配的情况和结果。年末结账后，本科目应无余额。

2. 账务处理

1）年末，将"本期盈余"科目余额转入"本年盈余分配"科目

借或贷：本期盈余

　　贷或借：本年盈余分配

2）年末，将"本年盈余分配"科目余额转入累计盈余

借或贷：本年盈余分配

　　贷或借：累计盈余

【例 4-56】续【例 4-54】及【例 4-55】所给本期盈余资料外，2019 年 1～11 月"本期盈余"科目贷方发生额合计金额为 5 000 000 元。

该单位会计分录为：

2019 年 12 月 31 日

借：本期盈余 　　　　　　　　　　　　　　　5 410 000

　　贷：本年盈余分配 　　　　　　　　　　　　　　　　5 410 000

(三) 以前年度盈余调整

1. 账户设置

单位应设置"以前年度盈余调整"科目核算单位本年度发生的调整以前年度盈余的事项,包括本年度发生的重要前期差错更正涉及调整以前年度盈余的事项。科目结转后应无余额。

2. 账务处理

财务会计	预算会计
①调整增加以前年度收入时	
按照调整增加的金额 借:有关资产或负债科目 　　贷:以前年度盈余调整	按实际收到的金额 借:资金结存 　　贷:财政拨款结转——年初余额调整 　　　　财政拨款结余——年初余额调整 　　　　非财政拨款结转——年初余额调整 　　　　非财政拨款结余——年初余额调整
调整减少的,财务会计与预算会计均做相反的会计分录。	
②调整增加以前年度费用时	
按照调整增加的金额 借:以前年度盈余调整 　　贷:有关资产或负债科目	按实际支付的金额 借:财政拨款结转——年初余额调整 　　财政拨款结余——年初余额调整 　　非财政拨款结转——年初余额调整 　　非财政拨款结余——年初余额调整 　　贷:资金结存
调整减少的,财务会计与预算会计均做相反会计分录。	
③盘盈的各种非流动资产,报经批准后处理时	
借:待处理财产损溢 　　贷:以前年度盈余调整	—
④经上述调整后,应将"以前年度盈余调整"科目的余额转入累计盈余	
借或贷:累计盈余 　　贷或借:以前年度盈余调整	—

【例 4-57】某行政单位 2020 年 5 月 18 日发现,单位 2019 年 11 月 20 日为开展业务活动领用的库存物品成本共计 5 000 元,2019 年 11 月 20 日记账时登记为 500 元,业务活动费用和存货均少记了 4 500 元。

该单位会计分录为:

2020 年 5 月 18 日

借:以前年度盈余调整　　　　　　　　　　　　　　　　　　　　4 500

　　贷:库存物品　　　　　　　　　　　　　　　　　　　　　　　　　　4 500

(四) 无偿调拨净资产

1. 账户设置

单位应设置"无偿调拨净资产"科目核算单位无偿调入或调出非现金资产所引起的净资产变动金额。

2. 账务处理

(1) 按照规定取得无偿调入的存货、固定资产、无形资产、公共基础设施、政府储备物资、文物文化资产、保障性住房等，账务处理参见本章第一节和第二节相应内容。

（2）按照规定经批准无偿调出存货、固定资产、无形资产、公共基础设施、政府储备物资、文物文化资产、保障性住房等，账务处理参见本章第一节和第二节相应内容。

（3）年末，将科目余额转入累计盈余，只做财务会计分录。

借或贷：无偿调拨净资产

　　贷或借：累计盈余

（五）累计盈余

1.账户设置

单位应设置"累计盈余"科目核算单位历年实现的盈余扣除盈余分配后滚存的金额，以及因无偿调入调出资产产生的净资产变动额。科目期末余额，反映单位未分配盈余（或未弥补亏损）以及无偿调拨净资产变动的累计数。

按照规定上缴、缴回、单位间调剂结转结余资金产生的净资产变动额，以及对以前年度盈余的调整金额，也通过该科目核算。

2.账务处理

（1）年末，将"本年盈余分配""无偿调拨净资产""以前年度盈余调整"科目的余额转入累计盈余，只做财务会计分录。

借或贷：本年盈余分配

　　　　　无偿调拨净资产

　　　　　以前年度盈余调整

　　贷或借：累计盈余

【例 4-58】续【例 4-56】和【例 4-57】所给"本年盈余分配"及"以前年度盈余调整"金额，此外，该单位"无偿调拨净资产"本年贷方发生额为 120 000 元。

该单位会计分录为：

借：本年盈余分配　　　　　　　　　　　5 410 000
　　无偿调拨净资产　　　　　　　　　　　120 000
　　贷：累计盈余　　　　　　　　　　　　　　5 525 500
　　　　以前年度盈余调整　　　　　　　　　　　4 500

（2）按照规定上缴财政拨款结转结余、缴回非财政拨款结转资金、向其他单位调出财政拨款结转资金时，应编制如下会计分录。

财务会计	预算会计
按照实际上缴、缴回、调出金额	
借：累计盈余 　贷：财政应返还额度 　　　零余额账户用款额度 　　　银行存款	参照"财政拨款结转""财政拨款结余""非财政拨款结转"等科目进行账务处理
按照规定从其他单位调入财政拨款结转资金时，按照实际调入金额	
借：零余额账户用款额度 　　银行存款 　贷：累计盈余	借：资金结存——零余额账户用款额度 　　　　　　——货币资金 　贷：财政拨款结转——归集调入

【例 4-59】某行政单位按规定通过单位零余额账户上缴完工项目结余资金 170 000 元。

该单位会计分录为：

借：累计盈余 170 000

　　贷：零余额账户用款额度 170 000

三、预算结余

（一）资金结存

1. 账户设置

单位应设置"资金结存"科目核算单位纳入部门预算管理的资金的流入、流出、调整和滚存等情况。

"资金结存"科目应当设置下列明细科目：

（1）"零余额账户用款额度"科目：核算实行国库集中支付的单位根据财政部门批复的用款计划收到和支用的零余额账户用款额度。年末结账后，该明细科目应无余额。

（2）"货币资金"科目：核算单位以库存现金、银行存款、其他货币资金形态存在的资金。该明细科目年末借方余额，反映单位尚未使用的货币资金。

（3）"财政应返还额度"科目：核算实行国库集中支付的单位可以使用的以前年度财政直接支付资金额度和财政应返还的财政授权支付资金额度。该明细科目下可设置"财政直接支付""财政授权支付"两个明细科目进行明细核算。

"财政应返还额度"明细科目年末借方余额，反映单位应收财政返还的资金额度。

2. 账务处理

资金结存的账务处理已分散在本书第三章和第四章中，现通过下表再对其账务处理进行全面系统的归纳：

财务会计	预算会计
①取得预算收入	
单位根据代理银行转来的财政授权支付额度到账通知书，按照通知书中的授权支付额度	
借：零余额账户用款额度 　　贷：财政拨款收入	借：资金结存——零余额账户用款额度 　　贷：财政拨款预算收入
以国库集中支付以外的其他支付方式取得预算收入时，按实际收到的金额	
借：银行存款 　　贷：财政拨款收入	借：资金结存——货币资金 　　贷：财政拨款预算收入
②发生预算支出时	
借：业务活动费用 　　库存物品 　　固定资产等 　　贷：财政应返还额度 　　　　零余额账户用款额度 　　　　银行存款 　　　　库存现金	借：行政支出等 　　贷：资金结存——财政应返还额度 　　　　　　——零余额账户用款额度 　　　　　　——货币资金
③预算结转结余调整	
按照规定上缴财政拨款结转结余资金或注销财政拨款结转结余额度的	
借：累计盈余 　　贷：财政应返还额度 　　　　零余额账户用款额度 　　　　银行存款	借：财政拨款结转——归集上缴 　　　　财政拨款结余——归集上缴 　　贷：资金结存——财政应返还额度 　　　　　　——零余额账户用款额度 　　　　　　——货币资金

按照规定缴回非财政拨款结转资金的	
借：累计盈余 　贷：银行存款	借：非财政拨款结转——缴回资金 　贷：资金结存——货币资金
收到调入的财政拨款结转资金的	
借：财政应返还额度 　　零余额账户用款额度 　　银行存款 　贷：累计盈余	借：资金结存——财政应返还额度 　　　　　——零余额账户用款额度 　　　　　——货币资金 　贷：财政拨款结转——归集调入
④年末确认未下达的财政用款额度	
借：财政应返还额度——财政直接支付 　　　　　　　　　——财政授权支付 　贷：财政拨款收入	借：资金结存——财政应返还额度 　贷：财政拨款预算收入
⑤年末注销、下年初恢复零余额账户用款额度或收到上年末未下达的零余额账户用款额度	
借：财政应返还额度——财政授权支付 　贷：零余额账户用款额度	借：资金结存——财政应返还额度 　贷：资金结存——零余额账户用款额度
借：零余额账户用款额度 　贷：财政应返还额度——财政授权支付	借：资金结存——零余额账户用款额度 　贷：资金结存——财政应返还额度

【例 4-60】 某单位 2019 年有授权支付预算指标 600 000 元，已下达额度 500 000 元，实际使用 470 000 元额度支付所购物品价款。年终财政收回额度，并于 2020 年 1 月恢复全部额度。2020 年 1 月实际授权支付 30 000 元用于日常活动费用。

该单位会计分录为：

财务会计	预算会计
①财政下达授权支付额度 600 000 元时	
借：零余额账户用款额度　　　600 000 　贷：财政拨款收入　　　　　　　　600 000	借：资金结存 　　——零余额账户用款额度　　600 000 　贷：财政拨款预算收入　　　　　600 000
②单位实际使用授权额度时	
借：库存物品　　　　　　　　470 000 　贷：零余额账户用款额度　　　　　470 000	借：行政支出　　　　　　　　　470 000 　贷：资金结存——零余额账户用款额度　470 000
③年终时，注销已下达的未用额度 30 000 元，确认未下达的额度 100 000 元	
借：财政应返还额度——财政授权支　130 000 　贷：财政拨款收入——财政授权支　100 000 　　　零余额账户用款额度　　　　30 000	借：资金结存——财政应返还额度　130 000 　贷：财政拨款预算收入　　　　　100 000 　　　资金结存——零余额账户用款额度　30 000
④2020 年恢复上年已注销未用额度 30 000 元时	
借：零余额账户用款额度　　　30 000 　贷：财政应返还额度——财政授权支付　30 000	借：资金结存——零余额账户用款额度　30 000 　贷：资金结存——财政应返还额度　30 000
⑤单位收到财政部门批复的上年未下达零余额账户用款额度 100 000 元时	
借：零余额账户用款额度　　　100 000 　贷：财政应返还额度——财政授权支付　100 000	借：资金结存 　　——零余额账户用款额度　　100 000 　贷：资金结存——财政应返还额度　100 000
⑥2020 年实际授权支付时	
借：业务活动费用　　　　　　30 000 　贷：零余额账户用款额度　　　　　30 000	借：行政支出　　　　　　　　　30 000 　贷：资金结存——零余额账户用款额度　30 000

因购货退回、发生差错更正等退回国库直接支付、授权支付款项，或者收回货币资金的，应做以下会计处理。

财务会计	预算会计
属于本年度的	
借：财政拨款收入 　　零余额账户用款额度 　　银行存款等 　贷：业务活动费用 　　　库存物品等	借：财政拨款预算收入 　　资金结存——零余额账户用款额度 　　　　　——货币资金 　贷：行政支出
属于以前年度的	
借：财政应返还额度 　　零余额账户用款额度 　　银行存款等 　贷：以前年度盈余调整	借：资金结存——财政应返还额度 　　　　　——零余额账户用款额度 　　　　　——货币资金 　贷：财政拨款结转——年初余额调整 　　　财政拨款结余——年初余额调整 　　　非财政拨款结转——年初余额调整 　　　非财政拨款结余——年初余额调整

【例 4-61】某行政单位 2019 年 9 月 26 日发现，单位 2019 年 8 月 20 日为开展业务活动所举办的会议费用多付了 3 000 元，按规定应予以收回。9 月 28 日，退回的会议费已收存单位银行存款账户。

该单位会计分录为：

财务会计	预算会计
2019 年 9 月 28 日收到退款时	
借：银行存款　　　　　　3 000 　贷：业务活动费用　　　　　　　3 000	借：资金结存—货币资金　　　3 000 　贷：行政支出　　　　　　　　　3 000

（二）财政拨款结转

1. 账户设置

单位应设置"财政拨款结转"科目核算单位取得的同级财政拨款结转资金的调整、结转和滚存情况。科目年末贷方余额，反映单位滚存的财政拨款结转资金数额。

该科目应当设置三类二级明细科目，如表 4-2 所示。

表 4-2   "财政拨款结转"科目应设置的二级、三级明细科目

二级明细科目	核算内容	年末结账后有无余额
①与会计差错更正、以前年度支出收回相关的二级明细科目		
年初余额调整	因发生会计差错更正、以前年度支出收回等原因，需要调整财政拨款结转的金额	无
②与财政拨款调拨业务相关的二级明细科目		
归集调入	按照规定从其他单位调入财政拨款结转资金时，实际调增的额度数额或调入的资金数额	无
归集调出	按照规定向其他单位调出财政拨款结转资金时，实际调减的额度数额或调出的资金数额	无
归集上缴	按照规定上缴财政拨款结转资金时，实际核销的额度数额或上缴的资金数额	无
单位内部调剂	经财政部门批准对财政拨款结余资金改变用途，调整用于本单位其他未完成项目等的调整金额	无

（续）

二级明细科目	核算内容	年末结账后有无余额
③与年末财政拨款结转业务相关的二级明细科目		
本年收支结转	单位本年度财政拨款收支相抵后的余额	无
累计结转	单位滚存的财政拨款结转资金	年末贷方余额，反映单位财政拨款滚存的结转资金数额
④"累计结转"的明细科目		

累计结转——基本支出结转——人员经费
　　　　　　　　　　　——日常公用经费
　　　　　——项目支出结转——×× 项目

同时，还应按《分类科目》中"支出功能分类科目"的相关科目进行明细核算。

有一般公共预算财政拨款、政府性基金预算财政拨款等两种或两种以上财政拨款的，还应当在本科目下按照财政拨款的种类进行明细核算。

2. 账务处理

1）因会计差错更正、购货退回、预付款项收回等发生以前年度调整事项

财务会计	预算会计
调整增加相关资产	
借：零余额账户用款额度 　　银行存款等 　贷：以前年度盈余调整	借：资金结存——零余额账户用款额度 　　　　　　　——货币资金等 　贷：财政拨款结转——年初余额调整
因会计差错更正调整减少相关资产	
借：以前年度盈余调整 　贷：零余额账户用款额度 　　　银行存款等	借：财政拨款结转——年初余额调整 　贷：资金结存——零余额账户用款额度 　　　　　　　——货币资金等

【例 4-62】某行政单位 2019 年 3 月 20 日发现，单位 2018 年 10 月 20 日为开展业务活动所举办的会议费用少付了 23 000 元，按规定应予以补付。3 月 28 日，补付的会议费已通过单位零余额账户支付。

该单位会计分录为：

财务会计	预算会计
2019 年 3 月 28 日补付会议费时	
借：以前年度盈余调整　　　23 000 　贷：零余额账户用款额度　　　23 000	借：财政拨款结转——年初余额调整　23 000 　贷：资金结存——零余额账户用款额度　23 000

2）从其他单位调入财政拨款结转资金，按照实际调增的额度数额或调入、调出以及按照规定上缴财政拨款结转资金或注销财政拨款结转资金额度的

财务会计	预算会计
按调入的金额 借：财政应返款额度 　　零余额账户用款额度 　　银行存款 　贷：累计盈余	借：资金结存——财政应返还额度 　　　　　　　——零余额账户用款额度 　　　　　　　——货币资金 　贷：财政拨款结转——归集调入
调出以及上缴或注销资金的账务处理与上述相反，同时"财政拨款结转"科目的明细科目分别改为"归集调出"和"归集上缴"。	

【例 4-63】某行政单位经批准增加日常办公经费,增加经费按规定从其他单位的财政拨款结余资金调入,月末财政向单位下达新增的授权支付用款额度 470 000 元。

该单位会计分录为:

财务会计	预算会计
借:零余额账户用款额度　　　　470 000 　　贷:财政拨款收入　　　　　　　　470 000	借:资金结存——财政应返还额度　470 000 　　贷:财政拨款结转——归集调入　　470 000

【例 4-64】某行政单位 2019 年 12 月 31 日按规定削减本年某项目经费,削减的项目经费按照规定将项目结转资金上缴财政,行政单位通过零余额账户上缴了 633 000 元。

该单位会计分录为:

财务会计	预算会计
借:财政拨款收入　　　　　　　　633 000 　　贷:零余额账户用款额度　　　　633 000	借:财政拨款结转——归集上缴　　633 000 　　贷:资金结存——零余额账户用款额度　633 000

经财政部门批准对财政拨款结余资金改变用途,调整用于本单位基本支出或其他未完成项目支出的,按照批准调剂的金额,只做预算会计分录:

借:财政拨款结余——单位内部调剂

　　贷:财政拨款结转——单位内部调剂

【例 4-65】某行政单位经财政部门批准,将财政拨款结余转为财政拨款结转,用于其他未完成项目,调整金额为 440 000 元。

该单位会计分录为:

财务会计	预算会计
—	借:财政拨款结余——单位内部调剂 440 000 　　贷:财政拨款结转——单位内部调剂　　440 000

3)与年末财政拨款结转和结余业务相关的账务处理

年末,将财政拨款预算收入本年发生额转入"财政拨款结转"科目,只做预算会计分录:

借:财政拨款预算收入

　　贷:财政拨款结转——本年收支结转

将各项支出中财政拨款支出本年发生额转入"财政拨款结转"科目,只做预算会计分录:

借:财政拨款结转——本年收支结转

　　贷:行政支出——财政拨款支出

　　　　其他支出——财政拨款支出

【例 4-66】年终,行政单位有关预算收支科目结转前余额如下表所示(单位:元)。

科目	借方余额	贷方余额
财政拨款预算收入——基本支出拨款——人员经费		41 000 000
——公用经费		40 000 000
——项目支出拨款——A 项目		1 200 000
行政支出——财政拨款支出——基本支出——人员经费	41 000 000	
——公用经费支出	35 000 000	
——项目支出——A 项目	590 000	
其他支出——财政拨款支出	500 000	

该单位会计分录为：

借：财政拨款预算收入——基本支出拨款——人员经费 41 000 000
　　　　　　　　　　　　　　　　——公用经费 40 000 000
　　　　　　　　　——项目支出拨款——A 项目 1 200 000
　贷：财政拨款结转——本年收支结转 82 200 000
借：财政拨款结转——本年收支结转 77 090 000
　贷：行政支出
　　　——财政拨款支出——基本支出——人员经费 41 000 000
　　　　　　　　　　　　——公用经费支出 35 000 000
　　　　　　　——项目支出——A 项目 590 000
　　　其他支出——财政拨款支出 500 000

年末冲销"财政拨款结转"的有关明细科目余额。结转后，科目除"累计结转"明细科目外，其他明细科目应无余额，只做预算会计分录：

借或贷：财政拨款结转——本年收支结转
　　　　　　　——年初余额调整
　　　　　　　——归集调入
　　　　　　　——归集调出
　　　　　　　——归集上缴
　　　　　　　——单位内部调剂
　贷或借：财政拨款结转——累计结转

【例 4-67】结清【例 4-62】至【例 4-66】中财政拨款结转各明细科目发生额。
该单位会计分录为：

借：财政拨款结转——归集调入 470 000
　　　　　　——单位内部调剂 440 000
　　　　　　——累计结转 4 856 000
　贷：财政拨款结转——年初余额调整 23 000
　　　　　　——归集上缴 633 000
　　　　　　——本年收支结转 5 110 000

年末完成上述结转后，应当对财政拨款结转各明细项目执行情况进行分析，按照有关规定将符合财政拨款结余性质的项目余额转入财政拨款结余，只做预算会计分录：

借：财政拨款结转——累计结转
　贷：财政拨款结余——结转转入

（三）财政拨款结余

1. 账户设置

单位应设置"财政拨款结余"科目核算单位取得的同级财政拨款项目支出结余资金的调整、结转和滚存情况。科目年末贷方余额，反映单位滚存的财政拨款结余资金数额。

该科目应当设置三类二级明细科目，如表 4-3 所示。

表 4-3　"财政拨款结余"科目应设置的二级、三级明细科目

二级明细科目	核算内容	年末结账后有无余额
①与会计差错更正、以前年度支出收回相关的二级明细科目		
年初余额调整	因发生会计差错更正、以前年度支出收回等原因，需要调整财政拨款结转的金额	无
②与财政拨款结余资金调整业务相关的二级明细科目		
归集上缴	按照规定上缴财政拨款结余资金时，实际核销的额度数额或上缴的资金数额	无
单位内部调剂	经财政部门批准对财政拨款结余资金改变用途，调整用于本单位其他未完成项目等的调整金额	无
③与年末财政拨款结转业务相关的二级明细科目		
结转转入	单位按照规定转入财政拨款结余的财政拨款结转资金	无
累计结余	单位滚存的财政拨款结余资金	年末贷方余额，反映单位财政拨款滚存的结转资金数额
	同时，还应按《分类科目》中"支出功能分类科目"的相关科目进行明细核算。有一般公共预算财政拨款、政府性基金预算财政拨款等两种或两种以上财政拨款的，还应当在本科目下按照财政拨款的种类进行明细核算。	

2.账务处理

1）因购货退回、会计差错更正等发生以前年度调整事项

财务会计	预算会计
调整增加相关资产	
借：零余额账户用款额度 　　银行存款等 　贷：以前年度盈余调整	借：资金结存——零余额账户用款额度 　　　　　　——货币资金等 　贷：财政拨款结余——年初余额调整
因会计差错更正调整减少相关资产	
借：以前年度盈余调整 　贷：零余额账户用款额度 　　　银行存款等	借：财政拨款结余——年初余额调整 　贷：资金结存——零余额账户用款额度 　　　　　　——货币资金等

【例 4-68】某行政单位内部审计发现，上年度 A 项目结余资金 50 000 元误按 30 000 元上缴，差错的 20 000 元已通过单位零余额账户上缴并更正。

该单位会计分录为：

财务会计	预算会计
借：以前年度盈余调整　　　　20 000 　贷：零余额账户用款额度　　　　　20 000	借：财政拨款结余——年初余额调整　20 000 　贷：资金结存——零余额账户用款额度　　20 000

2）单位内部调剂财政拨款结余资金

经财政部门批准对财政拨款结余资金改变用途，调整用于本单位基本支出或其他未完成项目支出的，按照批准调剂的金额，只做预算会计分录：

借：财政拨款结余——单位内部调剂

　贷：财政拨款结转——单位内部调剂

【例 4-69】某行政单位批准将本单位完成甲项目结余资金 770 000 元调整用于未完成的乙项目支出。

该单位会计分录为：

财务会计	预算会计
—	借：财政拨款结余——单位内部调剂　770 000 　贷：财政拨款结转——单位内部调剂　　　770 000

3）按照规定上缴财政拨款结余资金或注销财政拨款结余资金额度的，以实际上缴资金数额或注销的资金额度数额

财务会计	预算会计
借：累计盈余 　贷：财政应返还额度 　　　零余额账户用款额度 　　　银行存款	借：财政拨款结余——归集上缴 　贷：资金结存——财政应返还额度 　　　　　　——零余额账户用款额度 　　　　　　——货币资金

【例4-70】某行政单位按规定削减办公经费，削减的办公经费按照规定将核销未使用的零余额账户用款额度450 000元。

该单位会计分录为：

财务会计	预算会计
借：零余额账户用款额度　　450 000 　贷：财政应返还额度　　　　　450 000	借：财政拨款结余——归集上缴　450 000 　贷：资金结存——财政应返还额度　450 000

4）年末，对财政拨款结转各明细项目执行情况进行分析，按照有关规定将符合财政拨款结余性质的项目余额转入财政拨款结余

借：财政拨款结转——累计结转
　贷：财政拨款结余——结转转入
此处只做预算会计分录，无须做财务会计分录。

【例4-71】年终，某行政单位参照有关规定对财政拨款结转的丙项目执行情况进行分析后，确认其贷方余额99 000元符合财政拨款结余资金性质。

该单位会计分录为：

财务会计	预算会计
—	借：财政拨款结转——累计结转　99 000 　贷：财政拨款结余——结转转入　　99 000

年末冲销有关明细科目余额，将"财政拨款结余"的明细科目结转后，科目除"累计结转"明细科目外，其他明细科目应无余额，只做预算会计分录：

借：财政拨款结余——年初余额调整（该明细科目为贷方余额时）
　　　　　　——结转转入
　贷：财政拨款结余——累计结转
借：财政拨款结余——累计结转
　贷：财政拨款结余——年初余额调整（该明细科目为借方余额时）
　　　　　　——归集上缴
　　　　　　——单位内部调剂

【例 4-72】年终，结清【例 4-68】至【例 4-71】中财政拨款结余各明细科目的发生额。
该单位会计分录为：

财务会计	预算会计
—	借：财政拨款结余——结转转入　　99 000 　　　　　　　　　——累计结余　1 141 000 　贷：财政拨款结余——归集上缴　　　450 000 　　　　　　　　　——单位内部调剂　　770 000 　　　　　　　　　——年初余额调整　　20 000

（四）非财政拨款结转

1. 账户设置

单位应设置"非财政拨款结转"科目核算单位除财政拨款收支以外各非同级财政拨款
专项资金的调整、结转和滚存情况。科目年末贷方余额，反映单位滚存的非同级财政拨款
专项结转资金数额。

"非财政拨款结转"科目应当设置下列明细科目：

（1）"年初余额调整"科目：核算因发生会计差错更正、以前年度支出收回等原因，需
要调整非财政拨款结转的资金。年末结账后，明细科目应无余额。

（2）"缴回资金"科目：核算按照规定缴回非财政拨款结转资金时，实际缴回的资金数
额。年末结账后，明细科目应无余额。

（3）"项目间接费用或管理费"科目：核算单位取得的科研项目预算收入中，按照规定
计提项目间接费用或管理费的数额。年末结账后，明细科目应无余额。

（4）"本年收支结转"科目：核算单位本年度非同级财政拨款专项收支相抵后的余额。
年末结账后，明细科目应无余额。

（5）"累计结转"科目：核算单位滚存的非同级财政拨款专项结转资金。科目年末贷方
余额，反映单位非同级财政拨款滚存的专项结转资金数额。

（6）还应当按照具体项目和《分类科目》中"支出功能分类科目"的相关科目等进行
明细核算。

2. 账务处理

财务会计	预算会计
①因会计差错更正收到或支出非同级财政拨款货币资金	
调整增加相关资产	
借：银行存款等 　贷：以前年度盈余调整	借：资金结存——货币资金等 　贷：非财政拨款结转——年初余额调整
因会计差错更正调整减少相关资产	
借：以前年度盈余调整 　贷：银行存款等	借：非财政拨款结转——年初余额调整 　贷：资金结存——货币资金等
②按照规定缴回非财政拨款结转资金的，按照实际缴回资金数额	
借：累计盈余 　贷：银行存款等	借：非财政拨款结转——缴回资金 　贷：资金结存——货币资金

（1）年末，将非同级财政拨款预算收入、其他预算收入本年发生额中的专项资金收入
转入"非财政拨款结转"科目，只做预算会计分录。

　借：非同级财政拨款预算收入——专项资金收入
　　　其他预算收入——专项资金收入
　贷：非财政拨款结转——本年收支结转

将行政支出和其他支出本年发生额中的非财政拨款专项资金支出转入"非财政拨款结转"科目，只做预算会计分录。

借：非财政拨款结转——本年收支结转

　贷：行政支出——非财政专项资金支出

　　　其他支出——非财政专项资金支出

【例4-73】年终，行政单位有关预算收支科目结转前余额如表4-4所示（单位：元）。

表4-4　行政单位有关预算收支科目结转前余额表

会计科目	借方余额	贷方余额
非同级财政拨款预算收入——专项资金收入		500 000
其他预算收入——专项资金收入		600 000
行政支出——非财政专项资金支出	300 000	
其他支出——非财政专项资金支出	280 000	

该单位会计分录为：

借：非同级财政拨款预算收入——专项资金收入　　500 000

　　其他预算收入——专项资金收入　　　　　　　600 000

　贷：非财政拨款结转——本年收支结转　　　　　　　　1 100 000

借：非财政拨款结转——本年收支结转　　　　　　580 000

　贷：行政支出——非财政专项资金支出　　　　　　　　　300 000

　　　其他支出——非财政专项资金支出　　　　　　　　　280 000

（2）年末冲销非财政拨款结转有关明细科目余额，结转后，除"累计结转"明细科目外，其他明细科目应无余额，只做预算会计分录。

借：非财政拨款结转——年初余额调整（该明细科目为贷方余额时）

　　　　　　　　　——本年收支结转（该明细科目为贷方余额时）

　贷：非财政拨款结转——累计结转

借：非财政拨款结转——累计结转

　贷：非财政拨款结转——年初余额调整（该明细科目为借方余额时）

　　　　　　　　　　——缴回资金

　　　　　　　　　　——项目间接费用或管理费

　　　　　　　　　　——本年收支结转（该明细科目为借方余额时）

【例4-74】年终，结清"非财政拨款结转"科目的"本年收支结转"明细科目贷方发生额530 000元，"缴回资金"明细科目借方发生额80 000元，"年初余额调整"明细科目贷方发生额320 000元。

该单位会计分录为：

借：非财政拨款结转——本年收支结转　　　　　　530 000

　　　　　　　　　——年初余额调整　　　　　　320 000

　贷：非财政拨款结转——缴回资金　　　　　　　　　　　80 000

　　　　　　　　　　——累计结转　　　　　　　　　　770 000

（3）年末完成上述结转后，应当对非财政拨款专项结转资金各项目情况进行分析，将留归本单位使用的非财政拨款专项（项目已完成）剩余资金转入非财政拨款结余，只做预算会计分录。

借：非财政拨款结转——累计结转

贷：非财政拨款结余——结转转入

（五）非财政拨款结余

1. 账户设置

单位应设置"非财政拨款结余"科目核算单位历年滚存的非限定用途的非同级财政拨款结余资金，主要为非财政拨款结余扣除结余分配后滚存的金额。科目年末贷方余额，反映单位非同级财政拨款结余资金的累计滚存数额。

"非财政拨款结余"科目应当设置下列明细科目：

（1）"年初余额调整"科目：核算因发生会计差错更正、以前年度支出收回等原因，需要调整非财政拨款结余的资金。年末结账后，科目应无余额。

（2）"项目间接费用或管理费"科目：核算单位取得的科研项目预算收入中，按照规定计提的项目间接费用或管理费数额。年末结账后，科目应无余额。

（3）"结转转入"科目：核算按照规定留归单位使用，由单位统筹调配，纳入单位非财政拨款结余的非同级财政拨款专项剩余资金。年末结账后，科目应无余额。

（4）"累计结余"科目：核算单位历年滚存的非同级财政拨款、非专项结余资金。科目年末贷方余额，反映单位非同级财政拨款滚存的非专项结余资金数额。

（5）该科目还应当按照《分类科目》中"支出功能分类科目"的相关科目进行明细核算。

2. 账务处理

（1）因会计差错更正收到或支出非同级财政拨款货币资金，属于非财政拨款结余资金的，按照收到或支出的金额，编制如下会计分录。

财务会计	预算会计
借或贷：银行存款等 　贷或借：以前年度盈余调整	借或贷：资金结存——货币资金 　贷或借：非财政拨款结余——年初余额调整

（2）年末，将留归本单位使用的非财政拨款专项（项目已完成）剩余资金转入，只编预算会计分录。

借：非财政拨款结转——累计结转

贷：非财政拨款结余——结转转入

（3）年末冲销非财政拨款结余有关明细科目余额，结转后，除"累计结余"明细科目外，其他明细科目应无余额，只做预算会计分录。

预算会计分录为：

借或贷：非财政拨款结余——年初余额调整

　　　　　　　　——项目间接费用或管理费

　　　　　　　　——结转转入

　　贷或借：非财政拨款结余——累计结余

（4）年末，行政单位将"其他结余"科目余额转入非财政拨款结余，只编制预算会计分录。

借或贷：非财政拨款结余——累计结余

　　贷或借：其他结余

上述（1）至（4）的账务处理虽然所用科目与前述非财政拨款结转不同，但方法相似，此处不再举例说明。

（六）其他结余

1. 账户设置

单位应设置"其他结余"科目核算单位本年度除财政拨款收支和非同级财政专项资金收支以外各项收支相抵后的余额。年末结账后，科目应无余额。

2. 账务处理

下列情况只做预算会计分录。

（1）年末，将非同级财政拨款预算收入和其他预算收入本年发生额中的非专项资金收入本年发生额转入"其他结余"科目

借：非同级财政拨款预算收入——非专项资金收入

　　其他预算收入——非专项资金收入

　　贷：其他结余

将行政支出和其他支出本年发生额中的非同级财政、非专项资金支出的本年发生额转入"其他结余"科目

借：其他结余

　　贷：行政支出——非同级财政、非专项资金支出

　　　　其他支出——非同级财政、非专项资金支出

（2）年末，完成上述（1）结转后，行政单位将"其他结余"科目余额转入"非财政拨款结余——累计结余"科目

借：其他结余

　　贷：非财政拨款结余——累计结余

【例4-75】年终，行政单位有关预算收支科目结转前余额如表4-5所示（单位：元）。

表4-5　行政单位有关预算收支科目结转前余额表

会计科目	借方余额	贷方余额
财政拨款预算收入——基本支出拨款——人员经费		87 130 000
——公用经费		62 000 000
——项目支出拨款——A项目		4 260 000
非同级财政拨款预算收入——专项资金收入		2 180 000
——非专项资金收入		690 000
其他预算收入——专项资金收入		1 000 000
——非专项资金收入		350 000
行政支出——财政拨款支出——基本支出——人员经费	88 000 000	
——公用经费支出	73 000 000	
——项目支出——A项目	480 000	
——非财政专项资金支出	430 000	
——其他资金支出	550 000	
其他支出——财政拨款支出	740 000	
——非财政专项资金支出	680 000	
——其他资金支出	200 000	

该单位会计分录为：

借：财政拨款预算收入——基本支出拨款——人员经费　87 130 000

　　　　　　　　　　　　　　　　——公用经费　62 000 000

　　　　　　　　　　　——项目支出拨款——A 项目　4 260 000

　非同级财政拨款预算收入——专项资金收入　2 180 000

　　　　　　　　　　　——非专项资金收入　690 000

　其他预算收入——专项资金收入　1 000 000

　　　　　　——非专项资金收入　350 000

　　贷：财政拨款结转——本年收支结转　　　　　　153 390 000

　　　　非财政拨款结转——本年收支结转　　　　　　3 180 000

　　　　其他结余　　　　　　　　　　　　　　　　1 040 000

借：财政拨款结转——本年收支结转　162 220 000

　　非财政拨款结转——本年收支结转　1 110 000

　　其他结余　750 000

　　贷：行政支出

　　　　——财政拨款支出——基本支出——人员经费　　　88 000 000

　　　　　　　　　　　　　——公用经费支出　　　　　73 000 000

　　　　　　——项目支出——A 项目　　　　　　　　480 000

　　　——非财政专项资金支出　　　　　　　　　　430 000

　　　——其他资金支出　　　　　　　　　　　　　550 000

　　其他支出——财政拨款支出　　　　　　　　　　740 000

　　　　　——非财政专项资金支出　　　　　　　　680 000

　　　　　——其他资金支出　　　　　　　　　　　200 000

借：财政拨款结转——累计结转　8 830 000

　　贷：财政拨款结转——本年收支结转　　　　　　8 830 000

借：非财政拨款结转——本年收支结转　2 070 000

　　贷：非财政拨款结转——累计结转　　　　　　　2 070 000

借：其他结余　290 000

　　贷：非财政拨款结余——累计结余　　　　　　　290 000

▶ 本章小结

　　行政单位的流动资产主要包括货币资金、财政应返还额度、应收账款、预付账款、其他应收款、存货和待摊费用等。非流动资产包括固定资产、无形资产、公共基础设施、政府储备物资、文物文化资产、保障性住房、受托代理资产、长期待摊费用等。资产的会计处理涉及取得、耗用、出售、捐赠、无偿调入与调出、出租、盘盈、盘亏、报废、毁损等业务。资产的取得方式不同，入账成本不尽相同。行政单位应按确定的成本作为初始入账成本。单位应当根据实际情况采用先进先出法、加权平均法或者个别计价法确定发出存货或政府储备物资的实际成本。行政单位应按规定对固定资产、公共基础设施和保障性住房计提折旧，对无形资产进行摊销。

　　行政单位的流动负债包括应交税费、应缴财政款、应付职工薪酬、应付账款、应付财政补贴款、其他应付款、预提费用，非流动负债包括长期应付款、预计负债、受托代理负债等。负债的会计处理包括发生与偿付。

行政单位的净资产以权责发生制为基础，包括累计盈余、本期盈余、本年盈余分配、无偿调拨净资产和以前年度盈余调整。预算结余以收付实现制为基础，包括资金结存、财政拨款结转结余、非财政拨款结转结余和其他结余。行政单位应按权责发生制核算净资产，同时，按收付实现制核算预算结余。

期末，行政单位应将所有的财务会计收入科目和费用科目本期发生额转入"本期盈余"科目，年末，然后再将"本期盈余"转入"本年盈余分配"科目，最后把"本年盈余分配""无偿

调拨净资产""以前年度盈余调整"科目的余额转入"累计盈余"科目。

年末，把"财政拨款预算收入"科目发生额全部转入"财政拨款结转"科目，其余的预算收入与支出科目的本年发生额则按照资金来源，如财政拨款、非财政专项资金、非财政非专项资金分别结转到"财政拨款结转""非财政拨款结转"和"其他结余"科目。然后，对结转资金进行分析，符合结余性质的则转入"财政拨款结余"和"非财政拨款结余"科目，并将"其他结余"科目余额也转入"非财政拨款结余"科目余额。

▶ **关键术语** ——————

▶ **想一想，做一做** ——————

第五章

事业单位的收入、费用与支出

▶ 学习目标 ◀

1. 掌握事业单位与从事专业活动有关的收入、费用与支出的核算。
2. 掌握事业单位上级补助及补助附属单位业务有关的收入、费用与支出的核算。
3. 掌握事业单位上缴上级及附属单位上缴业务有关的收入、费用与支出的核算。
4. 掌握事业单位与借款活动有关的收入、费用及支出的核算。
5. 掌握事业单位与投资活动有关的收入、费用及支出的核算。
6. 掌握事业单位与从事非独立核算经营活动有关的收入、费用及支出的核算。

▶ 开篇案例

高培中心的劳动人事争议处理培训

中国高级公务员培训中心（高培中心）是人力资源和社会保障部直属事业单位，于1988年经国家机构编制委员会批准成立。高培中心主要负责国家公务员、专业技术人员和企事业单位管理人员的有关培训教育工作，开展相关咨询服务与研究开发。

为使参训学员熟悉劳动人事争议处理最新相关政策和工作要求，把握劳动人事争议处理工作的重点、难点问题和处理办法技巧，规范争议仲裁文书写作，提升用人单位自主预防和化解争议的能力。高培中心于2016年6月22日至2016年6月26日在南京市举办2016年第二期劳动人事争议处理培训班。该培训主要采用课堂讲授、案例评析、现场答疑和座谈交流等方式。其培训费为1400元/人，食宿统一安排，费用自理。培训结束后高培中心将为全勤并考核合格的学员颁发培训证书。

高培中心的培训收费是事业单位的什么收入？如何进行会计处理？

资料来源：admin. 中国高级公务员培训中心简介［EB/OL］. (2014-04-29). http://gp.chinanet.gov.cn/a/gaopeijianjie/20140429/144.html.

培训三处. 关于举办2016年第二期劳动人事争议处理培训班的通知［EB/OL］. (2016-05-25). http://gp.chinanet. gov.cn/a/tongzhigonggao/2016/0525/240.html.

第一节　事业单位的财务会计收入与预算会计收入

一、事业单位收入的内容

事业单位也有两种不同口径的收入：一种是以权责发生制为基础的财务会计收入，另一种是以收付实现制为基础的预算会计收入。

（一）财务会计收入

财务会计收入包括财政拨款收入、事业收入、上级补助收入、附属单位上缴收入、经营收入、非同级财政拨款收入、投资收益、捐赠收入、利息收入、租金收入和其他收入。

其中：

财政拨款收入、非同级财政拨款收入、捐赠收入、利息收入、租金收入和其他收入的概念与本书第三章的第一节所述相同。

事业收入是指事业单位开展专业业务活动及其辅助活动发生的收入。

上级补助收入是指事业单位从主管部门和上级单位取得的非财政补助收入。

附属单位上缴收入是指事业单位附属独立核算单位按照有关规定上缴的收入。

经营收入是指事业单位在专业业务活动及其辅助活动之外开展非独立核算经营活动取得的收入。

投资收益是指事业单位从事股权或债权投资活动取得的收益或损失。

（二）预算会计收入

预算会计收入包括财政拨款预算收入、事业预算收入、上级补助预算收入、附属单位上缴预算收入、经营预算收入、非同级财政拨款预算收入、债务预算收入、投资预算收益、和其他预算收入。

其中：

财政拨款预算收入、非同级财政拨款预算收入和其他预算收入的概念与本书第三章的第一节所述相同。

事业预算收入是指事业单位开展专业业务活动及其辅助活动收到的收入。

上级补助预算收入是指事业单位从主管部门和上级单位收到的非财政补助收入。

附属单位上缴预算收入是指事业单位从附属独立核算单位收到的按照有关规定上缴的收入。

经营预算收入是指事业单位在专业业务活动及其辅助活动之外开展非独立核算经营活动收到的收入。

债务预算收入是指事业单位举借短期借款、长期借款获得的资金流入。

投资预算收益是指事业单位从事股权或债权投资活动收到的收益，如现金股利收入等。

（三）财务会计收入与预算会计收入的平行核算

事业单位发生的每项收入业务，既应按权责发生制核算财务会计的收入，也应按收付实现制核算预算会计的收入。因此，财务会计的收入科目与预算会计的收入科目之间存在基于经济业务的对应关系，如图5-1所示。

由于事业单位财务会计的财政拨款收入、非同级财政拨款收入捐赠收入、利息收入、租金收入和其他收入核算与行政单位的财政拨款收入、非同级财政拨款收入、捐赠收入、利息收入、租金收入和其他收入核算的绝大部分内容相同，本节不再赘述重复部分的核算内容，将重点介绍这些收入的差异部分。由于事业收入、上级补助收入、附属单位上缴收入、经营收入和投资收益是事业单位独有的收入，本节将全面重点介绍。

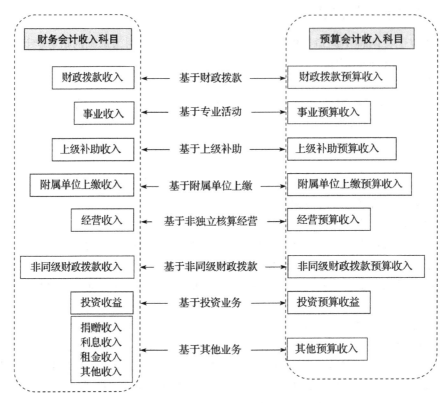

图 5-1　事业单位收入会计科目的对应关系

同时，由于事业单位预算会计的财政拨款预算收入、非同级财政拨款预算收入和其他预算收入核算与行政单位的财政拨款预算收入、非同级财政拨款预算收入和其他预算收入核算的绝大部分内容相同，本节不再赘述重复部分的核算内容，将重点介绍这些预算收入的差异部分。由于事业预算收入、上级补助预算收入、附属单位上缴预算收入、经营预算收入和投资预算收益是事业单位独有的预算收入，本节也将全面重点介绍。

二、财政拨款收入与财政拨款预算收入

由于本书第三章第一节中的"二、财政拨款收入与财政拨款预算收入"已经对财政直接支付、财政授权支付、其他方式、因差错更正或购货退回等发生国库集中支付款项退回以及期末结转的财政拨款收入和财政拨款预算收入的账务处理进行了比较全面的介绍，此处仅补充未涉及的单位管理费用的账务处理。

根据收到的"财政直接支付入账通知书"及相关原始凭证，按照通知书中的用于单位管理费用的直接支付入账金额，编制如下会计分录。

财政拨款收入	财政拨款预算收入
借：单位管理费用 　贷：财政拨款收入	借：事业支出 　贷：财政拨款预算收入

【例 5-1】某市某事业单位为开展管理活动发生外部人员含税劳务费 10 000 元，其中应代扣代缴个人所得税为 2 000 元。2019 年 10 月 16 日，该事业单位收到财政部门委托代理银行转来的财政直接支付入账通知单，为其支付了 8 000 元税后费用。

该单位应编制财务会计分录为：

借：单位管理费用　　　　　　　　　　　　　　　　　　　　　　　10 000
　　贷：其他应交税费——应交个人所得税　　　　　　　　　　　　　　　2 000
　　　　财政拨款收入——一般公共预算财政拨款　　　　　　　　　　　　8 000

该单位应编制预算会计分录为：

借：事业支出　　　　　　　　　　　　　　　　　　　　　　　　　8 000
　　贷：财政拨款预算收入——基本支出——日常公用经费　　　　　　　　8 000

三、事业收入与事业预算收入

（一）事业收入的内容

事业单位在提供公共产品或服务的过程中，提供的部分产品或专业活动依法可以收取一定费用，这些收费不以营利为目的，而是用于弥补公共产品或服务的成本，维持专业活动的可持续运行。

事业收入的具体内容因不同行业事业单位从事的专业活动及其辅助活动不同而不同，具体包括：广播电视事业单位按规定标准收取的广告费、有线电视费、初装费、与国内外单位或机构进行节目交换取得的收入、合作拍片取得的收入、收取的节目传输收入、技术转让收入、技术服务收入；文化事业单位的演出收入、技术服务收入、委托培训收入、图书馆对外提供馆藏资料复印复制收入等；文物单位的门票收入、展览收入、文物勘探发掘收入、文物维修设计收入、文物修复与复制收入、文物咨询鉴定收入、影视拍摄收入、文物导向收入等；体育事业单位取得的竞技体育比赛收入、门票收入、出售广播电视转播权收入、广告赞助收入、体育技术服务收入等。

（二）账户设置

1.事业收入

事业单位应设置"事业收入"科目核算事业单位开展专业业务活动及其辅助活动实现的收入，不包括从同级政府财政部门取得的各类财政拨款。期末结转后，科目应无余额。

该科目应当按照事业收入的类别、来源等进行明细核算。

对于因开展科研及其辅助活动从非同级政府财政部门取得的经费拨款，应当在该科目下单设"非同级财政拨款"明细科目进行核算。

2.事业预算收入

事业单位应设置"事业预算收入"科目核算事业单位开展专业业务活动及其辅助活动取得的现金流入。年末结转后，科目应无余额。

事业单位因开展科研及其辅助活动从非同级政府财政部门取得的经费拨款，也通过该科目核算。

该科目应当按照事业预算收入类别、项目、来源、《分类科目》中"支出功能分类科目"项级科目等进行明细核算。对于因开展科研及其辅助活动从非同级政府财政部门取得的经费拨款，应当在该科目下单设"非同级财政拨款"明细科目进行明细核算；事业预算收入中如有专项资金收入，还应按照具体项目进行明细核算。

（三）账务处理

账务处理归纳如下：

事业收入	事业预算收入
1）采用财政专户返还方式	
①实现应上缴财政专户的事业收入时，按照实际收到或应收的金额 借：银行存款 　　应收账款 　贷：应缴财政款	—
②向财政专户上缴款项时，按照实际上缴的金额 借：应缴财政款 　贷：银行存款	—
③收到从财政专户返还的事业收入时，按照实际收到的返还金额 借：银行存款 　贷：事业收入	借：资金结存——货币资金 　贷：事业预算收入
2）采用预收款方式	
①实际收到预收款项时，按照收到的款项金额 借：银行存款 　贷：预收账款	借：资金结存——货币资金 　贷：事业预算收入
②以合同完成进度确认事业收入时，按照基于合同完成进度计算的金额 借：预收账款 　贷：事业收入	—
3）采用应收款方式	
①根据合同完成进度计算本期应收的款项 借：应收账款 　贷：事业收入	—
②实际收到款项时 借：银行存款等 　贷：应收账款	借：资金结存——货币资金 　贷：事业预算收入
4）其他方式下	
按照实际收到的金额 借：银行存款 　　库存现金等 　贷：事业收入	借：资金结存——货币资金 　贷：事业预算收入
5）期末结转	
结清本期发生额 借：事业收入 　贷：本期盈余	按照资金类型分别结转 借：事业预算收入 　贷：非财政拨款结转——本年收支结转　（专项资金收入） 　　　其他结余　　　　　　　　　　　（非专项资金收入）

【例 5-2】 某市体育事业单位被认定为增值税小规模纳税人。2019 年 4 月 10 日至 2019 年 4 月 15 日该单位举办篮球竞赛。2019 年 4 月 12 日，收到出售广播电视转播权收入

1 000 000 元，门票收入 40 000 元，款项已全额缴入财政专户开户银行。这些款项按规定实行先上缴，后按 70% 返还的结算体制。

该单位应编制分录为：

财务会计	预算会计
2019 年 4 月 12 日 借：银行存款　　　　　　1 000 000 　贷：应缴财政款　　　　　　　1 000 000	—
上缴时 借：应缴财政款　　　　　　1 000 000 　贷：银行存款　　　　　　　　1 000 000	—
收到从财政专户返还的 70% 金额 借：银行存款　　　　　　　700 000 　贷：事业收入　　　　　　　　700 000	借：资金结存——货币资金　　1 000 000... 700 000 　贷：事业预算收入　　　　　　700 000

四、上级补助收入与上级补助预算收入

（一）账户设置

1. 上级补助收入

事业单位应设置"上级补助收入"科目核算事业单位从主管部门和上级单位取得的非财政拨款收入。期末结转后，科目应无余额。

该科目应当按照发放补助单位、补助项目等进行明细核算。

2. 上级补助预算收入

事业单位应设置"上级补助预算收入"科目核算事业单位从主管部门和上级单位取得的非财政补助现金流入。年末结转后，科目应无余额。

该科目应当按照发放补助单位、补助项目、《分类科目》中"支出功能分类科目"的项级科目等进行明细核算。上级补助预算收入中如有专项资金收入，还应按照具体项目进行明细核算。

（二）账务处理

账务处理归纳如下：

上级补助收入	上级补助预算收入
确认时，按应收或实收额 借：其他应收款 　　银行存款等 　贷：上级补助收入	按照实际收到的金额 借：资金结存——货币资金 　贷：上级补助预算收入
期末，结清本期发生额 借：上级补助收入 　贷：本期盈余	按照资金类型分别结转 借：上级补助预算收入 　贷：非财政拨款结转——本年收支结转　（专项资金） 　　　其他结余　　　　　　　　　　（非专项资金）

【例 5-3】 某市卫生局所属防疫站收到市卫生局支付的用于购买卫生检疫设备的 80 000 元。该防疫站年内发现，其在购买设备时多付了 10 000 元，责成供货方退回，退回款项上缴市卫生局。

该单位应编制分录为：

财务会计		预算会计	
收到时		按照实际收到的金额	
借：银行存款	80 000	借：资金结存——货币资金	80 000
贷：上级补助收入	80 000	贷：上级补助预算收入	80 000
退回时		退回时	
借：上级补助收入	10 000	借：上级补助预算收入	10 000
贷：银行存款	10 000	贷：资金结存——货币资金	10 000

五、附属单位上缴收入与附属单位上缴收入

（一）账户设置

1.附属单位上缴收入

事业单位应设置"附属单位上缴收入"科目核算事业单位取得的附属独立核算单位按照有关规定上缴的收入。期末结转后，科目应无余额。

该科目应当按照附属单位、缴款项目等进行明细核算。

2.附属单位上缴预算收入

事业单位应设置"附属单位上缴预算收入"科目核算事业单位取得附属独立核算单位根据有关规定上缴的现金流入。期末结转后，科目应无余额。

该科目应当按照附属单位、缴款项目、《分类科目》中"支出功能分类科目"的项级科目等进行明细核算。附属单位上缴预算收入中如有专项资金收入，还应按照具体项目进行明细核算。

（二）账务处理

账务处理归纳如下：

附属单位上缴收入	附属单位上缴预算收入
确认时，按应收或实收额 借：其他应收款 　　银行存款等 　贷：附属单位上缴收入	按照实际收到的金额 借：资金结存——货币资金 　贷：附属单位上缴预算收入
期末，结清本期发生额 借：附属单位上缴收入 　贷：本期盈余	按照资金类型分别结转 借：附属单位上缴预算收入 　贷：非财政拨款结转——本年收支结转　（专项资金） 　　　其他结余　　　　　　　　　　　（非专项资金）

【例5-4】某市博物馆收到主管部门拨入补助资金1 000 000元，其中，专项资金870 000元专门用于文物修复，130 000元用于补助人员经费，收到附属A单位上缴一笔款项50 000元，已存入银行。

该单位应编制分录为：

财务会计		预算会计	
收到时		按照实际收到的金额	
借：银行存款	1 050 000	借：资金结存——货币资金	1 050 000
贷：上级补助收入	1 000 000	贷：上级补助预算收入	1 000 000
附属单位上缴收入	50 000	附属单位上缴预算收入	50 000

【例5-5】某单位12月31日，有关收入各科目结转前贷方余额如表5-1所示：

表5-1 事业收入、上级补助收入、附属单位上缴收入科目余额

总账科目	明细科目	贷方余额
事业收入	A项目资金收入	200 000
	门票收入	100 000
	广播电视广告收入	300 000
	技术转让收入	70 000
上级补助收入	B项目资金收入	90 000
	一般补助收入	40 000
附属单位上缴收入	B项目资金收入	70 000
	上缴招待所管理费	60 000

月末结转

借：事业收入——A项目资金收入 200 000
　　　　——门票收入 100 000
　　　　——广播电视广告收入 300 000
　　　　——技术转让收入 70 000
　　上级补助收入——B项目资金收入 90 000
　　　　——一般补助收入 40 000
　　附属单位上缴收入——B项目资金收入 70 000
　　　　——上缴招待所管理费 60 000
　贷：本期盈余 930 000

【例5-6】某自治区广播电视局节目传输中心为事业单位，12月31日，有关收入各科目结转前贷方余额如表5-2所示：

表5-2 事业预算收入、上级补助预算收入、附属单位上缴预算收入科目余额

总账科目	明细科目	贷方余额
事业预算收入	A项目资金收入	208 000
	广播电视广告收入	251 000
上级补助预算收入	B项目资金收入	50 000
	一般补助收入	42 000
附属单位上缴预算收入	B项目资金收入	70 000

月末结转

借：事业预算收入——A项目资金收入 208 000
　　　　——广播电视广告收入 251 000
　　上级补助预算收入——B项目资金收入 50 000
　　　　——一般补助收入 42 000
　　附属单位上缴预算收入——B项目资金收入 70 000
　贷：非财政拨款结转——本年收支结转（专项资金） 328 000
　　其他结余 293 000

六、经营收入与经营预算收入

(一) 账户设置

1. 经营收入

事业单位应设置"经营收入"科目核算事业单位在专业业务活动及其辅助活动之外开展非独立核算经营活动取得的收入。期末结转后,科目应无余额。

该科目应当按照经营活动类别、项目和收入来源等进行明细核算。

2. 经营预算收入

事业单位应设置"经营预算收入"科目核算事业单位在专业业务活动及其辅助活动之外开展非独立核算经营活动取得的现金流入。期末结转后,科目应无余额。

该科目应当按照经营活动类别、项目、《分类科目》中"支出功能分类科目"的项级科目等进行明细核算。

(二) 账务处理

账务处理归纳如下:

附属单位上缴收入	附属单位上缴预算收入
确认时,按应收或实收额 借:银行存款 　　应收账款 　　其他应收款等 　贷:经营收入	按照实际收到的金额 借:资金结存——货币资金 　贷:经营预算收入
期末,结清本期发生额 借:经营收入 　贷:本期盈余	期末,结清本期发生额 借:经营预算收入 　贷:经营结余

【例 5-7】某事业单位被认定为小规模纳税人,2 月份,该事业单位非独立核算的内部复印室交来服务现金收入 2 000 元,内部招待所报来住宿、餐饮等收入 90 000 元,款项未收。2 月末,"经营收入"科目贷方发生额为 111 000 元,"经营预算收入"科目贷方发生额为 28 000 元。

该单位应编制分录为:

财务会计		预算会计	
确认时 借:库存现金 　　应收账款 　贷:经营收入 　　应交增值税	2 000 90 000 89 320.34 2 679.66	按照实际收到的金额 借:资金结存——货币资金 　贷:经营预算收入	2 000 2 000
月末 借:经营收入 　贷:本期盈余	111 000 111 000	月末不结转,年末结转	

七、长短期借款与债务预算收入

(一) 账户设置

事业单位应设置"债务预算收入"科目核算事业单位按照规定从银行和其他金融机构等借入的、纳入部门预算管理的、不以财政资金作为偿还来源的债务本金。期末结转后,科目应无余额。

该科目应当按照贷款单位、贷款种类、《政府收支分类科目》中"支出功能分类科目"的项级科目等进行明细核算。债务预算收入中如有专项资金收入，还应按照具体项目进行明细核算。

（二）账务处理

账务处理归纳如下：

短、长期借款	债务预算收入
借入款项时 借：银行存款 　贷：短期借款 　　　长期借款——本金	按照实际收到的金额 借：资金结存——货币资金 　贷：债务预算收入
——	年末，按照资金类型分别结转 借：债务预算收入 　贷：非财政拨款结转——本年收支结转　（专项资金） 　　　其他结余　　　　　　　　　　　　（非专项资金）

【例 5-8】某事业单位 2019 年 2 月 9 日，从银行借入 9 个月的专项借款 900 000 元，款项已收存银行存款账户。

该单位应编制分录为：

财务会计	预算会计
借：银行存款　　　　900 000 　贷：短期借款　　　　　　900 000	借：资金结存——货币资金　　　900 000 　贷：债务预算收入　　　　　　　　900 000

八、非同级财政拨款收入与非同级财政拨款预算收入

账务处理参考本书第三章第一节中的"三、非同级财政拨款收入与非同级财政拨款预算收入"。

九、投资收益与投资预算收益

（一）账户设置

事业单位应设置"投资收益"科目核算事业单位股权投资和债券投资所实现的收益或发生的损失。期末结转后，科目应无余额。

该科目应当按照投资的种类等进行明细核算。

事业单位应设置"投资预算收益"科目核算事业单位取得的按照规定纳入部门预算管理的属于投资收益性质的现金流入，包括股权投资收益、出售或收回债券投资所取得的收益和债券投资利息收入。期末结转后，科目应无余额。

该科目应当按照《分类科目》中"支出功能分类科目"的项级科目等进行明细核算。

（二）账务处理

账务处理归纳如下：

投资收益	投资预算收益
①出售或到期收回短期债券本息	
借：银行存款 　　投资收益　（借差） 　　贷：短期投资　（成本） 　　　　投资收益　（贷差）	借：资金结存——货币资金　（实际收到的款项） 　　投资预算收益　（借差） 　　贷：投资支出/其他结余　（投资成本） 　　　　投资预算收益　（贷差）
②持有的分期付息、一次还本的长期债券投资	
确认应收未收利息 借：应收利息 　　贷：投资收益	—
实际收到利息时 借：银行存款 　　贷：应收利息	按实际收到金额 借：资金结存——货币资金 　　贷：投资预算收益
③持有的一次还本付息的长期债券投资	
借：长期债券投资——应计利息 　　贷：投资收益	—
④出售长期债券投资或到期收回长期债券投资本息	
借：银行存款 　　投资收益　（借差） 　　贷：长期债券投资 　　　　应收利息 　　　　投资收益　（贷差）	借：资金结存——货币资金　（实收额） 　　投资预算收益　（借差） 　　贷：投资支出/其他结余 　　　　投资预算收益　（贷差）
⑤成本法下长期股权投资持有期间，被投资单位宣告分派利润或股利	
按宣告分派的利润或股利中属于单位应享有的份额 借：应收股利 　　贷：投资收益	—
取得分派的利润或股利，按照实收金额 借：银行存款 　　贷：应收股利	按实际收到金额 借：资金结存——货币资金 　　贷：投资预算收益
⑥采用权益法核算的长期股权投资持有期间	
按照应享有或应分担的被投资单位实现的净损益的份额 借：长期股权投资——损益调整 　　贷：投资收益　（被投资单位实现净利润） 借：投资收益　（被投资单位发生净亏损） 　　贷：长期股权投资——损益调整	—
收到被投资单位发放的现金股利 借：银行存款 　　贷：应收股利	按实际收到金额 借：资金结存——货币资金 　　贷：投资预算收益
被投资单位发生净亏损，但以后年度又实现净利润的，按规定恢复确认投资收益 借：长期股权投资——损益调整 　　贷：投资收益	—
⑦期末/年末结转	
借或贷：投资收益 　　贷或借：本期盈余	借或贷：投资预算收益 　　贷或借：其他结余

【例5-9】2019年4月9日，某事业单位收到被投资单位上月宣告发放的现金股利50 000元，款项已收存银行存款账户。该事业单位采用成本法核算长期股权投资。

该单位应编制分录为：

财务会计		预算会计	
借：银行存款	50 000	借：资金结存——货币资金	50 000
贷：应收股利	50 000	贷：投资预算收益	50 000

十、捐赠收入、利息收入、租金收入和其他收入与其他预算收入

由于本书第三章第一节中的"四、捐赠收入、利息收入、租金收入和其他收入与其他预算收入"已经对这5项收入的账户设置及收入确认、期末结转的账务处理进行了比较全面的介绍，此处仅补充利息收入、科技成果转化的账务处理。

（一）利息收入

【例5-10】2019年7月1日，某市某事业单位收到银行转来的利息入账通知单，该事业单位上半年利息收入合计2 000元。

该单位应编制分录为：

财务会计		预算会计	
借：银行存款	2 000	借：资金结存——货币资金	2 000
贷：利息收入	2 000	贷：其他预算收入	2 000

（二）科技成果转化

其他收入	其他预算收入
单位科技成果转化所取得的收入，按照规定留归本单位的，按照所取得收入扣除相关费用之后的净收益 借：银行存款 　贷：其他收入	收到时，按收到的金额 借：资金结存——货币资金 　贷：其他预算收入

【例5-11】某市某事业单位2019年9月13日将某项科技成果转化，取得收入1 000 000元。按规定，该收入的40%留归该事业单位。扣除转化过程支付的相关费用后净收益为368 000元，已经收存银行。

该单位应编制分录为：

财务会计		预算会计	
借：银行存款	368 000	借：资金结存——货币资金	368 000
贷：其他收入	368 000	贷：其他预算收入	368 000

第二节　事业单位的费用与支出

一、事业单位费用与支出的内容

（一）财务会计费用的内容

事业单位的费用是以权责发生制为核算基础形成的，属于财务会计的口径，包括业务活动费用、单位管理费用、经营费用、资产处置费用、上缴上级费用、对附属单位补助费用、所得税费用和其他费用。

其中，业务活动费用和资产处置费用与本书第三章第二节所述相同。

单位管理费用是指事业单位本级行政及后勤管理部门开展管理活动发生的各项费用，如本级行政部门的工资薪酬等。

经营费用指事业单位在专业业务活动及其辅助活动之外开展非独立核算经营活动发生的费用，如运输费等。

上缴上级费用是指事业单位按照财政部门和主管部门的规定应上缴或实际上缴单位的费用。

对附属单位补助费用是指事业单位用财政补助收入之外的收入对附属单位补助发生的应付或实际支付的费用。

所得税费用是指事业单位按税法规定应缴纳的企业所得税。

其他费用是指除业务活动费用、单位管理费用、经营费用、资产处置费用、上缴上级费用、对附属单位补助费用和所得税费用以外的费用，如坏账损失等。

（二）预算会计支出的内容

预算会计支出是以收付实现制为核算基础形成的，包括事业支出、经营支出、上缴上级支出、对附属单位补助支出、投资支出、债务还本支出和其他支出。

其中：

事业支出是指事业单位开展专业业务活动及其辅助活动发生的基本支出和项目支出。

经营支出是指事业单位在专业业务活动及其辅助活动之外开展非独立核算经营活动发生的支出。

上缴上级支出是指事业单位按照财政部门和主管部门的规定上缴上级单位的支出。

对附属单位补助支出是指事业单位用财政补助收入之外的收入对附属单位补助发生的支出。

投资支出是指事业单位从事投资活动过程中支付的款项，包括购买股票的买价、相关税费支付的款项。

债务还本支出是指事业单位偿还短期借款或长期借款本金支付的款项。

其他支出是指事业单位除了事业支出、经营支出、上缴上级支出、对附属单位补助支出、投资支出、债务还本支出之外的其他各种支出，如对外捐赠支出等。

（三）财务会计费用与预算会计支出的平行核算

事业单位既应按权责发生制核算财务会计的费用，也应按收付实现制核算预算会计的支出。因此，财务会计的费用科目与预算支出的科目之间存在基于经济业务的对应关系，如图 5-2 所示。

由于事业单位财务会计的业务活动费用、资产处置费用和其他费用核算与行政单位的业务活动费用、资产处置费用和其他费用核算的绝大部分内容相同，本节对重复部分的核算内容不再赘述，重点介绍这些事业单位费用与行政单位有差异的部分。由于单位管理费用、经营费用、上缴上级费用、对附属单位补助费用和所得税费用是事业单位独有的费用，本节将全面重点介绍。

同时，由于事业单位预算会计的事业支出和其他支出核算与行政单位的行政支出和其他支出核算的绝大部分内容相同，本节对重复或相似部分的核算内容不再赘述，重点介绍这些事业单位支出与行政单位有差异的部分。由于经营支出、上缴上级支出、对附属单位补助支出、投资支出、债务还本支出是事业单位特有的预算支出，本节也将全面重点介绍。

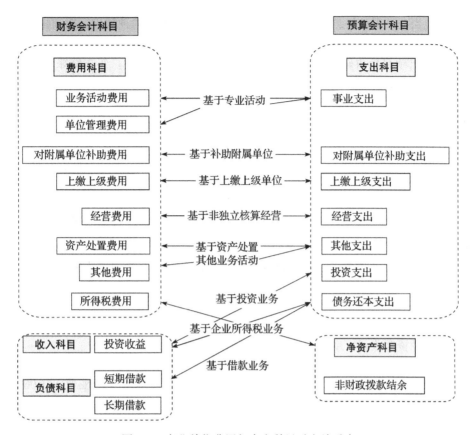

图 5-2 事业单位费用与支出科目对应关系表

二、业务活动费用与事业支出

(一) 账户设置

1. 业务活动费用

"业务活动费用"科目的设置可参照本书第三章第二节中的"三、业务活动费用与行政支出"部分内容。

2. 事业支出

事业单位应设置"事业支出"科目核算事业单位开展专业业务活动及其辅助活动实际发生的各项现金流出。

单位发生教育、科研、医疗、行政管理、后勤保障等活动的,可在该科目下设置相应的明细科目进行核算,或单设"7201 教育支出""7202 科研支出""7203 医疗支出""7204 行政管理支出""7205 后勤保障支出"等一级会计科目进行核算。

该科目应当分别按照"财政拨款支出""非财政专项资金支出"和"其他资金支出","基本支出"和"项目支出"等进行明细核算,并按照《分类科目》中"支出功能分类科目"的项级科目进行明细核算;"基本支出"和"项目支出"明细科目下应当按照《分类科目》中"部门预算支出经济分类科目"的款级科目进行明细核算,同时在"项目支出"明细科目下按照具体项目进行明细核算。

有一般公共预算财政拨款、政府性基金预算财政拨款等两种或两种以上财政拨款的事业单位，还应当在"财政拨款支出"明细科目下按照财政拨款的种类进行明细核算。

对于预付款项，可通过在"事业支出"科目下设置"待处理"明细科目进行明细核算，待确认具体支出项目后再转入"事业支出"科目下相关明细科目。年末结账前，应将"待处理"明细科目余额全部转入"事业支出"科目下相关明细科目。

（二）账务处理

事业单位"业务活动费用"科目核算内容中，除了提取专用基金并计入费用这一业务是事业单位特有的业务外，其他人员薪酬、外部人员劳务费、购买资产或支付在建工程款、领用库存物资或政府储备物资、折旧或摊销、其他税金及费用、购货退回、差错更正及期末结转业务的核算方法均与本书第三章第二节中业务活动费用的账务处理相同。因此，此处仅补充"提取专用基金并计入费用"这一业务的核算。

相应地，事业单位"事业支出"科目的核算内容与本书第三章第二节中行政支出的账务处理相似，只是在具体核算时将"行政支出"科目换成"事业支出"科目。

以按照规定从收入中按照一定比例提取基金并计入费用业务为例，事业单位财务会计的分录为：

借：业务活动费用
　　贷：专用基金

由于不涉及资金收付，事业单位不做预算会计分录。

【例 5-12】某市某事业单位 2019 年 12 月 31 日按规定，以当年事业收入 1 000 000 元为基数，按 10% 计提专用基金并计入费用。

该事业单位应编制分录为：

财务会计	预算会计
借：业务活动费用　　　　　100 000 　　贷：专用基金　　　　　　　　　100 000	—

三、单位管理费用与事业支出

（一）账户设置

事业单位"单位管理费用"科目核算事业单位本级行政及后勤管理部门开展管理活动发生的各项费用，包括单位行政及后勤管理部门发生的人员经费、公用经费、资产折旧（摊销）等费用，以及由单位统一负担的离退休人员经费、工会经费、诉讼费、中介费等。期末结转后，科目应无余额。

该科目应当按照项目、费用类别、支付对象等进行明细核算。

为了满足成本核算需要，该科目下还可按照"工资福利费用""商品和服务费用""对个人和家庭的补助费用""固定资产折旧费""无形资产摊销费"等成本项目设置明细科目，归集能够直接计入单位管理活动或采用一定方法计算后计入单位管理活动的费用。

（二）账务处理

1）管理活动人员职工薪酬

单位管理费用	事业支出
计提时，按照计算的金额 借：单位管理费用 　　贷：应付职工薪酬	—

单位管理费用	事业支出
实际支付给职工并代扣个人所得税时 借：应付职工薪酬 　贷：财政拨款收入 　　零余额账户用款额度 　　银行存款等 　　其他应交税费——应交个人所得税	按照支付给个人部分 借：事业支出 　贷：财政拨款预算收入 　　资金结存
实际缴纳税款时 借：其他应交税费——应交个人所得税 　贷：银行存款 　　余额账户用款额度等	按照实际缴纳额 借：事业支出 　贷：资金结存等

【例 5-13】2019 年 5 月底，某事业单位计提 5 月份税前工资总额 630 000 元，其中，单位行政部门基本工资 320 000 元，津贴补贴 160 000 元，离休费 100 000 元，退休费 50 000 元。6 月 10 日收到代理银行转来的财政直接支付到账通知单，支付了 5 月份的工薪 600 000 元及 30 000 元代扣的个人所得税。6 月 10 日收到代理银行转来的财政授权支付通知单，支付了 5 月份的 30 000 元的个人所得税。

该单位应编制财务会计分录为：

5 月底计提

借：单位管理费用　　　　　　　　　　　　　　　　　　　　630 000

　　贷：应付职工薪酬　　　　　　　　　　　　　　　　　　　　　　630 000

6 月 10 日支付薪酬及代扣个人所得税

借：应付职工薪酬　　　　　　　　　　　　　　　　　　　　630 000

　　贷：财政拨款收入　　　　　　　　　　　　　　　　　　　　　　600 000

　　　其他应交税费——应交个人所得税　　　　　　　　　　　　　30 000

代缴纳的个人所得税

借：其他应交税费——应交个人所得税　　　　　　　　　　　30 000

　　贷：余额账户用款额度　　　　　　　　　　　　　　　　　　　　30 000

该单位应编制预算会计分录为：

6 月 10 日

借：事业支出——财政拨款支出——基本支出——基本工资　　320 000

　　　　　　　　　　　　　　　　　　　　——津贴补贴　　160 000

　　　　　　　　　　　　　　　　　　　　——离休费　　　100 000

　　　　　　　　　　　　　　　　　　　　——退休费　　　　50 000

　　贷：财政拨款预算收入　　　　　　　　　　　　　　　　　　　600 000

　　　资金结存——货币资金　　　　　　　　　　　　　　　　　　30 000

2）为开展管理活动发生的外部人员劳务费

单位管理费用	事业支出
计提时，按照计算的金额 借：单位管理费用 　贷：其他应付款	—

单位管理费用	事业支出
实际支付给外部人员并代扣个人所得税时 借：其他应付款 　　贷：财政拨款收入 　　　　零余额账户用款额度 　　　　银行存款等 　　　　其他应交税费——应交个人所得税	按照支付给个人部分 借：事业支出 　　贷：财政拨款预算收入 　　　　资金结存
实际缴纳税款时 借：其他应交税费——应交个人所得税 　　贷：银行存款 　　　　余额账户用款额度等	按照实际缴纳额 借：事业支出 　　贷：资金结存等

【例5-14】某事业单位为开展办公自动化管理水平，聘请了某专家进行为期2天的信息化培训。2019年8月26日计提应付该专家个人所得税前劳务费20 000元。9月5日收到代理银行转来的财政授权支付到账通知单，为该单位支付了专家劳务费16 000元及4 000元代扣代缴个人所得税额。

该单位应编制财务会计分录为：

2019年8月26日计提时

借：单位管理费用　　　　　　　　　　　　　　　　20 000

　　贷：其他应付款　　　　　　　　　　　　　　　　　　20 000

9月5日

借：其他应付款　　　　　　　　　　　　　　　　　20 000

　　贷：其他应交税费——应交个人所得税　　　　　　　　4 000

　　　　零余额账户用款额度　　　　　　　　　　　　　16 000

该单位应编制预算会计分录为：

借：事业支出——财政拨款支出——基本支出——劳务费　200 000

　　贷：资金结存——货币资金　　　　　　　　　　　　200 000

3）开展管理活动发生的预付款项及暂付款项时

单位管理费用	事业支出
预付款项时 借：预付账款 　　贷：财政拨款收入 　　　　零余额账户用款额度 　　　　银行存款等	借：事业支出 　　贷：财政拨款预算收入 　　　　资金结存
结算时 借：单位管理费用 　　贷：预付账款 　　　　财政拨款收入 　　　　零余额账户用款额度 　　　　银行存款等	按补付金额 借：事业支出 　　贷：财政拨款预算收入 　　　　资金结存
支付暂付款项时 借：其他应收款 　　贷：银行存款等	—

单位管理费用	事业支出
结算或报销暂付款时 借：单位管理费用 　贷：其他应收款	借：事业支出 　贷：资金结存等

【**例 5-15**】某事业单位为开展管理活动于 2019 年 9 月 11 日通过银行存款预付随买随用的办公用品购置款 1 000 元。9 月 15 日收到办公用品，成本 5 000 元，通过银行存款结算付清余款 4 000 元。

该单位应编制财务会计分录为：

2019 年 9 月 11 日

借：预付账款 1 000

　贷：银行存款 1 000

9 月 15 日，补付余款

借：单位管理费用 5 000

　贷：预付账款 1 000

　　银行存款 4 000

该单位应编制预算会计分录为：

2019 年 9 月 11 日

借：事业支出——其他资金支出——基本支出——办公费 1 000

　贷：资金结存——货币资金 1 000

9 月 15 日，补付余款

借：事业支出——其他资金支出——基本支出——办公费 4 000

　贷：资金结存——货币资金 4 000

4）开展管理活动内部领用库存物品

按照领用物品实际成本，只做财务会计分录：

借：单位管理费用

　贷：库存物品

5）为开展管理活动购买资产或支付在建工程款

单位管理费用	事业支出
按照实际支付或应付的价款 借：库存物品 　　固定资产 　　无形资产 　　在建工程等 　贷：财政拨款收入 　　零余额账户用款额度 　　银行存款 　　应付账款等	按照实际支付价款 借：事业支出 　贷：财政拨款预算收入 　　资金结存

【**例 5-16**】某事业单位为开展管理活动批量购买办公用品。2019 年 10 月 11 日收到办公用品，成本 55 000 元，10 月 17 日通过银行存款结算付清 55 000 元。10 月 31 日，该批

办公用品已被本级行政管理部门领用 10 000 元。

该单位应编制财务会计分录为：

2019 年 10 月 11 日

借：库存物品	55 000	
贷：应付账款		55 000

10 月 17 日，支付货款

借：应付账款	55 000	
贷：银行存款		55 000

10 月 31 日

借：单位管理费用	10 000	
贷：库存物品		10 000

该单位应编制预算会计分录为：

2019 年 10 月 17 日

借：事业支出——其他资金支出——基本支出——办公费	55 000	
贷：资金结存——货币资金		55 000

6）为管理活动所使用固定资产、无形资产计提的折旧、摊销，按照应提折旧、摊销额

借：单位管理费用
　　贷：固定资产累计折旧
　　　　无形资产累计摊销

此时只做财务会计分录，无须做预算会计分录。

7）为开展管理活动发生城市维护建设税、教育费附加、地方教育附加、车船税、房产税、城镇土地使用税等

单位管理费用	事业支出
按照计算确定应交纳的金额 借：单位管理费用 　贷：其他应交税费	—
实际缴纳时 借：其他应交税费 　贷：银行存款等	借：事业支出 　贷：资金结存

8）为开展管理活动发生的其他各项费用

单位管理费用	事业支出
借：单位管理费用 　贷：财政拨款收入 　　零余额账户用款额度 　　银行存款 　　应付账款等	按照实际支付的金额 借：事业支出 　贷：财政拨款预算收入 　　资金结存

【例 5-17】某事业单位为开展管理活动所使用的固定资产 2019 年 10 月折旧额为 33 000 元，为开展管理活动而发生城市维护建设税、教育费附加、地方教育附加、车船税、房产税合计 27 000 元。10 月 31 日，通过财政直接支付的为开展管理活动的水电费为 5 800 元，通

过单位零余额账户支付了 27 000 元税金及附加。

该单位应编制会计分录为：

财务会计		预算会计	
2019 年 10 月 11 日		—	
借：单位管理费用	60 000		
贷：固定资产累计折旧	33 000		
其他应交税费	27 000		
10 月 31 日，支付水电费及税款		借：事业支出	32 800
借：其他应交税费	27 000	贷：财政拨款预算收入	5 800
单位管理费用	5 800	资金结存	27 000
贷：财政拨款收入	5 800		
零余额账户用款额度	27 000		

9）发生当年购货退回等业务

单位管理费用	事业支出
当年发生的	借：财政拨款预算收入
借：财政拨款收入	资金结存
零余额账户用款额度	贷：事业支出
银行存款	
应收账款等	
贷：库存物品	
单位管理费用等	

【例 5-18】某事业单位 2019 年 4 月 12 日将 2019 年 3 月份购买的不符合合同规格的库存物品 38 000 元退回供货单位。供货单位已经将退货款退回并收存银行存款账户。

该事业单位应编制会计分录为：

财务会计		预算会计	
4 月 21 日		借：资金结存	38 000
借：银行存款	38 000	贷：事业支出	38 000
贷：库存物品	38 000		

10）期末或年末，结清费用及支出科目

单位管理费用	事业支出
期末	年末
借：本期盈余	借：财政拨款结转——本年收支结转　（财政拨款支出）
贷：单位管理费用	非财政拨款结转——本年收支结转　（非财政专项资金支出）
	其他结余　（非财政、非专项资金支出）
	贷：事业支出

【例 5-19】某事业单位 2019 年末有关费用支出科目余额如下：

业务活动费用——工资福利费用	3 000 000
——商品和服务费用	2 000 000
——对个人和家庭的补助费用	5 000
——固定资产折旧费	90 000
——无形资产摊销费	90 000

单位管理费用——工资福利费用	500 000
——商品和服务费用	700 000
——对个人和家庭的补助费用	8 000
——固定资产折旧费	70 000
——无形资产摊销费	30 000
事业支出——财政拨款支出——政府性基金预算财政拨款——项目支出	360 000
——一般公共预算财政拨款——基本支出	6 600 000
——非财政专项资金支出——项目支出	50 000
——其他资金支出	20 000

该单位应编制财务会计分录为：

借：本期盈余	6 493 000
贷：业务活动费用——工资福利费用	3 000 000
——商品和服务费用	2 000 000
——对个人和家庭的补助费用	5 000
——固定资产折旧费	90 000
——无形资产摊销费	90 000
单位管理费用——工资福利费用	500 000
——商品和服务费用	700 000
——对个人和家庭的补助费用	8 000
——固定资产折旧费	70 000
——无形资产摊销费	30 000

该单位应编制预算会计分录为：

借：财政拨款结转——本年收支结转	6 960 000
非财政拨款结转——本年收支结转	50 000
其他结余	20 000
贷：事业支出——财政拨款支出——政府性基金预算财政拨款	
——项目支出	360 000
——一般公共预算财政拨款	
——基本支出	6 600 000
——非财政专项资金支出——项目支出	50 000
——其他资金支出	20 000

四、经营费用与经营支出

(一) 账户设置

1. 经营费用

事业单位"经营费用"科目核算事业单位在专业业务活动及其辅助活动之外开展非独立核算经营活动发生的各项费用。期末结转后，科目应无余额。

该科目应当按照经营活动类别、项目、支付对象等进行明细核算。

为了满足成本核算需要，该科目下还可按照"工资福利费用""商品和服务费用""对个人和家庭的补助费用""固定资产折旧费""无形资产摊销费"等成本项目设置明细科目，归集能够直接计入单位经营活动或采用一定方法计算后计入单位经营活动的费用。

2. 经营支出

事业单位"经营支出"科目核算事业单位在专业业务活动及其辅助活动之外开展非独立核算经营活动实际发生的各项现金流出。

该科目应当按照经营活动类别、项目、《分类科目》中"支出功能分类科目"的项级科目和"部门预算支出经济分类科目"的款级科目等进行明细核算。

对于预付款项，可通过在"经营支出"科目下设置"待处理"明细科目进行明细核算，待确认具体支出项目后再转入"经营支出"科目下相关明细科目。年末结账前，应将"经营支出"科目"待处理"明细科目余额全部转入"经营支出"科目下相关明细科目。

（二）账务处理

经营费用	经营支出
①为经营活动人员计提的薪酬	
计提时，按照计算的金额 借：经营费用 　贷：应付职工薪酬	—
实际支付给职工并代扣个人所得税时 借：应付职工薪酬 　贷：银行存款等 　　其他应交税费——应交个人所得税	按照支付给个人部分 借：经营支出 　贷：资金结存——货币资金
实际缴纳税款时 借：其他应交税费——应交个人所得税 　贷：银行存款	按照实际缴纳额 借：经营支出 　贷：资金结存——货币资金
②为开展经营活动购买资产或支付在建工程款	
按照实际支付或应付的价款 借：库存物品 　　固定资产 　　无形资产 　　在建工程等 　贷：银行存款 　　应付账款等	按照实际支付价款 借：经营支出 　贷：资金结存——货币资金
③开展经营活动领用或发出库存物品	
按照实际成本 借：经营费用 　贷：库存物品	—
④开展经营活动发生预付款时	
预付款项时 借：预付账款 　贷：银行存款等	借：经营支出 　贷：资金结存——货币资金
结算时 借：经营费用 　贷：预付账款 　　银行存款等	按补付金额 借：经营支出 　贷：资金结存——货币资金
⑤为经营活动所使用固定资产、无形资产，按照应提折旧、摊销额	
借：经营费用 　贷：固定资产累计折旧 　　无形资产累计摊销	—
⑥开展经营活动发生城市维护建设税、教育费附加、地方教育附加、车船税、房产税、城镇土地使用税等	

经营费用	经营支出
按照计算确定应交纳的金额 借：经营费用 　贷：其他应交税费	—
实际缴纳时 借：其他应交税费 　贷：银行存款等	借：经营支出 　贷：资金结存——货币资金
⑦发生与经营活动相关的其他各项费用时	
借：经营费用 　贷：银行存款 　　应付账款等	按照实际支付的金额 借：经营支出 　贷：资金结存——货币资金
⑧按照预算收入的一定比例计提专用基金并列入费用	
借：经营费用 　贷：专用基金	—
⑨发生当年购货退回等业务	
当年发生的购货退回 借：银行存款 　　应收账款等 　贷：库存物品 　　经营费用等	按照实际收到的退款金额 借：资金结存——货币资金 　贷：经营支出
⑩期末或年末	
期末 借：本期盈余 　贷：经营费用	年末 借：经营结余 　贷：经营支出

【例 5-20】某事业单位 2019 年 12 月份计提非独立核算经营活动人员工资薪酬 30 000元。该单位将自产产品对外销售，售价 100 000 元，增值税率 13%，货款未收。城市维护建设税率 7% 和教育费附加率 3%。产品已发运，该产品的实际成本 60 000 元。以银行存款支付本月非独立核算经营活动水费 10 000 元。本月末，经营收入贷方余额 200 000 元，经营费用借方余额 170 000 元。经营预算收入贷方余额 185 000 元，经营支出借方余额142 000 元。该事业单位为一般纳税人。

该事业单位应编制分录为：

财务会计	预算会计
计提工资薪酬 借：经营费用　　　　　　30 000 　贷：应付职工薪酬　　　　　　　30 000	
销售自产产品 借：应收账款　　　　113 000 　贷：经营收入　　　　　　　100 000 　　应交增值税——应交税金（销项税额）13 000	
发运产品、城建税、教育费附加、支付本月水费 借：经营费用　　　　71 300 　贷：库存物品　　　　　　　　60 000 　　其他应交税费——应交城建税　　910 　　　　　　——教育费附加　　　390 　　银行存款　　　　　　　　10 000	支付本月水费 借：经营支出　　　　　　10 000 　贷：银行存款　　　　　　　　10 000

财务会计		预算会计	
月末		年末	
借：经营收入　200 000		借：经营预收收入　185 000	
贷：本期盈余	200 000	贷：经营结余	185 000
借：本期盈余　170 000		借：经营结余　142 000	
贷：经营费用	170 000	贷：经营支出	142 000

五、资产处置费用、其他费用与其他支出

（一）账户设置

1.资产处置费用

事业单位的"资产处置费用"科目核算内容、明细科目设置方法与本书第三章第二节中"四、资产处置费用、其他费用与其他支出"部分内容相同。

2.其他费用

事业单位的"其他费用"科目核算单位发生的除业务活动费用、单位管理费用、经营费用、资产处置费用、上缴上级费用、附属单位补助费用、所得税费用以外的各项费用，包括利息费用、坏账损失、罚没支出、现金资产捐赠支出以及相关税费、运输费等。

与行政单位相比，被排除在核算范围外的还有单位管理费用、经营费用、上缴上级费用、附属单位补助费用、所得税费用，但包括行政单位没有的坏账损失。

3.其他支出

事业单位应设置"其他支出"科目核算单位除事业支出、经营支出、上缴上级支出、对附属单位补助支出、投资支出、债务还本支出以外的各项现金流出，包括利息支出、对外捐赠现金支出、现金盘亏损失、接受捐赠（调入）和对外捐赠（调出）非现金资产发生的税费支出、资产置换过程中发生的相关税费支出、罚没支出等。

该科目应当按照其他支出的类别，"财政拨款支出""非财政专项资金支出"和"其他资金支出"，《分类科目》中"支出功能分类科目"的项级科目和"部门预算支出经济分类科目"的款级科目等进行明细核算。其他支出中如有专项资金支出，还应按照具体项目进行明细核算。

有一般公共预算财政拨款、政府性基金预算财政拨款等两种或两种以上财政拨款的事业单位，还应当在"财政拨款支出"明细科目下按照财政拨款的种类进行明细核算。

单位发生利息支出、捐赠支出等其他支出金额较大或业务较多的，可单独设置"7902利息支出""7903捐赠支出"等科目。

（二）账务处理

1.资产处置费用与其他支出

资产处置费用的账务处理与本书第三章第二节中"四、资产处置费用、其他费用与其他支出"中对应部分内容相同。

资产处置过程中涉及的其他支出的账务处理也与本书第三章第二节中"四、资产处置费用、其他费用与其他支出"中"资产处置费用与其他支出"的内容相同，可参照其账务处理。

2.其他费用与其他支出

事业单位的下列业务账务处理与行政单位相同：①现金资产对外捐赠；②单位接受捐赠（或无偿调入）以名义金额计量的资产以及成本无法可靠取得的公共基础设施、文物文化资产等发生的相关税费、运输费等；③罚没支出；④其他相关税费、运输费等；⑤发生的与受托代理资产相关的税费、运输费、保管费等；⑥期末/年末结转。参照本书第三章第二节中"四、资产处置费用、其他费用与其他支出"中"其他费用与其他支出"的账务处理。

需补充介绍的是：利息费用和坏账损失。

1）利息费用

其他费用	其他支出
计提利息 借：在建工程 　　其他费用 　贷：应付利息 　　　长期借款——应计利息	—
支付利息 借：应付利息 　　长期借款——应计利息 　贷：财政拨款收入 　　　零余额账户用款额度 　　　银行存款	按实际支付金额 借：其他支出 　贷：资金结存

【例 5-21】某事业单位 12 月 31 日计提本月长期借款利息 6 000 元，该借款为到期还本，按年付息。计提 12 月份短期借款利息 4 000 元。偿还到期的短期借款本金 1 000 000元，利息 90 000 元，其中，利息已计提并列支费用的为 75 000 元。

该事业单位应编制分录为：

财务会计	预算会计
计提利息 借：其他费用　　　　10 000 　贷：应付利息　　　　　　10 000	—
偿还到期的短期借款本息 借：短期借款　　　1 000 000 　　应付利息　　　　75 000 　　其他费用　　　　15 000 　贷：银行存款　　　　1 090 000	按实际支付金额 借：债务还本支出　　1 000 000 　　其他支出　　　　　90 000 　贷：资金结存　　　　1 090 000

2）坏账损失

按照规定对应收账款和其他应收款计提坏账准备，只做财务会计分录：

借：其他费用

　贷：坏账准备

冲减多提的坏账准备时，只做财务会计分录：

借：坏账准备

　贷：其他费用

【例 5-22】某事业单位 12 月 31 日首次计提坏账准备 28 000 元。

该事业单位应编制分录为：

财务会计	预算会计
计提利息 借：其他费用　　　　28 000 　贷：坏账准备　　　　　　28 000	—

六、上缴上级费用与上缴上级支出

（一）账户设置

1. 上缴上级费用

事业单位"上缴上级费用"科目核算事业单位按照财政部门和主管部门的规定上缴上

级单位款项发生的费用。期末结转后，科目应无余额。

该科目应当按照收缴款项单位、缴款项目等进行明细核算。

2. 与上缴上级支出

事业单位"上缴上级支出"科目核算事业单位按照财政部门和主管部门的规定上缴上级单位款项发生的现金流出。年末结转后，科目应无余额。

该科目应当按照收缴款项单位、缴款项目、《分类科目》中"支出功能分类科目"的项级科目和"部门预算支出经济分类科目"的款级科目等进行明细核算。

（二）账务处理

上缴上级费用	上缴上级支出
①按照规定计算出应当上缴的金额 借：上缴上级费用 　贷：其他应付款等 ②实际上缴时 借：其他应付款 　贷：银行存款等	①按实际上缴金额 借：上缴上级支出 　贷：资金结存——货币资金
③期末结转 借：本期盈余 　贷：上缴上级费用	②年末结转 借：其他结余 　贷：上缴上级支出

七、对附属单位补助费用与对附属单位补助支出

（一）账户设置

1. 对附属单位补助费用

事业单位"对附属单位补助费用"科目核算事业单位用财政拨款收入之外的收入对附属单位补助发生的费用。年末结转后，科目应无余额。

该科目应当按照接受补助单位、补助项目等进行明细核算。

2. 对附属单位补助支出

事业单位"对附属单位补助支出"科目核算事业单位用财政拨款预算收入之外的收入对附属单位补助发生的现金流出。年末结转后，科目应无余额。

该科目应当按照接受补助单位、补助项目、《分类科目》中"支出功能分类科目"的项级科目和"部门预算支出经济分类科目"的款级科目等进行明细核算。

（二）账务处理

对附属单位补助费用	对附属单位补助支出
①按照规定计算出应当补助的金额 借：对附属单位补助费用 　贷：其他应付款等 ②实际补助时 借：其他应付款 　贷：银行存款等	①按实际补助金额 借：对附属单位补助支出 　贷：资金结存——货币资金
③期末结转 借：本期盈余 　贷：对附属单位补助费用	②年末结转 借：其他结余 　贷：对附属单位补助支出

【例5-23】某事业单位根据本单位实现的纯收入,按财政规定的定额上缴上级A单位50 000元。根据核定的预算,通过开户银行向所属乙单位拨付12月份补助支出250 000元。其中,基本支出经费合计120 000元,包括工资福利支出70 000元,商品和服务支出50 000元;项目支出经费合计130 000元,其中,专项业务项目支出30 000元,其他资本性支出100 000元。用自有资金一次性拨给附属D单位基本支出补助60 000元,该补助只能用于日常公用经费开支,不得用于人员经费开支。月末,结转上述科目余额。

该事业单位应编制财务会计分录为:

借:上缴上级费用——A单位　　　　　　　　　　　　　　50 000
　　对附属单位补助费用——乙单位　　　　　　　　　　250 000
　　　　　　　　　　　　——D单位　　　　　　　　　　60 000
　　贷:银行存款　　　　　　　　　　　　　　　　　　　　　　　360 000
借:本期盈余　　　　　　　　　　　　　　　　　　　360 000
　　贷:上缴上级费用——A单位　　　　　　　　　　　　　　　50 000
　　　　对附属单位补助费用——乙单位　　　　　　　　　　　250 000
　　　　　　　　　　　　　——D单位　　　　　　　　　　　60 000

该事业单位应编制预算会计分录为:

借:上缴上级支出——A单位　　　　　　　　　　　　　　50 000
　　对附属单位补助支出——乙单位
　　　　　　　　　　——基本支出——工资福利支出　　70 000
　　　　　　　　　　　　　　——商品和服务支出　50 000
　　　　　　　　——项目支出——专项业务支出　　30 000
　　　　　　　　——其他资本性支出　　　　　　　100 000
　　　　　　——D单位
　　　　　　——基本支出——日常公用经费　　　　60 000
　　贷:银行存款　　　　　　　　　　　　　　　　　　　　　　　360 000
借:其他结余　　　　　　　　　　　　　　　　　　　360 000
　　贷:上缴上级支出——A单位　　　　　　　　　　　　　　　50 000
　　　　对附属单位补助支出——乙单位
　　　　　　　　　　　——基本支出——工资福利支出　　　70 000
　　　　　　　　　　　　——商品和服务支出　　　　　　50 000
　　　　　　　　——项目支出——专项业务支出　　　　　30 000
　　　　　　　　——其他资本性支出　　　　　　　　　100 000
　　　　——D单位——基本支出——日常公用经费　　60 000

八、所得税费用

(一) 账户设置

事业单位"所得税费用"科目核算有企业所得税缴纳义务的事业单位按规定缴纳企业所得税所形成的费用。年末结转后,科目应无余额。

（二）账务处理

所得税费用	发财政拨款结余
①按照规定计算出应当上缴的金额 借：所得税费用 　　贷：其他应交税费——单位应交所得税 ②实际交纳时 借：其他应交税费——单位应交所得税 　　贷：银行存款等	①按实际上缴金额 借：非财政拨款结余——累计结余 　　贷：资金结存——货币资金
③期末结转 借：本期盈余 　　贷：所得税费用	—

【例5-24】某事业单位2019年6月30日按规定计算应交的企业所得税为74 000元，7月5日，交纳了74 000元。2019年6月份的"所得税费用"借方发生额合计为74 000元。

该事业单位应编制分录为：

财务会计	预算会计
（1）6月30日按照规定计算出应当上缴的金额 借：所得税费用　　　　　　　　　74 000 　　贷：其他应交税费——单位应交所得税　　74 000 （2）7月5日实际交纳时 借：其他应交税费——单位应交所得税　74 000 　　贷：银行存款等　　　　　　　　　　74 000	按实际交纳金额 借：非财政拨款结余——累计结余　　74 000 　　贷：资金结存——货币资金　　　　　74 000
2019年6月末 借：本期盈余　　　　　　　　　74 000 　　贷：所得税费用　　　　　　　　　74 000	—

九、投资支出

（一）账户设置

事业单位"投资支出"科目核算事业单位以货币资金对外投资发生的现金流出。年末结转后，科目应无余额。

该科目应当按照投资类型、投资对象、《分类科目》中"支出功能分类科目"的项级科目和"部门预算支出经济分类科目"的款级科目等进行明细核算。

（二）账务处理

短期投资/长期股权投资/长期债券投资	投资支出
①以货币资金对外投资时	
借：短期投资 　　长期股权投资 　　长期债券投资 　贷：银行存款	借：投资支出 　　贷：资金结存——货币资金
②出售、对外转让或到期收回本年度以货币资金取得的对外投资	
实际取得价款大于投资成本的 借：银行存款等 　贷：短期投资 　　长期股权投资 　　长期债券投资 　　应收利息 　　投资收益	借：资金结存——货币资金 　贷：投资支出（投资成本） 　　投资预算收益

短期投资 / 长期股权投资 / 长期债券投资	投资支出
实际取得价款小于投资成本的 借：银行存款等 　　投资收益 　　贷：短期投资 　　　　长期股权投资 　　　　长期债券投资 　　　　应收利息	借：资金结存——货币资金 　　投资预算收益 　　贷：投资支出（投资成本）
③年末结转	
—	借：其他结余 　　贷：投资支出

【例 5-25】某事业单位 2019 年 6 月 30 日用银行存款 70 000 元购买国债，9 月 25 日，转让了该国债，收到银行存款共计 76 000 元。2019 年 6 月份的"所得税费用"借方发生额合计为 74 000 元。

该事业单位应编制分录为：

财务会计		预算会计	
借：短期投资	70 000	借：投资支出	70 000
贷：银行存款	70 000	贷：资金结存——货币资金	70 000
借：银行存款	76 000	借：资金结存——货币资金	76 000
贷：短期投资	70 000	贷：投资支出	70 000
投资收益	6 000	投资预算收益	6 000

十、债务还本支出

（一）账户设置

事业单位"债务还本支出"科目核算事业单位偿还自身承担的纳入预算管理的从金融机构举借的债务本金的现金流出。年末结转后，科目应无余额。

该科目应当按照贷款单位、贷款种类、《分类科目》中"支出功能分类科目"的项级科目和"部门预算支出经济分类科目"的款级科目等进行明细核算。

（二）账务处理

短期借款 / 长期借款	财政拨款结余
①归还借款本金	
借：短期借款 　　长期借款 　　贷：银行存款	借：债务还本支出 　　贷：资金结存——货币资金
②年末结转	
—	借：其他结余 　　贷：债务还本支出

【例 5-26】2019 年 3 月 30 日，某事业单位用银行借款 100 000 元购买国债，该笔借款期限为 6 个月，年利率为 6%，9 月 30 日，借款到期，用银行存款还清。

该事业单位应编制分录为：

财务会计		预算会计	
① 2019 年 3 月 30 日用借入借款			
借：银行存款	100 000	借：资金结存——货币资金	100 000
贷：短期借款	100 000	贷：债务预算收入	100 000

财务会计		预算会计	
②4月末至8月末每月计提利息			
借：其他费用 500		—	
贷：应付利息 500			
③9月30日，借款到期，用银行存款还清			
借：短期借款 100 000		借：债务还本支出 100 000	
应付利息 2 500		其他支出 3 000	
其他费用 500		贷：资金结存——货币资金投资支出 103 000	
贷：银行存款 103 000			

▶ 本章小结

　　事业单位的收入有两种口径：一种是以权责发生制为基础的财务会计收入，另一种是以收付实现制为基础的预算会计收入。财务会计收入包括财政拨款收入、事业收入、上级补助收入、附属单位上缴收入、经营收入、非同级财政拨款收入、投资收益、捐赠收入、利息收入、租金收入和其他收入。预算会计收入包括财政拨款预算收入、事业预算收入、上级补助预算收入、附属单位上缴预算收入、经营预算收入、非同级财政拨款预算收入、债务预算收入、投资预算收益和其他预算收入。其中，财政拨款收入与财政拨款预算收入、非同级财政拨款收入与非同级财政拨款预算收入、捐赠收入、利息收入、租金收入和其他收入与其他预算收入是行政事业单位的共有业务，通过行政事业单位共有收入科目核算，而事业收入与事业预算收入、上级补助收入与上级补助预算收入、附属单位上缴收入与附属单位上缴预算收入、经营收入与经营预算收入、投资收益与投资预算收益、债务预算收入是事业单位特有的收入业务，通过事业单位特有的收入科目核算。事业单位既应按权责发生制核算财务会计收入，也应按收付实现制核算预算会计的收入。

　　事业单位的费用是以权责发生制为核算基础形成的，属于财务会计的口径，包括业务活动费用、单位管理费用、经营费用、资产处置费用、上缴上级费用、对附属单位补助费用、所得税费用和其他费用。支出是以收付实现制为核算基础形成的，属于预算会计的口径，包括事业支出、经营支出、上缴上级支出、对附属单位补助支出、投资支出、债务还本支出和其他支出。其中，业务活动费用、资产处置费用和其他费用与其他支出是行政事业单位共有的业务，通过行政事业单位共有的费用科目核算。而单位管理费用与事业支出、经营费用与经营支出、上缴上级费用与上缴上级支出、对附属单位补助费用与对附属单位补助支出、所得税费用、投资支出和债务还本支出是事业单位特有的业务，通过事业单位特有的费用或支出科目核算。事业单位既应按权责发生制核算财务会计的费用，也应按收付实现制核算预算会计的支出。

　　期末，财务会计的收入与费用科目本期发生额均结转至"本期盈余"科目。年末，只有"财政拨款预算收入"科目的本年发生额全部结转至"财政拨款结转"科目，"事业预算收入""上级补助预算收入""附属单位上缴预算收入""债务预算收入""非同级财政拨款预算收入""其他预算收入""事业支出"和"其他支出"科目的本年发生额则应按照财政拨款、非财政专项拨款或其他资金来源分别结转至"财政拨款结转""非财政拨款结转"和"其他结余"科目。"经营预算收入"和"经营支出"科目的本年发生额结转至"经营结余"科目，其余各预算收支科目的本年发生额结转至"其他结余"科目。

▶ 关键术语

▶ 想一想，做一做

事业单位的资产、负债、净资产与预算结余

1. 掌握事业单位资产的核算。
2. 掌握事业单位负债的核算。
3. 掌握事业单位净资产和预算结余的核算。

▶ **开篇案例**

设备报废与办公楼出租

某年2月，审计机关在对某行政单位上年度预算执行情况进行审计时，同时延伸审计了该单位直属事业单位的部分项目及资金并发现下列业务。

（1）所属事业单位经批准，将原值80万元的专业设备报废，收到残值收入8万元。会计处理为减少固定资产和专用基金80万元，同时增加其他收入和银行存款8万元。

（2）所属事业单位经批准出租闲置办公楼，取得年租金收入120万元，出租发生管理费20万元。办公楼属于国有资产，出租租金按规定应上缴财政。该事业单位的会计处理为增加其他收入120万元，增加其他支出20万元，增加银行存款100万元。同时，事业单位为办公室计提年折旧的会计处理为增加其他支出40万元，增加累计折旧40万元。

上述业务会计处理是否存在问题？如果有问题，应如何更正？

第一节　事业单位的流动资产

事业单位的流动资产主要包括货币资金、短期投资、应收及预付款项、存货和待摊费用等。

一、货币资金

货币资金是指处于货币形态的资产，包括库存现金、银行存款、零余额账户用款额度和其他货币资金。

因事业单位的库存现金、银行存款和零余额账户用款额度的账户设置及账务处理与行政单位的相似，本部分主要补充本书第四章库存现金、银行存款和零余额账户用款额度核算中未涉及的业务以及其他货币资金的核算。

（一）库存现金

1.因提供服务、物品或者其他事项收到现金，按照实际收到的金额

财务会计	预算会计
借：库存现金 　贷：事业收入 　　应收账款 　　应交增值税	按实际收到的含税金额 借：资金结存 　贷：事业预算收入 　　经营预算收入等

【例 6-1】某事业单位提供专业服务活动收到现金 1 130 元。该单位为一般纳税人。

该单位应编制分录为：

财务会计	预算会计
借：库存现金　　　　　　　　　　1 130 　贷：事业收入　　　　　　　　　　1 000 　　应交增值税——应交税金（销项税额）　130	借：资金结存——货币资金　　　1 130 　贷：事业预算收入　　　　　　　1 130

2.因购买服务、物品或者其他事项支付现金，按照实际支付的金额

财务会计	预算会计
借：业务活动费用 　单位管理费用 　库存物品 　应交增值税——应交税金（进项税额） 　贷：库存现金	按实际收到的含税金额 借：事业支出 　　单位管理费用 　贷：资金结存

【例 6-2】某事业单位从财政部门为本单位在商业银行开设的零余额账户中提取现金 2 000 元。以库存现金 900 元支付业务培训讲课费。本单位本级行政管理人员刘某报销出差费 4 800 元。

该单位应编制分录为：

财务会计		预算会计	
借：库存现金　　　　2 000		借：资金结存——货币资金　　　2 000	
贷：零余额账户用款额度　　　2 000		贷：资金结存——零余额账户用款额度　　2 000	
借：业务活动费用　　900		借：事业支出　　　　900	
贷：库存现金　　　　900		贷：资金结存——货币资金　　　900	
借：单位管理费用　　4 800		借：事业支出　　　　4 800	
贷：银行存款　　　　4 800		贷：资金结存——货币资金　　　4 800	

（二）银行存款

1. 取得银行存款

财务会计	预算会计
取得款项并存入银行或其他金融机构，按照实际存入的金额	
借：银行存款 　贷：应收账款 　　事业收入 　　经营收入 　　其他收入等	借：资金结存——货币资金 　贷：事业预算收入 　　经营预算收入 　　其他预算收入等
涉及增值税业务的，相关账务处理参见"应交增值税"科目。	

【例 6-3】某事业单位取得经营收入 30 000 元，存入银行存款账户。

该单位应编制分录为：

财务会计	预算会计
借：银行存款　　　　　30 000 　贷：经营收入　　　　　　　30 000	借：资金结存——货币资金　　30 000 　贷：经营预算收入　　　　　　30 000

2. 支付银行存款

财务会计	预算会计
以银行存款支付相关费用，按照实际支付的金额	
借：业务活动费用 　单位管理费用 　经营费用 　其他费用等 　贷：银行存款	借：事业支出 　经营支出 　其他支出等 　贷：资金结存——货币资金
涉及增值税业务的，相关账务处理参见"应交增值税"科目。	

【例 6-4】某事业单位开出转账支票向希望工程捐款 50 000 元。

该单位应编制分录为：

财务会计	预算会计
借：其他费用　　　　　50 000 　贷：银行存款　　　　　　　50 000	借：其他支出　　　　　　　50 000 　贷：资金结存——货币资金　　50 000

3. 外币业务

单位发生外币业务的，应当按照业务发生当日（或当期期初，下同）的即期汇率，将外币金额折算为人民币记账，并登记外币金额和汇率。

期末，各种外币账户的外币余额应当按照期末的即期汇率折算为人民币，作为外币账户期末人民币余额。

调整后的各种外币账户人民币余额与原账面人民币余额的差额，作为汇兑损益计入"事业支出""经营支出"等科目。

财务会计	预算会计
①以外币购买物资、设备等，按照购入当日的即期汇率将支付的外币或应支付的外币折算为人民币金额	
借：库存物品 　贷：银行存款——××外币 　　　应付账款——××外币	借：事业支出等 　贷：资金结存——货币资金
②以外币收取相关款项等	
借：银行存款——××外币 　　应收账款等——××外币 　贷：事业收入等	借：资金结存——货币资金 　贷：事业预算收入等
③期末，根据各外币账户按照期末的即期汇率调整后的人民币余额与原账面人民币余额的差额，作为汇兑损益	
出现汇兑收益时 借：银行存款——××外币 　　应收账款——××外币 　　应付账款——××外币 　贷：业务活动费用 　　　单位管理费用等 出现汇兑损失时 借：业务活动费用 　　单位管理费用等 　贷：银行存款——××外币 　　　应收账款——××外币 　　　应付账款——××外币	出现汇兑收益时 借：资金结存——货币资金 　贷：行政支出 　　　事业支出等 出现汇兑损失时 借：行政支出 　　事业支出等 　贷：资金结存——货币资金

（三）零余额账户用款额度

参照本书第四章第一节中的"一、货币资金"中的"（三）零余额账户用款额度"的账务处理。

（四）其他货币资金

1.账户设置

单位应设置"其他货币资金"科目核算单位的外埠存款、银行本票存款、银行汇票存款、信用卡存款等各种其他货币资金。科目期末借方余额，反映单位实际持有的其他货币资金。

该科目应设置"外埠存款""银行本票存款""银行汇票存款""信用卡存款"等明细科目进行明细核算。

2.账务处理

财务会计	预算会计
①取得银行本票、银行汇票、信用卡时，形成其他货币资金	
借：其他货币资金——银行本票存款 　　　　　　　——银行汇票存款 　　　　　　　——信用卡存款 　贷：银行存款	—
②用银行本票、银行汇票、信用卡支付时	
借：在途物品 　　库存物品等 　贷：其他货币资金——银行本票存款 　　　　　　　　——银行汇票存款 　　　　　　　　——信用卡存款	借：事业支出等 　贷：资金结存——货币资金

财务会计	预算会计
③银行本票、银行汇票、信用卡的余款退回时	
借：银行存款 　贷：其他货币资金——银行本票存款 　　　　——银行汇票存款 　　　　——信用卡存款	—

单位应当加强对其他货币资金的管理，及时办理结算，对于逾期尚未办理结算的银行汇票、银行本票等，应当按照规定及时转回，并按照上述规定进行相应账务处理。

【例6-5】某事业单位2019年5月23日根据需要按规定在上海工商银行开立临时存款账户，并委托单位所在地开户银行将银行存款80 000元汇入上海工商银行临时账户。该账户用于支付所购的专用设备，价税款一共76 000元，5月28日已通过临时账户支付。6月6日，收到本地开户银行的收账通知，余下4 000元存款已转回本地开户行账户。

该单位应编制分录为：

财务会计		预算会计	
①5月23日，将款项委托本地银行汇往异地开立账户时			
借：其他货币资金——外埠存款	80 000	—	
贷：银行存款	80 000		
②5月28日，收到采购员交来供应单位发票账单等报销凭证时			
借：库存物品	76 000	借：事业支出等	76 000
贷：其他货币资金——外埠存款	76 000	贷：资金结存——货币资金	76 000
③6月6日，将多余的外埠存款转回本地银行时，根据银行的收账通知			
借：银行存款	4 000		
贷：其他货币资金——外埠存款	4 000		

二、短期投资

投资，是指事业单位按规定以货币资金、实物资产、无形资产等方式形成的债权或股权投资，包括短期投资和长期投资。其中，短期投资，是指事业单位取得的持有时间不超过1年（含1年）的投资。

1. 核算要点

（1）短期投资在取得时，应当按照实际成本（包括购买价款和相关税费，下同）作为初始投资成本。

实际支付价款中包含的已到付息期但尚未领取的利息，应当于收到时冲减短期投资成本。

（2）短期投资持有期间的利息，应当于实际收到时确认为投资收益。

（3）期末，短期投资应当按照账面余额计量。

（4）事业单位按规定出售或到期收回短期投资，应当将收到的价款扣除短期投资账面余额和相关税费后的差额计入投资损益。

2. 账户设置

事业单位应设置"短期投资"科目核算事业单位按照规定取得的，持有时间不超过1年（含1年）的投资。科目期末借方余额，反映事业单位持有短期投资的成本。

该科目应按照投资的种类等进行明细核算。

3. 账务处理

短期投资	投资支出
①取得短期投资	
取得短期投资时 借：短期投资 　贷：银行存款等	按支付的金额 借：投资支出 　贷：资金结存——货币资金
收到购买时已到付息期但尚未领取利息时 借：银行存款 　贷：短期投资	借：资金结存——货币资金 　贷：投资支出
②出售短期投资或到期收回短期投资（国债）本息	
借：银行存款　（实收金额） 　　投资收益　（借差） 　贷：短期投资　（账面余额） 　　　投资收益　（贷差）	借：资金结存——货币资金　（实收款） 　　投资预算收益　　　　　（投资损失） 　贷：投资支出　　　　　　（出售或收回当年投资） 　　　其他结余　　　　　　（出售或收回以前年度投资） 　　　投资预算收益　　　　（投资收益）

【例 6-6】2019 年 1 月 4 日，某事业单位以 400 000 元购入当年发行的三年期国债作为短期投资，并支付相关税费 1 500 元；该债券票面金额为 400 000 元，每半年付息一次，年利率为 4%；7 月 1 日，该事业单位收到利息 8 000 元；8 月 20 日，企业以 410 000 元的价格出售该国债。

该单位应编制分录为：

财务会计	预算会计
①1 月 4 日，购入国债时	
借：短期投资——国债　　401 500 　贷：银行存款　　　　　　　401 500	借：投资支出　　　　　　401 500 　贷：资金结存——货币资金　　401500
②7 月 1 日收到利息时	
借：银行存款　　　　　　8 000 　贷：投资收益　　　　　　　8 000	借：资金结存——货币资金　　8 000 　贷：投资预算收益　　　　　　8 000
③8 月 20 日出售时	
借：银行存款　　　　　410 000 　贷：短期投资　　　　　　401 500 　　　投资收益　　　　　　8 500	借：资金结存——货币资金　410 000 　贷：投资支出　　　　　　　401 500 　　　投资预算收益　　　　　　8 500

三、应收及预付账款

（一）财政应返还额度

事业单位的财政应返还额度的科目设置、账务处理与行政单位相似。

【例 6-7】某事业单位 2019 年度财政批复的用款计划为 13 000 000 元，2019 年年终，根据代理银行提供的对账单，直接支付用款计划尚有 460 000 元未使用，注销财政授权支付额度 50 000 元。2020 年 1 月 5 日财政恢复了直接支付额度 460 000 元。2020 年 1 月 10 日通过国库使用该额度直接支付本月单位管理费 70 000 元。

该单位应编制分录为：

财务会计	预算会计
① 2019 年 12 月 31 日	
借：财政应返还额度——财政直接支付 460 000 　　贷：财政拨款收入　　　　　　　　　460 000	借：资金结存——财政应返还额度　　460 000 　　贷：财政拨款预算收入　　　　　　　　460 000
借：财政应返还额度——财政授权支付 50 000 　　贷：零余额账户用款额度　　　　　　50 000	借：资金结存——财政应返还额度　　50 000 　　贷：资金结存　　　　　　　　　　　　50 000
② 2020 年 1 月 10 日	
借：单位管理费用　　　　　　　　　70 000 　　贷：财政应返还额度——财政直接支付 70 000	借：事业支出　　　　　　　　　　　70 000 　　贷：资金结存——财政应返还额度　　　70 000

（二）应收票据

1. 账户设置

事业单位应设置"应收票据"科目核算事业单位因开展经营活动销售产品、提供有偿服务等而收到的商业汇票，包括银行承兑汇票和商业承兑汇票。科目期末借方余额，反映事业单位持有的商业汇票票面金额。

该科目应当按照开出、承兑商业汇票的单位等进行明细核算。

事业单位应当设置"应收票据备查簿"，逐笔登记每一应收票据的种类、号数、出票日期、到期日、票面金额、交易合同号和付款人、承兑人、背书人姓名或单位名称、背书转让日、贴现日期、贴现率和贴现净额、收款日期、收回金额和退票情况等。

应收票据到期结清票款或退票后，应当在备查簿内逐笔注销。

2. 账务处理

财务会计	预算会计
①因销售产品、提供服务等收到商业汇票	
借：应收票据　（商业汇票的票面金额） 　　贷：经营收入　（确认的收入金额）	—
②持未到期的商业汇票向银行贴现	
借：银行存款　（贴现后实收净额） 　　经营费用　（贴现息金额） 　　贷：应收票据　（若无追索权，按票面金额） 　　　　短期借款　（若有追索权，按票面金额）	按贴现净额 借：资金结存——货币资金 　　贷：经营预算收入等
附追索权的商业汇票到期未发生追索事项的，按照商业汇票的票面金额	
借：短期借款 　　贷：应收票据	—
③将持有的商业汇票背书转让以取得所需物资时	
借：库存物品　（按照取得物资的成本） 　　银行存款　（若借方差额） 　　贷：应收票据　（按照商业汇票的票面金额） 　　　　银行存款　（若贷方差额）	支付的金额 借：经营支出等 　　贷：资金结存——货币资金
④商业汇票到期时，应当分别以下情况处理	
收回票款时，按照实际收到的商业汇票票面金额 借：银行存款 　　贷：应收票据	借：资金结存——货币资金 　　贷：经营预算收入等
因付款人无力支付票款，收到银行退回的商业承兑汇票、委托收款凭证、未付票款通知书或拒付款证明等，按照商业汇票的票面金额 借：应收账款 　　贷：应收票据	—
涉及增值税业务的，相关账务处理参见"应交增值税"科目	

【例 6-8】某事业单位为一般纳税人，2019 年 4 月 1 日销售一批产品给 A 公司，商品已发出，专用发票上注明的销售收入为 100 000 元，增值税额 13 000 元。收到 A 公司交来的商业承兑汇票一张，期限为 180 天，票面利率为 5%。7 月 25 日将所持有的商业承兑汇票一张向银行贴现，贴现率为 8%。

该单位应编制分录为：

财务会计	预算会计
①4 月 1 日收到票据时	
借：应收票据　　113 000 　贷：经营收入　　100 000 　　应缴税费——应缴增值税（销项税额）　13 000	—
②7 月 25 日向银行贴现时	
票据到期值＝113 000×（1＋5%÷360×180）＝115 825（元） 贴现期＝65 天（7 月 7 天，8 月 31 天，9 月 27 天） 贴现利息＝115 825×8%÷360×65＝1 673.03（元） 贴现净额＝115 825－1 673.03＝114 151.97（元）	
借：银行存款　　114 151.97 　贷：经营费用　　1 151.97 　　应收票据　　113 000	借：资金结存——货币资金　114 151.97 　贷：经营预算收入　　114 151.97

（三）应收账款

1. 账户设置

事业单位应设置"应收账款"科目核算事业单位提供服务、销售产品等应收取的款项，以及单位因出租资产、出售物资等应收取的款项。科目期末借方余额，反映单位尚未收回的应收账款。

该科目按照债务单位（或个人）进行明细核算。

2. 账务处理

（1）应收账款收回后不需上缴财政。

财务会计	预算会计
单位发生应收账款时，按照应收未收金额 借：应收账款 　贷：事业收入 　　经营收入 　　租金收入 　　其他收入	—
收回应收账款时，按照实际收到的金额 借：银行存款 　贷：应收账款	借：资金结存——货币资金 　贷：事业预算收入 　　经营预算收入 　　其他预算收入等
涉及增值税业务的，相关账务处理参见"应交增值税"科目	

（2）应收账款收回后需上缴财政。

单位出租资产发生应收未收租金款项时，或出售物资发生应收未收款项时，按照应收未收金额，只做财务会计分录：

借：应收账款
　贷：应缴财政款

收回应收账款时，按照实际收到的金额，只做财务会计分录：

借：银行存款

　　贷：应收账款

涉及增值税业务的，相关账务处理参见"应交增值税"科目。

【例6-9】某事业单位为一般纳税人，2019年7月1日将国有资产临时出租，应收取租金10 000元，该租金需上缴财政国库。7月10日，提供的专业服务收入20 000元，增值税2 600元，已委托银行收款。2019年8月1日，收到该租金收入款。

该单位应编制分录为：

财务会计	预算会计
2019年7月1日 借：应收账款　　　　　　　　10 000 　　贷：应缴财政款　　　　　　　　　10 000	—
7月10日 借：应收账款　　　　　　　　22 600 　　贷：事业预算收入　　　　　　　　20 000 　　　　应交增值税——应交税金（销项税额）　2 600	—
2019年8月1日收回应收账款时 借：银行存款　　　　　　　　10 000 　　贷：应收账款　　　　　　　　　　10 000	—

（3）事业单位应当于每年年末，对收回后不需上缴财政的应收账款进行全面检查，如发生不能收回的迹象，应当计提坏账准备。

财务会计	预算会计
①对于账龄超过规定年限、确认无法收回的应收账款，按照规定报经批准后予以核销，按照核销金额	
借：坏账准备 　　贷：应收账款 　　核销的应收账款应在备查簿中保留登记。	—
②已核销的应收账款在以后期间又收回的，按照实际收回金额	
借：应收账款 　　贷：坏账准备 同时 借：银行存款 　　贷：应收账款	借：资金结存——货币资金 　　贷：非财政拨款结余等

（4）单位应当于每年年末，对收回后应当上缴财政的应收账款进行全面检查。

对于账龄超过规定年限、确认无法收回的应收账款，按照规定报经批准后予以核销。按照核销金额，只做财务会计分录：

借：应缴财政款

　　贷：应收账款

核销的应收账款应当在备查簿中保留登记。

已核销的应收账款在以后期间又收回的，按照实际收回金额，只做财务会计分录：

借：银行存款

　　贷：应缴财政款

【例6-10】某事业单位为一般纳税人，2019年12月31日对收回后应当上缴财政的应收账款进行全面检查发现，有一笔应收账款140 000元，账龄已超过3年，确实无法收回，按照规定报经批准后予以核销。

该单位应编制分录为：

借：应缴财政款　　　　　　　　　　　　　　　　　　　　　140 000

　　贷：应收账款　　　　　　　　　　　　　　　　　　　　　　　　140 000

核销的应收账款应当在备查簿中保留登记。

（四）预付账款

事业单位预付账款的账户设置、账务处理与本书第四章第一节的"二、应收及预付款项"中的"（三）预付账款"相似，参照该部分会计核算即可。

（五）应收股利

1. 账户设置

事业单位应设置"应收股利"科目核算事业单位持有长期股权投资应当收取的现金股利或应当分得的利润。科目期末借方余额，反映事业单位应当收取但尚未收到的现金股利或利润。

该科目应当按照被投资单位等进行明细核算。

2. 账务处理

财务会计	预算会计
①取得长期股权投资	
借：应收股利　　　（已宣告但尚未发放的现金股利） 　　长期股权投资　（确定的长期股权投资成本） 　　贷：银行存款　　（实际支付的金额）	取得投资支付的全部价款 借：投资支出 　　贷：资金结存——货币资金
收到取得投资时实际支付价款中所包含的已宣告但尚未发放的现金股利时	
借：银行存款 　　贷：应收股利	借：资金结存——货币资金 　　贷：投资支出等
②长期股权投资持有期间，被投资单位宣告发放现金股利或利润的，按照应享有的份额	
借：应收股利 　　贷：投资收益　　（成本法下） 　　　　长期股权投资（权益法下）	—
③实际收到现金股利或利润时，按照收到的金额	
借：银行存款 　　贷：应收股利	借：资金结存——货币资金 　　贷：预算投资收益

【例 6-11】某事业单位持有南方公司 30% 的股权。2019 年 4 月 8 日，南方公司宣告发放现金股利共计 200 万元。5 月 8 日，收到现金股利。

该单位应编制分录为：

财务会计	预算会计
2019 年 4 月 8 日 借：应收股利　　　　600 000 　　贷：长期股权投资　　　　600 000	——
5 月 8 日 借：银行存款　　　　600 000 　　贷：应收股利　　　　　600 000	借：资金结存——货币资金　　600 000 　　贷：投资支出　　　　　　　　600 000

（六）应收利息

1. 账户设置

事业单位应设置"应收利息"科目核算事业单位长期债券投资应当收取的利息。科目期末借方余额，反映事业单位应收未收的长期债券投资利息。

该科目应当按照被投资单位等进行明细核算。

事业单位购入的到期一次还本付息的长期债券投资持有期间的利息，应当通过"长期债券投资——应计利息"科目核算，不通过"应收利息"科目核算。

2. 账务处理

财务会计	预算会计
①取得长期债券投资	
借：长期债券投资 （按照确定的投资成本） 　　应收利息 （已到付息期但尚未领取的利息） 　　贷：银行存款 （按照实际支付的金额）	取得投资支付的全部价款 借：投资支出 　　贷：资金结存——货币资金
收到取得投资时实际支付价款中所包含的已到付息期但尚未领取的利息时，按照收到的金额	
借：银行存款 　　贷：应收利息	借：资金结存——货币资金 　　贷：投资支出等
②按期计算确认长期债券投资利息收入时，对于分期付息、一次还本的长期债券投资，按照以票面金额和票面利率计算确定的应收未收利息金额	
借：应收利息 　　贷：投资收益	—
③实际收到应收利息时，按照收到的金额	
借：银行存款 　　贷：应收利息	借：资金结存——货币资金 　　贷：预算投资收益

【例 6-12】某事业单位 2019 年应收国库券利息共计 10 000 元。

该单位应编制分录为：

财务会计	预算会计
借：应收利息　　　　　10 000 　　贷：投资收益　　　　　　　10 000	—

（七）其他应收款

1. 账户设置

事业单位应设置"其他应收款"科目核算单位除财政应返还额度、应收票据、应收账款、预付账款、应收股利、应收利息以外的其他各项应收及暂付款项，如职工预借的差旅费、已经偿还银行尚未报销的本单位公务卡欠款、拨付给内部有关部门的备用金、应向职工收取的各种垫付款项、支付的可以收回的订金或押金、应收的上级补助和附属单位上缴款项等。科目期末借方余额，反映单位尚未收回的其他应收款。

该科目应当按照其他应收款的类别以及债务单位（或个人）进行明细核算。

2. 账务处理

财务会计	预算会计
①发生其他各种应收及暂付款项时，按照实际发生金额	
借：其他应收款 　　贷：零余额账户用款额度 　　　　银行存款 　　　　库存现金 　　　　上级补助收入 　　　　附属单位上缴收入	—

财务会计	预算会计
②收回其他各种应收及暂付款项时，按照收回的金额	
借：库存现金 　　银行存款 　　贷：其他应收款	—
③单位内部实行备用金制度的，有关部门使用备用金以后应当及时到财务部门报销并补足备用金	
财务部门核定并发放备用金时，按照实际发放金额 借：其他应收款 　　贷：库存现金 根据报销金额用现金补足备用金定额时 借：业务活动费用 　　单位管理费用等 　　贷：库存现金	按实际报销金额 借：事业支出等 　　贷：资金结存
④偿还尚未报销的本单位公务卡欠款时，按照偿还的款项	
借：其他应收款 　　贷：零余额账户用款额度 　　　　银行存款 　　　　库存现金 持卡人报销时，按照报销金额 借：业务活动费用 　　单位管理费用等 　　贷：其他应收款	按实际报销金额 借：事业支出等 　　贷：资金结存
⑤将预付账款账面余额转入其他应收款时	
借：其他应收款 　　贷：预付账款	—

事业单位应当于每年年末，对其他应收款进行全面检查，如发生不能收回的迹象，应当计提坏账准备。

对于账龄超过规定年限、确认无法收回的其他应收款，按照规定报经批准后予以核销。

财务会计	预算会计
按照核销金额 借：坏账准备 　　贷：其他应收款 　　核销的其他应收款应当在备查簿中保留登记。	—
已核销的其他应收款在以后期间又收回的，按照实际收回金额	
借：其他应收款 　　贷：坏账准备 同时 借：银行存款 　　贷：其他应收款	借：资金结存——货币资金 　　贷：其他预算收入

【例6-13】2019年8月31日，某事业单位通过财政授权支付偿还尚未报销的本单位公务卡欠款共计190 000元。9月10日，持卡人报销了其中的155 004元，全部属于业务活动费用。

该单位应编制分录为：

财务会计		预算会计	
8月31日		—	
借：其他应收款	190 000		
贷：零余额账户用款额度	190 000		
9月10日		借：事业支出	155 004
借：业务活动费用	155 004	贷：资金结存	155 004
贷：其他应收款	155 004		

（八）坏账准备

1. 坏账的确认与计量

（1）事业单位应当于每年年末，对收回后不需上缴财政的应收账款和其他应收款进行全面检查，分析其可收回性，对预计可能产生的坏账损失计提坏账准备、确认坏账损失。

（2）事业单位可以采用应收款项余额百分比法、账龄分析法、个别认定法等方法计提坏账准备。坏账准备计提方法一经确定，不得随意变更。如需变更，应当按照规定报经批准，并在财务报表附注中予以说明。

当期应补提或冲减的坏账准备金额的计算公式如下：

$$当期应补提或冲减的坏账准备 = 按照期末应收账款和其他应收款计算应计提的坏账准备金额$$
$$- "坏账准备"科目期末贷方余额（或 + "坏账准备"科目期$$
$$末借方余额）$$

2. 账户设置

事业单位应设置"坏账准备"科目核算事业单位对收回后不需上缴财政的应收账款和其他应收款提取的坏账准备。科目期末贷方余额，反映事业单位提取的坏账准备金额。

该科目应当分别应收账款和其他应收款进行明细核算。

3. 账务处理

（1）提取坏账准备时，只做财务会计分录。

借：其他费用

　贷：坏账准备

冲减坏账准备时，只做财务会计分录。

借：坏账准备

　贷：其他费用

（2）对于账龄超过规定年限并确认无法收回的应收账款、其他应收款，应当按照有关规定报经批准后，做如下会计处理。

财务会计	预算会计
按照无法收回的金额	—
借：坏账准备	
贷：应收账款	
其他应收款	
已核销不需上缴财政的应收账款、其他应收款在以后期间又收回的，按实际收回金额	
借：应收账款	借：资金结存——货币资金等
其他应收款	贷：非财政拨款结余等
贷：坏账准备	
同时	
借：银行存款	
贷：应收账款	
其他应收款	

【例 6-14】某事业单位采用应收款项余额百分比法计提坏账。2019 年 12 月 31 日，通过对收回后不需上缴财政的应收账款余额 1 200 万元和其他应收款余额 130 万元进行全面检查，分析其可收回性，预计当年应收账款余额的 3%、其他应收款余额的 10% 可能成为无法收回的坏账，并据以计提坏账准备。该事业单位系首次计提坏账准备。

该单位应编制分录为：

财务会计		预算会计
借：其他费用　　　　　490 000 　贷：坏账准备　　　　　　　490 000		—

四、存货

（一）存货的确认与计量

存货的确认与计量与本书第四章第一节中"三、存货"的"（一）存货的确认与计量"相同。

（二）在途物品

在途物品的账户设置与本书第四章第一节中"三、存货"的"（二）在途物品"中对应部分内容相同。此处仅举例说明。

【例 6-15】某事业单位按照税法规定属于增值税一般纳税人。2019 年 8 月 3 日该事业单位购入一批专用材料 1 000 千克，增值税专用发票上载明的货款为 100 000 元，增值税额 13 000 元，对方代垫包装费 600 元，入库前挑选整理耗费现金 400 元，款项未付，增值税可以当期抵扣。

该单位应编制分录为：

财务会计		预算会计	
2019 年 8 月 3 日			
借：在途物品　　　　　101 000 　应交增值税——应交税金（进项税额）　13 000 　贷：应付账款　　　　　　　113 600 　　库存现金　　　　　　　　400		借：事业支出　　　　　400 　贷：资金结存　　　　　　　400	

（三）库存物品

库存物品的账户设置及账务处理与本书第四章第一节中"三、存货"的"（三）库存物品"内容基本相同。此处仅针对可能存在差异的账务处理举例说明。

1. 取得库存物品的账务处理

【例 6-16】续【例 6-15】该事业单位 2019 年 8 月 10 日，收到材料并验收入库。8 月 23 日，采用财政授权支付方式通过代理银行零余额账户支付上述款项。

该单位应编制分录为：

财务会计		预算会计	
① 2019 年 8 月 10 日，验收入库			
借：库存物品　　　　　101 000 　贷：在途物品　　　　　　　101 000		—	
② 2019 年 8 月 23 日，支付款项			
借：应付账款　　　　　113 600 　贷：零余额账户用款额度　　113 600		借：事业支出　　　　　113 600 　贷：资金结存　　　　　　　113 600	

2. 发出库存物品的账务处理

1）领用库存物品

单位开展业务活动等领用库存物品，按照领用物品的实际成本，只做财务会计分录：

借：业务活动费用

　　单位管理费用

　　贷：库存物品

2）出售库存物品

按照规定自主出售发出库存物品，按照出售等发出物品的实际成本，只做财务会计分录：

借：经营费用

　　贷：库存物品

【例 6-17】某事业单位为一般纳税人。2019 年 10 月 21 日，按照规定自主出售发出库存物品 10 件，每件售价 1 000 元，增值税 1 300 元。所售物品价税款已经收存银行存款账户。该物品每件实际成本 600 元。10 月份开展业务活动领用库存物品成本为 30 000 元，本单位本级行政部门领用库存物品 18 000 元。

该单位应编制分录为：

财务会计	预算会计
2019 年 10 月 21 日 借：银行存款　　　　　　　　1 1300 　　贷：经营收入　　　　　　　　　10 000 　　　　应交增值税——应交税金（销项税额）1 300 借：经营费用　　　　　　　　6 000 　　贷：库存物品　　　　　　　　　6 000	借：资金结存　　　　　　　　11 300 　　贷：经营预算收入　　　　　　　11 300
10 月末 借：业务活动费用　　　　　　30 000 　　单位管理费用　　　　　　18 000 　　贷：库存物品　　　　　　　　48 000	—

经批准对外出售不可自主出售的库存物品时，按照库存物品的账面余额，只做财务会计分录：

借：资产处置费用

　　贷：库存物品

同时

借：银行存款　　　　（按照收到的价款）

　　贷：银行存款　　　　（按照处置过程中发生的相关费用）

　　　　应缴财政款　（按照其差额）

【例 6-18】某事业单位为小规模纳税人，采用简易计税方法计算应纳增值税额。2019 年 10 月 23 日，经批准对外出售不可自主出售的库存物品 10 件，每件售价 2 000 元。所售物品价税款尚未收到。该物品每件实际成本 700 元。该事业单位用现金支付运杂费 200 元。

该单位应编制分录为：

财务会计	预算会计
借：资产处置费用　　　　7 000 　贷：库存物品　　　　　　　　7 000	—
按简易计税的增值税为：[20 000÷（1+3%）]×3% = 582.52 借：应收账款　　　　　　20 000 　贷：库存现金　　　　　　　　200 　　应交增值税——简易计税　　582.52 　　应缴财政款　　　　　　　19 217.48	—

其余领用低值易耗品、包装物、库存物品的加工发出、对外捐赠、无偿调出、置换换出的账务处理与本书第四章第一节中"三、存货"的"（三）库存物品"对应的内容相同。

3.库存物品清查盘点

事业单位规定报经批准后盘盈存货账务处理与行政单位不同外，其余库存物品清查盘点的账务处理与行政单位均相同，可参照本书第四章第一节中"三、存货"的"（三）库存物品"的内容。

行政单位按规定将报经批准后的盘盈存货计入业务活动费用，事业单位计入单位管理费用。

【例6-19】某事业单位2019年10月31日盘点库存物品时发现：库存物品账存100件，实存110件，每件成本2 000元。11月5日经批准，冲减费用。

该单位应编制分录为：

财务会计	预算会计
2019年10月31日 借：库存物品　　　　　　20 000 　贷：待处理财产损溢　　　　　20 000	—
11月5日 借：待处理财产损溢　　　20 000 　贷：单位受理费用　　　　　　20 000	—

（四）加工物品

1.自制的库存物品

1）成本构成

自行加工的存货，其成本包括耗用的直接材料费用、发生的直接人工费用和按照一定方法分配的与存货加工有关的间接费用。

但下列各项应当在发生时确认为当期费用，不计入存货成本：

- 非正常消耗的直接材料、直接人工和间接费用；
- 仓储费用（不包括在加工过程中为达到下一个加工阶段所必需的费用）；
- 不能归属于使存货达到目前场所和状态所发生的其他支出。

2）账户设置

单位应设置"加工物品"科目核算单位自制或委托外单位加工的各种物品的实际成本。科目期末借方余额，反映单位自制或委托外单位加工但尚未完工的各种物品的实际成本。

未完成的测绘、地质勘查、设计成果的实际成本，也通过"加工物品"科目核算。

该科目的明细科目设置见表6-1。

表 6-1　加工物品明细科目设置

总账科目	明细科目			核算内容
	一级	二级	三级	
加工物品	自制物品	按物品类别、品种、项目设置	直接材料	归集自制物品发生的直接材料费用
			直接人工	归集专门从事物品制造人员的人工费用
			其他直接费用	归集除直接材料和直接人工之外的其他直接费用
			间接费用	归集自制物品发生的间接费用
	委托加工物品	按物品类别、品种、项目设置		核算委托加工物品的实际成本

3）账务处理

财务会计	预算会计
①为自制物品领用材料等，按照材料成本	
借：加工物品——自制物品——直接材料 　贷：库存物品	—
②专门从事物品制造的人员发生的直接人工费用，按照实际发生的金额	
借：加工物品——自制物品——直接人工 　贷：应付职工薪酬 支付工资薪酬时 借：应付职工薪酬 　贷：财政拨款收入 　　零余额账户用款额度 　　银行存款	支付时 借：事业支出 　经营支出等 　贷：财政拨款预算收入 　　资金结存
③为自制物品发生的其他直接费用	
按照实际发生的金额 借：加工物品——自制物品——其他直接费用 　贷：财政拨款收入 　　零余额账户用款额度 　　银行存款	按实际支付金额 借：事业支出 　经营支出等 　贷：财政拨款预算收入 　　资金结存
④为自制物品发生的间接费用	
按照实际发生的金额 借：加工物品——自制物品——间接费用 　贷：财政拨款收入 　　零余额账户用款额度 　　银行存款 　　应付职工薪酬 　　固定资产累计折旧 　　无形资产累计摊销	按实际支付金额 借：事业支出 　经营支出等 　贷：财政拨款预算收入 　　资金结存
⑤已经制造完成并验收入库的物品，按照由所发生的间接费用构成的实际成本	
借：库存物品 　贷：加工物品——自制物品	—

间接费用一般按照生产人员工资、生产人员工时、机器工时、耗用材料的数量或成本、直接费用（直接材料和直接人工）或产品产量等进行分配。单位可根据具体情况自行选择间接费用的分配方法。分配方法一经确定，不得随意变更。

【例 6-20】续【例 6-16】该单位为开展业务活动，开发试制 A、B 两种产品。8 月 25 日，从仓库领用专用材料共计 61 000 元，其中，A 产品耗用 25 000 元，B 产品耗用 36 000

元。8月26日，生产部门从仓库领用办公用品2 000元，A、B产品各耗用1 000元。9月30日，生产管理人员工资及水电费按A、B产品耗用生产工人工资比例分配；银行存款支付水电费20 000元；根据工资结算单编制的工资费用分配表情况为：A产品生产工人工资38 000元，B产品生产工人工资26 000元，生产部门管理人员工资10 000元；A、B两种产品完成加工，验收入库。

该单位应编制分录为：

8月25日，只做财务会计分录：

借：加工物品——自制物品——直接材料——A产品 　　25 000
　　　　　　　　　　　　　　　　　——B产品 　　36 000
　　贷：库存物品 　　61 000

8月26日，只做财务会计分录：

借：加工物品——自制物品——其他直接费用——A产品 　　1 000
　　　　　　　　　　　　　　　　　——B产品 　　1 000
　　贷：库存物品 　　2 000

9月30日

财务会计	预算会计
借：加工物品——自制物品——直接人工——A产品　38 000 　　　　　　　　　　　　　　——B产品　26 000 　　　　　　　——间接费用　　　　　　10 000 　贷：应付职工薪酬　　　　　　　　　　　　74 000	—
借：加工物品——自制物品——间接费用　　20 000 　贷：银行存款　　　　　　　　　　　　20 000	支付的水电费 借：事业支出　　20 000 　贷：资金结存　　　　20 000

将间接费用分配至A、B产品成本，并只做财务会计分录：

A产品应分配的间接费用 = 30 000×38 000÷64 000 = 17 812.5（元）

B产品应分配的间接费用 = 30 000×26 000÷64 000 = 12 187.5（元）

借：加工物品——自制物品——间接费用分配——A产品 　　17 812.5
　　　　　　　　　　　　　　　　　——B产品 　　12 187.5
　　贷：加工物品——自制物品——间接费用 　　30 000

完工验收入库，只做财务会计分录：

借：库存物品——A产品 　　81 812.5
　　　　　　——B产品 　　75 187.5
　　贷：加工物品——自制物品——直接材料——A产品 　　25 000
　　　　　　　　　　　　　　　　　——B产品 　　36 000
　　　　　　　——其他直接费用——A产品 　　1 000
　　　　　　　　　　　　　　——B产品 　　1 000
　　　　　　　——直接人工——A产品 　　38 000
　　　　　　　　　　　　——B产品 　　26 000
　　　　　　　——间接费用分配——A产品 　　17 812.5
　　　　　　　　　　　　　　——B产品 　　12 187.5

2. 委托加工的存货

事业单位的委托加工存货的成本构成及账务处理与行政单位相似，账务处理可参照本书第四章第一节中"三、存货"的"（四）加工物品"中对应的内容。

五、待摊费用

（一）账户设置

事业单位应设置的"待摊费用"科目的核算内容及明细账户设置方法与本书第四章第一节"（一）待摊费用"中的"1.账户设置"所述相同。

（二）账务处理

发生待摊费用的账务处理与本书第四章第一节"四、待摊费用"中的"2.账务处理"所述相同。

待摊费用摊销的账务处理与本书第四章第一节"十一、待摊资产"的"（一）待摊费用"中的"2.账务处理"所述相似，但应根据摊销的受益对象不同分别计入"业务活动费用"科目、"单位管理费用"科目或"经营费用"科目，同时，用"事业支出"科目或"经营支出"科目替代"行政支出"科目。

【例 6-21】某事业单位 2019 年 1 月 4 日单位零余额账户预付了单位半年的电话及网络流量费共计 18 000 元，其中本单位本级行政部门的电话及网络流量费为 6 000 元。

该单位应编制分录为：

财务会计		预算会计	
2019 年 1 月 4 日		借：事业支出　　　　　　 18 000	
借：待摊费用　　　　　　 18 000		贷：资金结存　　　　　　　 18 000	
贷：零余额账户用款额度　　　 18 000			
月末，按月分摊计入当期费用			
借：业务活动费用　　　 2 000		—	
单位管理费用　　　 1 000			
贷：待摊费用　　　　　　 3 000			

如果某项待摊费用已经不能使单位受益，应当将其摊余金额一次全部转入当期费用。

按照摊销金额

借：业务活动费用

　单位管理费用

　经营费用

　贷：长期待摊费用

第二节　事业单位的非流动资产

事业单位的非流动资产包括长期股权投资、长期债券投资、固定资产、工程物资、在建工程、无形资产、公共基础设施、政府储备物资、文物文化资产、保障性住房、受托代理资产和长期待摊费用等等。

一、长期投资

事业单位的长期投资，是指取得的除短期投资以外的债权和股权性质的投资，分为长期债权投资和长期股权投资。

（一）长期债权投资

1. 账户设置

事业单位应设置"长期债券投资"科目核算按照规定取得的，持有时间超过 1 年（不含 1 年）的债券投资。科目期末借方余额，反映事业单位持有的长期债券投资的价值。

该科目应当设置"成本"和"应计利息"明细科目，并按照债券投资的种类进行明细核算。

2. 账务处理

财务会计	预算会计
①长期债券投资在取得时，应当按照其实际成本作为投资成本 实际支付价款中包含的已到付息期但尚未领取的债券利息，应当单独确认为应收利息，不计入长期债券投资初始投资成本	
借：长期债券投资——成本 （按照确定的投资成本） 　　应收利息 　　（已到付息期但尚未领取的利息） 　　贷：银行存款 　　（按照实际支付的金额）	实际支付价款 借：投资支出 　　贷：资金结存——货币资金
实际收到取得债券时所支付价款中包含的已到付息期但尚未领取的利息时	
借：银行存款 　　贷：应收利息	借：资金结存——货币资金 　　贷：投资支出等
②长期债券投资持有期间，应当按期以票面金额与票面利率计算确认利息收入	
借：应收利息 　　　　（分期付息、到期还本） 　　长期债券投资——应计利息（到期一次还本付息） 　　贷：投资收益	
收到分期支付的利息时，按照实收的金额	
借：银行存款 　　贷：应收利息	借：资金结存——货币资金 　　贷：投资预算收益
③事业单位按规定出售或到期收回长期债券投资，应当将实际收到的价款扣除长期债券投资账面余额和相关税费后的差额计入投资损益	
借：银行存款 　　（实际收到的金额） 　　投资收益 　　（借方差额） 　　贷：长期债券投资（长期债券投资的账面余额） 　　　应收利息 　　（相关应收利息金额） 　　　投资收益 　　（贷方差额）	借：资金结存——货币资金 　　贷：投资支出 （投资成本） 　　　其他结余 （投资成本） 　　　投资预算收益
④涉及增值税业务的，相关账务处理参见"应交增值税"科目	
⑤事业单位进行除债券以外的其他债权投资，参照长期债券投资进行会计处理	

【例 6-22】某事业单位按规定于 2019 年 1 月 3 日经批准购买了 3 年期的国库券，以财政授权支付方式支付金融债券买价、手续费和税金共计 260 800 元。该债券面值 260 000 元，票面利率 3.5%，按单利计息，到期一次还本付息。

该单位应编制分录为：

财务会计	预算会计
2019 年 1 月 3 日，购买时	
借：长期债券投资——成本　260 800 　　贷：银行存款　　　　　　　260 800	借：投资支出　　　　　　　260 800 　　贷：资金结存——货币资金　260 800
2019 年 12 月 31 日，确认本年应计利息：260 000×3.5% = 9 100（元）	
借：长期债券投资——应计利息　9 100 　　贷：投资收益　　　　　　　　9 100	——

（二）长期股权投资

1. 账户设置

事业单位应设置"长期股权投资"科目核算事业单位照规定取得的，持有时间超过 1 年（不含 1 年）的股权性质的投资。科目期末借方余额，反映事业单位持有的长期股权投资的价值。

该科目应当按照被投资单位和长期股权投资取得方式等进行明细核算。采用权益法核算的，还应当按照"成本""损益调整"和"其他权益变动"设置明细科目，进行明细核算。

2. 账务处理

（1）取得长期股权投资。长期股权投资在取得时，应当按照其实际成本作为初始投资成本。

以支付现金取得的长期股权投资，按照实际支付的全部价款（包括购买价款和相关税费）作为实际成本。实际支付价款中包含的已宣告但尚未发放的现金股利，应当单独确认为应收股利，不计入长期股权投资初始投资成本。

财务会计	预算会计
①以现金取得的长期股权投资	
借：长期股权投资——成本（按照确定的投资成本） 　　应收股利（已宣告但尚未发放的现金股利） 　　贷：银行存款（按照实际支付的全部价款）	实际支付价款 借：投资支出 　　贷：资金结存——货币资金
②实际收到取得投资时所支付价款中包含的已宣告但尚未发放的现金股利时	
借：银行存款 　　贷：应收股利	借：资金结存——货币资金 　　贷：投资支出等

【例 6-23】2019 年 6 月 5 日，某事业单位按规定经批准以总价 9 000 000 元投资 A 公司，其中，全部通过财政授权方式支付，另以银行存款支付手续费等相关费用 20 000 元。

该单位应编制分录为：

财务会计	预算会计
借：长期股权投资——成本——A 公司 9 020 000 　　贷：零余额账户用款　　　　　　9 000 000 　　　　银行存款　　　　　　　　　　20 000	借：投资支出　　　　　　　9 020 000 　　贷：资金结存——货币资金　9 020 000

以现金以外的其他资产置换取得的长期股权投资，其成本按照换出资产的评估价值加上支付的补价或减去收到的补价，加上换入长期股权投资发生的其他相关支出确定。参照"库存物品"科目中置换取得库存物品的相关规定进行账务处理。

例如，按规定报经批准以固定资产对外投资的，应当将该固定资产的账面价值予以转销，并将固定资产在对外投资时的评估价值与其账面价值的差额计入当期收入或费用。

【例 6-24】某事业单位按规定经批准以固定资产投资 B 公司，该固定资产评估价值为 5 020 000 元，评估和过户费及其他税费 120 000 元以银行存款支付。固定资产账面原值 4 000 000 元，累计折旧 1 300 000 元。

该单位应编制分录为：

财务会计	预算会计
借：长期股权投资——成本——B公司　5 140 000 　　固定资产累计折旧　　　　　　1 300 000 　　贷：固定资产　　　　　　　　　　4 000 000 　　　　银行存款　　　　　　　　　　　120 000 　　　　其他收入　　　　　　　　　　2 320 000	借：投资支出　　　　　　　　120 000 　　贷：资金结存——货币资金　　　120 000

以未入账的无形资产取得的长期股权投资，按照评估价值加相关税费作为投资成本。

财务会计	预算会计
借：长期股权投资　（评估价值加相关税费） 　　贷：银行存款　　（支付的相关税费） 　　　　其他应交税费（应付的相关税费） 　　　　其他收入　　（按其差额）	按支付的相关税费 借：其他支出 　　贷：资金结存

【例6-25】某事业单位按规定经批准以未入账的无形资产投资J公司，该无形资产评估价值为410 000元，评估和过户费及其他税费13 000元以银行存款支付。

该单位应编制分录为：

财务会计	预算会计
借：长期股权投资　　　　　423 000 　　贷：银行存款　　　　　　　13 000 　　　　其他收入　　　　　　410 000	借：其他支出　　　　　　　13 000 　　贷：资金结存——货币资金　　13 000

接受捐赠的长期股权投资，其成本按照有关凭据注明的金额加上相关税费确定；没有相关凭据可供取得，但按规定经过资产评估的，其成本按照评估价值加上相关税费确定；没有相关凭据可供取得，也未经资产评估的，其成本比照同类或类似资产的市场价格加上相关税费确定。

无偿调入的长期股权投资，其成本按照调出方账面价值加上相关税费确定。

财务会计	预算会计
①接受捐赠的长期股权投资	
借：长期股权投资——成本（按照确定的投资成本） 　　贷：银行存款　　　　　（支付的相关税费） 　　　　捐赠收入　　　　　（差额）	实际支付相关税费 借：其他支出 　　贷：资金结存——货币资金
②无偿调入的长期股权投资	
借：长期股权投资——成本（按照确定的投资成本） 　　贷：银行存款　　　　　（支付的相关税费） 　　　　无偿调拨净资产　　（差额）	实际支付相关税费 借：其他支出 　　贷：资金结存——货币资金

（2）持有长期股权投资。长期股权投资在持有期间应当按照规定采用成本法或权益法进行核算。

1）采用权益法核算

长期股权投资在持有期间，通常应当采用权益法进行核算。

权益法，是指投资最初以投资成本计量，以后根据事业单位在被投资单位所享有的所有者权益份额的变动对投资的账面余额进行调整的方法。

采用权益法的，单位取得长期股权投资后，对于被投资单位所有者权益的变动，应当按照下列规定进行处理：

财务会计	预算会计
按照应享有或应分担的被投资单位实现的净损益的份额，确认为投资损益，同时调整长期股权投资的账面余额	
借：长期股权投资——损益调整 　贷：投资收益	—
事业单位确认被投资单位发生的净亏损，按照应分担的份额，应当以长期股权投资的账面余额减记至零为限，事业单位负有承担额外损失义务的除外	
借：投资收益 　贷：长期股权投资——损益调整	—
被投资单位发生净亏损，但以后年度又实现净利润的，事业单位应当在其收益分享额弥补未确认的亏损分担额等后，恢复确认投资收益	
借：长期股权投资——损益调整 　贷：投资收益	—
按照被投资单位宣告分派的现金股利或利润计算应享有的份额，确认为应收股利，同时减少长期股权投资的账面余额	
借：应收股利 　贷：长期股权投资——损益调整 收到时 借：银行存款 　贷：应收股利	按照实际收到的金额 借：资金结存——货币资金 　贷：投资预算收益
按照被投资单位除净损益和利润分配以外的所有者权益变动的份额，确认为净资产，同时调整长期股权投资的账面余额	
借或贷：权益法调整 　贷或借：长期股权投资——其他权益变动	—

2）采用成本法核算

事业单位无权决定被投资单位的财务和经营政策或无权参与被投资单位的财务和经营政策决策的，应当采用成本法进行核算。

成本法，是指投资按照投资成本计量的方法。

在成本法下，长期股权投资的账面余额通常保持不变，但追加或收回投资时，应当相应调整其账面余额。

财务会计	预算会计
长期股权投资持有期间，被投资单位宣告分派的现金股利或利润，事业单位应当按照宣告分派的现金股利或利润中属于事业单位应享有的份额确认为投资收益	
借：应收股利 　贷：投资收益	
收到现金股利或利润时，按照实际收到的金额	
借：银行存款 　贷：应收股利	借：资金结存——货币资金 　贷：投资预算收益

3）成本法与权益法转换

单位因处置部分长期股权投资等原因无权再决定被投资单位的财务和经营政策或者参与被投资单位的财务和经营政策决策，而对处置后的剩余股权投资由权益法改按成本法核算的，应当按照权益法下"长期股权投资"科目账面余额作为成本法下"长期股权投资"

科目账面余额（成本）。

其后，被投资单位宣告分派现金股利或利润时，属于单位已计入投资账面余额的部分，按照应分得的现金股利或利润份额，作为成本法下长期股权投资成本的收回，冲减长期股权投资的账面余额，只做财务会计分录：

借：应收股利

　　贷：长期股权投资

单位因追加投资等原因对长期股权投资的核算从成本法改为权益法的，应当自有权决定被投资单位的财务和经营政策或者参与被投资单位的财务和经营政策决策时，按照成本法下长期股权投资的账面余额加上追加投资的成本作为按照权益法核算的初始投资成本。

财务会计	预算会计
借：长期股权投资——成本（确定的成本） 　贷：长期股权投资（按照成本法下账面余额） 　　银行存款（按照追加投资的成本）	实际支付价款 借：投资支出 　贷：资金结存——货币资金

（3）处置长期股权投资。按照规定报经批准出售（转让）长期股权投资时，应当区分长期股权投资取得方式分别进行处理。

处置以现金取得的长期股权投资

借：银行存款　　　（按照实际取得的价款）

　投资收益　　　（借方差额）

　贷：长期股权投资（按照被处置长期股权投资的账面余额）

　　应收股利　　（按照尚未领取的现金股利或利润）

　　银行存款　　（发生的相关税费等支出）

　　投资收益　　（贷方差额）

处置以现金以外的其他资产取得的长期股权投资，按照被处置长期股权投资的账面余额

借：资产处置费用

　贷：长期股权投资

同时

借：银行存款　　　（按照实际取得的价款）

　贷：应收股利　　（按照尚未领取的现金股利或利润）

　　银行存款　　（按照发生的相关税费等支出）

　　应缴财政款　（按照贷方差额）

按照规定将处置时取得的投资收益纳入本单位预算管理的，贷方差额计入投资收益

借：银行存款　　（按照实际取得的价款）

　贷：应收股利（按照尚未领取的现金股利或利润）

　　银行存款（按照发生的相关税费等支出）

　　投资收益（按照贷方差额）

【例6-26】某事业单位按规定经批准可将最初通过现金方式取得的对乙公司的长期股权投资转让给丙公司，转让价款6 123 000元，相关税费42 000元，宣告发放未领取的现金股利10 000元，该长期股权投资账面余额5 620 000元。

该单位应编制分录为：

财务会计		预算会计	
借：银行存款	6 123 000	借：资金结存——货币资金	6 081 000
贷：长期股权投资	5 620 000	贷：投资支出	5 630 000
应收股利	10 000	投资预算收益	451 000
银行存款	42 000		
投资收益	451 000		

因被投资单位破产清算等原因，有确凿证据表明长期股权投资发生损失，按照规定报经批准后予以核销时，按照予以核销的长期股权投资的账面余额

借：资产处置费用

　贷：长期股权投资

【例 6-27】某事业单位持有对乙公司的长期股权投资。因乙公司产品依赖的原材料日渐枯竭，盈利水平下降，导致长期股权投资发生损失，申报核销长期股权投资 500 000 元，经批准予以核销。

该单位应编制分录为：

借：资产处置费用　　　　　　　　　　　　　　　　　　　　500 000

　贷：长期股权投资　　　　　　　　　　　　　　　　　　　　　　500 000

报经批准置换转出长期股权投资时，参照"库存物品"科目中置换换入库存物品的规定进行账务处理。

采用权益法核算的长期股权投资的处置，除进行上述账务处理外，还应结转原直接计入净资产的相关金额

借或贷：权益法调整

　贷或借：投资收益

二、固定资产

（一）固定资产的确认

固定资产的概念及分类、确认标准、确认时间与本书第四章第二节"一、固定资产"中的"（一）固定资产的确认"所述一致。

（二）账户设置

"固定资产"账户、"工程物资"账户、"在建工程"和"固定资产累计折旧"账户的核算内容、明细账户的设置方法固定资产的概念及分类、确认标准、确认时间与本书第四章第二节"一、固定资产"中的"（二）账户设置"所述一致。

（三）账务处理

固定资产的取得的账务处理绝大部分与本书第四章第二节"一、固定资产"中的"（三）账务处理"所述一致，但也有一些差异。

财务会计账务处理的差异主要有：

- 涉及事业单位非独立核算的经营活动的账务处理；
- 涉及事业单位借款费用的账务处理；
- 涉及增值税进项税额的账务处理；

- 涉及单位管理费用的账务处理；
- 以固定资产对外投资的账务处理。

预算会计账务处理的差异主要是根据业务内容用"事业支出"科目或"经营支出"科目取代"行政支出"科目。

后续账务处理主要介绍上述存在差异的业务。

1. 取得固定资产

（1）取得固定资产。事业单位为非独立核算的经营活动购入的固定资产涉及增值税的抵扣与否问题。

【例6-28】某事业单位购入一台需要安装的用于本单位非独立核算的经营活动的专用设备，取得的增值税专用发票上注明的设备价款为 200 000 元，增值税进项税额为 26 000 元，发生运输费 3 400 元，上述款项全部采用财政授权支付。另用银行存款支付安装调试费 12 000 元，用现金支付专业人员服务费 5 300 元。该设备的增值税已认证允许抵扣。

该单位应编制分录为：

财务会计	预算会计
购入时，在建工程购入成本 = 200 000 + 3 400 = 203 400（元） 借：在建工程　　　　　　　　　　　203 400 　　应交增值税——应交税金（进项税额）　26 000 　贷：零余额账户用款额度　　　　　　　229 400	借：经营支出　　　　229 400 　贷：资金结存　　　　　　　229 400
支付安装调试费和专业人员服务费时 借：在建工程　　　　　　　　　　　17 300 　贷：银行存款　　　　　　　　　　　12 000 　　库存现金　　　　　　　　　　　　5 300	借：经营支出　　　　17 300 　贷：资金结存　　　　　　　17 300
安装完工交付使用时，固定资产成本 = 203 400 + 17 300 = 220 700（元） 借：固定资产　　　　　　　　　　　220 700 　贷：在建工程　　　　　　　　　　220 700	

（2）自行建造。

1）业务特点

与行政单位相比，事业单位可为建造固定资产借入专门借款，该专门借款的利息，属于建设期间发生的，计入在建工程成本；不属于建设期间发生的，计入当期费用。

除此之外，事业单位自行建造的固定资产账务处理与本书第四章第二节"一、固定资产"中的"（三）账务处理"所述一致。

2）采购工程物资的账务处理

【例6-29】某事业单位自行建造一座仓库用于存放非独立核算经营活动生产的存货。2019 年 7 月 15 日购入并耗用工程材料一批，价款为 300 000 元，支付的增值税进项税额为 39 000 元，款项以专门借款取得的银行存款支付。该工程材料的进项税额按照现行增值税制度规定自取得之日起分 2 年从销项税额中抵扣，每年抵扣 50%。专门借款为 2019 年 7 月 5 日取得，本金为 400 000 元，期限为 1 年，年利率 12%。仓库建设期为半年。

该单位应编制分录为：

财务会计		预算会计	
2019 年 7 月 5 日借入借款		借：资金结存　　　　　　　　400 000	
借：银行存款　　　　　　　400 000		贷：债务预算收入　　　　　　　　　400 000	
贷：短期借款　　　　　　　　　400 000			
2019 年 7 月 15 日购入工程物资		借：经营支出　　　　　　　　339 000	
借：工程物资　　　　　　　300 000		贷：资金结存　　　　　　　　　339 000	
应交增值税——应交税金（进项税额）19 500			
——待抵扣进项税额　19 500			
贷：银行存款　　　　　　　　　339 000			

3）建筑安装工程投资的账务处理

【例 6-30】续【例 6-29】2019 年 7 月 20 日该事业单位除领用上述全部工程物资外，还领用库存材料一批，材料成本为 32 000 元。7 月计提建设期间发生工程人员薪酬 65 800 元。其余 5 个月建设期间发生工程人员薪酬 400 800 元。

该单位应编制分录为：

财务会计		预算会计	
领用工程物资，按照物资成本		—	
借：在建工程——建筑安装工程投资　332 000			
贷：工程物资　　　　　　　　　300 000			
库存物品　　　　　　　　　　32 000			
工程人员工资			
计提 7 月建设期间发生工程人员薪酬		借：经营支出　　　65 800	
借：在建工程——建筑安装工程投资　65 800		贷：资金结存　　　　　65 800	
贷：应付职工薪酬　　　　　　　65 800			
支付时			
借：应付职工薪酬　　　　　　65 800			
贷：银行存款　　　　　　　　　65 800			
计提 8～12 月建设期间发生工程人员薪酬		借：经营支出　　　400 800	
借：在建工程——建筑安装工程投资　400 800		贷：资金结存　　　　　400 800	
贷：应付职工薪酬　　　　　　　400 800			
支付时			
借：应付职工薪酬　　　　　　400 800			
贷：银行存款　　　　　　　　　400 800			
7～12 月每月计提借款利息，400 000×12%÷12=4 000（元）		—	
借：在建工程　　　　　　　4 000			
贷：应付利息　　　　　　　　　4 000			
完工的固定资产成本 = 332 000＋65 800＋400 800＋24 000 = 822 600（元）		—	
借：固定资产　　　　　　　822 600			
贷：在建工程　　　　　　　　　822 600			
2020 年 1～6 月每个月计提借款利息		—	
借：其他费用　　　　　　　4 000			
贷：应付利息　　　　　　　　　4 000			
1 年后，还本付息		借：债务还本支出　400 000	
借：短期借款　　　　　　　400 000		其他支出　　　　48 000	
应付利息　　　　　　　48 000		贷：资金结存　　　　　448 000	
贷：银行存款　　　　　　　　　448 000			

4）设备投资的账务处理

5）待摊投资的账务处理

6）其他投资的账务处理

7）待核销基建支出

8）基建转出投资的账务处理

9）已交付使用但尚未办理竣工决算手续的固定资产，按照估计价值入账，待办理竣工决算后再按照实际成本调整原来的暂估价值。

上述4）～9）的账务处理与本书第四章第二节"一、固定资产"中的"（三）账务处理"所述相似，但预算会计的账务处理需要用"事业支出"科目替代"行政支出"科目。

（3）融资租赁及跨年度分期购入。事业单位融资租赁及跨年度分期购入固定资产的账务处理与本书第四章第二节"一、固定资产"中的"（三）账务处理"所述相似，但预算会计的账务处理中需要用"事业支出"科目替代"行政支出"科目。

（4）接受捐赠。事业单位接受捐赠固定资产的账务处理与本书第四章第二节"一、固定资产"中的"（三）账务处理"所述相同。

（5）无偿调入。事业单位无偿调入固定资产的账务处理与本书第四章第二节"一、固定资产"中的"（三）账务处理"所述相同。

（6）置换取得。事业单位置换取得固定资产账务处理与本书第四章第二节"一、固定资产"中的"（三）账务处理"所述相同。

（7）取得涉及的增值税。固定资产取得时涉及增值税业务的，相关账务处理参见"应交增值税"科目。

2.固定资产折旧

事业单位固定资产的折旧范围、影响折旧的因素、折旧年限的确定、采用的折旧方法以及折旧计提的时点的确定与本书第四章第二节"一、固定资产"中的"（三）账务处理"中的折旧所述相同。

账务处理。事业单位固定资产应当按月计提折旧，并根据用途计入当期费用或者相关资产成本。

按照应计提折旧金额，只做财务会计分录：

借：业务活动费用

　　单位管理费用

　　经营费用

　　加工物品

　　在建工程

　贷：固定资产累计折旧

【例6-31】某事业单位自行建造的简易非独立核算经营活动生产用房于2019年3月21日完工交付使用，成本为48 000元，预计使用4年。按规定，应对该厂房采用年限平均法计提折旧。另外本单位本级行政部门3月份计提折旧50 000元。

该单位应编制分录为：

3月末及随后的每月末，生产用房每月折旧额＝48 000÷4÷12＝1 000（元）

3月末

借：经营费用	1 000	
单位管理费用	50 000	
贷：固定资产累计折旧		51 000

3. 与固定资产有关的后续支出

（1）符合固定资产确认条件的后续支出。事业单位符合固定资产确认条件的后续支出的账务处理与本书第四章第二节"一、固定资产"中的"（三）账务处理"所述相似，但预算会计的账务处理应根据业务用"事业支出"科目或"经营支出"科目替代"行政支出"科目。

（2）不符合固定资产确认条件的后续支出。不符合固定资产确认条件的后续支出主要是指为保证固定资产正常使用发生的日常维修等支出，应计入相关费用。

财务会计	预算会计
应计入相关费用 借：业务活动费用 　　单位管理费用 　贷：财政拨款收入 　　零余额账户用款额度 　　银行存款	借：事业支出 　　经营支出等 　贷：财政拨款预算收入 　　资金结存

4. 处置固定资产

报经批准出售、转让、对外捐赠、无偿调出、置换换出固定资产的账务处理与本书第四章第二节"一、固定资产"中的"（三）账务处理"所述相同。

按规定报经批准以固定资产对外投资的，应当将该固定资产的账面价值予以转销，并将固定资产在对外投资时的评估价值与其账面价值的差额计入当期收入或费用。

【例 6-32】某事业单位经批准将某项设备对公司进行投资，设备评估价值 300 000 元，现金支付评估费 4 000 元，应缴其他税费 2 000 元。该设备原价为 400 000 元，累计折旧 80 000 元。

该单位应编制分录为：

财务会计		预算会计	
借：长期股权投资　306 000		借：其他支出　　4 000	
资产处置费用　20 000		贷：资金结存　　4 000	
固定资产累计折旧　80 000			
贷：固定资产　　400 000			
库存现金　　4 000			
其他应交税费　2 000			

5. 盘点清查固定资产

报经批准出售、转让、对外捐赠、无偿调出、置换换出固定资产的账务处理与本书第四章第二节的"一、固定资产"中的"（三）账务处理"所述相同。

三、无形资产

（一）无形资产的确认

事业单位无形资产的定义、确认条件和研发支出的确认与本书第四章第二节"二、无形资产"中的"（一）无形资产的确认"所述相同。

（二）账户设置

事业单位应设置的"无形资产"科目、"无形资产累计摊销"科目、"研发支出"科目的核算内容及明细账设置方法与本书第四章第二节"二、无形资产"中的"（二）账户设置"所述相同。

（三）账务处理

1. 取得无形资产

无形资产在取得与本书第四章第二节"二、无形资产"中的"（三）账务处理"所述相同外，还涉及商业汇票业务的账务处理：

财务会计	预算会计
按照确定的无形资产成本 借：无形资产 　贷：财政拨款收入 　　　零余额账户用款额度 　　　银行存款 　　　应付票据 　　　应付账款	实际支付的金额 借：事业支出 　　　经营支出 　贷：财政拨款预算收入 　　　资金结存

【例 6-33】 某事业单位从乙公司购入一项专利权，协议约定价款 85 000 元，先以财政直接支付方式结清专利权价款 50 000 元，35 000 元由事业单位开出 3 个月期的无息银行承兑汇票结算。另以银行存款支付相关税费 1 600 元和有关专业服务费用 2 000 元。

该单位应编制分录为：

财务会计		预算会计	
借：无形资产	88 600	借：事业支出	53 600
贷：财政拨款收入	50 000	贷：财政拨款预算收入	50 000
应付票据	35 000	资金结存	3 600
银行存款	3 600		

2. 无形资产摊销

事业单位的无形资产进行摊销根据用途计入当期费用或者相关资产成本，其中，与行政单位无形资产摊销不同的是，费用包括业务活动费用和单位管理费用。

借：业务活动费用
　　单位管理费用
　　加工物品
　　在建工程
　贷：无形资产累计摊销

【例 6-34】 某事业单位为提高专业服务能力，从丙公司购入一项专利权，协议约定价款 60 000 元，先以财政直接支付方式结清专利权价款 55 000 元，另以银行存款支付相关税费 1 000 元和有关专业服务费用 4 000 元。根据法律规定，该专利权预计可使用 10 年，用于本单位本级行政管理部门。

该单位应编制分录为：

财务会计		预算会计	
借：无形资产　　　　　　　60 000		借：事业支出　　　　　　　60 000	
贷：财政拨款收入	55 000	贷：财政拨款预算收入	55 000
银行存款	5 000	资金结存	5 000
每月末，按月摊销时，月摊销额 = 60 000 ÷（10 × 12）= 500（元）			
借：单位管理费用　　　　　　500		—	
贷：无形资产累计摊销	500		

3. 与无形资产有关的后续支出

（1）符合无形资产确认条件的后续支出。事业单位符合无形资产确认条件的后续支出的账务处理与本书第四章第二节"二、无形资产"的"（三）账务处理"所述相似，只是应根据业务内容不同，用"事业支出"科目或"经营支出"科目替代"行政支出"科目。

（2）不符合无形资产确认条件的后续支出。事业单位为保证无形资产正常使用发生的日常维护等支出的账务处理与本书第四章第二节"二、无形资产"的"（三）账务处理"所述相似，只是应根据业务内容不同，计入不同的费用科目。

借：业务活动费用
　　单位管理费用
　　贷：财政拨款收入
　　　　零余额账户用款额度
　　　　银行存款

4. 处置无形资产

除了无形资产对外投资外，事业单位处置无形资产的账务处理还与本书第四章第二节中"二、无形资产"的"（三）账务处理"所述相同。

按规定报经批准以无形资产对外投资的，应当将该无形资产的账面价值予以转销，并将无形资产在对外投资时的评估价值与其账面价值的差额计入当期收入或费用。

借：长期股权投资
　　无形资产累计摊销
　　贷：无形资产
　　　　其他收入

【例 6-35】某事业单位以某专利技术与 A 公司共同成立兴隆公司，专利技术评估价值为 155 000 元，科目余额为 126 000 元，累计摊销 57 000 元。

该单位应编制分录为：

财务会计		预算会计
借：长期股权投资　　　　　155 000		
无形资产累计摊销　　　　57 000		
贷：无形资产	126 000	—
其他收入	86 000	

5. 清查盘点无形资产

事业单位应当定期对无形资产进行清查盘点，每年至少盘点一次。单位资产清查盘点过程中发现的无形资产盘盈、盘亏等，参照"固定资产"科目相关规定进行账务处理。

四、公共基础设施

（一）公共基础设施的确认

事业单位公共基础设施的定义、特征及内容、负责确认的会计主体、确认条件、确认方式及确认时间与本书第四章第二节中"三、公共基础设施"的"（一）公共基础设施的确认"所述相同。

（二）账户设置

事业单位应设置的"公共基础设施"科目与"公共基础设施累计折旧（摊销）"科目的核算内容、明细账设置方法与本书第四章第二节中"三、公共基础设施"的"（二）账户设置"所述相同。

（三）账务处理

1. 取得公共基础设施

事业单位取得公共基础设施的账务处理与本书第四章第二节中"三、公共基础设施"的"（三）账务处理"所述相似，但应用"事业支出"科目替代"行政支出"科目。

2. 公共基础设施的折旧

事业单位取得公共基础设施的账务处理与本书第四章第二节中"三、公共基础设施"的"（三）账务处理"所述相同。

3. 与公共基础设施有关的后续支出

事业单位公共基础设施有关的后续支出的账务处理与本书第四章第二节中"三、公共基础设施"的"（三）账务处理"所述相似，但涉及费用化处理时，应根据业务内容计入"业务活动费用"科目或"单位管理费用"科目。同时，还应用"事业支出"科目替代"行政支出"科目。

【例6-36】某事业单位按规定对某公共基础设施按年限平均法计提折旧，该公共基础设施原值为1 000万元，预计使用20年，已交付使用并折旧2年。现因故障需对该基础设施进行修缮扩建，修缮工程委托A公司负责，修缮价款一共200万元，通过财政直接支付方式结清。1个月后，修缮扩建完成。修缮扩建后该公共基础设施可再延长使用年限4年。

该单位应编制分录为：

财务会计	预算会计
①将公共基础设施转入修缮扩建时	
累计折旧额=10 000 000÷20×2=1 000 000（元） 借：在建工程 9 000 000 　公共基础设施累计折旧（摊销）1 000 000 　贷：公共基础设施 10 000 000	—
②修缮扩建增加了公共基础设施的使用年限，应当计入公共基础设施成本	
借：在建工程 2 000 000 　贷：财政拨款收入 2 000 000	借：事业支出 2 000 000 　贷：财政拨款预算收入 2 000 000

财务会计	预算会计
③公共基础设施改建、扩建完成，竣工验收交付使用时	
借：公共基础设施 11 000 000 　贷：在建工程 11 000 000	—
修缮后年折旧＝11 000 000÷（18＋4）＝500 000（元） 修缮后的月折旧＝500 000÷12＝41 667（元） 借：业务活动费用 41 667 　贷：公共基础设施累计折旧（摊销） 41 667	—

4. 处置公共基础设施

报经批准对外捐赠、无偿调出公共基础设施的账务处理与本书第四章第二节中"三、公共基础设施"的"（三）账务处理"所述相同。

5. 清查盘点公共基础设施

报经批准对外捐赠、无偿调出公共基础设施的账务处理与本书第四章第二节中"三、公共基础设施"的"（三）账务处理"所述相同。

五、政府储备物资

（一）政府储备物资的确认

政府储备物资的定义及范围、负责确认的会计主体和确认条件与本书第四章第二节中"四、政府储备物资"的"（一）政府储备物资的确认"所述相同。

（二）账户设置

事业单位应设置的"政府储备物资"科目核算内容及明细账设置方法与本书第四章第二节中"四、政府储备物资"的"（二）账户设置"所述相同。

（三）账务处理

1. 取得政府储备物资

购入、委托加工、接受捐赠、接受无偿调入的政府储备物资的账务处理与本书第四章第二节中"四、政府储备物资"的"（三）账务处理"所述相似，但应用"事业支出"科目替代"行政支出"科目。

2. 发出政府储备物资

事业单位发出政府储备物资的计价方法、发出、调拨给其他主体的账务处理与本书第四章第二节中"四、政府储备物资"的"（三）账务处理"所述相似，但应用"事业支出"科目替代"行政支出"科目。

对外销售政府储备物资，账务处理与行政单位有所不同，具体分下列两种情况处理：

财务会计	预算会计
①对外销售政府储备物资并将销售收入纳入单位预算统一管理的，发出物资时，按照发出物资的账面余额	
借：业务活动费用 　贷：政府储备物资	—
实现销售收入时，按照确认的收入金额 借：银行存款 　　应收账款 　贷：事业收入	按实际收到金额 借：资金结存 　贷：事业预算收入

财务会计	预算会计
②对外销售政府储备物资并按照规定将销售净收入上缴财政的，发出物资时，按照发出物资的账面余额	
借：资产处置费用 　贷：政府储备物资	—
取得销售价款时 借：银行存款　（实际收到的款项金额） 　贷：银行存款　（发生的相关税费） 　　　应缴财政款（差额）	—

【例6-37】某事业单位经批准对外销售政府储备物资。该政府储备物资账面余额为1 120 000元，实现销售收入1 400 000元，增值税182 000元。用银行存款支付运杂费5 000元。该销售收入全部纳入单位预算统一管理。

该单位应编制分录为：

财务会计	预算会计
借：资产处置费用　　1 120 000 　贷：政府储备物资　　　　　1 120 000	—
取得销售价款时 借：银行存款　　　1 582 000 　贷：银行存款　　　　　　　　5 000 　　　应交增值税——应交税金（销项税额）182 000 　　　事业收入　　　　　　1 395 000	借：资金结存　　　1 577 000 　贷：事业预算收入　　　1 577 000 借：事业支出　　　5 000 　贷：资金结存　　　　　5 000

3.清查盘点政府储备物资

事业单位清查盘点政府储备物资的账务处理与本书第四章第二节中"四、政府储备物资"的"（三）账务处理"所述相同。

六、文物文化资产

（一）账户设置

事业单位应设置的"文物文化资产"科目的核算内容及明细账户设置方法与本书第四章第二节中"五、文物文化资产"的"（一）账户设置"所述相同。

（二）账务处理

事业单位文物文化资产的取得、与文物文化资产有关的后续支出、处置和清查盘点文物文化资产的账务处理与本书第四章第二节中"五、文物文化资产"的"（二）账务处理"所述相似，但应用"事业支出"科目替代"行政支出"科目。

七、保障性住房

（一）账户设置

事业单位应设置的"保障性住房"科目和"保障性住房累计折旧"科目的核算内容及明细账户设置方法与本书第四章第二节中"六、保障性住房"的"（一）账户设置"所述相同。

（二）账务处理

事业单位保障性住房取得、折旧、与保障性住房有关的后续支出、出租保障性住房、处置和清查盘点保障性住房的账务处理与本书第四章第二节中"六、保障性住房"的"（一）账户设置"所述相似，但应用"事业支出"科目替代"行政支出"科目。

八、受托代理资产

（一）账户设置

事业单位应设置的"受托代理资产"科目内容及明细账户设置方法与本书第四章第二节中"七、受托代理资产"的"（一）账户设置"所述相同。

（二）账务处理

事业单位受托转赠物资、受托存储保管物资、罚没物资的账务处理与本书第四章第二节中"七、保障性住房"的"（二）账务处理"所述相同。

九、长期待摊费用

（一）账户设置

事业单位应设置"长期待摊费用"科目，该科目核算内容及明细科目设置方法与本书第四章第一节中"八、长期待摊费用"中的"（一）账户设置"所述相同。

（二）账务处理

发生长期待摊费用的账务处理与本书第四章第二节中"八、长期待摊费用"中的"（二）账务处理"所述相同。

待摊费用摊销的账务处理与本书第四章第二节中"十一、待摊资产"的"（二）长期待摊费用"中的"（二）账务处理"所述相似，但应根据摊销的受益对象不同分别计入"业务活动费用"科目、"单位管理费用"科目或"经营费用"科目，同时，用"事业支出"科目或"经营支出"科目替代"行政支出"科目。

十、待处理财产损溢

待处理财产损溢的账户设置、账务处理与本书第四章第二节中"九、待处理财产损溢"所述相同。

第三节 事业单位的流动负债

一、事业单位负债的内容

事业单位的流动负债包括短期借款、应交税费、应缴财政款、应付职工薪酬、应付账款、其他应付款、预提费用等。

二、短期借款

（一）账户设置

事业单位应设置"短期借款"科目核算事业单位经批准向银行或其他金融机构等借入的期限在1年内（含1年）的各种借款。科目期末贷方余额，反映事业单位尚未偿还的短期借款本金。

该科目应当按照债权人和借款种类进行明细核算。

（二）账务处理

财务会计	预算会计
①借入各种短期借款时，按照实际借入的金额	
借：银行存款 　贷：短期借款	借：资金结存——货币资金 　贷：债务预算收入
②银行承兑汇票到期，本单位无力支付票款的，按应付票据的账面余额	
借：应付票据 　贷：短期借款	借：经营支出等 　贷：债务预算收入
③归还短期借款时	
借：短期借款 　贷：银行存款	借：债务还本支出 　贷：资金结存——货币资金

【例 6-38】某事业单位经批准，向银行借入 500 000 元，利率为 6%，3 个月后归还本息。款项已存入银行存款账户。

该单位应编制分录为：

财务会计	预算会计
收到借款时 借：银行存款　　　　500 000 　贷：短期借款　　　　　　500 000	借：资金结存——货币资金　　500 000 　贷：债务预算收入　　　　　　500 000
支付短期借款本息时 借：其他费用　　　　7 500 　短期借款　　　500 000 　贷：银行存款　　　　　507 500	借：债务还本支出　　　　500 000 　其他支出　　　　　　7 500 　贷：资金结存——货币资金　　507 500

三、应交增值税

（一）账户设置

1. 总账科目

单位应设置"应交增值税"科目核算单位按照税法规定计算应交纳的增值税。科目期末贷方余额，反映单位应交未交的增值税；期末如为借方余额，反映单位尚未抵扣或多交的增值税。

2. 明细科目

（1）属于增值税一般纳税人的单位，应当在"应交增值税"科目下设置"应交税金""未交税金""预交税金""待抵扣进项税额""待认证进项税额""待转销项税额""简易计税""转让金融商品应交增值税""代扣代缴增值税"等明细科目。

上述明细科目及其专栏设置及记录内容分别列示在表 6-2。

表 6-2　应交增值税明细科目设置及记录内容

总账科目	明细科目	专栏	核算内容
应交增值税	应交税金	进项税额	购进货物、加工修理修配劳务、服务、无形资产或不动产而支付或负担的、准予从当期销项税额中抵扣的增值税额
		已交税金	当月已交纳的应交增值税额
		转出未交增值税	月度终了转出当月应交未交的增值税额
		减免税款	按照现行增值税制度规定准予减免的增值税额
		销项税额	销售货物、加工修理修配劳务、服务、无形资产或不动产应收取的增值税额

（续）

总账科目	明细科目	专栏	核算内容
应交增值税	应交税金	进项税额转出	购进货物、加工修理修配劳务、服务、无形资产或不动产等发生非正常损失以及其他原因而不应从销项税额中抵扣、按照规定转出的进项税额
		转出多交增值税	月度终了转出当月多交的增值税额
	未交税金		月度终了从"应交税金"或"预交税金"明细科目转入当月应交未交、多交或预缴的增值税额，以及当月交纳以前期间未交的增值税额
	预交税金		转让不动产、提供不动产经营租赁服务等，以及其他按照现行增值税制度规定应预缴的增值税额
	待抵扣进项税额		已取得增值税扣税凭证并经税务机关认证，按照现行增值税制度规定准予以后期间从销项税额中抵扣的进项税额
	待认证进项税额		由于未经税务机关认证而不得从当期销项税额中抵扣的进项税额包括：已取得增值税扣税凭证并按规定准予从销项税额中抵扣，但尚未经税务机关认证的进项税额；已申请稽核但尚未取得稽核相符结果的海关缴款书进项税额
	待转销项税额		销售货物、加工修理修配劳务、服务、无形资产或不动产，已确认相关收入（或利得）但尚未发生增值税纳税义务而需于以后期间确认为销项税额的增值税额
	简易计税		采用简易计税方法发生的增值税计提、扣减、预缴、缴纳等业务
	转让金融商品应交增值税		转让金融商品发生的增值税额
	代扣代交增值税		购进在境内未设经营机构的境外单位或个人在境内的应税行为代扣代缴的增值税

（2）属于增值税小规模纳税人的单位只需在"应交增值税"科目下设置"转让金融商品应交增值税"和"代扣代缴增值税"明细科目。

（二）账务处理

1. 单位取得资产或接受劳务等业务

（1）采购等业务进项税额允许抵扣。

财务会计	预算会计
单位购买用于增值税应税项目的资产或服务等时	
按照应计入相关成本费用或资产的金额 借：业务活动费用 　　在途物品 　　库存物品 　　工程物资 　　在建工程 　　固定资产 　　无形资产 　　应交增值税——应交税金（进项税额）（当月已认证的可抵扣税额） 　　　　　　——待认证进项税额（当月未认证的可抵扣税额） 　贷：应付账款 　　应付票据 　　银行存款 　　零余额账户用款额度	实际支付金额 借：事业支出 　　经营支出 　贷：资金结存
发生退货的，如原增值税专用发票已做认证，应根据税务机关开具的红字增值税专用发票做相反的会计分录	
如原增值税专用发票未做认证，应将发票退回并做相反的会计分录	
小规模纳税人购买资产或服务等时不能抵扣增值税，发生的增值税计入资产成本或相关成本费用	

【例 6-39】某事业单位为一般纳税人，2019 年 5 月 3 日购入用于专业业务活动及其辅助活动的自用材料，取得专用增值税发票注明价款 10 000 元，增值税 1 300 元。材料已经入库，款项未付。假设当月已认证的可抵扣增值税额为 1 000 元，未认证的可抵扣增值税额为 300 元。2019 年 5 月 13 日，支付了上述款项。

该单位应编制分录为：

财务会计	预算会计
2019 年 5 月 3 日 借：库存物品　　　　　　　　　　10 000 　　应缴增值税——应交税金（进项税额）　1 000 　　　　　　——待认证进项税额　　300 　　贷：应付账款　　　　　　　　　11 300	——
2019 年 5 月 13 日 借：应付账款　　　　　　　　　11 300 　　贷：银行存款　　　　　　　　11 300	借：事业支出　　　　　　　　11 300 　　贷：资金结存　　　　　　　　11 300

（2）采购等业务进项税额不得抵扣。

财务会计	预算会计
单位购进资产或服务等，用于简易计税方法计税项目、免征增值税项目、集体福利或个人消费等，其进项税额按照现行增值税制度规定不得从销项税额中抵扣的，取得增值税专用发票时，应按照增值税发票注明的金额	
借：相关成本费用或资产科目 　　应交增值税——待认证进项税额 　贷：银行存款 　　　应付账款 　　　零余额账户用款额度	实际支付的金额 借：事业支出 　　经营支出等 　贷：资金结存等
经税务机关认证为不可抵扣进项税时 借：应交增值税——应交税金（进项税额） 　贷：应交增值税——待认证进项税额 同时，将进项税额转出 借：相关成本费用科目 　贷：应交增值税——应交税金（进项税额转出）	——

【例 6-40】2019 年 9 月 7 日，某事业单位购入物资，取得专用增值税发票注明价款 100 000 元，增值税 13 000 元。物资尚未收到，款项已用银行存款支付。月末该单位将该批物资用于节日集体福利。该增值税中，当月已认证的可抵扣增值税额为 10 000 元，未认证的可抵扣增值税额为 3 000 元。

该单位应编制分录为：

财务会计	预算会计
借：在途物品　　　　　　　　　100 000 　　应缴增值税——应交税金（进项税额）　10 000 　　　　　　——待认证进项税额　　3 000 　　贷：银行存款　　　　　　　　113 000	借：事业支出　　　　　　　113 000 　　贷：资金结存　　　　　　　113 000
月末，经税务机关认证为不可抵扣进项税时 借：应交增值税——应交税金（进项税额）　3 000 　贷：应交增值税——待认证进项税额　　3 000 同时，将进项税额转出 借：在途物品　　　　　　　　　13 000 　贷：应交增值税——应交税金（进项税额转出）　13 000	——

（3）购进不动产或不动产在建工程按照规定进项税额分年抵扣。

财务会计	预算会计
单位取得应税项目为不动产或者不动产在建工程，其进项税额按照现行增值税制度规定自取得之日起分2年从销项税额中抵扣的	
借：固定资产 　　在建工程 　　应交增值税——应交税金（进项税额） 　　　　　　　　——待抵扣进项税额 　贷：应付账款 　　　应付票据 　　　银行存款 　　　零余额账户用款额度	实际支付的金额 借：事业支出 　　经营支出等 　贷：资金结存等
尚未抵扣的进项税额待以后期间允许抵扣时，按照允许抵扣的金额	
借：应交增值税——应交税金（进项税额） 　贷：应交增值税——待抵扣进项税额	

（4）进项税额抵扣情况发生改变。只做财务会计分录，无须做预算会计分录。

单位因发生非正常损失或改变用途等，原已计入进项税额、待抵扣进项税额或待认证进项税额，但按照现行增值税制度规定不得从销项税额中抵扣的

借：待处理财产损溢
　　固定资产
　　无形资产
　贷：应交增值税——应交税金（进项税额转出）
　　　　　　　　——待抵扣进项税额
　　　　　　　　——待认证进项税额

原不得抵扣且未抵扣进项税额的固定资产、无形资产等，因改变用途等用于允许抵扣进项税额的应税项目的，应按照允许抵扣的进项税额

借：应交增值税——应交税金（进项税额）
　贷：固定资产
　　　无形资产

固定资产、无形资产等经上述调整后，应按照调整后的账面价值在剩余尚可使用年限内计提折旧或摊销。

单位购进时已全额计入进项税额的货物或服务等转用于不动产在建工程的，对于结转以后期间的进项税额

借：应交增值税——待抵扣进项税额
　贷：应交增值税——应交税金（进项税额转出）

【例6-41】2019年10月30日，该单位盘点发现某材料毁损了1 000元，原购入时已认证可抵扣的增值税为100元，未认证可抵扣的增值税为30元。

该单位会计分录为：

借：待处理财产损溢　　　　　　　　　　　　　　　1 130
　贷：库存物品　　　　　　　　　　　　　　　　　　　　1 000
　　　应交增值税——应交税金（进项税额转出）　　　　　　100
　　　　　　　　——待认证进项税额　　　　　　　　　　　　30

（5）购买方作为扣缴义务人。按照现行增值税制度规定，境外单位或个人在境内发生应税行为，在境内未设有经营机构的，以购买方为增值税扣缴义务人。

财务会计	预算会计
境内一般纳税人购进服务或资产时，按照应计入相关成本费用或资产的金额	
借：业务活动费用 　　在途物品 　　库存物品 　　工程物资 　　在建工程 　　固定资产 　　无形资产 　　应交增值税——应交税金（进项税额） 　贷：银行存款 　　应付账款 　　应交增值税——代扣代缴增值税	实际支付的金额 借：事业支出 　　经营支出等 　贷：资金结存等
小规模纳税人的进项税额计入相关成本费用或资产科目	
借：业务活动费用 　　在途物品 　　库存物品 　　工程物资 　　在建工程 　　固定资产 　　无形资产 　贷：银行存款 　　应付账款 　　应交增值税——代扣代缴增值税	实际支付的金额 借：事业支出 　　经营支出等 　贷：资金结存等
实际缴纳代扣代缴增值税时，按照代扣代缴的增值税额	
借：应交增值税——代扣代缴增值税 　贷：银行存款 　　零余额账户用款额度	借：事业支出 　　经营支出等 　贷：资金结存等

2.单位销售资产或提供服务等业务

1）销售资产或提供服务业务

财务会计	预算会计
借：银行存款 　　应收账款　（包含增值税的价款总额） 　　应收票据等（包含增值税的价款总额） 　贷：事业收入 　　经营收入等 　　应交增值税——应交税金（销项税额） 　　应交增值税——简易计税	按实际收到的含税金额 借：资金结存 　贷：事业预算收入 　　经营预算收入等
发生销售退回的，应根据按照规定开具的红字增值税专用发票做相反的会计分录。 按照本制度及相关政府会计准则确认收入的时点早于按增值税制度确认增值税纳税义务发生时点的，应将相关销项税额计入"应交增值税——待转销项税额"	
借：应收账款 　　应收票据 　　银行存款 　贷：经营收入 　　事业收入 　　应交增值税——待转销项税额	按实际收到金额 借：资金结存 　贷：经营预算收入 　　事业预算收入

财务会计	预算会计
待实际发生纳税义务时再转入销项税额或简易计税	
借：应交增值税——待转销项税额 　　贷：应交增值税——应交税金（销项税额） 　　　　　　　　　　——简易计税	—
按照增值税制度确认增值税纳税义务发生时点早于按照本制度及相关政府会计准则确认收入的时点的，应按照应纳增值税额	
借：应收账款 　　贷：应交增值税——应交税金（销项税额） 　　　　　　　　　　——简易计税	—

【例 6-42】2019 年 11 月 23 日，某事业单位销售产品，开出增值税专用发票，注明售价 50 000 元，增值税 6 500 元，款项未收。该事业单位的增值税纳税义务发生时点为 11 月 30 日。

该单位应编制分录为：

财务会计	预算会计
2019 年 11 月 23 日 借：应收账款　　　　　　　　　56 500 　　贷：经营收入　　　　　　　　　　　50 000 　　　　应交增值税——待转销项税额　　6 500	—
11 月 30 日 借：应交增值税——待转销项税额　　6 500 　　贷：应交增值税——应交税金（销项税额）　6 500	

2）金融商品转让

财务会计	预算会计
产生收益，按净收益计算的应纳增值税	
借：投资收益 　　贷：应交增值税——转让金融商品应交增值税	—
产生损失，按净损失计算的应纳增值税	
借：应交增值税——转让金融商品应交增值税 　　贷：投资收益	—
交纳增值税时，按实际支付的金额	
借：应交增值税——转让金融商品应交增值税 　　贷：银行存款等	借：投资预算收益等 　　贷：资金结存
年末，如有借方余额	
借：投资收益 　　贷：应交增值税——转让金融商品应交增值税	—

3.月末转出多交增值税和未交增值税

月度终了，单位应当将当月应交未交或多交的增值税自"应交税金"明细科目转入"未交税金"明细科目，只做财务会计分录，无须做预算会计分录。

对于当月应交未交的增值税，

借：应交增值税——应交税金（转出未交增值税）

　　贷：应交增值税——未交税金

对于当月多交的增值税，

借：应交增值税——未交税金

　　贷：应交增值税——应交税金（转出多交增值税）

4. 交纳增值税

财务会计	预算会计
①本月交纳本月应交增值税	
借：应交增值税——应交税金（已交税金） 　　贷：银行存款	借：事业支出 　　　经营支出等 　　　贷：资金结存
小规模纳税人 借：应交增值税 　　贷：银行存款	借：事业支出 　　　经营支出等 　　　贷：资金结存
②交纳以前期间未交增值税	
借：应交增值税——未交税金 　　贷：银行存款	借：事业支出 　　　经营支出等 　　　贷：资金结存
小规模纳税人 借：应交增值税 　　贷：银行存款	借：事业支出 　　　经营支出等 　　　贷：资金结存
③预交增值税	
单位预交增值税时 借：应交增值税——预交税金 　　贷：银行存款	借：事业支出 　　　经营支出等 　　　贷：资金结存
月末 借：应交增值税——未交税金 　　贷：应交增值税——预交税金	—

【例 6-43】2019 年 9 月 30 日，某事业单位非独立核算的经营活动"应交增值税——应交税金"科目所述明细科目余额如下，计算并用银行存款缴清本月应缴增值税。

明细科目	期末借方余额	期末贷方余额
进项税额	200 000	
已交税金	30 000	
转出未交增值税		—
减免税款		—
销项税额		350 000
进项税额转出		40 000

该单位会计分录为：

本月应交增值税 = 350 000 + 40 000 −（200 000 + 30 000）= 160 000（元）

财务会计	预算会计
借：应交增值税 　　——应交税金（已交税金）　160 000 　　贷：银行存款　　　　　　　160 000	借：经营支出　　　　　　160 000 　　贷：资金结存　　　　　　160 000

减免增值税，只做财务会计分录，无须做预算会计分录。

对于当期直接减免的增值税

借：应交增值税——应交税金（减免税款）

　　贷：业务活动费用

　　　经营费用

按照现行增值税制度规定，单位初次购买增值税税控系统专用设备支付的费用以及缴

纳的技术维护费允许在增值税应纳税额中全额抵减的，按照规定抵减的增值税应纳税额，

借：应交增值税——应交税金（减免税款）

　　贷：业务活动费用

　　　　经营费用

小规模纳税人

借：应交增值税

　　贷：业务活动费用

　　　　经营费用

四、其他应交税费

（一）账户设置

事业单位应设置"其他应交税费"科目核算单位按照税法等规定计算应交纳的除增值税以外的各种税费，包括城市维护建设税、教育费附加、地方教育附加、车船税、房产税、城镇土地使用税和企业所得税等。科目期末贷方余额，反映单位应交未交的除增值税以外的税费金额；期末如为借方余额，反映单位多交纳的除增值税以外的税费金额。

科目应当按照应交纳的税费种类进行明细核算。

单位代扣代缴的个人所得税，也通过"其他应交税费"科目核算。

单位应交纳的印花税不需要预提应交税费，直接通过"业务活动费用""单位管理费用"和"经营费用"等科目核算，不通过"其他应交税费"科目核算。

（二）账务处理

（1）发生城市维护建设税、教育费附加、地方教育附加、车船税、房产税、城镇土地使用税等纳税义务的，按照税法规定计算的应缴税费金额，只做财务会计分录。

借：业务活动费用

　　单位管理费用

　　经营费用

　　贷：其他应交税费——应交城市维护建设税

　　　　　　　　　　——应交教育费附加

　　　　　　　　　　——应交地方教育附加

　　　　　　　　　　——应交车船税

　　　　　　　　　　——应交房产税

　　　　　　　　　　——应交城镇土地使用税等

（2）按照税法规定计算应代扣代缴职工（含长期聘用人员）的个人所得税，应编制如下会计分录。

借：应付职工薪酬

　　贷：其他应交税费——应交个人所得税

按照税法规定计算应代扣代缴支付给职工（含长期聘用人员）以外人员劳务费的个人所得税。

借：业务活动费用

　　单位管理费用

　　贷：其他应交税费——应交个人所得税

（3）发生企业所得税纳税义务的，按照税法规定计算的应交所得税额，应编制如下会计分录。

借：所得税费用

　　贷：其他应交税费——单位应交所得税

（4）单位实际交纳上述各种税费时，应编制如下会计分录。

借：其他应交税费——应交城市维护建设税

　　　　　　　　——应交教育费附加

　　　　　　　　——应交地方教育附加

　　　　　　　　——应交车船税

　　　　　　　　——应交房产税

　　　　　　　　——应交城镇土地使用税

　　　　　　　　——应交个人所得税

　　　　　　　　——单位应交所得税等

　　贷：财政拨款收入

　　　　零余额账户用款额度

　　　　银行存款

【例6-44】某事业单位计算应交缴纳房产税1 000元和车船税580元，本年经营利润为320 000元，按税法规定计算应缴企业所得税70 000元。单位用银行存款缴纳了房产税、车船税和企业所得税。

该单位应编制分录为：

财务会计		预算会计	
借：业务活动费用　　　　　　1 580 　　所得税费用　　　　　　70 000 　　贷：其他应交税费——应交房产税　　1 000 　　　　　　　　——应交车船税　　　580 　　　　　　　　——单位应交所得税　70 000		—	
借：其他应交税费——应交车船税　　1 000 　　　　　　　　——应交房产税　　　580 　　　　　　　　——单位应交所得税 70 000 　　贷：银行存款　　　　　　　　71 580		借：事业支出　　　　　　71 580 　　贷：资金结存　　　　　　　71 580	

五、应缴财政款

事业单位应缴财政款的账户设置及账务处理与本书第四章第三节中"三、应缴财政款"相同。

六、应付职工薪酬

（一）账户设置

应付职工薪酬的内容及账户设置与本书第四章第三节中"四、应付职工薪酬"相同。

（二）账务处理

1. 计提职工薪酬

计提职工薪酬只做财务会计分录。

（1）计提从事专业及其辅助活动人员的职工薪酬时。

借：业务活动费用

　　单位管理费用

　　贷：应付职工薪酬

（2）计提应由在建工程、加工物品、自行研发无形资产负担的职工薪酬，与本书第四章第三节中"四、应付职工薪酬"的相应内容相同。

（3）因辞退等原因给予职工的补偿，应当于相关补偿金额报经批准时，应编制如下会计分录。

借：单位管理费用
　贷：应付职工薪酬

（4）计提从事专业及其辅助活动之外的经营活动人员的职工薪酬，应编制如下会计分录。

借：经营费用
　贷：应付职工薪酬

（5）因辞退等原因给予职工的补偿，应当于相关补偿金额报经批准时，应编制如下会计分录。

借：单位管理费用
　贷：应付职工薪酬

2. 向职工支付工资、津贴补贴等薪酬、按照税法规定代扣职工个人所得税、缴纳职工社会保险费和住房公积金以及从应付职工薪酬中支付的其他款项

账务处理与本书第四章的第三节"四、应付职工薪酬"中相应内容相同，只是用"事业支出"科目或"经营支出"科目代替"行政支出"科目。

【例6-45】 某事业单位计提本月职工薪酬151 000元，其中，从事专业及其辅助活动人员的职工薪酬100 000元，非独立核算经营人员薪酬21 000元，因解除与职工的劳动关系而给予的补偿30 000元，其中，包含按国家规定为职工缴纳社会保险费、住房公积金12 000元。按税法规定计算应代扣代缴的个人所得税金额2 000元，从应付职工薪酬中缴纳职工负担的社会保险费4 000元、住房公积金6 000元。除经营人员薪酬用银行存款支付20 000元外，其他部分采用财政直接支付方式予以支付。

该单位应编制分录为：

财务会计	预算会计
计提时 借：业务活动费用　　　100 000 　单位管理费用　　　30 000 　经营费用　　　21 000 　贷：应付职工薪酬　　　151 000	—
应代扣代缴的个人所得税 借：应付职工薪酬——基本工资　2 000 　贷：其他应交税费——应交个人所得税　2 000	—
从应付职工薪酬中缴纳保险费、住房公积金 借：应付职工薪酬——基本工资　10 000 　贷：应付职工薪酬——社会保险费　4 000 　　　　——住房公积金　6 000	—
支付时 借：应付职工薪酬　　　139 000 　贷：财政拨款收入　　　119 000 　　银行存款　　　20 000	借：事业支出　　　118 000 　经营支出　　　21 000 　贷：财政拨款预算收入　　　119 000 　　资金结存　　　20 000

七、应付票据

（一）账户设置

事业单位应设置"应付票据"科目核算事业单位因购买材料、物资等而开出、承兑的商业汇票，包括银行承兑汇票和商业承兑汇票。科目期末贷方余额，反映事业单位开出、承兑的尚未到期的应付票据金额。

该科目应当按照债权人进行明细核算。

单位应当设置"应付票据备查簿"，详细登记每一张应付票据的种类、号数、出票日期、到期日、票面金额、交易合同号、收款人姓名或单位名称，以及付款日期和金额等。应付票据到期结清票款后，应当在备查簿内逐笔注销。

（二）账务处理

（1）事业单位开出、承兑商业汇票时采购物资，增值税可抵扣时，只做财务会计分录。

借：库存物品
　　固定资产
　　应交增值税
　　贷：应付票据

增值税不能抵扣时，

借：库存物品
　　固定资产
　　贷：应付票据

以商业汇票抵付应付账款时，

借：应付账款
　　贷：应付票据

（2）支付银行承兑汇票的手续费时，应做如下会计处理。

财务会计	预算会计
借：业务活动费用 　　经营费用 　　贷：银行存款 　　　　零余额账户用款额度	借：事业支出 　　经营支出 　　贷：资金结存——货币资金

（3）商业汇票到期时，应当分别按以下情况处理。

财务会计	预算会计
收到银行支付到期票据的付款通知时 借：应付票据 　　贷：银行存款	借：事业支出 　　经营支出 　　贷：资金结存
到期无力支付的银行承兑汇票，按照应付票据账面余额 借：应付票据 　　贷：短期借款	借：事业支出 　　经营支出 　　贷：债务预算收入
到期无力支付的商业承兑汇票，按照应付票据账面余额 借：应付票据 　　贷：应付账款	—

【例6-46】某事业单位为小规模纳税人，为开展业务活动需要购入一批包装物和低值易耗品，增值税专用发票注明价款40 000元，增值税4 200元，开出6个月期带息商业承兑汇票一张，面值44 200元，票面利率6%，同时以银行存款支付银行承兑手续费100元，到期后用单位零余额账户支付本息。

该单位应编制分录为：

财务会计		预算会计	
借：库存物品　　　　　　44 200		—	
贷：应付票据　　　　　　　　44 200			
借：业务活动费用　　　　　100		借：事业支出　　　　　　　　100	
贷：银行存款　　　　　　　　　100		贷：资金结存　　　　　　　　100	
借：应付票据　　　　　　44 200		借：事业支出　　　　　　　45 526	
业务活动费用　　　　1 326		贷：资金结存　　　　　　　45 526	
贷：零余额账户用款额度　　45 526			

八、应付账款

应付账款的确认、账户设置与本书第四章第三节中"五、应付账款"相应内容相同。

大部分账务处理与本书第四章第三节中"五、应付账款"相应内容相同，只是用"事业支出"科目或"经营支出"科目代替"行政支出"科目。

行政单位与事业单位应付账款的主要差异是涉及开出、承兑商业汇票抵付应付账款时的账务处理：

借：应付账款
　　贷：应付票据

【例6-47】某事业单位为小规模纳税人，开展业务活动需要购入一批专用材料，增值税专用发票注明价款52 700元，增值税6 851元，材料已验收入库，款项未付。1个月后，已持有的一张银行承兑汇票50 000元抵付款项，余下款项通过财政直接支付方式支付。

该单位应编制分录为：

财务会计		预算会计	
购买材料时		—	
借：库存物品　　　　　　59 551			
贷：应付账款　　　　　　　　59 551			
1个月后		借：事业支出　　　　　　　9 551	
借：应付账款　　　　　　59 551		贷：财政拨款预算收入　　　9 551	
贷：应付票据　　　　　　　　50 000			
财政拨款收入　　　　9 551			

九、应付利息

（一）账户设置

事业单位应设置"应付利息"科目核算事业单位按照合同约定应支付的借款利息，包括短期借款、分期付息到期还本的长期借款等应支付的利息。科目期末贷方余额，反映事业单位应付未付的利息金额。

该科目应当按照债权人等进行明细核算。

（二）账务处理

（1）为建造固定资产、公共基础设施等借入的专门借款的利息，属于建设期间发生的，按期计提利息费用时，按照计算确定的金额，编制如下会计分录。

借：在建工程
　　贷：应付利息

不属于建设期间发生的，按期计提利息费用时，按照计算确定的金额，

借：其他费用

　　贷：应付利息

具体例示参见"长期借款"部分。

（2）对于其他借款，按期计提利息费用时，按照计算确定的金额，编制如下会计分录。

借：其他费用

　　贷：应付利息

（3）实际支付应付利息时，按照支付的金额，编制如下会计分录。

借：应付利息

　　贷：银行存款

【例6-48】 某事业单位为开展业务活动，2019年6月1日从银行借入为期2年的借款120万元，协议约定年利率10%，每半年支付一次利息，到期一次偿还本金。

该单位应编制分录为：

财务会计		预算会计	
2019年6月1日 借：银行存款　　　　　　1 200 000 　　贷：长期借款　　　　　　　　1 200 000		借：资金结存　　　1 200 000 　　贷：债务预算收入　　　　　1 200 000	
6月末至12月末每月应付利息＝1 200 000×10%÷12＝10 000（元） 借：其他费用　　　　　　10 000 　　贷：应付利息　　　　　　　　10 000		——	
2019年12月1日，支付6个月利息 借：应付利息　　　　　　60 000 　　贷：银行存款　　　　　　　　60 000		借：其他支出　　　60 000 　　贷：资金结存　　　　　　　　60 000	

十、预收账款

预收账款，是指政府会计主体按照货物、服务合同或协议或者相关规定，向接受货物或服务的主体预先收款而形成的负债。

（一）账户设置

事业单位应设置"预收账款"科目核算事业单位预先收取但尚未结算的款项。科目期末贷方余额，反映事业单位预收但尚未结算的款项金额。

该科目应当按照债权人进行明细核算。

（二）账务处理

财务会计	预算会计
①预先收取付款方款项时，按照实际预收的金额	
借：银行存款 　　贷：预收账款	借：资金结存 　　贷：事业预算收入 　　　　经营预算收入等
②确认有关收入时	
借：预收账款（预收账款账面余额） 　　银行存款（多退金额） 　　贷：事业收入（应确认的事业收入金额） 　　　　经营收入（应确认的经营收入金额） 　　　　银行存款（补付金额）	借：资金结存 　　贷：事业预算收入 　　　　经营预算收入等（补付款） 退回预收款的金额做相反会计分录

财务会计	预算会计
③无法偿付或债权人豁免偿还的预收账款，应当按照规定报经批准后进行账务处理，经批准核销时	
借：预收账款 贷：其他收入	—
涉及增值税业务的，相关账务处理参见"应交增值税"部分内容	

【例 6-49】某事业单位在开展业务活动中预收 A 公司款项 16 000 元，存入银行。1 个月后，完成按合同规定向该单位提供的专业咨询活动，应收劳务价款 80 000 元已收到并存入银行。

该单位应编制分录为：

财务会计	预算会计

借：银行存款   16 000
  贷：预收账款   16 000
	借：资金结存 16 000
	  贷：事业预算收入 16 000

借：银行存款   64 000
  预收账款   16 000
  贷：事业收入   80 000
	借：资金结存 64 000
	  贷：事业预算收入 64 000

十一、其他应付款

（一）账户设置

事业单位应设置"其他应付款"科目核算单位除应交增值税、其他应交税费、应缴财政款、应付职工薪酬、应付票据、应付账款、应付政府补贴款、应付利息、预收账款以外，其他各项偿还期限在 1 年内（含 1 年）的应付及暂收款项，如收取的押金、存入保证金、已经报销但尚未偿还银行的本单位公务卡欠款等。

同级政府财政部门预拨的下期预算款和没有纳入预算的暂付款项，以及采用实拨资金方式通过本单位转拨给下属单位的财政拨款，也通过该科目核算。

该科目应当按照其他应付款的类别以及债权人等进行明细核算。

（二）账务处理

（1）发生和支付（或退回）其他应付及暂收款项的账务处理与本书第四章第三节中"七、其他应付账款"相应内容相同。

将暂收款项转为收入时，应确认为事业收入。

借：其他应付款
  贷：事业收入

【例 6-50】某事业单位在开展业务活动时向 A 公司借出包装物，并收取押金 500 元现金。1 个月后，因包装物被意外毁损，无法归还，押金冲抵包装物损失。

该单位应编制分录为：

财务会计	预算会计
借：库存现金 500 贷：其他应付款 500	—

借：其他应付款   500
  贷：事业收入   500
	借：资金结存 500
	  贷：事业预算收入 500

（2）收到同级政府财政部门预拨的下期预算款和没有纳入预算的暂付款项的账务处理与本书第四章第三节中"七、其他应付账款"相应内容相同。

（3）本单位公务卡持卡人报销时，应做如下会计处理。

财务会计	预算会计
按照审核报销的金额	
借：业务活动费用 　　单位管理费用 　贷：其他应付款	—
偿还公务卡欠款时	
借：其他应付款 　贷：零余额账户用款额度	借：事业支出等 　贷：资金结存

（4）涉及质保金形成其他应付款以及无法偿付或债权人豁免偿还的其他应付款项的账务处理与本书第四章第三节中"七、其他应付账款"相应内容相同。

十二、预提费用

（一）账户设置

事业单位应设置"预提费用"科目核算单位预先提取的已经发生但尚未支付的费用，如预提租金费用等。科目期末贷方余额，反映单位已预提但尚未支付的各项费用。

事业单位按规定从科研项目收入中提取的项目间接费用或管理费，也通过"预提费用"科目核算。

事业单位计提的借款利息费用，通过"应付利息"和"长期借款"科目核算，不通过"预提费用"科目核算。

（二）账务处理

财务会计	预算会计
①项目间接费用或管理费按规定从科研项目收入中提取项目间接费用或管理费时	
按照提取的金额 借：单位管理费用 　贷：预提费用——项目间接费用或管理费	借：非财政拨款结转——项目间接费用或管理费 　贷：非财政拨款结余——项目间接费用或管理
实际使用计提的项目间接费用或管理费时，按照实际支付的金额	
借：预提费用——项目间接费用或管理费 　贷：银行存款 　　库存现金	借：事业支出等 　贷：资金结存
②其他预提费用	
按期预提租金等费用时，按照预提的金额 借：业务活动费用 　　单位管理费用 　　经营费用 　贷：预提费用	—
实际支付款项时，按照支付金额 借：预提费用 　贷：零余额账户用款额度 　　银行存款	借：事业支出 　　经营支出等 　贷：资金结存

【例 6-51】 2019 年起，某事业单位每季初以上季度经营收入为基数，按 10% 从非独立核算的经营收入中预提房屋租金。2018 年第 4 季度的经营收入为 200 000 元。按规定从科研项目收入中提取管理费，2019 年度科研项目收入为 1 000 000 元，计提比例为 8%。

该单位应编制分录为：

财务会计	预算会计
2019 年 1 月 1 日计提第 1 季度租金，200 000 × 10% = 20 000（元）	
借：经营费用　　　　　　　　20 000 　　贷：预提费用　　　　　　　　20 000	—
2019 年 12 月 31 日计提当年科研项目管理费用，1 000 000 × 8% = 80 000（元）	
借：单位管理费用　　　　　　80 000 　　贷：预提费用——管理费　　　　80 000	借：非财政拨款结转——管理费　　80 000 　　贷：非财政拨款结余——管理费　　80 000

第四节　事业单位的非流动负债

事业单位的非流动负债包括长期应付款、预计负债、受托代理负债等。

一、长期借款

（一）账户设置

事业单位应设置"长期借款"科目核算事业单位经批准向银行或其他金融机构等借入的期限超过 1 年（不含 1 年）的各种借款本息。科目期末贷方余额，反映事业单位尚未偿还的长期借款本息金额。

"长期借款"科目应当设置"本金"和"应计利息"明细科目，并按照贷款单位和贷款种类进行明细核算。对于建设项目借款，还应按照具体项目进行明细核算。

（二）账务处理

财务会计	预算会计
①借入各项长期借款时，按照实际借入的金额	
借：银行存款 　　贷：长期借款——本金	借：资金结存——货币资金 　　贷：债务预算收入（本金）
②为建造固定资产、公共基础设施等应支付的专门借款利息，按期计提利息时，分别以下情况处理：	
属于工程项目建设期间发生的利息，计入工程成本，按照计算确定的应支付的利息金额	
借：在建工程 　　贷：长期借款——应计利息（到期一次还本付息） 　　　　应付利息　　　　（分期付息、到期还本）	—
属于工程项目完工交付使用后发生的利息，计入当期费用，按照计算确定的应支付的利息金额	
借：其他费用 　　贷：长期借款——应计利息（到期一次还本付息） 　　　　应付利息　　　　（分期付息、到期还本）	—
③按期计提其他长期借款的利息时，按照计算确定的应支付的利息金额	
借：其他费用 　　贷：应付利息　　　　　　（分期付息、到期还本的利息） 　　　　长期借款——应计利息（到期一次还本付息的利息）	—

财务会计	预算会计
④到期归还长期借款本金、利息时	
借：长期借款——本金 　　　　　　——应计利息 　　应付利息 　　贷：银行存款	借：债务还本支出　（支付的本金） 　　其他支出　　　（支付的利息） 　贷：资金结存

【例6-52】2019年1月4日，某事业单位为建造专门设备从银行借入2年期借款500 000元，年利率为6%。利息按年支付，设备建设期1年。

该单位应编制分录为：

财务会计		预算会计	
借入时			
借：银行存款	500 000	借：资金结存——货币资金	500 000
贷：长期借款——本金	500 000	贷：债务预算收入	500 000
2019年1月末到12月末，每月计提当月利息，500 000×6%÷12＝2 500（元）			
借：在建工程	2 500	—	
贷：应付利息	2 500		
支付第一年利息			
借：应付利息	30 000	借：其他支出	30 000
贷：银行存款	30 000	贷：资金结存	30 000
2020年设备完工，交付使用 1月末到12月末，每月计提当月利息：500 000×6%÷12＝2 500（元）			
借：其他费用	2 500	—	
贷：应付利息	2 500		
2012年1月4日还本付息			
借：长期借款——本金	500 000	借：债务还本支出	500 000
应付利息	30 000	其他支出	30 000
贷：银行存款	530 000	贷：资金结存	530 000

二、长期应付款

事业单位长期应付款的账户设置及账务处理与本书第四章第四节中"一、长期应付账款"相应内容相同，只是应用"事业支出"科目替代"行政支出"科目。

三、预计负债

（一）确认与计量、账户设置

与本书第四章第四节中"二、预计负债"相应内容相同。

（二）账务处理

（1）确认预计负债时，按照预计的金额，编制如下会计分录。

借：业务活动费用
　　经营费用
　　其他费用
　贷：预计负债

（2）实际偿付预计负债以及根据确凿证据需要对已确认的预计负债账面余额进行调整的账务处理与本书第四章第四节中"二、预计负债"相应内容相同。

四、受托代理负债

（一）账户设置

受托代理负债与本书第四章第四节中"三、受托代理负债"相应内容相同。

（二）账务处理

其账务处理参见"受托代理资产""库存现金""银行存款"等科目相应部分内容。

第五节 事业单位的净资产与预算结余

一、事业单位净资产与预算结余的内容

事业单位有两种不同口径的净资产：一种是以权责发生制为基础的财务会计净资产，包括累计盈余、专用基金、权益法调整、本期盈余、本年盈余分配、无偿调入净资产和以前年度盈余调整；另一种以是收付实现制为基础的预算结余，包括资金结存、财政拨款结转结余、非财政拨款结转结余、专用结余、经营结余、其他结余和非财政拨款结余分配。

事业单位既应按权责发生制核算财务会计的净资产，也应按收付实现制核算预算会计的结余。

二、净资产

（一）本期盈余

1.账户设置

单位应设置"本期盈余"科目核算单位本期各项收入、费用相抵后的余额。科目期末如为贷方余额，反映单位自年初至当期期末累计实现的盈余；如为借方余额，反映单位自年初至当期期末累计发生的亏损。年末结账后，科目应无余额。

2.账务处理

期末，将各类收入、费用科目的本期发生额转入本期盈余

借：财政拨款收入 　　事业收入 　　上级补助收入 　　附属单位上缴收入 　　经营收入 　　非同级财政拨款收入 　　投资收益 　　捐赠收入 　　利息收入 　　租金收入 　　其他收入 　贷：本期盈余	借：本期盈余 　贷：业务活动费用 　　　单位管理费用 　　　经营费用 　　　所得税费用 　　　资产处置费用 　　　上缴上级费用 　　　对附属单位补助费用 　　　其他费用

（二）本年盈余分配

1.账户设置

单位应设置"本年盈余分配"科目核算单位本年度盈余分配的情况和结果。年末结账后，科目应无余额。

2. 账务处理

（1）年末，将"本期盈余"科目余额转入"本年盈余分配"科目。

借或贷：本期盈余

　　贷或借：本年盈余分配

（2）年末，根据有关规定从本年度非财政拨款结余或经营结余中提取专用基金的，按照预算会计下计算的提取金额，编制如下会计分录。

借：本年盈余分配

　　贷：专用基金

（3）年末，按照规定完成上述（1）、（2）处理后，将"本年盈余分配"科目余额转入累计盈余。

借或贷：本年盈余分配

　　贷或借：累计盈余

（三）以前年度盈余调整

事业单位以前年度盈余调整的账户设置及账务处理与本书第四章第五节"二、净资产"中的"（三）以前年度盈余调整"相应内容相同。

（四）无偿调拨净资产

事业单位无偿调拨净资产的账户设置及账务处理与本书第四章第五节"二、净资产"中的"（四）无偿调拨净资产"相应内容相同。

（五）累计盈余

1. 账户设置

事业单位累计盈余的账户设置与本书第四章第五节"二、净资产"中的"（五）累计盈余"相应内容相同。

2. 账务处理

除了按照规定使用专用基金购置固定资产、无形资产业务外，事业单位累计盈余的其他账务处理与本书第四章第五节"二、净资产"中的"（五）累计盈余"相应内容相同。

按照规定使用专用基金购置固定资产、无形资产，按照固定资产、无形资产的成本金额，

借：固定资产

　　无形资产

　　贷：银行存款

同时，按照专用基金使用金额，

借：专用基金

　　贷：累计盈余

（六）专用基金

1. 专用基金的设置与使用

事业单位按照规定提取或设置的具有专门用途的净资产，主要包括职工福利基金、科技成果转换基金等。

专用基金主要通过三种方式来设置：

①按照规定从预算结余中提取，如从本年度非财政拨款结余或经营结余中按一定比例提取；

②按照规定从收入中提取，如从事业预算收入或经营预算收入中提取；

③其他方式，如根据有关规定设置的其他专用基金。

专用基金可用于购置单位职工的集体福利设施、集体福利待遇以及科技成果转化等。

2. 账户设置

事业单位应设置"专用基金"科目核算事业单位按照规定提取或设置的具有专门用途的净资产。科目期末贷方余额，反映事业单位累计提取或设置的尚未使用的专用基金。

该科目应当按照专用基金的类别进行明细核算。

3. 账务处理

财务会计	预算会计
①年末，根据有关规定从本年度非财政拨款结余或经营结余中提取专用基金的，按照预算会计下计算的提取金额	
借：本年盈余分配 　贷：专用基金	借：非财政拨款结余分配 　贷：专用结余
②根据有关规定从收入中提取专用基金并计入费用的，一般按照预算会计下基于预算收入计算提取的金额	
借：业务活动费用等 　贷：专用基金	—
③根据有关规定设置的其他专用基金	
借：银行存款等 　贷：专用基金	—
④按照规定使用提取的专用基金时	
借：专用基金 　贷：银行存款等 如果购置固定资产、无形资产 借：固定资产 　　无形资产 　贷：银行存款等 借：专用基金 　贷：累计盈余	使用从收入中提取并列入费用的专用基金 借：事业支出等 　贷：资金结存 使用从非财政拨款结余或经营结余中提取的专用基金 借：专用结余 　贷：资金结存——货币资金

【例6-53】某事业单位2019年度事业预算收入为2 000 000元，经营预算收入为1 000 000元，按规定分别提取6%和8%的科技成果转化基金。非财政补助结余为350 000元，按规定提取20%的职工福利基金。2019年用10 000元科技成果转化基金（事业预算收入与经营预算收入各支出一半）购买了两台电脑，用职工福利基金20 000元报销职工医药费，30 000元用于食堂福利支出。

该单位应编制分录为：

财务会计	预算会计
提取时	
借：本年盈余分配　　　　70 000 　　业务活动费用　　　　120 000 　　经营费用　　　　　　80 000 　贷：专用基金——科技成果转化基金　200 000 　　　——职工福利基金　70 000	借：非财政拨款结余分配　70 000 　贷：专用结余　　　　　　70 000
购买电脑	
借：固定资产　　　　　　10 000 　贷：银行存款　　　　　　10 000 借：专用基金　　　　　　10 000 　贷：累计盈余　　　　　　10 000	借：事业支出　　　　　　5 000 　　经营支出　　　　　　5 000 　贷：资金结存　　　　　　10 000
报销职工医药费和用于食堂福利支出	
借：专用基金　　　　　　50 000 　贷：银行存款　　　　　　50 000	借：专用结余　　　　　　50 000 　贷：资金结存　　　　　　50 000

（七）权益法调整

1.账户设置

事业单位应设置"权益法调整"科目核算事业单位持有的长期股权投资采用权益法核算时，按照被投资单位除净损益和利润分配以外的所有者权益变动份额调整长期股权投资账面余额而计入净资产的金额。科目期末余额，反映事业单位在被投资单位除净损益和利润分配以外的所有者权益变动中累积享有（或分担）的份额。

该科目应当按照被投资单位进行明细核算。

2.账务处理

财务会计	预算会计
①年末，按照被投资单位除净损益和利润分配以外的所有者权益变动应享有（或应分担）的份额	
若增加 借：长期股权投资——其他权益变动 　贷：权益法调整	—
若减少 借：权益法调整 　贷：长期股权投资——其他权益变动	—
②长期股权投资处置时	
权益法调整科目为借方余额 借：投资收益 　贷：权益法调整（与所处置投资对应部分的金额）	—
权益法调整科目为贷方余额 借：权益法调整（与所处置投资对应部分的金额） 　贷：投资收益	—

【例6-54】某事业单位拥有B公司注册资本30%的股份。B公司2019年初所有者权益总额为10 000 000元，2019年度净利润为2 000 000元，宣告发放现金股利200 000元后，年末所有者权益总额为13 000 000元。

该单位应编制分录为：

财务会计	预算会计
按照应享有或应分担的被投资单位实现的净损益的份额	
借：长期股权投资——损益调整　600 000 　贷：投资收益　　　　　　　　　　　600 000	—
按宣告发放现金股利应享有的份额	
借：应收股利　　　　　　　　　60 000 　贷：长期股权投资——损益调整　　　60 000	—
被投资单位除净损益和利润分配以外的所有者权益变动时，按照其份额： [13 000 000 −（10 000 000 + 2 000 000 − 200 000）]×30% = 360 000（元）	
借：长期股权投资——其他权益变动　360 000 　贷：权益法调整　　　　　　　　　　360 000	—

三、预算结余

（一）资金结存

1.账户设置

资金结存的账户设置与本书第四章第五节的"三、预算结余"中的"（一）资金结存"

相应内容相同。

2. 账务处理

取得预算收入、从零余额账户提取现金、发生预算支出、预算结转结余调整、年末确认未下达的直接支付和授权支付下财政用款额度、年末注销零余额账户用款额度、下年初恢复零余额账户用款额度或收到上年末未下达的零余额账户用款额度的、因购货退回、发生差错更正等退回国库直接支付、授权支付款项，或者收回货币资金的账务处理参照本书第四章第五节"三、预算结余"中的"（一）资金结存"相应内容。

按照规定使用提取的专用基金涉及的资金结存的账务处理已在本书第六章第五节的"二、净资产"中的"（六）专用基金"中做了全面介绍。

有企业所得税缴纳义务的事业单位实际缴纳企业所得税涉及的资金结存的账务处理已在本书第五章第二节"八、所得税费用"中做了全面介绍。

【例 6-55】 某事业单位按规定通过财政授权支付上缴财政拨款结余资金 100 000 元。

该单位应编制分录为：

财务会计		预算会计	
借：累计盈余　　　　　　　100 000		借：财政拨款结余——归集上缴　　100 000	
贷：零余额账户用款额度　　　　100 000		贷：资金结存——零余额账户用款额度　100 000	

（二）财政拨款结转

事业单位财政拨款结转的账户设置及账务处理与本书第四章第五节"三、预算结余"中的"（二）财政拨款结转"相应内容核算原理相同。

【例 6-56】 某事业单位 2019 年年末相关科目余额如下表所示：

科目	借方余额（元）	贷方余额（元）
财政拨款预算收入——基本支出拨款——人员经费		52 600 000
——公用经费		43 500 000
——项目支出拨款——A 项目		7 200 000
事业支出——财政拨款支出——政府性基金预算财政拨款——项目支出	7 000 000	
——一般公共预算财政拨款——基本支出	93 050 000	
其他支出——财政拨款支出	800 000	

该单位应编制分录为：

借：财政拨款预算收入——基本支出拨款——人员经费　52 600 000

　　　　　　　　　　　　　　　——公用经费　43 500 000

　　　　　　　　——项目支出拨款——A 项目　7 200 000

　贷：财政拨款结转——本年收支结转　　　　　　　　　　103 300 000

借：财政拨款结转——本年收支结转　100 850 000

　贷：事业支出——财政拨款支出

　　　　　——政府性基金预算财政拨款——项目支出　　7 000 000

　　　　　——一般公共预算财政拨款——基本支出　　93 050 000

　　其他支出——财政拨款支出　　　　　　　　　　　　800 000

（三）财政拨款结余

事业单位财政拨款结余的账户设置及账务处理与本书第四章第五节"三、预算结余"中的"（三）财政拨款结余"相应内容相同。

（四）非财政拨款结转

1. 账户设置

单位应设置"非财政拨款结转"科目核算单位除财政拨款收支、经营收支以外各非同级财政拨款专项资金的调整、结转和滚存情况。科目年末贷方余额，反映单位滚存的非同级财政拨款专项结转资金数额。

该科目设置方法与本书第四章第五节"三、预算结余"中的"（四）非财政拨款结转"相同。

2. 账务处理

（1）按照规定从科研项目预算收入中提取项目管理费或间接费时，按照提取金额，编制如下会计分录。

财务会计	预算会计
借：单位管理费用 　贷：预提费用——项目间接费用或管理费	借：非财政拨款结转——项目间接费用或管理费 　贷：非财政拨款结余——项目间接费用或管理费

【例 6-57】某事业单位 2019 年科研预算收入为 1 000 000 元，按 8% 提取管理费。

该单位应编制分录为：

财务会计	预算会计
应提取金额 = 1 000 000×8% = 80 000（元）	
借：单位管理费用　　　　　　80 000 　贷：预提费用——项目间接费用　　　80 000	借：非财政拨款结转——项目间接费用　80 000 　贷：非财政拨款结余——项目间接费用　　80 000

（2）因会计差错更正收到或支出非同级财政拨款货币资金，以及按照规定缴回非财政拨款结转资金的账务处理与本书第四章第五节"三、预算结余"中的"（四）非财政拨款结转"相应内容相同。

（3）年末，将事业预算收入、上级补助预算收入、附属单位上缴预算收入、非同级财政拨款预算收入、债务预算收入、其他预算收入本年发生额中的专项资金收入转入"非财政拨款结转"科目，只做预算会计分录。

借：事业预算收入——专项资金收入
　　上级补助预算收入——专项资金收入
　　附属单位上缴预算收入——专项资金收入
　　非同级财政拨款预算收入——专项资金收入
　　债务预算收入——专项资金收入
　　其他预算收入——专项资金收入
　　贷：非财政拨款结转——本年收支结转

将事业支出、其他支出本年发生额中的非财政拨款专项资金支出转入"非财政拨款结转"科目，只做预算会计分录。

借：非财政拨款结转——本年收支结转
　　贷：事业支出——非财政专项资金支出
　　　　其他支出——非财政专项资金支出

【例 6-58】年终，事业单位有关预算收支科目结转前余额如下表所示：

会计科目	借方余额（元）	贷方余额（元）
事业预算收入——专项资金收入		4 480 000
上级补助预算收入——专项资金收入		500 000
附属单位上缴预算收入——专项资金收入		60 000
非同级财政拨款预算收入——专项资金收入		300 000
债务预算收入——专项资金收入		1 000 000
其他预算收入——专项资金收入		600 000
事业支出——非财政专项资金支出	3 300 000	
其他支出——非财政专项资金支出	480 000	

该单位会计分录为：

借：事业预算收入——专项资金收入　　　　　4 480 000
　　上级补助预算收入——专项资金收入　　　　500 000
　　附属单位上缴预算收入——专项资金收入　　 60 000
　　非同级财政拨款预算收入——专项资金收入　300 000
　　债务预算收入——专项资金收入　　　　　1 000 000
　　其他预算收入——专项资金收入　　　　　　600 000
　　贷：非财政拨款结转——本年收支结转　　　　　　6 940 000
借：非财政拨款结转——本年收支结转　　　3 780 000
　　贷：事业支出——非财政专项资金支出　　　　　　3 300 000
　　　　其他支出——非财政专项资金支出　　　　　　480 000

（4）年末冲销非财政拨款结转有关明细科目余额的账务处理与本书第四章第三节"三、预算结余"中的"（四）非财政拨款结转"相应内容相同。

（5）年末完成上述结转后，应当对非财政拨款专项结转资金各项目情况进行分析，将留归本单位使用的非财政拨款专项（项目已完成）剩余资金转入非财政拨款结余的账务处理与本书第四章第五节"三、预算结余"中的"（四）非财政拨款结转"相应内容相同。

（五）非财政拨款结余

1. 账户设置

事业单位的非财政拨款结余的账户设置方法与本书第四章第五节"三、预算结余"中的"（五）非财政拨款结余"内容相同。

2. 账务处理

财务会计	预算会计
①按照规定从科研项目预算收入中提取项目管理费或间接费时	
借：单位管理费用 　　贷：预提费用——项目间接费用或管理费	借：非财政拨款结转——项目间接费用或管理费 　　贷：非财政拨款结余——项目间接费用或管理费
②有企业所得税缴纳义务的事业单位实际缴纳企业所得税时，按照缴纳金额	
借：其他应交税费——单位应交所得税 　　贷：银行存款等	借：非财政拨款结余——累计结余 　　贷：资金结存——货币资金

财务会计	预算会计
③因会计差错更正收到或支出非同级财政拨款货币资金，属于非财政拨款结余资金的	
调整增加相关资产，按照收到的金额	
借：银行存款等 　　贷：以前年度盈余调整	借：资金结存——货币资金 　　贷：非财政拨款结余——年初余额调整
调整减少相关资产，按照支付的金额	
④年末，将留归本单位使用的非财政拨款专项（项目已完成）剩余资金转入	
—	借：非财政拨款结转——累计结转 　　贷：非财政拨款结余——结转转入
⑤年末冲销非财政拨款结余有关明细科目余额，结转后，"累计结余"明细科目外，其他明细科目应无余额	
—	借或贷：非财政拨款结余——年初余额调整 　　　　　　　　　　　　——项目间接费用或管理费 　　　　　　　　　　　　——结转转入 　　贷或借：非财政拨款结余——累计结余
⑥年末，事业单位将"非财政拨款结余——累计结余"科目余额转入"非财政拨款结余分配"	
—	借或贷：非财政拨款结余——累计结余 　　贷或借：非财政拨款结余分配

【例6-59】2019年终，某事业单位按照规定从科研项目预算收入中提取项目管理费500 000元，实际缴纳企业所得税670 000元，项目已完成的留归本单位使用的非财政拨款专项剩余资金200 000元按规定转为结余资金。

该单位应编制分录为：

财务会计	预算会计
①按照规定从科研项目预算收入中提取项目管理费时	
借：单位管理费用　　　　　500 000 　　贷：预提费用——项目间接费用　　　500 000	借：非财政拨款结转——项目间接费用　500 000 　　贷：非财政拨款结余——项目间接费用　　500 000
②实际缴纳企业所得税	
借：其他应交税费 　　——单位应交所得税　　670 000 　　贷：银行存款等　　　　　　　670 000	借：非财政拨款结余——累计结余　670 000 　　贷：资金结存——货币资金　　　　670 000
③年末，将留归本单位使用的非财政拨款专项（项目已完成）剩余资金转入	
—	借：非财政拨款结转——累计结转　200 000 　　贷：非财政拨款结余——结转转入　　200 000
④年末冲销非财政拨款结余有关明细科目余额，结转后，"累计结余"明细科目外，其他明细科目应无余额	
—	借：非财政拨款结余——项目间接费用　500 000 　　　　　　　　　　　　——结转转入　　200 000 　　贷：非财政拨款结余——累计结余　　　700 000
⑤年末，事业单位将"非财政拨款结余——累计结余"科目余额转入"非财政拨款结余分配"	
—	借：非财政拨款结余——累计结余　700 000 　　贷：非财政拨款结余分配　　　　　700 000

(六) 经营结余

1. 账户设置

事业单位应设置"经营结余"科目核算事业单位本年度经营活动收支相抵后余额弥补以前年度经营亏损后的余额。年末结账后，科目一般无余额；如为借方余额，反映事业单位累计发生的经营亏损。

该科目可以按照经营活动类别进行明细核算。

2. 账务处理

财务会计	预算会计
①年末，将经营收入与费用或支出本年发生额转入	
借：经营收入 　贷：本期盈余 借：本期盈余 　贷：经营费用	借：经营预算收入 　贷：经营结余 借：经营结余 　贷：经营支出
②年末结转	
—	借：经营结余 （为贷方余额） 　贷：非财政拨款结余分配 　　年末结余在借方，则不予结转

【例 6-60】 2019 年年终，某事业单位经营收入、费用与支出科目余额如下：

科目	借方余额	贷方余额
经营收入		2 000 000
经营费用	2 100 000	
经营预算收入		1 900 000
经营支出	1 300 000	

该单位应编制分录为：

财务会计		预算会计	
①年末，将经营收入与费用或支出本年发生额转入			
借：经营收入 　贷：本期盈余 借：本期盈余 　贷：经营费用	2 000 000 　　2 000 000 2 100 000 　　2 100 000	借：经营预算收入 　贷：经营结余 借：经营结余 　贷：经营支出	1 900 000 　　1 900 000 1 300 000 　　1 300 000
②年末结转			
—		借：经营结余 　贷：非财政拨款结余分配	600 000 　　600 000

(七) 专用结余

1. 账户设置

事业单位应设置"专用结余"科目核算事业单位按照规定从非财政拨款结余中提取的具有专门用途的资金的变动和滚存情况。科目年末贷方余额，反映事业单位从非同级财政拨款结余中提取的专用基金的累计滚存数额。

该科目应当按照专用结余的类别进行明细核算。

2.账务处理

财务会计	预算会计
①年末，根据有关规定从本年度非财政拨款结余或经营结余中提取专用基金的，按照预算会计下计算的提取金额	
借：本年盈余分配 　贷：专用基金	借：非财政拨款结余分配 　贷：专用结余
②按照规定使用从非财政拨款结余或经营结余中提取的专用基金时，按照使用金额	
借：专用基金 　贷：银行存款等 如果购置固定资产、无形资产的 借：固定资产 　　无形资产 　贷：银行存款等 借：专用基金 　贷：累计盈余	借：专用结余 　贷：资金结存——货币资金

【例6-61】续【例6-59】及【例6-60】，2019年终，该事业单位从本年度非财政拨款结余30 000元中提取了专用基金25 000元，按规定从2018年经营结余600 000元中提取了专用基金140 000元，其中，100 000元用于购置专业活动必需的专业数据库。

该单位应编制分录为：

财务会计			预算会计		
①从本年度非财政拨款结余中提取专用基金					
借：本年盈余分配 　贷：专用基金	25 000	25 000	借：非财政拨款结余分配 　贷：专用结余	25 000	25 000
②按照规定使用从经营结余中提取的专用基金时，按照使用金额					
借：专用基金 　　无形资产 　贷：银行存款 借：专用基金 　贷：累计盈余	40 000 100 000 100 000	140 000 100 000	借：专用结余 　贷：资金结存——货币资金	140 000	140 000

(八) 其他结余

1.账户设置

事业单位应设置"其他结余"科目核算单位本年度除财政拨款收支、非同级财政专项资金收支和经营收支以外各项收支相抵后的余额。年末结账后，科目应无余额。

2.账务处理

财务会计	预算会计
①年末，将事业预算收入、上级补助预算收入、附属单位上缴预算收入、非同级财政拨款预算收入、债务预算收入、其他预算收入本年发生额中的非专项资金收入以及投资预算收益本年发生额转入	
—	借：事业预算收入——非专项资金收入 　　上级补助预算收入——非专项资金收入 　　附属单位上缴预算收入——非专项资金收入 　　非同级财政拨款预算收入——非专项资金收入 　　债务预算收入——非专项资金收入 　　其他预算收入——非专项资金收入 　贷：其他结余 借或贷：投资预算收益 　贷或借：其他结余——投资预算收益

财务会计	预算会计
②将事业支出、其他支出本年发生额中的非同级财政、非专项资金支出，以及上缴上级支出、对附属单位补助支出、投资支出、债务还本支出本年发生额转入	
—	借：其他结余 　　贷：事业支出——非同级财政、非专项资金支出 　　　　其他支出——非同级财政、非专项资金支出 　　　　上缴上级支出 　　　　对附属单位补助支出 　　　　投资支出 　　　　债务还本支出
③年末，完成上述①②结转后，将"其他结余"科目余额转入"非财政拨款结余分配"科目	
—	借或贷：其他结余 　　贷或借：非财政拨款结余分配

【例 6-62】年终，事业单位有关预算收支科目结转前余额如表 4-8 所示（单位：元）。

会计科目	借方余额	贷方余额
财政拨款预算收入——基本支出拨款——人员经费		77 150 000
——公用经费		82 100 000
——项目支出拨款——A 项目		6 240 000
事业预算收入——专项资金收入		77 150 000
——非专项资金收入		82 100 000
上级补助预算收入——专项资金收入		6 130 000
——非专项资金收入		32 300 000
附属单位上缴预算收入——专项资金收入		4 150 000
——非专项资金收入		3 100 000
非同级财政拨款预算收入——专项资金收入		1 120 000
——非专项资金收入		660 000
债务预算收入——专项资金收入		70 000 000
——非专项资金收入		50 000 000
经营预算收入		700 000
投资预算收益		800 000
其他预算收入——专项资金收入		1 100 000
——租金收入		530 000
——利息收入		150 000
——捐赠收入		100 000
事业支出——财政拨款支出——基本支出——人员经费	77 000 000	
——公用经费支出	37 000 000	
——项目支出——A 项目	840 000	
——非财政专项资金支出	340 000	
——其他资金支出	660 000	
上缴上级支出		5 360 000
对附属单位补助支出		880 000
投资支出		5 500 000
债务还本支出		20 000 000
经营支出		400 000
其他支出——财政拨款支出	470 000	
——非财政专项资金支出	860 000	
——其他资金支出	230 000	

该单位应编制分录为：

借：财政拨款预算收入——基本支出拨款——人员经费　77 150 000
　　　　　　　　　　　　　　　——公用经费　82 100 000
　　　　　　　　　　——项目支出拨款——A 项目　6 240 000
　贷：财政拨款结转——本年收支结转　　　　　　　　　　165 490 000
借：事业预算收入——专项资金收入　77 150 000
　　　　　　　　——非专项资金收入　82 100 000
　　上级补助预算收入——专项资金收入　6 130 000
　　　　　　　　　　——非专项资金收入　32 300 000
　　附属单位上缴预算收入——专项资金收入　4 150 000
　　　　　　　　　　　　——非专项资金收入　3 100 000
　　非同级财政拨款预算收入——专项资金收入　1 120 000
　　　　　　　　　　　　　——非专项资金收入　660 000
　　债务预算收入——专项资金收入　70 000 000
　　　　　　　　——非专项资金收入　50 000 000
　　投资预算收益　800 000
　　其他预算收入——专项资金收入　1 100 000
　　　　　　　　——租金收入　530 000
　　　　　　　　——利息收入　150 000
　　　　　　　　——捐赠收入　100 000
　贷：非财政拨款结转——本年收支结转　　　　　　　　　90 215 000
　　　其他结余　　　　　　　　　　　　　　　　　　　169 740 000
借：经营预算收入　700 000
　贷：经营结余　　　　　　　　　　　　　　　　　　　　700 000
借：财政拨款结转——本年收支结转　115 310 000
　贷：事业支出
　　　——财政拨款支出——基本支出——人员经费　　　　77 000 000
　　　　　　　　　　　　——公用经费支出　　　　　　37 000 000
　　　　　　——项目支出——A 项目　　　　　　　　　840 000
　　　其他支出——财政拨款支出　　　　　　　　　　　470 000
借：非财政拨款结转——本年收支结转　1 200 000
　　其他结余　　　　　　　　　　　32 630 000
　贷：事业支出——非财政专项资金支出　　　　　　　　340 000
　　　　　　　——其他资金支出　　　　　　　　　　660 000
　　　上缴上级支出　　　　　　　　　　　　　　　　5 360 000
　　　对附属单位补助支出　　　　　　　　　　　　　880 000
　　　投资支出　　　　　　　　　　　　　　　　　　5 500 000
　　　债务还本支出　　　　　　　　　　　　　　　20 000 000
　　　其他支出——非财政专项资金支出　　　　　　　　860 000
　　　　　　　——其他资金支出　　　　　　　　　　230 000
借：经营结余　400 000
　贷：经营支出　　　　　　　　　　　　　　　　　　　400 000

借: 财政拨款结转——累计结转	55 020 000	
贷: 财政拨款结转——本年收支结转		55 020 000
借: 非财政拨款结转——本年收支结转	89 015 000	
贷: 非财政拨款结转——累计结转		89 015 000
借: 非财政拨款结余分配	32 160 000	
贷: 其他结余		32 160 000
借: 经营结余	300 000	
贷: 非财政拨款结余分配		300 000

(九) 非财政拨款结余分配

1. 账户设置

事业单位应设置"非财政拨款结余分配"科目核算事业单位本年度非财政拨款结余分配的情况和结果。年末结账后，科目应无余额。

2. 账务处理

财务会计	预算会计
事业单位年末将其他结余转入	
—	借或贷: 其他结余 　贷或借: 非财政拨款结余分配
经营结余为贷方余额时转入	
—	借: 经营结余 　贷: 非财政拨款结余分配
从非财政拨款结余中提取专用基金	
借: 本年盈余分配 　贷: 专用基金	借: 非财政拨款结余分配 　贷: 专用结余
余额转入非财政拨款结余	
—	借: 非财政拨款结余分配 　贷: 非财政拨款结余——累计结余

【例 6-63】 2019 年 12 月 30 日，某事业单位非财政拨款结余分配贷方余额为 1 000 000 元。2019 年 12 月 31 日，从非财政拨款结余中提取专用基金 200 000 元，按 10% 从经营结余 550 000 元中计提专用基金。

该单位应编制分录为:

财务会计		预算会计	
①提取专用基金			
借: 本年盈余分配	255 000	借: 非财政拨款结余分配	255 000
贷: 专用基金	255 000	贷: 专用结余	255 000
②余额转入非财政拨款结余			
—		借: 非财政拨款结余分配	255 000
		贷: 非财政拨款结余——累计结转	255 000

▶ 本章小结

事业单位的流动资产包括货币资金、短期投资、应收预付款项、存货和待摊费用等。非流动资产包括长期股权投资、长期债券投资、固定资产、无形资产、公共基础设施、政府储备物资、文物文化资产、保障性住房、受托代理资产和长期待摊费用等。资产的会计处理涉及取得、耗用、加工、出售、捐赠、无偿调入与调出、对外投资、出租、盘盈、盘亏、报废、毁损等业务。资产的取得方式不同，入账成本不尽相同。事业单位应按确定的成本作为初始入账成本，应根据实际情况采用先进先出法、加权平均法或者个别计价法确定发出存货或政府储备物资的实际成本。按照规定采用成本法或权益法核算长期股权投资，应按规定对固定资产、公共基础设施和保障性住房计提折旧，对无形资产和长期待摊费用进行摊销。

事业单位的流动负债包括短期借款、应交税费、应缴财政款、应付职工薪酬、应付账款、其他应付款、预提费用等。非流动负债包括长期应付款、预计负债、受托代理负债等。负债的会计处理包括发生与偿付。

事业单位的净资产以权责发生制为基础，包括累计盈余、专用基金、权益法调整、本期盈余、本年盈余分配、无偿调入净资产和以前年度盈余调整。事业单位的预算结余包括资金结存、财政拨款结转结余、非财政拨款结转结余、专用结余、经营结余、其他结余和非财政拨款结余分配。事业单位应按权责发生制核算财务会计的净资产，同时，按收付实现制核算预算结余。

期末，事业单位应将所有的财务会计收入科目和费用科目本期发生额转入"本期盈余"科目，年末，再将"本期盈余"转入"本年盈余分配"科目，按规定从本年度非财政拨款结余或经营结余中提取专用基金后，把"本年盈余分配""无偿调拨净资产""以前年度盈余调整"和"专用基金"科目的余额转入"累计盈余"科目。

年末，把"财政拨款预算收入"本年科目发生额以及"事业支出"科目中的财政拨款支出转入"财政拨款结转"科目，"经营预算收入"与"经营支出"的本年发生额转入"经营结余"科目，其余的预算收入与支出科目的本年发生额则分别资金来源于非财政专项资金、非财政非专项资金分别结转到"非财政拨款结转"和"其他结余"科目。然后，对结转资金进行分析，符合结余性质的则转入"财政拨款结转"和"非财政拨款结转"，并将"其他结余"科目余额也转入"非财政拨款结转"科目余额。最后，将"经营结余"科目的贷方余额和"其他结余"科目的余额转入"非财政拨款结余分配"科目，按规定提取专业结余后，将"非财政拨款结余分配"科目余额全部转入"非财政拨款结余——累计结余"科目。

▶ **关键术语**

▶ **想一想，做一做**

行政事业单位会计报表

▶ **开篇案例**

2019 年一般公共预算"三公"经费表

下表为从"温州市教育局——政务公开——财务公开"中摘取的"温州市教育局 2019 年度部门预算公开"中"三公"经费的内容。[一]

2019 年一般公共预算"三公"经费表

部门名称：温州市教育局 　　　　　　　　　　　　　　　　　　　　　　单位：万元

项目	2019 年预算数
合计	
1. 因公出国（境）费用	根据《温州市财政局关于明确因公出国（境）经费审批意见的通知》（温财外〔2018〕17 号）文件精神，2019 年因公出国（境）经费实行归口管理，由市财政统筹安排，不再单独安排预算进行公开。2018 年出国经费预算 187.34 万元
2. 公务接待费	68.67
3. 公务用车购置及运行维护费	104.29
其中：公务用车购置费	0
公务用车运行维护费	104.29

2019 年年末，教育局应如何在单位会计报表中列报"三公"经费？

○ 温州市教育局 2019 年度部门预算公开［EB/OL］. (2019-03-29). http://edu.wenzhou.gov.cn/art/2019/3/29/art_1324561_31802953.html.

第一节 行政事业单位会计报表概述

一、行政事业单位会计报表体系

行政事业单位的会计报表是反映行政事业单位一定时期财务状况和预算执行结果的总结性书面文件，包括财务报表和预算会计报表，如表7-1所示。

财务报表由会计报表及其附注构成。会计报表一般包括资产负债、收入费用表和净资产变动表。单位可根据实际情况自行选择编制现金流量表。

预算会计报表至少包括预算收入支出表、预算结转结余变动表和财政拨款预算收入支出表。

表7-1 行政事业单位会计报表体系

编号	报表名称	编制期
财务报表		
会政财01表	资产负债表	月度、年度
会政财02表	收入费用表	月度、年度
会政财03表	净资产变动表	年度
会政财04表	现金流量表	年度
	附注	年度
预算会计报表		
会政预01表	预算收入支出表	年度
会政预02表	预算结转结余变动表	年度
会政预03表	财政拨款预算收入支出表	年度

二、财务报表和预算会计报表的编制要求

单位应当按照下列规定编制财务报表和预算会计报表：

（1）财务报表的编制主要以权责发生制为基础，以单位财务会计核算生成的数据为准；预算会计报表的编制主要以收付实现制为基础，以单位预算会计核算生成的数据为准。

（2）单位应当至少按照年度编制财务报表和预算会计报表。

（3）单位应当根据《政府会计制度——行政事业单位会计科目和报表》规定编制真实、完整的财务报表和预算会计报表，不得违反本制度规定随意改变财务报表和预算会计报表的编制基础、编制依据、编制原则和方法，不得随意改变制度规定的财务报表和预算会计报表有关数据的会计口径。

（4）财务报表和预算会计报表应当根据登记完整、核对无误的账簿记录和其他有关资料编制，做到数字真实、计算准确、内容完整、编报及时。

（5）财务报表和预算会计报表应当由单位负责人和主管会计工作的负责人、会计机构负责人（会计主管人员）签名并盖章。

第二节 行政事业单位的财务报表

一、资产负债表

（一）资产负债表的格式

资产负债表是反映行政事业单位在某一特定日期全部资产、负债和净资产的情况的报表。

资产负债表应当按照资产、负债和净资产分类分项列示，其格式如表7-2所示。

表 7-2 资产负债表

会政财 01 表

编制单位：_____   ___年___月___日

单位：元

资　产	期末余额	年初余额	负债和净资产	期末余额	年初余额
流动资产：			**流动负债：**		
货币资金			短期借款		
短期投资			应交增值税		
财政应返还额度			其他应交税费		
应收票据			应缴财政款		
应收账款净额			应付职工薪酬		
预付账款			应付票据		
应收股利			应付账款		
应收利息			应付政府补贴款		
其他应收款净额			应付利息		
存货			预收账款		
待摊费用			其他应付款		
一年内到期的非流动资产			预提费用		
其他流动资产			一年内到期的非流动负债		
流动资产合计			其他流动负债		
非流动资产：			**流动负债合计**		
长期股权投资			**非流动负债：**		
长期债券投资			长期借款		
固定资产原值			长期应付款		
减：固定资产累计折旧			预计负债		
固定资产净值			其他非流动负债		
工程物资			**非流动负债合计**		
在建工程			受托代理负债		
无形资产原值			**负债合计**		
减：无形资产累计摊销					
无形资产净值					
研发支出					
公共基础设施原值					
减：公共基础设施累计折旧（摊销）					
公共基础设施净值					
政府储备物资					
文物文化资产					
保障性住房原值					
减：保障性住房累计折旧			**净资产：**		
保障性住房净值			累计盈余		
长期待摊费用			专用基金		
待处理财产损溢			权益法调整		
其他非流动资产			无偿调拨净资产 *		
非流动资产合计			本期盈余 *		
受托代理资产			**净资产合计**		
资产总计			**负债和净资产总计**		

注："*"标识项目为月报项目，年报中不需列示。

（二）资产负债表的具体内容

1. 资产类项目的具体内容

（1）"货币资金"项目，反映单位期末库存现金、银行存款、零余额账户用款额度、其他货币资金的合计数。

（2）"短期投资"项目，反映事业单位期末持有的短期投资账面余额。

（3）"财政应返还额度"项目，反映单位期末财政应返还额度的金额。

（4）"应收票据"项目，反映事业单位期末持有的应收票据的票面金额。

（5）"应收账款净额"项目，反映单位期末尚未收回的应收账款减去已计提的坏账准备后的净额。

（6）"预付账款"项目，反映单位期末预付给商品或者劳务供应单位的款项。

（7）"应收股利"项目，反映事业单位期末因股权投资而应收取的现金股利或应当分得的利润。

（8）"应收利息"项目，反映事业单位期末因债券投资等而应收取的利息。事业单位购入的到期一次还本付息的长期债券投资持有期间应收的利息，不包括在本项目内。

（9）"其他应收款净额"项目，反映单位期末尚未收回的其他应收款减去已计提的坏账准备后的净额。

（10）"存货"项目，反映单位期末存储的存货的实际成本。

（11）"待摊费用"项目，反映单位期末已经支出，但应当由本期和以后各期负担的分摊期在1年以内（含1年）的各项费用。

（12）"一年内到期的非流动资产"项目，反映单位期末非流动资产项目中将在1年内（含1年）到期的金额，如事业单位将在1年内（含1年）到期的长期债券投资金额。

（13）"其他流动资产"项目，反映单位期末除资产负债表中上述各项之外的其他流动资产的合计金额。

（14）"流动资产合计"项目，反映单位期末流动资产的合计数。

（15）"长期股权投资"项目，反映事业单位期末持有的长期股权投资的账面余额。

（16）"长期债券投资"项目，反映事业单位期末持有的长期债券投资的账面余额。

（17）"固定资产原值"项目，反映单位期末固定资产的原值。

"固定资产累计折旧"项目，反映单位期末固定资产已计提的累计折旧金额。

"固定资产净值"项目，反映单位期末固定资产的账面价值。

（18）"工程物资"项目，反映单位期末为在建工程准备的各种物资的实际成本。

（19）"在建工程"项目，反映单位期末所有的建设项目工程的实际成本。

（20）"无形资产原值"项目，反映单位期末无形资产的原值。

"无形资产累计摊销"项目，反映单位期末无形资产已计提的累计摊销金额。

"无形资产净值"项目，反映单位期末无形资产的账面价值。

（21）"研发支出"项目，反映单位期末正在进行的无形资产开发项目开发阶段发生的累计支出数。

（22）"公共基础设施原值"项目，反映单位期末控制的公共基础设施的原值。

"公共基础设施累计折旧（摊销）"项目，反映单位期末控制的公共基础设施已计提的累计折旧和累计摊销金额。

"公共基础设施净值"项目，反映单位期末控制的公共基础设施的账面价值。

（23）"政府储备物资"项目，反映单位期末控制的政府储备物资的实际成本。

（24）"文物文化资产"项目，反映单位期末控制的文物文化资产的成本。

（25）"保障性住房原值"项目，反映单位期末控制的保障性住房的原值。

"保障性住房累计折旧"项目，反映单位期末控制的保障性住房已计提的累计折旧金额。

"保障性住房净值"项目，反映单位期末控制的保障性住房的账面价值。

（26）"长期待摊费用"项目，反映单位期末已经支出，但应由本期和以后各期负担的分摊期限在1年以上（不含1年）的各项费用。

（27）"待处理财产损溢"项目，反映单位期末尚未处理完毕的各种资产的净损失或净溢余。

（28）"其他非流动资产"项目，反映单位期末除本表中上述（1）～（27）项之外的其他非流动资产的合计数。

（29）"非流动资产合计"项目，反映单位期末非流动资产的合计数。

（30）"受托代理资产"项目，反映单位期末受托代理资产的价值。

（31）"资产总计"项目，反映单位期末资产的合计数。

2. 负债类项目的具体内容

（1）"短期借款"项目，反映事业单位期末短期借款的余额。

（2）"应交增值税"项目，反映单位期末应缴未缴的增值税税额。

（3）"其他应交税费"项目，反映单位期末应缴未缴的除增值税以外的税费金额。

（4）"应缴财政款"项目，反映单位期末应当上缴财政但尚未缴纳的款项。

（5）"应付职工薪酬"项目，反映单位期末按有关规定应付给职工及为职工支付的各种薪酬。

（6）"应付票据"项目，反映事业单位期末应付票据的金额。

（7）"应付账款"项目，反映单位期末应当支付但尚未支付的偿还期限在1年以内（含1年）的应付账款的金额。

（8）"应付政府补贴款"项目，反映负责发放政府补贴的行政单位期末按照规定应当支付给政府补贴接受者的各种政府补贴款余额。

（9）"应付利息"项目，反映事业单位期末按照合同约定应支付的借款利息。事业单位到期一次还本付息的长期借款利息不包括在本项目内。

（10）"预收账款"项目，反映事业单位期末预先收取但尚未确认收入和实际结算的款项余额。

（11）"其他应付款"项目，反映单位期末其他各项偿还期限在1年内（含1年）的应付及暂收款项余额。

（12）"预提费用"项目，反映单位期末已预先提取的已经发生但尚未支付的各项费用。

（13）"一年内到期的非流动负债"项目，反映单位期末将于1年内（含1年）偿还的非流动负债的余额。

（14）"其他流动负债"项目，反映单位期末除资产负债表中上述各项之外的其他流动负债的合计数。

（15）"流动负债合计"项目，反映单位期末流动负债合计数。

（16）"长期借款"项目，反映事业单位期末长期借款的余额。

（17）"长期应付款"项目，反映单位期末长期应付款的余额。

（18）"预计负债"项目，反映单位期末已确认但尚未偿付的预计负债的余额。

（19）"其他非流动负债"项目，反映单位期末除上述（1）～（8）项之外的其他非流动负债的合计数。

（20）"非流动负债合计"项目，反映单位期末非流动负债合计数。

（21）"受托代理负债"项目，反映单位期末受托代理负债的金额。

（22）"负债合计"项目，反映单位期末负债的合计数。

3. 净资产类项目的具体内容

（1）"累计盈余"项目，反映单位期末未分配盈余（或未弥补亏损）以及无偿调拨净资产变动的累计数。

（2）"专用基金"项目，反映事业单位期末累计提取或设置但尚未使用的专用基金余额。

（3）"权益法调整"项目，反映事业单位期末在被投资单位除净损益和利润分配以外的所有者权益变动中累积享有的份额。

（4）"无偿调拨净资产"项目，反映单位本年度截至报告期期末无偿调入的非现金资产价值扣减无偿调出的非现金资产价值后的净值。

（5）"本期盈余"项目，反映单位本年度截至报告期期末实现的累计盈余或亏损。

（6）"净资产合计"项目，反映单位期末净资产合计数。

（7）"负债和净资产总计"项目，反映单位期末负债与净资产的合计数。

（三）资产负债表的填列

1. "年初余额"栏内各项目的填列

资产负债表"年初余额"栏内各项数字，应当根据上年年末资产负债表"期末余额"栏内数字填列。

如果本年度资产负债表规定的项目的名称和内容同上年度不一致，应当对上年年末资产负债表项目的名称和数字按照本年度的规定进行调整，将调整后数字填入本表"年初余额"栏内。

如果本年度单位发生了因前期差错更正、会计政策变更等原因而调整以前年度盈余的事项，还应当对"年初余额"栏中的有关项目金额进行相应调整。

2. "期末余额"栏内各项目的填列

资产负债表"期末余额"各项目的填列方法可归纳为如下几种情况。

（1）根据相关总账科目的期末余额直接填列。直接填列的资产项目：短期投资、财政应返还额度、应收票据、预付账款、应收股利、应收利息、待摊费用、长期股权投资、固定资产原值、固定资产累计折旧、工程物资、在建工程、无形资产原值、无形资产累计摊销、研发支出、公共基础设施原值、公共基础设施累计折旧（摊销）、政府储备物资、文物文化资产、保障性住房原值、保障性住房累计折旧、长期待摊费用、待处理财产损溢（贷方余额，以"－"号填列）。

直接填列的负债项目：短期借款、应交增值税（借方余额，以"－"号填列）、其他应交税费（借方余额，以"－"号填列）、应缴财政款、应付职工薪酬、应付票据、应付账款、应付政府补贴款、应付利息、预收账款、其他应付款、预提费用、预计负债、受托代理负债。

直接填列的净资产项目：累计盈余、专用基金、权益法调整（借方余额，以"－"号填列）、无偿调拨净资产（借方余额，则以"－"号填列）、本期盈余（借方余额，则以"－"号填列）。

（2）根据相关科目的期末余额合计填列。"货币资金"项目，应当根据"库存现金""银行存款""零余额账户用款额度""其他货币资金"科目的期末余额的合计数填列；若单位存在通过"库存现金""银行存款"科目核算的受托代理资产，还应当按照前述合计数扣减"库存现金""银行存款"科目下"受托代理资产"明细科目的期末余额后的金额填列。

"存货"项目,应当根据"在途物品""库存物品""加工物品"科目的期末余额的合计数填列。

"其他流动资产"项目,应当根据有关科目期末余额的合计数填列。

"其他非流动资产"项目,应当根据有关科目的期末余额合计数填列。

"受托代理资产"项目,应当根据"受托代理资产"科目的期末余额与"库存现金""银行存款"科目下"受托代理资产"明细科目的期末余额的合计数填列。

"其他流动负债"项目,应当根据有关科目的期末余额的合计数填列。

"其他非流动负债"项目,应当根据有关科目的期末余额合计数填列。

【例 7-1】某事业单位 2019 年 12 月 31 日有关财务会计科目余额如下表所示:

会计科目	借方余额(元)	贷方余额(元)
库存现金	11 305	
银行存款	197 000	
其他货币资金	39 755	
应收票据	2 722 313	
在途物品	348 060	
库存物品	568 505	
加工物品	515 678	
固定资产	2 138 532	
应缴财政款		28 516 728
应交增值税	45 000	
应付职工薪酬		345 000
财政拨款结转		897 003
专用基金		4 067 000

该事业单位年末资产负债表项目应填列的金额分别为:

货币资金	248 060
应收票据	2 722 313
存货	1 432 243
固定资产原值	2 138 532
应缴财政款	28 516 728
应交增值税	−45 000
应付职工薪酬	345 000
财政拨款结转	897 003
专用基金	4 067 000

(3)根据相关科目的期末余额之差填列。"应收账款净额"项目,应当根据"应收账款"科目的期末余额,减去"坏账准备"科目中对应收账款计提的坏账准备的期末余额后的金额填列。

"其他应收款净额"项目,应当根据"其他应收款"科目的期末余额减去"坏账准备"

科目中对其他应收款计提的坏账准备的期末余额后的金额填列。

"固定资产净值"项目,应当根据"固定资产"科目期末余额减去"固定资产累计折旧"科目期末余额后的金额填列。

"无形资产净值"项目,应当根据"无形资产"科目期末余额减去"无形资产累计摊销"科目期末余额后的金额填列。

"公共基础设施净值"项目,应当根据"公共基础设施"科目期末余额减去"公共基础设施累计折旧(摊销)"科目期末余额后的金额填列。

"保障性住房净值"项目,应当根据"保障性住房"科目期末余额减去"保障性住房累计折旧"科目期末余额后的金额填列。

"长期债券投资"项目,应当根据"长期债券投资"科目的期末余额减去其中将于1年内(含1年)到期的长期债券投资余额后的金额填列。

"长期借款"项目,应当根据"长期借款"科目的期末余额减去其中将于1年内(含1年)到期的长期借款余额后的金额填列。

"长期应付款"项目,应当根据"长期应付款"科目的期末余额减去其中将于1年内(含1年)到期的长期应付款余额后的金额填列。

【例7-2】某行政单位2019年5月31日有关财务会计科目余额如下表所示:

会计科目	借方余额(元)	贷方余额(元)
银行存款	4 332 571	
其中:受托代理存款	340 000	
受托代理资产	860 000	
固定资产	7 569 115	
固定资产累计折旧		848 816
公共基础设施	67 893 452	
公共基础设施累计折旧(摊销)		3 668 994
公共基础设施净值		
应付政府补贴款		1 607 453
无偿调拨净资产		50 789 345
本期盈余		3 400 722

该行政单位5月末资产负债表项目应填列的金额分别为:

银行存款	3 992 571
受托代理资产	1 200 000
固定资产原值	7 569 115
固定资产累计折旧	848 816
固定资产净值	6 720 299
公共基础设施原值	67 893 452
公共基础设施累计折旧(摊销)	3 668 994
公共基础设施净值	64 224 458
应付政府补贴款	1 607 453
无偿调拨净资产	50 789 345
本期盈余	3 400 722

（4）根据明细科目余额分析填列。"一年内到期的非流动资产"项目，应当根据"长期债券投资"等科目的明细科目的期末余额分析填列。

"一年内到期的非流动负债"项目，应当根据"长期应付款""长期借款"等科目的明细科目的期末余额分析填列。

【例7-3】以下是某事业单位2019年12月31日有关科目的余额：

"长期债券投资"科目的借方余额为4 867 551元，其中将于1年内（含1年）到期的长期债券投资为1 500 000元

"长期借款"科目年末贷方余额为3 566 980元，其中将于1年内（含1年）到期的长期借款为900 000元，且无其他长期负债。

"累计盈余"科目贷方余额为3 506 800元

"权益法调整"科目为借方余额为230 000元。

该事业单位年末资产负债表项目应填列的金额分别为：

项目	金额
一年内到期的非流动资产	1 500 000
长期债券投资	3 367 551
一年内到期的非流动负债	900 000
长期借款	2 666 980
累计盈余	3 506 800
权益法调整	−230 000

（5）根据报表项目合计填列。"流动资产合计"项目，应当根据资产负债表中"货币资金""短期投资""财政应返还额度""应收票据""应收账款净额""预付账款""应收股利""应收利息""其他应收款净额""存货""待摊费用""一年内到期的非流动资产""其他流动资产"项目金额的合计数填列。

"非流动资产合计"项目应当根据资产负债表中"长期股权投资""长期债券投资""固定资产净值""工程物资""在建工程""无形资产净值""研发支出""公共基础设施净值""政府储备物资""文物文化资产""保障性住房净值""长期待摊费用""待处理财产损溢""其他非流动资产"项目金额的合计数填列。

"资产总计"项目，应当根据资产负债表中"流动资产合计""非流动资产合计""受托代理资产"项目金额的合计数填列。

"流动负债合计"项目，应当根据资产负债表中"短期借款""应交增值税""其他应交税费""应缴财政款""应付职工薪酬""应付票据""应付账款""应付政府补贴款""应付利息""预收账款""其他应付款""预提费用""一年内到期的非流动负债""其他流动负债"项目金额的合计数填列。

"非流动负债合计"项目，应当根据资产负债表中"长期借款""长期应付款""预计负债""其他非流动负债"项目金额的合计数填列。

"负债合计"项目，应当根据资产负债表中"流动负债合计""非流动负债合计""受托代理负债"项目金额的合计数填列。

"净资产合计"项目，应当根据资产负债表中"累计盈余""专用基金""权益法调整""无偿调拨净资产"（月度报表）"本期盈余"（月度报表）项目金额的合计数填列。

"负债和净资产总计"项目，应当按照资产负债表中"负债合计""净资产合计"项目

金额的合计数填列。

二、收入费用表

（一）收入费用表的格式

收入费用表是反映行政事业单位在某一会计期间全部收入、费用及当期盈余情况的报表。

收入费用表应当按照收入、费用的构成情况分项列示，其格式如表 7-3 所示。

表 7-3　收入费用表

会政财 02 表

编制单位：＿＿＿＿＿＿　　　　　　　　　　　＿＿＿年＿＿＿月　　　　　　　　　　　单位：元

项　目	本月数	本年累计数
一、本期收入		
（一）财政拨款收入		
其中：政府性基金收入		
（二）事业收入		
（三）上级补助收入		
（四）附属单位上缴收入		
（五）经营收入		
（六）非同级财政拨款收入		
（七）投资收益		
（八）捐赠收入		
（九）利息收入		
（十）租金收入		
（十一）其他收入		
二、本期费用		
（一）业务活动费用		
（二）单位管理费用		
（三）经营费用		
（四）资产处置费用		
（五）上缴上级费用		
（六）对附属单位补助费用		
（七）所得税费用		
（八）其他费用		
三、本期盈余		

（二）收入费用表的具体内容

1. 月报中的"本月数"栏及"本年累计数"的具体内容

"本月数"栏反映各项目的本月实际发生数。

"本年累计数"栏反映各项目自年初至报告期期末的累计实际发生数。

2. 年报中的"本年数"栏及"上年数"栏的具体内容

编制年度收入费用表时，应当将"本月数"栏改为"本年数"栏，反映本年度各项目的实际发生数。

编制年度收入费用表时，应当将"本年累计数"栏改为"上年数"栏，反映上年度各项目的实际发生数。

3. 各项目的具体内容

（1）本期收入。"本期收入"项目，反映单位本期收入总额。

"财政拨款收入"项目，反映单位本期从同级政府财政部门取得的各类财政拨款。

"政府性基金收入"项目，反映单位本期取得的财政拨款收入中属于政府性基金预算拨款的金额。

"事业收入"项目，反映事业单位本期开展专业业务活动及其辅助活动实现的收入。

"上级补助收入"项目，反映事业单位本期从主管部门和上级单位收到或应收的非财政拨款收入。

"附属单位上缴收入"项目，反映事业单位本期收到或应收的独立核算的附属单位按照有关规定上缴的收入。

"经营收入"项目，反映事业单位本期在专业业务活动及其辅助活动之外开展非独立核算经营活动实现的收入。

"非同级财政拨款收入"项目，反映单位本期从非同级政府财政部门取得的财政拨款，不包括事业单位因开展科研及其辅助活动从非同级财政部门取得的经费拨款。

"投资收益"项目，反映事业单位本期股权投资和债券投资所实现的收益或发生的损失。

"捐赠收入"项目，反映单位本期接受捐赠取得的收入。

"利息收入"项目，反映单位本期取得的银行存款利息收入。

"租金收入"项目，反映单位本期经批准利用国有资产出租取得并按规定纳入本单位预算管理的租金收入。

"其他收入"项目，反映单位本期取得的除以上收入项目外的其他收入的总额。

（2）本期费用。"本期费用"项目，反映单位本期费用总额。

"业务活动费用"项目，反映单位本期为实现其职能目标，依法履职或开展专业业务活动及其辅助活动所发生的各项费用。

"单位管理费用"项目，反映事业单位本期本级行政及后勤管理部门开展管理活动发生的各项费用，以及由单位统一负担的离退休人员经费、工会经费、诉讼费、中介费等。

"经营费用"项目，反映事业单位本期在专业业务活动及其辅助活动之外开展非独立核算经营活动发生的各项费用。

"资产处置费用"项目，反映单位本期经批准处置资产时转销的资产价值以及在处置过程中发生的相关费用或者处置收入小于处置费用形成的净支出。

"上缴上级费用"项目，反映事业单位按照规定上缴上级单位款项发生的费用。

"对附属单位补助费用"项目，反映事业单位用财政拨款收入之外的收入对附属单位补助发生的费用。

"所得税费用"项目，反映有企业所得税缴纳义务的事业单位本期计算应交纳的企业所得税。

"其他费用"项目，反映单位本期发生的除以上费用项目外的其他费用的总额。

（3）本期盈余。"本期盈余"项目，反映单位本期收入扣除本期费用后的净额。

（三）收入费用表的填列

1."上年数"栏的填列

"上年数"栏应当根据上年年度收入费用表中"本年数"栏内所列数字填列。

如果本年度收入费用表规定的项目的名称和内容同上年度不一致，应当对上年度收入费用表项目的名称和数字按照本年度的规定进行调整，将调整后的金额填入本年度收入费用表的"上年数"栏内。

如果本年度单位发生了因前期差错更正、会计政策变更等原因而调整以前年度盈余的事项，还应当对年度收入费用表中"上年数"栏中的有关项目金额进行相应调整。

2.各项目的填列方法

收入费用表中各项目的填列可归纳为以下3种方法：

（1）根据项目金额的合计数填列。这类项目有：本期收入和本期费用。

"本期收入"项目应当根据收入费用表中"财政拨款收入""事业收入""上级补助收入""附属单位上缴收入""经营收入""非同级财政拨款收入""投资收益""捐赠收入""利息收入""租金收入""其他收入"项目金额的合计数填列。

"本期费用"项目应当根据收入费用表中"业务活动费用""单位管理费用""经营费用""资产处置费用""上缴上级费用""对附属单位补助费用""所得税费用"和"其他费用"项目金额的合计数填列。

（2）根据相关科目的本期发生额填列。这类收入项目有：财政拨款收入、事业收入、上级补助收入、附属单位上缴收入、经营收入、非同级财政拨款收入、投资收益（如为投资净损失，以"-"号填列）、捐赠收入、利息收入、租金收入、其他收入。

这类费用项目有：业务活动费用、单位管理费用、经营费用、资产处置费用、上缴上级费用、对附属单位补助费用、所得税费用、其他费用。

（3）根据明细科目发生额填列。"政府性基金收入"项目，应当根据"财政拨款收入"相关明细科目的本期发生额填列。

（4）根据项目金额的差额填列。这类项目主要为"本期盈余"项目，应当根据本表中"本期收入"项目金额减去"本期费用"项目金额后的金额填列；如为负数，以"-"号填列。

【例7-4】某行政单位2019年12月31日有关科目余额如下表：

科目	借方余额（元）	贷方余额（元）
财政拨款收入		50 000 000
非同级财政拨款收入		4 000 000
捐赠收入		20 000
利息收入		30 000
租金收入		65 000
其他收入		70 000
业务活动费用		54 321 000
资产处置费用		80 000
其他费用		62 000

该行政单位应编制的收入费用表为：

收入费用表

会政财 02 表

编制单位：_____　　　　　　　____年___月　　　　　　　　　　　　　　单位：元

项目	本年数	上年数
一、本期收入	54 185 000	
（一）财政拨款收入	50 000 000	
其中：政府性基金收入	—	
（二）事业收入		
（三）上级补助收入		
（四）附属单位上缴收入		
（五）经营收入		
（六）非同级财政拨款收入	4 000 000	
（七）投资收益		
（八）捐赠收入	20 000	
（九）利息收入	30 000	
（十）租金收入	65 000	
（十一）其他收入	70 000	
二、本期费用	54 463 000	
（一）业务活动费用	54 321 000	
（二）单位管理费用		
（三）经营费用		
（四）资产处置费用	80 000	
（五）上缴上级费用		
（六）对附属单位补助费用		
（七）所得税费用		
（八）其他费用	62 000	
三、本期盈余	–278 000	

三、净资产变动表

（一）净资产变动表的格式

净资产变动表是反映单位在某一会计年度内净资产项目的变动情况的报表。

净资产变动表按影响净资产变动的因素列示，格式如表 7-4 所示。

表 7-4　净资产变动表

会政财 03 表

编制单位：_____　　　　　　　　　　　　　　____年　　　　　　　　　单位：元

项　目	本年数				上年数			
	累计盈余	专用基金	权益法调整	净资产合计	累计盈余	专用基金	权益法调整	净资产合计
一、上年年末余额								
二、以前年度盈余调整（减少以"–"号填列）	—	—			—	—		
三、本年年初余额								

（续）

项　目	本年数				上年数			
	累计盈余	专用基金	权益法调整	净资产合计	累计盈余	专用基金	权益法调整	净资产合计
四、本年变动金额（减少以"－"号填列）								
（一）本年盈余		—	—			—	—	
（二）无偿调拨净资产		—	—			—	—	
（三）归集调整预算结转结余		—	—			—	—	
（四）提取或设置专用基金			—				—	
其中：从预算收入中提取	—		—		—		—	
从预算结余中提取			—				—	
设置的专用基金	—		—		—		—	
（五）使用专用基金			—				—	
（六）权益法调整	—	—			—	—		
五、本年年末余额								

注："—"标识单元格不需填列

（二）净资产变动表的具体内容

1."本年数"栏和"上年数"栏的具体内容

"本年数"栏反映本年度各项目的实际变动数。

"上年数"栏反映上年度各项目的实际变动数。

2."本年数"栏各项目的具体内容

（1）"上年年末余额"行，反映单位净资产各项目上年年末的余额。

（2）"以前年度盈余调整"行，反映单位本年度调整以前年度盈余的事项对累计盈余进行调整的金额。

（3）"本年年初余额"行，反映经过以前年度盈余调整后，单位净资产各项目的本年年初余额。

（4）"本年变动金额"行，反映单位净资产各项目本年变动总金额。

（5）"本年盈余"行，反映单位本年发生的收入、费用对净资产的影响。

（6）"无偿调拨净资产"行，反映单位本年无偿调入、调出非现金资产事项对净资产的影响。

（7）"归集调整预算结转结余"行，反映单位本年财政拨款结转结余资金归集调入、归集上缴或调出，以及非财政拨款结转资金缴回对净资产的影响。

（8）"提取或设置专用基金"行，反映单位本年提取或设置专用基金对净资产的影响。

"从预算收入中提取"行，反映单位本年从预算收入中提取专用基金对净资产的影响。

"从预算结余中提取"行，反映单位本年根据有关规定从本年度非财政拨款结余或经营结余中提取专用基金对净资产的影响。

"设置的专用基金"行，反映单位本年根据有关规定设置的其他专用基金对净资产的影响。

（9）"使用专用基金"行，反映单位本年按规定使用专用基金对净资产的影响。

（10）"权益法调整"行，反映单位本年按照被投资单位除净损益和利润分配以外的所有者权益变动份额而调整长期股权投资账面余额对净资产的影响。

（11）"本年年末余额"行，反映单位本年各净资产项目的年末余额。

（三）净资产变动表的填列

1. "上年数"栏的填列

"上年数"栏反映上年度各项目的实际变动数，应当根据上年度净资产变动表中"本年数"栏内所列数字填列。

如果上年度净资产变动表规定的项目的名称和内容与本年度不一致，应对上年度净资产变动表项目的名称和数字按照本年度的规定进行调整，将调整后金额填入本年度净资产变动表"上年数"栏内。

2. "本年数"栏各项目的填列方法

（1）"上年年末余额"行，应当根据"累计盈余""专用基金"和"权益法调整"科目上年年末余额填列。

（2）"以前年度盈余调整"行，应当根据本年度"以前年度盈余调整"科目转入"累计盈余"科目的金额填列；如调整减少累计盈余，以"-"号填列。

（3）"本年年初余额"行的"累计盈余""专用基金"和"权益法调整"项目应当根据其各自在"上年年末余额"和"以前年度盈余调整"行对应项目金额的合计数填列。

【例 7-5】某行政单位 2018 年 12 月 31 日"累计盈余"贷方余额为 263 000 元，2019 年度"以前年度盈余调整"科目转入"累计盈余"科目借方的金额为 40 000 元。

该行政单位应填列的净资产变动表项目为：

"上年年末余额"行的"累计盈余"项目：263 000

"以前年度盈余调整"行的"累计盈余"项目：-40 000

"本年年初余额"行的"累计盈余"项目：223 000

（4）"本年变动金额"行的"累计盈余""专用基金"和"权益法调整"项目应当根据其各自在"本年盈余""无偿调拨净资产""归集调整预算结转结余""提取或设置专用基金""使用专用基金"和"权益法调整"行对应项目金额的合计数填列。

（5）"本年盈余"行的"累计盈余"项目应当根据年末由"本期盈余"科目转入"本年盈余分配"科目的金额填列；如转入时借记"本年盈余分配"科目，则以"-"号填列。

（6）"无偿调拨净资产"行的"累计盈余"项目应当根据年末由"无偿调拨净资产"科目转入"累计盈余"科目的金额填列；如转入时借记"累计盈余"科目，则以"-"号填列。

（7）"归集调整预算结转结余"行的"累计盈余"项目应当根据"累计盈余"科目明细账记录分析填列；如归集调整减少预算结转结余，则以"-"号填列。

（8）"提取或设置专用基金"行的"累计盈余"项目应当根据"从预算结余中提取"行"累计盈余"项目的金额填列。"专用基金"项目应当根据"从预算收入中提取""从预算结余中提取"和"设置的专用基金"行"专用基金"项目金额的合计数填列。

"从预算收入中提取"行的"专用基金"项目应当通过对"专用基金"科目明细账记录的分析，根据本年按有关规定从预算收入中提取基金的金额填列。

"从预算结余中提取"行的"累计盈余"和"专用基金"项目应当通过对"专用基金"科目明细账记录的分析，根据本年按有关规定从本年度非财政拨款结余或经营结余中提取专用基金的金额填列；本行"累计盈余"项目以"-"号填列。

"设置的专用基金"行的"专用基金"项目应当通过对"专用基金"科目明细账记录的分析，根据本年按有关规定设置的其他专用基金的金额填列。

（9）"使用专用基金"行的"累计盈余""专用基金"项目应当通过对"专用基金"科目

明细账记录的分析，根据本年按规定使用专用基金的金额填列；本行"专用基金"项目以"-"号填列。

（10）"权益法调整"行的"权益法调整"项目应当根据"权益法调整"科目本年发生额填列；若本年净发生额为借方，则以"-"号填列。

【例7-6】某事业单位2019年12月31日"本期盈余"科目转入"本年盈余分配"科目的金额为1 458 000元，由"无偿调拨净资产"科目转入"累计盈余"科目的金额为748 000元，"累计盈余"科目中按照规定上缴财政拨款结转结余资金为300 000元，缴回非财政拨款结转资金为55 000元。从预算收入中提取的专用基金为613 000元，从预算结余中提取的专用基金为724 000元，设置的专用基金为200 000元，使用的专用基金为471 000元。

该事业单位应填列的净资产变动表项目为：

项　目	本年数			
	累计盈余	专用基金	权益法调整	净资产合计
……	……	……		
四、本年变动金额（减少以"-"号填列）	2 104 000	1 066 000		
（一）本年盈余	1 458 000	—	—	
（二）无偿调拨净资产	748 000	—	—	
（三）归集调整预算结转结余	−355 000	—	—	
（四）提取或设置专用基金	724 000	1 537 000		
其中：从预算收入中提取	—	613 000		
从预算结余中提取	724 000	724 000		
设置的专用基金	—	200 000		
使用专用基金	−471 000	−471 000		
（六）权益法调整	—	—		
……	……	……		

（11）"本年年末余额"行的"累计盈余""专用基金"和"权益法调整"项目应当根据其各自在"本年年初余额"和"本年变动金额"行对应项目金额的合计数填列。

（12）各行"净资产合计"项目，应当根据所在行"累计盈余""专用基金"和"权益法调整"项目金额的合计数填列。

四、现金流量表

（一）现金流量表的格式

现金流量表是反映单位在某一会计年度内现金流入和流出的信息的报表。

现金流量表中的现金，是指行政事业单位的库存现金以及其他可以随时用于支付的款项，包括库存现金、可以随时用于支付的银行存款、其他货币资金、零余额账户用款额度、财政应返还额度，以及通过财政直接支付方式支付的款项。

现金流量，是指上述现金的流入和流出。

现金流量表应当按照日常活动、投资活动、筹资活动的现金流量分别反映，格式如表7-5所示。

表 7-5　现金流量表
现金流量表

会政财 03 表
编制单位：_____　　　　　　　　　　　____年　　　　　　　　　单位：元

项　目	本年金额	上年金额
一、日常活动产生的现金流量：		
财政基本支出拨款收到的现金		
财政非资本性项目拨款收到的现金		
事业活动收到的除财政拨款以外的现金		
收到的其他与日常活动有关的现金		
日常活动的现金流入小计		
购买商品、接受劳务支付的现金		
支付给职工以及为职工支付的现金		
支付的各项税费		
支付的其他与日常活动有关的现金		
日常活动的现金流出小计		
日常活动产生的现金流量净额		
二、投资活动产生的现金流量：		
收回投资收到的现金		
取得投资收益收到的现金		
处置固定资产、无形资产、公共基础设施等收回的现金净额		
收到的其他与投资活动有关的现金		
投资活动的现金流入小计		
购建固定资产、无形资产、公共基础设施等支付的现金		
对外投资支付的现金		
上缴处置固定资产、无形资产、公共基础设施等净收入支付的现金		
支付的其他与投资活动有关的现金		
投资活动的现金流出小计		
投资活动产生的现金流量净额		
三、筹资活动产生的现金流量：		
财政资本性项目拨款收到的现金		
取得借款收到的现金		
收到的其他与筹资活动有关的现金		
筹资活动的现金流入小计		
偿还借款支付的现金		
偿还利息支付的现金		
支付的其他与筹资活动有关的现金		
筹资活动的现金流出小计		
筹资活动产生的现金流量净额		
四、汇率变动对现金的影响额		
五、现金净增加额		

（二）现金流量表的具体内容
1.“本年金额”栏与“上年金额”栏的具体内容
“本年金额”栏反映各项目的本年实际发生数。

"上年金额"栏反映各项目的上年实际发生数。

2."本年金额"栏各项目的具体内容

（1）日常活动产生的现金流量

"财政基本支出拨款收到的现金"项目，反映单位本年接受财政基本支出拨款取得的现金。

"财政非资本性项目拨款收到的现金"项目，反映单位本年接受除用于购建固定资产、无形资产、公共基础设施等资本性项目以外的财政项目拨款取得的现金。

"事业活动收到的除财政拨款以外的现金"项目，反映事业单位本年开展专业业务活动及其辅助活动取得的除财政拨款以外的现金。

"收到的其他与日常活动有关的现金"项目，反映单位本年收到的除以上项目之外的与日常活动有关的现金。

"日常活动的现金流入小计"项目，反映单位本年日常活动产生的现金流入的合计数。

"购买商品、接受劳务支付的现金"项目，反映单位本年在日常活动中用于购买商品、接受劳务支付的现金。

"支付给职工以及为职工支付的现金"项目，反映单位本年支付给职工以及为职工支付的现金。

"支付的各项税费"项目，反映单位本年用于缴纳日常活动相关税费而支付的现金。

"支付的其他与日常活动有关的现金"项目，反映单位本年支付的除上述项目之外与日常活动有关的现金。

"日常活动的现金流出小计"项目，反映单位本年日常活动产生的现金流出的合计数。

"日常活动产生的现金流量净额"项目，反映单位本年日常活动产生的现金净流入或净流出。

（2）投资活动产生的现金流量

"收回投资收到的现金"项目，反映单位本年出售、转让或者收回投资收到的现金。

"取得投资收益收到的现金"项目，反映单位本年因对外投资而收到被投资单位分配的股利或利润，以及收到投资利息而取得的现金。

"处置固定资产、无形资产、公共基础设施等收回的现金净额"项目，反映单位本年处置固定资产、无形资产、公共基础设施等非流动资产所取得的现金，减去为处置这些资产而支付的有关费用之后的净额。由于自然灾害所造成的固定资产等长期资产损失而收到的保险赔款收入，也在本项目反映。

"收到的其他与投资活动有关的现金"项目，反映单位本年收到的除上述项目之外与投资活动有关的现金。对于金额较大的现金流入，应当单列项目反映。

"投资活动的现金流入小计"项目，反映单位本年投资活动产生的现金流入的合计数。

"购建固定资产、无形资产、公共基础设施等支付的现金"项目，反映单位本年购买和建造固定资产、无形资产、公共基础设施等非流动资产所支付的现金；融资租入固定资产支付的租赁费不在本项目反映，在筹资活动的现金流量中反映。

"对外投资支付的现金"项目，反映单位本年为取得短期投资、长期股权投资、长期债券投资而支付的现金。

"上缴处置固定资产、无形资产、公共基础设施等净收入支付的现金"项目，反映本年单位将处置固定资产、无形资产、公共基础设施等非流动资产所收回的现金净额予以上缴财政所支付的现金。

"支付的其他与投资活动有关的现金"项目，反映单位本年支付的除上述项目之外与投资活动有关的现金。对于金额较大的现金流出，应当单列项目反映。

"投资活动的现金流出小计"项目，反映单位本年投资活动产生的现金流出的合计数。

"投资活动产生的现金流量净额"项目，反映单位本年投资活动产生的现金净流入或净流出。

（3）筹资活动产生的现金流量

"财政资本性项目拨款收到的现金"项目，反映单位本年接受用于购建固定资产、无形资产、公共基础设施等资本性项目的财政项目拨款取得的现金。

"取得借款收到的现金"项目，反映事业单位本年举借短期、长期借款所收到的现金。

"收到的其他与筹资活动有关的现金"项目，反映单位本年收到的除上述项目之外与筹资活动有关的现金。对于金额较大的现金流入，应当单列项目反映。

"筹资活动的现金流入小计"项目，反映单位本年筹资活动产生的现金流入的合计数。

"偿还借款支付的现金"项目，反映事业单位本年偿还借款本金所支付的现金。

"偿付利息支付的现金"项目，反映事业单位本年支付的借款利息等。

"支付的其他与筹资活动有关的现金"项目，反映单位本年支付的除上述项目之外与筹资活动有关的现金，如融资租入固定资产所支付的租赁费。

"筹资活动的现金流出小计"项目，反映单位本年筹资活动产生的现金流出的合计数。

"筹资活动产生的现金流量净额"项目，反映单位本年筹资活动产生的现金净流入或净流出。

（4）"汇率变动对现金的影响额"项目，反映单位本年外币现金流量折算为人民币时，所采用的现金流量发生日的汇率折算的人民币金额与外币现金流量净额按期末汇率折算的人民币金额之间的差额。

（5）"现金净增加额"项目，反映单位本年现金变动的净额。

（三）现金流量表的编制方法与项目填列

1. 编制方法

单位可根据实际情况自行选择是否编制现金流量表。

单位应当采用直接法编制现金流量表。

2. "上年金额"栏的填列方法

"上年金额"栏应当根据上年现金流量表中"本年金额"栏内所列数字填列。

3. "本年金额"栏各项目填列方法

"本年金额"栏各项目的填列方法可归纳为以下3种方法：

（1）根据科目及其所属明细科目的记录分析填列。

日常活动产生的现金流量包括：

"财政基本支出拨款收到的现金"项目，应当根据"零余额账户用款额度""财政拨款收入""银行存款"等科目及其所属明细科目的记录分析填列。

"财政非资本性项目拨款收到的现金"项目，应当根据"银行存款""零余额账户用款额度""财政拨款收入"等科目及其所属明细科目的记录分析填列。

"事业活动收到的除财政拨款以外的现金"项目，应当根据"库存现金""银行存款""其他货币资金""应收账款""应收票据""预收账款""事业收入"等科目及其所属明细科目的记录分析填列。

"收到的其他与日常活动有关的现金"项目，应当根据"库存现金""银行存款""其他货币资金""上级补助收入""附属单位上缴收入""经营收入""非同级财政拨款收入""捐赠收入""利息收入""租金收入""其他收入"等科目及其所属明细科目的记录分析填列。

"购买商品、接受劳务支付的现金"项目，应当根据"库存现金""银行存款""财政拨款收入""零余额账户用款额度""预付账款""在途物品""库存物品""应付账款""应付票据""业务活动费用""单位管理费用""经营费用"等科目及其所属明细科目的记录分析填列。

"支付给职工以及为职工支付的现金"项目，应当根据"库存现金""银行存款""零余额账户用款额度""财政拨款收入""应付职工薪酬""业务活动费用""单位管理费用""经营费用"等科目及其所属明细科目的记录分析填列。

"支付的各项税费"项目，应当根据"库存现金""银行存款""零余额账户用款额度""应交增值税""其他应交税费""业务活动费用""单位管理费用""经营费用""所得税费用"等科目及其所属明细科目的记录分析填列。

"支付的其他与日常活动有关的现金"项目，应当根据"库存现金""银行存款""零余额账户用款额度""财政拨款收入""其他应付款""业务活动费用""单位管理费用""经营费用""其他费用"等科目及其所属明细科目的记录分析填列。

投资活动产生的现金流量包括：

"收回投资收到的现金"项目，应该根据"库存现金""银行存款""短期投资""长期股权投资""长期债券投资"等科目的记录分析填列。

"取得投资收益收到的现金"项目，应当根据"库存现金""银行存款""应收股利""应收利息""投资收益"等科目的记录分析填列。

"处置固定资产、无形资产、公共基础设施等收回的现金净额"项目，应当根据"库存现金""银行存款""待处理财产损溢"等科目的记录分析填列。

"收到的其他与投资活动有关的现金"项目，应当根据"库存现金""银行存款"等有关科目的记录分析填列。

"购建固定资产、无形资产、公共基础设施等支付的现金"项目，应当根据"库存现金""银行存款""固定资产""工程物资""在建工程""无形资产""研发支出""公共基础设施""保障性住房"等科目的记录分析填列。

"对外投资支付的现金"项目，应当根据"库存现金""银行存款""短期投资""长期股权投资""长期债券投资"等科目的记录分析填列。

"上缴处置固定资产、无形资产、公共基础设施等净收入支付的现金"项目，应当根据"库存现金""银行存款""应缴财政款"等科目的记录分析填列。

"支付的其他与投资活动有关的现金"项目，应当根据"库存现金""银行存款"等有关科目的记录分析填列。

筹资活动产生的现金流量包括：

"财政资本性项目拨款收到的现金"项目，应当根据"银行存款""零余额账户用款额度""财政拨款收入"等科目及其所属明细科目的记录分析填列。

"取得借款收到的现金"项目，应当根据"库存现金""银行存款""短期借款""长期借款"等科目记录分析填列。

"收到的其他与筹资活动有关的现金"项目，应当根据"库存现金""银行存款"等有关科目的记录分析填列。

"偿还借款支付的现金"项目,应当根据"库存现金""银行存款""短期借款""长期借款"等科目的记录分析填列。

"偿付利息支付的现金"项目,应当根据"库存现金""银行存款""应付利息""长期借款"等科目的记录分析填列。

"支付的其他与筹资活动有关的现金"项目,应当根据"库存现金""银行存款""长期应付款"等科目的记录分析填列。

【例7-7】某地区某行政单位通过分析"零余额账户用款额度""财政拨款收入""银行存款"等科目及其所属明细科目的记录发现,2019 年收到的资金中,用于单位基本支出的资金为 25 380 000 元,用于自行建造办公用房的资金为 8 155 000 元,用于其他非资本性项目资金为 447 000 元,收到的利息收入为 13 000 元,省财政拨款收入为 764 000 元。

该行政单位应填列的现金流量表项目为:

财政基本支出拨款收到的现金	25 380 000
财政非资本性项目拨款收到的现金	447 000
收到的其他与日常活动有关的现金	777 000
财政资本性项目拨款收到的现金	8 155 000

"汇率变动对现金的影响额"项目,应根据外币现金的账户分析填列。

(2)根据现金流量表中相关项目合计填列。

"日常活动的现金流入小计"项目,应当根据现金流量表中"财政基本支出拨款收到的现金""财政非资本性项目拨款收到的现金""事业活动收到的除财政拨款以外的现金""收到的其他与日常活动有关的现金"项目金额的合计数填列。

"日常活动的现金流出小计"项目,应当根据现金流量表中"购买商品接受劳务支付的现金""支付给职工以及为职工支付的现金""支付的各项税费""支付的其他与日常活动有关的现金"项目金额的合计数填列。

"投资活动的现金流入小计"项目,应当根据现金流量表中"收回投资收到的现金""取得投资收益收到的现金""处置固定资产、无形资产、公共基础设施等收回的现金净额""收到的其他与投资活动有关的现金"项目金额的合计数填列。

"投资活动的现金流出小计"项目,应当根据现金流量表中"购建固定资产、无形资产、公共基础设施等支付的现金""对外投资支付的现金""上缴处置固定资产、无形资产、公共基础设施等净收入支付的现金""支付的其他与投资活动有关的现金"项目金额的合计数填列。

"筹资活动的现金流入小计"项目,应当根据现金流量表中"财政资本性项目拨款收到的现金""取得借款收到的现金""收到的其他与筹资活动有关的现金"项目金额的合计数填列。

"筹资活动的现金流出小计"项目,应当根据现金流量表中"偿还借款支付的现金""偿付利息支付的现金""支付的其他与筹资活动有关的现金"项目金额的合计数填列。

"现金净增加额"项目,应当根据现金流量表中"日常活动产生的现金流量净额""投资活动产生的现金流量净额""筹资活动产生的现金流量净额"和"汇率变动对现金的影响额"项目金额的合计数填列;如为负数,以"-"号填列。

（3）根据表中相关项目之差填列。

"日常活动产生的现金流量净额"项目，应当按照现金流量表中"日常活动的现金流入小计"项目金额减去"日常活动的现金流出小计"项目金额后的金额填列；如为负数，以"-"号填列。

"投资活动产生的现金流量净额"项目，应当按照"投资活动的现金流入小计"项目金额减去"投资活动的现金流出小计"项目金额后的金额填列；如为负数，以"-"号填列。

"筹资活动产生的现金流量净额"项目，应当按照"筹资活动的现金流入小计"项目金额减去"筹资活动的现金流出小计"金额后的金额填列；如为负数，以"-"号填列。

五、财务报表附注

财务报表附注是对在会计报表中列示的项目所做的进一步说明，以及对未能在会计报表中列示项目的说明，是财务报表的重要组成部分。

凡对报表使用者的决策有重要影响的会计信息，不论本制度是否有明确规定，单位均应当充分披露。

财务报表附注主要内容包括下列内容。

（一）单位的基本情况

单位应当简要披露其基本情况，包括单位的主要职能、主要业务活动、所在地、预算管理关系等。

（二）会计报表编制基础

（三）遵循政府会计准则、制度的声明

（四）重要会计政策和会计估计

单位应当采用与其业务特点相适应的具体会计政策，并充分披露报告期内采用的重要会计政策和会计估计，主要包括以下内容：

（1）会计期间。

（2）记账本位币，外币折算汇率。

（3）坏账准备的计提方法。

（4）存货类别、发出存货的计价方法、存货的盘存制度，以及低值易耗品和包装物的摊销方法。

（5）长期股权投资的核算方法。

（6）固定资产分类、折旧方法、折旧年限和年折旧率；融资租入固定资产的计价和折旧方法。

（7）无形资产的计价方法；使用寿命有限的无形资产，其使用寿命估计情况；使用寿命不确定的无形资产，其使用寿命不确定的判断依据；单位内部研究开发项目划分研究阶段和开发阶段的具体标准。

（8）公共基础设施的分类、折旧（摊销）方法、折旧（摊销）年限，以及其确定依据。

（9）政府储备物资分类，以及确定其发出成本所采用的方法。

（10）保障性住房的分类、折旧方法、折旧年限。

（11）其他重要的会计政策和会计估计。

（12）本期发生重要会计政策和会计估计变更的，变更的内容和原因、受其重要影响的报表项目名称和金额、相关审批程序，以及会计估计变更开始适用的时点。

上述12项具有规定格式，如固定资产的披露格式，如表7-6所示。

表 7-6 固定资产的披露的规定格式

项目	年初余额	本期增加额	本期减少额	期末余额
一、原值合计				
其中：房屋及构筑物				
通用设备				
专用设备				
文物和陈列品				
图书、档案				
家具、用具、装具及动植物				
二、累计折旧合计				
其中：房屋及构筑物				
通用设备				
专用设备				
家具、用具、装具				
三、账面价值合计				
其中：房屋及构筑物				
通用设备				
专用设备				
文物和陈列品				
图书、档案				
家具、用具、装具及动植物				

（五）会计报表重要项目说明

单位应当按照资产负债表和收入费用表项目列示顺序，采用文字和数据描述相结合的方式披露重要项目的明细信息。报表重要项目的明细金额合计，应当与报表项目金额相衔接。报表重要项目说明应包括但不限于下列内容：

（1）货币资金。

（2）应收账款。

（3）存货。

（4）长期投资。

（5）固定资产。

（6）在建工程。

（7）无形资产。

（8）公共基础设施。

（9）政府储备物资。

（10）受托代理资产。

（11）应付账款。

（12）其他流动负债。

（13）长期借款。

（14）事业收入。

（15）非同级财政拨款收入。

（16）其他收入。

（17）业务活动费用。

（18）其他费用。

（19）本期费用按照经济分类。

（六）本年盈余与预算结余的差异情况说明

单位应当按照重要性原则，对本年度发生的各类影响收入（预算收入）和费用（预算支出）的业务进行适度归并和分析，披露将年度预算收入支出表中"本年预算收支差额"调节为年度收入费用表中"本期盈余"的信息。

有关披露格式如下：

项 目	金额
一、本年预算结余（本年预算收支差额）	
二、差异调节	
（一）重要事项的差异	
加：1.当期确认为收入但没有确认为预算收入	
（1）应收款项、预收账款确认的收入	
（2）接受非货币性资产捐赠确认的收入	
2.当期确认为预算支出但没有确认为费用	
（1）支付应付款项、预付账款的支出	
（2）为取得存货、政府储备物资等计入物资成本的支出	
（3）为购建固定资产等的资本性支出	
（4）偿还借款本息支出	
减：1.当期确认为预算收入但没有确认为收入	
（1）收到应收款项、预收账款确认的预算收入	
（2）取得借款确认的预算收入	
2.当期确认为费用但没有确认为预算支出	
（1）发出存货、政府储备物资等确认的费用	
（2）计提的折旧费用和摊销费用	
（3）确认的资产处置费用（处置资产价值）	
（4）应付款项、预付账款确认的费用	
（二）其他事项差异	
三、本年盈余（本年收入与费用的差额）	

（七）其他重要事项说明

（1）资产负债表日存在的重要或有事项说明。没有重要或有事项的，也应说明。

（2）以名义金额计量的资产名称、数量等情况，以及以名义金额计量理由的说明。

（3）通过债务资金形成的固定资产、公共基础设施、保障性住房等资产的账面价值、使用情况、收益情况及与此相关的债务偿还情况等的说明。

（4）重要资产置换、无偿调入（出）、捐入（出）、报废、重大毁损等情况的说明。

（5）事业单位将单位内部独立核算单位的会计信息纳入本单位财务报表情况的说明。

（6）政府会计具体准则中要求附注披露的其他内容。

（7）有助于理解和分析单位财务报表需要说明的其他事项。

第三节　行政事业单位的预算会计报表

一、预算收入支出表

（一）预算收入支出表的格式

预算收入支出表反映单位在某一会计年度内各项预算收入、预算支出和预算收支差额的情况。其格式如表 7-7 所示。

表 7-7   预算收入支出表

会政预 01 表
单位：元

编制单位：_____   ____年

项　目	本年数	上年数
一、本年预算收入		
（一）财政拨款预算收入		
其中：政府性基金收入		
（二）事业预算收入		
（三）上级补助预算收入		
（四）附属单位上缴预算收入		
（五）经营预算收入		
（六）债务预算收入		
（七）非同级财政拨款预算收入		
（八）投资预算收益		
（九）其他预算收入		
其中：利息收入		
捐赠收入		
租金收入		
二、本期预算支出		
（一）行政支出		
（二）事业支出		
（三）经营支出		
（四）上缴上级支出		
（五）对附属单位补助支出		
（六）投资支出		
（七）债务还本支出		
（八）其他支出		
其中，利息支出		
捐赠支出		
三、本年预算收支差额		

（二）预算收入支出表的具体内容

1. "本年数"栏与"上年数"栏的具体内容

"本年数"栏反映各项目的本年实际发生数。

"上年数"栏反映各项目上年度的实际发生数。

2. "本年数"栏各项目的具体内容

（1）本年预算收入。"本年预算收入"项目，反映单位本年预算收入总额。

"财政拨款预算收入"项目，反映单位本年从同级政府财政部门取得的各类财政拨款。

"政府性基金收入"项目，反映单位本年取得的财政拨款收入中属于政府性基金预算拨款的金额。

"事业预算收入"项目，反映事业单位本年开展专业业务活动及其辅助活动取得的预算收入。

"上级补助预算收入"项目，反映事业单位本年从主管部门和上级单位取得的非财政补助预算收入。

"附属单位上缴预算收入"项目，反映事业单位本年收到的独立核算的附属单位按照有关规定上缴的预算收入。

"经营预算收入"项目，反映事业单位本年在专业业务活动及其辅助活动之外开展非独立核算经营活动取得的预算收入。

"债务预算收入"项目，反映事业单位本年按照规定从金融机构等借入的、纳入部门预算管理的债务预算收入。

"非同级财政拨款预算收入"项目，反映单位本年从非同级政府财政部门取得的财政拨款。

"投资预算收益"项目，反映事业单位本年取得的按规定纳入单位预算管理的投资收益。

"其他预算收入"项目，反映单位本年取得的除上述收入以外的纳入单位预算管理的各项预算收入。

"利息预算收入"项目，反映单位本年取得的利息预算收入。

"捐赠预算收入"项目，反映单位本年取得的捐赠预算收入。

"租金预算收入"项目，反映单位本年取得的租金预算收入。

（2）本年预算支出。"本年预算支出"项目，反映单位本年预算支出总额。

"行政支出"项目，反映行政单位本年履行职责实际发生的支出。

"事业支出"项目，反映事业单位本年开展专业业务活动及其辅助活动发生的支出。

"经营支出"项目，反映事业单位本年在专业业务活动及其辅助活动之外开展非独立核算经营活动发生的支出。

"上缴上级支出"项目，反映事业单位本年按照财政部门和主管部门的规定上缴上级单位的支出。

"对附属单位补助支出"项目，反映事业单位本年用财政拨款收入之外的收入对附属单位补助发生的支出。

"投资支出"项目，反映事业单位本年以货币资金对外投资发生的支出。

"债务还本支出"项目，反映事业单位本年偿还自身承担的纳入预算管理的从金融机构举借的债务本金的支出。

"其他支出"项目，反映单位本年除以上支出以外的各项支出。

"利息支出"项目，反映单位本年发生的利息支出。

"捐赠支出"项目，反映单位本年发生的捐赠支出。

（3）本年预算收支差额。"本年预算收支差额"项目，反映单位本年各项预算收支相抵后的差额。

（三）预算收入支出表的填列

1. "上年数"栏的填列

应当根据上年度预算收入支出表中"本年数"栏内所列数字填列。

如果本年度预算收入支出表规定的项目的名称和内容同上年度不一致，应当对上年度预算收入支出表项目的名称和数字按照本年度的规定进行调整，将调整后金额填入本年度预算收入支出表的"上年数"栏。

2. "本年数"栏各项目的填列方法

预算收入支出表"本年数"栏各项目的填列方法可归纳为如下 4 种：

（1）根据对应科目的本年发生额填列。

这类收入项目包括：财政拨款预算收入、事业预算收入、上级补助预算收入、附属单位上缴预算收入、经营预算收入、债务预算收入、非同级财政拨款预算收入、投资预算收益、其他预算收入、捐赠预算收入、租金预算收入

这类支出项目包括：行政支出、事业支出、经营支出、上缴上级支出、对附属单位补助支出、投资支出、债务还本支出、其他支出、利息支出（单设"利息支出"科目的）、捐赠支出（单设"捐赠支出"科目的）

（2）根据相关明细科目的本年发生额填列。

"政府性基金收入"项目，应当根据"财政拨款预算收入"相关明细科目的本年发生额填列。

"利息支出"项目（未单设"利息支出"科目的），应当根据"其他支出"科目明细账记录分析填列。

"利息支出"项目（未单设"捐赠支出"科目的），应当根据"其他支出"科目明细账记录分析填列。

（3）根据表中相关项目金额的合计数填列。

"本年预算收入"项目，应当根据预算收入支出表中"财政拨款预算收入""事业预算收入""上级补助预算收入""附属单位上缴预算收入""经营预算收入""债务预算收入""非同级财政拨款预算收入""投资预算收益""其他预算收入"项目金额的合计数填列。

"本年预算支出"项目，应当根据预算收入支出表中"行政支出""事业支出""经营支出""上缴上级支出""对附属单位补助支出""投资支出""债务还本支出"和"其他支出"项目金额的合计数填列。

（4）根据表中相关项目金额的差额填列。

"本年预算收支差额"项目，应当根据表中"本期预算收入"项目金额减去"本期预算支出"项目金额后的金额填列；如相减后金额为负数，以"-"号填列。

【例 7-8】某事业单位 2019 年度全部预算收支科目"财政拨款预算收入——一般公共财预算政拨款""财政拨款预算收入——政府性基金预算财政拨款""事业预算收入""上级补助预算收入""经营预算收入""其他预算收入——利息收入"的本年发生额分别为 4 596 295 元、755 000 元、531 951 元、2 660 000 元、123 943 元、523 309 元；"事 业 支出""对附属单位补助支出""经营支出""债务还本支出"和"其他支出——利息支出"本年发生额分别为 4 589 300 元，32 000 元、541 907 元、3 000 000 元和 43 735 元。

该事业单位应编制预算收入支出表本年数栏各项目为：

预算收入支出表

会政预 01 表

编制单位：_____　　　　　　　　2019 年　　　　　　　　　单位：元

项　目	本年数	上年数
一、本年预算收入	9 190 498	
（一）财政拨款预算收入	5 351 295	
其中：政府性基金收入	755 000	

（续）

项　目	本年数	上年数
（二）事业预算收入	531 951	
（三）上级补助预算收入	2 660 000	
（四）附属单位上缴预算收入	0	
（五）经营预算收入	123 943	
（六）债务预算收入	0	
（七）非同级财政拨款预算收入	0	
（八）投资预算收益	0	
（九）其他预算收入	523 309	
其中：利息收入	523 309	
捐赠收入	0	
租金收入	0	
二、本期预算支出	8 206 942	
（一）行政支出	—	
（二）事业支出	4 589 300	
（三）经营支出	541 907	
（四）上缴上级支出	0	
（五）对附属单位补助支出	32 000	
（六）投资支出	0	
（七）债务还本支出	3 000 000	
（八）其他支出	43 735	
其中，利息支出	43 735	
捐赠支出	0	
三、本年预算收支差额	983 556	

二、预算结转结余变动表

（一）预算结转结余变动表的格式

预算结转结余变动表反映单位在某一会计年度内预算结转结余的变动情况，其格式如表 7-8 所示。

表 7-8　预算结转结余变动表

会政预 02 表

编制单位：_____　　　　　　　____年　　　　　　　　　单位：元

项目	本年数	上年数
一、年初预算结转结余		
（一）财政拨款结转结余		
（二）其他资金结转结余		
二、年初余额调整（减少以 "–" 号填列）		
（一）财政拨款结转结余		
（二）其他资金结转结余		
三、本年变动金额（减少以 "–" 号填列）		
（一）财政拨款结转结余		

（续）

项目	本年数	上年数
1. 本年收支差额		
2. 归集调入		
3. 归集上缴或调出		
（二）其他资金结转结余		
1. 本年收支差额		
2. 缴回资金		
3. 使用专用结余		
4. 支付所得税		
四、年末预算结转结余		
（一）财政拨款结转结余		
1. 财政拨款结转		
2. 财政拨款结余		
（二）其他资金结转结余		
1. 非财政拨款结转		
2. 非财政拨款结余		
3. 专用结余		
4. 经营结余（如有余额，以"-"号填列）		

（二）预算结转结余变动表的具体内容

1."本年数"栏与"上年数"栏的具体内容

"本年数"栏反映各项目的本年实际发生数。

"上年数"栏反映各项目的上年实际发生数。

2."本年数"栏各项目的具体内容

（1）"年初预算结转结余"项目，反映单位本年预算结转结余的年初余额。其中：

"财政拨款结转结余"项目，反映单位本年财政拨款结转结余资金的年初余额。

"其他资金结转结余"项目，反映单位本年其他资金结转结余的年初余额。

（2）"年初余额调整"项目，反映单位本年预算结转结余年初余额调整的金额，其中：

"财政拨款结转结余"项目，反映单位本年财政拨款结转结余资金的年初余额调整金额。

"其他资金结转结余"项目，反映单位本年其他资金结转结余的年初余额调整金额。

（3）"本年变动金额"项目，反映单位本年预算结转结余变动的金额。

其中：

① "财政拨款结转结余"项目，反映单位本年财政拨款结转结余资金的变动。其中：

"本年收支差额"项目，反映单位本年财政拨款资金收支相抵后的差额；

"归集调入"项目，反映单位本年按照规定从其他单位归集调入的财政拨款结转资金；

"归集上缴或调出"项目，反映单位本年按照规定上缴的财政拨款结转结余资金及按照规定向其他单位调出的财政拨款结转资金。

② "其他资金结转结余"项目，反映单位本年其他资金结转结余的变动。其中：

"本年收支差额"项目，反映单位本年除财政拨款外的其他资金收支相抵后的差额；

"缴回资金"项目，反映单位本年按照规定缴回的非财政拨款结转资金；

"使用专用结余"项目，反映本年事业单位根据规定使用从非财政拨款结余或经营结余中提取的专用基金的金额；

"支付所得税"项目，反映有企业所得税缴纳义务的事业单位本年实际缴纳的企业所得税金额。

（4）"年末预算结转结余"项目，反映单位本年预算结转结余的年末余额。

"财政拨款结转结余"项目，反映单位本年财政拨款结转结余的年末余额，包括"财政拨款结转"和"财政拨款结余"。

"其他资金结转结余"项目，反映单位本年其他资金结转结余的年末余额，包括"非财政拨款结转""非财政拨款结余""专用结余"和"经营结余"。

（三）预算结转结余变动表的填列

1. "本年数"栏与"上年数"栏的填列

"上年数"栏应当根据上年度预算结转结余变动表中"本年数"栏内所列数字填列。

如果本年度预算结转结余变动表规定的项目的名称和内容同上年度不一致，应当对上年度预算结转结余变动表项目的名称和数字按照本年度的规定进行调整，将调整后金额填入本年度预算结转结余变动表的"上年数"栏。

2. "本年数"栏各项目的填列方法

（1）"年初预算结转结余"项目，应当根据本项目下"财政拨款结转结余""其他资金结转结余"项目金额的合计数填列。其中：

"财政拨款结转结余"项目，应当根据"财政拨款结转"和"财政拨款结余"科目本年年初余额合计数填列。

"其他资金结转结余"项目，应当根据"非财政拨款结转""非财政拨款结余""专用结余"和"经营结余"科目本年年初余额的合计数填列。

（2）"年初余额调整"项目，应当根据本项目下"财政拨款结转结余"和"其他资金结转结余"项目金额的合计数填列。其中：

"财政拨款结转结余"项目，应当根据"财政拨款结转""财政拨款结余"科目下"年初余额调整"明细科目的本年发生额的合计数填列；如调整减少年初财政拨款结转结余，以"-"号填列。

"其他资金结转结余"项目，应当根据"非财政拨款结转"和"非财政拨款结余"科目下"年初余额调整"明细科目的本年发生额的合计数填列；如调整减少年初其他资金结转结余，以"-"号填列。

（3）"本年变动金额"项目，应当根据本项目下"财政拨款结转结余"和"其他资金结转结余"项目金额的合计数填列。其中：

①"财政拨款结转结余"项目，应当根据本项目下"本年收支差额""归集调入"和"归集上缴或调出"项目金额的合计数填列，包括：

"本年收支差额"项目，应当根据"财政拨款结转"科目下"本年收支结转"明细科目本年转入的预算收入与预算支出的差额填列；差额为负数的，以"-"号填列。

"归集调入"项目，应当根据"财政拨款结转"科目下"归集调入"明细科目的本年发生额填列。

"归集上缴或调出"项目，应当根据"财政拨款结转"、"财政拨款结余"科目下"归集上缴"明细科目，以及"财政拨款结转"科目下"归集调出"明细科目本年发生额的合计数填列，以"-"号填列。

②"其他资金结转结余"项目，应当根据本项目下"本年收支差额""缴回资金""使用

专用结余"和"支付所得税"项目金额的合计数填列，包括：

"本年收支差额"项目，应当根据"非财政拨款结转"科目下"本年收支结转"明细科目、"其他结余"科目、"经营结余"科目本年转入的预算收入与预算支出的差额的合计数填列；如为负数，以"－"号填列。

"缴回资金"项目，应当根据"非财政拨款结转"科目下"缴回资金"明细科目本年发生额的合计数填列，以"－"号填列。

"使用专用结余"项目，应当根据"专用结余"科目明细账中本年使用专用结余业务的发生额填列，以"－"号填列。

"支付所得税"项目，应当根据"非财政拨款结转"明细账中本年实际缴纳企业所得税业务的发生额填列，以"－"号填列。

（4）"年末预算结转结余"项目，应当根据本项目下"财政拨款结转结余"和"其他资金结转结余"项目金额的合计数填列。其中：

"财政拨款结转结余"项目，应当根据本项目下"财政拨款结转"和"财政拨款结余"项目金额的合计数填列。

该项目下"财政拨款结转"和"财政拨款结余"项目，应当分别根据"财政拨款结转"和"财政拨款结余"科目的本年年末余额填列。

"其他资金结转结余"项目，应当根据本项目下"非财政拨款结转""非财政拨款结余""专用结余"和"经营结余"项目金额的合计数填列。

该项目下"非财政拨款结转""非财政拨款结余""专用结余"和"经营结余"项目，应当分别根据"非财政拨款结转""非财政拨款结余""专用结余"和"经营结余"科目的本年年末余额填列。

【例 7-9】某事业单位 2019 年 12 月 31 日部分科目金额如下所示：

总账科目	明细科目	年初余额	借方发生额合计	贷方发生额合计
财政拨款结转	年初余额调整			35 000
	归集调入			33 000
	归集调出		18 000	
	归集上缴		42 000	
	本年收支结转		1 000 000	1 200 000
	累计结转	2 000 000		
财政拨款结余	年初余额调整		15 000	
	归集上缴		11 000	
	累计结余	37 000		
非财政拨款结转	年初余额调整		27 000	
	缴回资金		37 000	
	本年收支结转		800 000	355 000
	累计结转	130 000		
非财政拨款结余	年初余额调整			25 000
	累计结余	40 000		
其他结余			71 000	60 000
经营结余		13 000	50 000	63 000
专用结余		50 000	70 000	

另外，专用结余借方发生额中，2019 年使用金额为 58 000 元，实际交纳企业所得税金额为 31 600 元。

该事业单位应编制预算结转结余变动表本年数栏各项目为：

会政预 02 表

编制单位：_____　　　　　　　　　_____年　　　　　　　　　单位：元

项目	本年数	上年数
一、年初预算结转结余	470 000	
（一）财政拨款结转结余	237 000	
（二）其他资金结转结余	233 000	
二、年初余额调整（减少以"−"号填列）	18 000	
（一）财政拨款结转结余	20 000	
（二）其他资金结转结余	−2 000	
三、本年变动金额（减少以"−"号填列）	482 4000	
（一）财政拨款结转结余	162 000	
1. 本年收支差额	200 000	
2. 归集调入	33 000	
3. 归集上缴或调出	−71 000	
（二）其他资金结转结余	320 400	
1. 本年收支差额	−443 000	
2. 缴回资金	−37 000	
3. 使用专用结余	−58 000	
4. 支付所得税	−31 600	

三、财政拨款预算收入支出表

（一）财政拨款预算收入支出表的格式

财政拨款预算收入支出表是反映单位本年财政拨款预算资金收入、支出及相关变动的具体情况的报表，其格式如表 7-9 所示。

表 7-9　财政拨款预算表
财政拨款预算表

会政预 03 表
编制单位：_____　　　　　　　　　_____年　　　　　　　　　单位：元

项目	年初财政拨款结转结余		调整年初财政拨款结转结余	本年归集调入	本年归集上缴或调出	单位内部调剂		本年财政款收入	本年财政拨款支出	年初财政拨款结转结余	
	结转	结余				结转	结余			结转	结余
一、一般公共预算财政拨款											
（一）基本支出											
1. 人员经费											
2. 日常公用经费											
（二）项目支出											
1. ×× 项目											
2. ×× 项目											
……											

（续）

项目	年初财政拨款结转结余		调整年初财政拨款结转结余	本年归集调入	本年归集上缴或调出	单位内部调剂		本年财政款收入	本年财政拨款支出	年初财政拨款结转结余	
	结转	结余				结转	结余			结转	结余
二、政府性基金预算财政拨款											
（一）基本支出											
1.人员经费											
2.日常公用经费											
（二）项目支出											
1.××项目											
2.××项目											
……											
总计											

（二）财政拨款预算收入支出表的具体内容

1.“项目”栏的具体内容

财政拨款预算收入支出表的“项目”栏反映单位用于基本支出和项目支出的不同种类的财政拨款。

2.各栏及其对应项目的具体内容

（1）“年初财政拨款结转结余”栏中各项目，反映单位年初各项财政拨款结转结余的金额。

（2）“调整年初财政拨款结转结余”栏中各项目，反映单位对年初财政拨款结转结余的调整金额。

（3）“本年归集调入”栏中各项目，反映单位本年按规定从其他单位调入的财政拨款结转资金金额。

（4）“本年归集上缴或调出”栏中各项目，反映单位本年按规定实际上缴的财政拨款结转结余资金，及按照规定向其他单位调出的财政拨款结转资金金额。

（5）“单位内部调剂”栏中各项目，反映单位本年财政拨款结转结余资金在单位内部不同项目等之间的调剂金额。

（6）“本年财政拨款收入”栏中各项目，反映单位本年从同级财政部门取得的各类财政预算拨款金额。

（7）“本年财政拨款支出”栏中各项目，反映单位本年发生的财政拨款支出金额。

（8）“年末财政拨款结转结余”栏中各项目，反映单位年末财政拨款结转结余的金额。

（三）财政拨款预算收入支出表的填列

1.“项目”栏内各项目的设置方法

“项目”栏内各项目，应当根据单位取得的财政拨款种类分项设置。其中“项目支出”项目下，根据每个项目设置；单位取得除一般公共财政预算拨款和政府性基金预算拨款以外的其他财政拨款的，应当按照财政拨款种类增加相应的资金项目及其明细项目。

2.各栏及其对应项目的填列方法

（1）“年初财政拨款结转结余”栏中各项目，应当根据“财政拨款结转”“财政拨款结余”及其明细科目的年初余额填列。本栏中各项目的数额应当与上年度财政拨款预算收入支出表中"年末财政拨款结转结余"栏中各项目的数额相等。

（2）"调整年初财政拨款结转结余"栏中各项目，应当根据"财政拨款结转""财政拨款结余"科目下"年初余额调整"明细科目及其所属明细科目的本年发生额填列；如调整减少年初财政拨款结转结余，以"–"号填列。

（3）"本年归集调入"栏中各项目，应当根据"财政拨款结转"科目下"归集调入"明细科目及其所属明细科目的本年发生额填列。

（4）"本年归集上缴或调出"栏中各项目，应当根据"财政拨款结转""财政拨款结余"科目下"归集上缴"科目和"财政拨款结转"科目下"归集调出"明细科目，及其所属明细科目的本年发生额填列，以"–"号填列。

（5）"单位内部调剂"栏中各项目，应当根据"财政拨款结转"和"财政拨款结余"科目下的"单位内部调剂"明细科目及其所属明细科目的本年发生额填列；对单位内部调剂减少的财政拨款结余金额，以"–"号填列。

（6）"本年财政拨款收入"栏中各项目，应当根据"财政拨款预算收入"科目及其所属明细科目的本年发生额填列。

（7）"本年财政拨款支出"栏中各项目，应当根据"行政支出""事业支出"等科目及其所属明细科目本年发生额中的财政拨款支出数的合计数填列。

（8）"年末财政拨款结转结余"栏中各项目，应当根据"财政拨款结转""财政拨款结余"科目及其所属明细科目的年末余额填列。

▶ 本章小结

　　行政事业单位的会计报表是反映行政事业单位一定时期财务状况和预算执行结果的总结性书面文件，包括财务报表和预算会计报表。财务报表由财务会计报表及其附注构成。财务会计报表一般包括资产负债表、收入费用表和净资产变动表。预算会计报表至少包括预算收入支出表、预算结转结余变动表和财政拨款预算收入支出表。

　　资产负债表和收入费用表可按月编制，但至少应按年编制。净资产变动表、现金流量表、预算收入支出表、预算结转结余变动表和财政拨款预算收入支出表按年编制。单位可根据实际情况自行选择是否编制现金流量表。编制的财务会计报表主要以权责发生制为基础，预算会计报表以收付实现制为基础。编制的会计报表应做到数字真实、计算准确、内容完整、编报及时，由单位负责人和主管会计工作的负责人、会计机构负责人（会计主管人员）签名并盖章。

　　资产负债表"年初余额"栏内各项数字，应当根据上年年末资产负债表"期末余额"栏内数字填列。"期末余额"各项目的填列方法可归纳为根据相关总账科目的期末余额直接填列，根据

相关科目的期末余额合计填列、根据相关科目的期末余额之差填列、根据明细科目余额分析填列和根据报表项目合计填列5种。

　　收入费用表的"上年数"栏应当根据上年年度收入费用表中"本年数"栏内所列数字填列。收入费用表中各项目的填列可归纳为根据项目金额的合计数填列、根据相关科目的本期发生额填列和根据明细科目发生额填列3种方法。

　　净资产变动表的"上年数"栏应当根据上年度净资产变动表中"本年数"栏内所列数字填列。"本年数"栏各项目一般应根据相关科目余额或发生额分析填列。

　　现金流量表应采用直接法编制，"上年金额"栏应当根据上年现金流量表中"本年金额"栏内所列数字填列。"本年金额"栏各项目的填列可归纳为根据科目及其所属明细科目的记录分析填列、根据表中相关项目合计填列和根据表中相关项目之差填列3种方法。

　　预算收入支出表的"上年数"栏应当根据上年度预算收入支出表中"本年数"栏内所列数字填列。"本年数"栏各项目的填列可归纳为根据对应科目的本年发生额填列，根据相关明细科

目的本年发生额填列，根据表中相关项目金额的合计数填列和根据表中相关项目金额的差额填列4种方法。

预算结转结余变动表的"上年数"栏应当根据上年度预算结转结余变动表中"本年数"栏内所列数字填列。"本年数"栏各项目的填列有根据项目金额的合计数填列、明细科目的本年发生额的合计数填列、明细科目分析填列、科目的本年年末余额填列。

财政拨款预算收入支出表的"项目"栏内各项目，应当根据单位取得的财政拨款种类分项设置。各栏及其对应项目的填列有根据"财政拨款结转""财政拨款结余"及其明细科目的余额或本年发生额填列，根据"财政拨款预算收入"科目及其所属明细科目的本年发生额填列，根据"行政支出""事业支出"等科目及其所属明细科目本年发生额中的财政拨款支出数的合计数填列3种方法。

▶ **关键术语** ————————

▶ **想一想，做一做** ————————

财政总预算会计

03

第八章

财政总预算会计概述

► **学习目标** ◄

1. 了解财政总预算会计的五级体系。
2. 掌握财政总预算会计权责发生制的使用范围。
3. 熟悉财政总预算会计科目体系及名称。
4. 理解财政总预算会计的不同会计主体。

► **开篇案例**

2019 年 4 月长沙市财政收支情况[一]

1. 1～4 月收入情况

全市完成地方一般公共预算收入 329.44 亿元，比上年同期增加 23.85 亿元，增长 7.80%。其中：市本级完成 152.15 亿元，比上年同期增加 7.5 亿元，增长 5.18%；区县（市）完成 177.29 亿元，比上年同期增加 16.35 亿元，增长 10.16%。

2. 1～4 月支出情况

全市完成地方一般公共预算支出 453.9 亿元，比上年同期增加 67.07 亿元，增长 17.34%。其中，市本级完成 159.96 亿元，比上年同期增加 42.86 亿元，增长 36.61%；区县（市）完成 293.94 亿元，比上年同期增加 24.21 亿元，增长 8.97%。

上述一般公共预算收入和支出的会计核算主体分别是谁，通过哪些科目进行核算？

第一节　政府预算的概念、分类及构成

一、政府预算的概念

政府预算也称国家预算、财政预算。国家的财政分配活动不能盲目进行，国家要从社

㊀　市财政局。2019 年 4 月长沙市财政收支情况 ［EB/OL］. (2019-05-13). http://www.changsha.gov.cn/xxgk/szfxxgkml/czxx/czyjs/201905/t20190517_3340929.html.

会产品中收取多少，通过什么方式收取，收来的钱用在什么地方，怎么使用，达到什么效果，都必须事先做出估算，并经过法定程序予以确认。因此，政府预算是经法定程序审核批准的国家年度集中性财政收支计划。它规定国家财政收入的来源和数量、财政支出的各项用途和数量，反映着整个国家政策、政府活动的范围和方向。

政府预算具有法律效力。政府预算的级次划分、收支内容、管理职权划分等都是以预算法的形式规定的；预算的编制、执行和决算的过程也是在预算法的规范下进行的。政府预算编制后要经过国家立法机构审查批准后才能公布并组织实施；预算的执行过程受法律的严格制约，不经法定程序，任何人无权改变预算规定的各项收支指标，这就使政府的财政行为通过预算的法制化管理被置于民众的监督之下。

二、政府预算的分类

（一）总预算和分预算

政府预算按收支管理范围，分为总预算和分预算。

1. 总预算

如果从预算项目的分类来看，总预算就是政府财政收支的综合计划，它分列一般经费收支和各类特别收支项目的详细款项。它由各级政府的本级预算和下级政府总预算组成。

本章涉及的财政总预算属于总预算。

2. 分预算

如果从预算的部门分类来看，部门预算如国防预算、部门所属的单位预算均属于分预算，各分预算的汇总就是总预算。

所谓"部门"，是指与财政直接发生经费领拨关系的一级预算单位。部门预算是由政府各部门编制，经财政部门审核后报立法机关审议通过的、反映部门所有收入和支出的预算。它以部门为单位，一个部门编制一本预算。各部门预算由本部门及其所属各单位预算组成。

单位预算是指列入部门预算的国家机关、社会团体和其他单位的收支预算。它是机关本身及其所属单位履行其职责或事业计划的财力保证，是各级总预算构成的基本单位。

（二）中央预算和地方预算

政府预算按照预算的级次，分为中央预算和地方预算。

1. 中央预算

中央预算是指经法定程序审查批准的，反映中央政府活动的财政收支计划。中国的中央政府预算由中央各部门的单位预算、企业财务收支计划和税收计划组成。财政部将中央各部门的单位预算和中央直接掌管的收支等，汇编成中央预算草案，报国务院审定后提请人代会审查。中央预算主要承担国家的安全、外交和中央国家机关运转所需的经费，调整国民经济结构、协调地区发展、实施宏观调控的支出以及由中央直接管理的事业发展支出，因而在政府预算体系中占主导地位。

2. 地方预算

地方预算是指经法定程序审查批准的，反映各级地方政府收支活动计划的总称。地方预算担负着地方行政管理和经济建设、文化教育、卫生事业以及抚恤等支出，它在政府预算中占有重要地位。

3. 中国的五级预算体系

中国实行一级政府一级预算，设立中央，省、自治区、直辖市，设区的市、自治州，县、自治县、不设区的市、市辖区，乡、民族乡、镇五级预算。

全国预算由中央预算和地方预算组成。地方预算由各省、自治区、直辖市总预算组成。

地方各级总预算由本级预算和汇总的下一级总预算组成；下一级只有本级预算的，下一级总预算即指下一级的本级预算。没有下一级预算的，总预算即指本级预算。

（三）单式预算和复式预算

政府预算按编制形式，分为单式预算和复式预算。

1. 单式预算

单式预算是传统的预算形式，其做法是在预算年度内，将全部的财政收入与支出汇集编入单一的总预算内，而不去区分各项财政收支的经济性质。其优点是把全部的财政收入与支出分列于一个统一的预算表上，国家财政收支计划通过统一的一个计划表格来反映，具有全面性和综合性的特点。单式预算简洁、清楚、全面，便于编制和审批，便于立法机关审议批准和社会公众了解，但只进行总额控制，不利于对不同性质的收支进行区别对待，分别管理。

2. 复式预算

复式预算是从单式预算组织形式演变而来的。其做法是在预算年度内，将全部的财政收入与支出按经济性质汇集编入两个或两个以上的收支表格来反映，从而编成两个或两个以上的预算。复式预算区分了各项收入和支出的经济性质和用途，便于政府权衡支出性质，甄别轻重缓急，保证资金使用的有序性，比较合理地安排各项资金，便于经济分析和科学的宏观决策与控制。

3. 中国"四位一体"的复式预算

中国政府预算是四位一体的复式预算，包括一般公共预算、政府性基金预算、国有资本经营预算、社会保险基金预算。四大预算功能定位不同，保持完整、独立。

一般公共预算是对以税收为主体的财政收入，安排用于保障和改善民生、推动经济社会发展、维护国家安全、维持国家机构正常运转等方面的收支预算。

政府性基金预算是对依照法律、行政法规的规定在一定期限内向特定对象征收、收取或者以其他方式筹集的资金，专项用于特定公共事业发展的收支预算。

国有资本经营预算是对国有资本收益做出支出安排的收支预算。

社会保险基金预算是对社会保险缴款、一般公共预算安排和其他方式筹集的资金，专项用于社会保险的收支预算。

同时，政府性基金预算、国有资本经营预算、社会保险基金预算应当与一般公共预算相衔接。

三、政府预算的构成

政府预算由预算收入和预算支出组成。政府的全部收入和支出都应当纳入预算，不得隐瞒、少列。

以一般公共预算收入为例，一般公共预算收入包括各项税收收入、大部分非税收入、债务收入、转移性收入等。其中，中央一般公共预算收入包括中央本级收入和地方向中央的上解收入。地方各级一般公共预算收入包括地方本级收入、上级政府对本级政府的税收返还和转移支付、下级政府的上解收入。

以一般公共预算支出为例，按照其功能分类，一般公共预算支出包括一般公共服务支出，外交、国防、公共安全、教育、科学技术、文化旅游体育与传媒、社会保障及就业支出、卫生健康、节能环保、城乡社区、农林水、交通运输、资源勘探信息等、商业服务业等、援助其他地区、住房保障、粮油物资储备、灾害防治及应急管理、预备费、转移性支出、债务还本、债务利息、债务发行费和其他支出。按照经济性质分类，其包括工资福利支出、商品和服务支出、对个人和家庭的补助、资本性支出、对企业补助、对社会保障基金补助和其他支出。其中，中央一般公共预算支出包括中央本级支出、中央对地方的税收返还和转移支付。地方各级一般公共预算支出包括地方本级支出、对上级政府的上解支出、对下级政府的税收返还和转移支付。

第二节　财政总预算会计的概念、体系与任务

一、财政总预算会计的概念

财政总预算会计是各级政府财政核算、反映、监督政府一般公共预算资金、政府性基金预算资金、国有资本经营预算资金、社会保险基金预算资金以及财政专户管理资金、专用基金和代管资金等资金活动的专业会计。

由于新的《财政总预算会计制度》不适用于社会保险基金预算资金会计核算，因此，其由财政部另行规定。基于此，本教材第八章至第十一章阐述的财政总预算会计只包括除社会保险基金预算资金会计核算之外的一般公共预算资金、政府性基金预算资金、国有资本经营预算资金以及财政专户管理资金、专用基金和代管资金等会计核算内容。

二、财政总预算会计的体系

与中国"统一领导，分级管理"五级政府预算级次相适应，中国财政总预算会计体系也包括下列五级：

（1）中央政府财政部设立中央财政总预算会计。

（2）省、自治区、直辖市财政厅（局）设立省（自治区、直辖市）财政总预算会计。

（3）设区的市、自治州财政局设立市（州）财政总预算会计。

（4）县、自治县、不设区的市、市辖区财政局设立县（市、区）财政总预算会计。

（5）乡、民族乡、镇财政所设立乡（镇）财政总预算会计。

三、财政总预算会计的任务

根据《财政总预算会计制度》，财政总预算会计任务主要包括：

（1）进行会计核算。办理政府财政各项收支、资产负债的会计核算工作，反映政府财政预算执行情况和财务状况。

（2）严格财政资金收付调度管理。组织办理财政资金的收付、调拨，在确保资金安全性、规范性、流动性前提下，合理调度管理资金，提高资金使用效益。

（3）规范账户管理。加强对国库单一账户、财政专户、零余额账户和预算单位银行账户等的管理。

（4）实行会计监督，参与预算管理。通过会计核算和反映，进行预算执行情况分析，并对总预算、部门预算和单位预算执行实行会计监督。

（5）协调预算收入征收部门、国家金库、国库集中收付代理银行、财政专户开户银行和其他有关部门之间的业务关系。

（6）组织本地区财政总决算、部门决算编审和汇总工作。

（7）组织和指导下级政府财政总预算会计工作。

第三节 财政总预算会计的概念框架

一、会计核算目标

财政总预算会计的核算目标是向会计信息使用者提供政府财政预算执行情况、财务状况等会计信息，反映政府财政受托责任履行情况。

财政总预算会计的会计信息使用者包括人民代表大会、政府及其有关部门、政府财政部门自身和其他会计信息使用者。

二、会计基本假设

（一）会计主体

财政总预算会计主体是本级政府，而不是本级政府的财政部门。因为财政总预算各项收支的收取和分配是本级政府的职权范围，财政部门只能代表政府执行预算，充当经办人的角色。

（二）持续运行

持续运行是假设财政总预算会计的会计核算应当以本级政府财政业务活动持续正常地进行下去作为组织正常会计确认、计量和报告的基本前提。

（三）会计分期

会计分期是假设本级政府的业务活动运行时间人为地划分为前后相连、间隔相等的时间阶段，以便分阶段结算账目，编制会计报表。

会计期间至少分为年度和月度。会计年度、月度等会计期间的起讫日期采用公历日期。年度终了后，可根据工作特殊需要，设置一定期限的上年决算清理期。

财政总预算会计核算应当按会计期间结算账目和编制会计报表。

（四）货币计量

财政总预算会计核算应当以人民币作为记账本位币，以元为金额单位，元以下记至角、分。发生外币业务，在登记外币金额的同时，一般应当按照业务发生当日中国人民银行公布的汇率中间价，将有关外币金额折算为人民币金额记账。

期末，各种以外币计价或结算的资产负债项目，应当按照期末中国人民银行公布的汇率中间价进行折算。其中，货币资金项目因汇率变动产生的差额计入有关支出等科目；其他资产负债项目因汇率变动产生的差额计入有关净资产等科目。

三、会计核算基础

会计核算一般采用收付实现制，部分经济业务或者事项应当按照规定采用权责发生制核算。

应付国库集中支付结余是指国库集中支付中，按照财政部门批复的部门预算，当年未支而需结转下一年度支付的款项采用权责发生制列支后形成的债务。年度终了，对纳入国库集中支付管理的、当年未支付而需结转下一年度支付的应付国库集中支付结余，采用权责发生制确认支出。

地方各级财政部门除国库集中支付结余外，不得采用权责发生制列支。权责发生制列支只限于年末采用，平时不得采用。

四、会计信息质量要求

达到一定质量要求的会计信息才能实现会计目标。财政总预算会计核算应当遵循的会计信息质量要求有以下 5 项。

（一）真实可靠

真实性原则又称客观性原则，是指会计确认、计量和报告应当以实际发生的经济业务或者事项为依据进行会计核算，如实反映各项会计要素的情况和结果，保证会计信息真实可靠，全面反映政府财政的预算执行情况和财务状况等。

（二）相关性

财政总预算会计提供的会计信息应当与政府财政受托责任履行情况的反映、会计信息使用者的监督、决策和管理需要相关，有助于会计信息使用者对政府财政过去、现在或者未来的情况做出评价或者预测。

（三）及时性

财政总预算会计对于已经发生的经济业务或者事项，应当及时进行会计核算。

（四）可比性

财政总预算会计提供的会计信息应当具有可比性。

同一政府财政不同时期发生的相同或者相似的经济业务或者事项，应当采用一致的会计政策，不得随意变更。确需变更的，应当将变更的内容、理由和对政府财政预算执行情况、财务状况的影响在附注中予以说明。

不同政府财政发生的相同或者相似的经济业务或者事项，应当采用统一的会计政策，确保不同政府财政的会计信息口径一致、相互可比。

（五）可理解性

财政总预算会计提供的会计信息应当清晰明了，便于会计信息使用者理解和使用。对于重要的经济业务，应当单独反映。

五、会计要素

会计要素是会计提供信息的基本分类。财政总预算会计的会计要素包括资产、负债、净资产、收入与支出。

资产是指政府财政占有或控制的，能以货币计量的经济资源，具体包括财政存款、有价证券、应收股利、借出款项、暂付及应收款项、预拨经费、应收转贷款和股权投资等。

负债是指政府财政承担的能以货币计量、需以资产偿付的债务，具体包括应付国库集中支付结余、暂收及应付款项、应付政府债券、借入款项、应付转贷、其他负债、应付代管资金等。

净资产是指政府财政资产减去负债的差额，具体包括一般公共预算结转结余、政府性基金预算结转结余、国有资本经营预算结转结余、财政专户管理资金结余、专用基金结余、预算稳定调节基金、预算周转金、资产基金和待偿债净资产。

收入是指政府财政为实现政府职能，根据法律法规等所筹集的资金，包括一般公共预算本级收入、政府性基金预算本级收入、国有资本经营预算本级收入、财政专户管理资金收入、专用基金收入、转移性收入、债务收入、债务转贷收入等。

支出是指政府财政为实现政府职能，对财政资金的分配和使用，包括一般公共预算本级支出、政府性基金预算本级支出、国有资本经营预算本级支出、财政专户管理资金支出、专用基金支出、转移性支出、债务还本支出、债务转贷支出等。

六、会计报表

财政总预算会计报表是反映政府财政预算执行结果和财务状况的书面文件，包括资产负债表、收入支出表、一般公共预算执行情况表、政府性基金预算执行情况表、国有资本经营预算执行情况表、财政专户管理资金收支情况表、专用基金收支情况表等会计报表和附注。

资产负债表是反映政府财政在某一特定日期财务状况的报表。

收入支出表是反映政府财政在某一会计期间各类财政资金收支余情况的报表。

一般公共预算执行情况表是反映政府财政在某一会计期间一般公共预算收支执行结果的报表。

政府性基金预算执行情况表是反映政府财政在某一会计期间政府性基金预算收支执行结果的报表。

国有资本经营预算执行情况表是反映政府财政在某一会计期间国有资本经营预算收支执行结果的报表。

财政专户管理资金收支情况表是反映政府财政在某一会计期间纳入财政专户管理的财政专户管理资金全部收支情况的报表。

专用基金收支情况表是反映政府财政在某一会计期间专用基金全部收支情况的报表。

附注是指对在会计报表中列示项目的文字描述或明细资料，以及对未能在会计报表中列示项目的说明。

第四节　财政总预算会计的会计科目

一、财政总预算会计科目表

根据上述财政总预算会计要素对应，财政总预算会计的会计科目也分为资产、负债、净资产、收入和支出五大类，具体会计科目类别、名称、编码如下一页中表 8-1 所示。

二、财政总预算会计科目运用的规定

各级财政总预算会计应当按照下列规定运用会计科目：

（1）各级财政总预算会计应当对有关法律、法规允许进行的经济活动，按照《财政总预算会计制度》的规定使用会计科目进行核算；不得以《财政总预算会计制度》规定的会计科目及使用说明作为进行有关经济活动的依据。

（2）各级财政总预算会计应当按照《财政总预算会计制度》的规定设置和使用会计科目，不需使用的总账科目可以不用；在不影响会计处理和编报会计报表的前提下，各级财

政总预算会计可以根据实际情况自行增设制度规定以外的明细科目，或者自行减少、合并《财政总预算会计制度》规定的明细科目。

（3）各级财政总预算会计应当使用《财政总预算会计制度》统一规定的会计科目编号，不得随意打乱重编。

表 8-1　财政总预算会计科目表

编号	会计科目分类和名称	编号	会计科目分类和名称
	一、资产类	308101	应收地方政府债券转贷款
1001	国库存款	308102	应收主权外债转贷款
1003	国库现金管理存款	308103	股权投资
1004	其他财政存款	308104	应收股利
1005	财政零余额账户存款	3082	待偿债净资产
1006	有价证券	308201	应付短期政府债券
1007	在途款	308202	应付长期政府债券
1011	预拨经费	308203	借入款项
1021	借出款项	308204	应付地方政府债券转贷款
1022	应收股利	308205	应付主权外债转贷款
1031	与下级往来	308206	其他负债
1036	其他应收款		四、收入类
1041	应收地方政府债券转贷款	4001	一般公共预算本级收入
1045	应收主权外债转贷款	4002	政府性基金预算本级收入
1071	股权投资	4003	国有资本经营预算本级收入
1081	待发国债	4005	财政专户管理资金收入
	二、负债类	4007	专用基金收入
2001	应付短期政府债券	4011	补助收入
2011	应付国库集中支付结余	4012	上解收入
2012	与上级往来	4013	地区间援助收入
2015	其他应付款	4021	调入资金
2017	应付代管资金	4031	动用预算稳定调节基金
2021	应付长期政府债券	4041	债务收入
2022	借入款项	4042	债务转贷收入
2026	应付地方政府债券转贷款		五、支出类
2027	应付主权外债转贷款	5001	一般公共预算本级支出
2045	其他负债	5002	政府性基金预算本级支出
2091	已结报支出	5003	国有资本经营预算本级支出
	三、净资产类	5005	财政专户管理资金支出
3001	一般公共预算结转结余	5007	专用基金支出
3002	政府性基金预算结转结余	5011	补助支出
3003	国有资本经营预算结转结余	5012	上解支出
3005	财政专户管理资金结余	5013	地区间援助支出
3007	专用基金结余	5021	调出资金
3031	预算稳定调节基金	5031	安排预算稳定调节基金
3033	预算周转金	5041	债务还本支出
3081	资产基金	5042	债务转贷支出

▶ 本章小结

国家预算也称政府预算、财政预算，具有法律效力。按照不同分类标准，政府预算有不同的分类。中国政府预算属于"四位一体"的复式预算，包括一般公共预算、政府性基金预算、国有资本经营预算、社会保险基金预算。政府预算由预算收入和预算支出组成。与中国"统一领导，分级管理"的五级政府预算层次相适应，财政总预算会计也分为中央，省、自治区、直辖市，设区的市、自治州、县、自治县、不设区的市、市辖区和乡、民族乡、镇五级。中国预算会计以收付实现制为主，但中央财政总预算会计的个别事项可以采用权责发生制，地方各级财政部门除年末国库集中支付结余外，不得采用权责发生制。中国财政总预算会计以会计基本假设为前提，遵循可靠性、相关性、及时性、可比性、可理解性的质量特征，对资产、负债、净资产、收入与支出进行确认、计量和报告。财政总预算会计报表包括资产负债表、收入支出表、一般公共预算执行情况表、政府性基金预算执行情况表、国有资本经营预算执行情况表、财政专户管理资金收支情况表、专用基金收支情况表等会计报表和附注。财政总预算会计的会计科目包括资产、负债、净资产、收入和支出五大类。

▶ 关键术语

▶ 想一想，做一做

第九章

财政总预算会计的收入与支出

▶ **学习目标** ◀

1. 了解财政总预算会计收入的组织管理程序。
2. 掌握财政总预算会计收入及支出科目的明细科目的设置方法。
3. 掌握财政总预算会计收入及支出的账务处理。

▶ **开篇案例**

草原天路的收费政策

　　草原天路位于河北张家口市张北县境内，是连接张北县塞外风景区及张北草原风情大区的一条重要通道，也是中国十大最美丽的公路之一。草原天路周边还分布着桦皮岭、野狐岭、古长城等旅游景点。"草原天路"全长132.7公里，2011年底由张家口市张北县投资3.2亿元，于2012年9月底建成通车。公路沿线蜿蜒曲折、河流山峦、沟壑纵深、草甸牛羊、景观奇峻，展现出一幅百里坝头风景画卷，分布着古长城遗址、桦皮岭、野狐岭、张北草原等众多人文、生态和地质旅游资源。2015年6月，张家口市物价局召开了制定草原天路景区门票价格听证会，拟定门票价格为80元/人次；6月16日，张家口市物价局鉴于草原天路景区正在建设当中，各项服务设施尚未完善，暂不制定草原天路景区门票价格。2016年5月1日，张北县政府信息公开平台发布了《张北县物价局关于草原天路风景名胜区门票价格的批复》，确定草原天路风景名胜区开始收取门票，门票价格为50元/人次。此后20天，景区共收取门票75万元，一共约15 000人去，平均一天约750人。2016年5月20日，张北县政府发布公告称，自5月23日起景区停止收费。

　　那么，上述公路收费是否属于财政总预算会计的收入？换言之，财政总预算会计的收入应如何确认？应包括什么具体内容？如何进行核算？

第一节　政府收入与支出的组织管理

一、政府收入的组织管理

政府收入的组织管理涉及征收、缴库、划分、报解、退库、错误更正、对账和年终决算等各个环节。

(一) 征收

政府收入征收部门和单位必须依照法律、行政法规的规定，及时、足额征收应征的政府收入。不得违反法律、行政法规规定，多征、提前征收或者减征、免征、缓征应征的预算收入，不得截留、占用或者挪用预算收入。

征收部门和单位分别由各级税务机关、财政机关、海关以及国家指定的机关、单位负责管理、组织征收或监交。

国务院税务主管部门主管全国税收征收管理工作，各地税务机关按照国务院规定的税收征收管理范围分别进行征收管理。

税务机关负责征收的有：工商税收、国有企业所得税、国家能源交通重点建设基金以及国家预算调节基金和由税务机关征收的其他预算收入。

海关负责征收的有：关税、进口调节税以及代征的进出口产品的产品税、增值税、对台贸易调节税、工商统一税等。

财政部门是预算执行的管理机构，财政机关负责征收的有：国有企业上缴利润、土地出让金收入、农牧业税、农业特产税及其他收入等。

不属于上述范围的预算收入，以国家指定负责管理征收的单位为征收机关，如公安、法院、检察院等。未经国家批准，不得自行增设征收机关。

(二) 缴库

政府收入由各级国库应当按照国家有关规定，及时准确地办理预算收入的收纳、划分、留解、退付。

政府的全部收入应当上缴国库，任何部门、单位和个人不得截留、占用、挪用或者拖欠。

政府全部收入通过直接缴库或集中汇缴方式集中缴入国库，对于法律有明确规定或者经国务院批准的特定专用资金，可以依照国务院的规定设立财政专户。

缴款单位或缴款人缴纳的各种政府收入缴库时，应填写相应的缴纳凭证。缴纳凭证是国库办理预算收入收纳的合法凭证，也是征收机关、缴款人核算预算收入，检查预算完成情况，进行记账、统计的重要原始资料。一般分为"一般缴款书"和"税收通用缴款书"两种。

"一般缴款书"一式五联。第一联为收据，由国库经收处盖章后退还缴款单位或缴款人；第二联为付款凭证，由缴款单位的开户银行作付出传票；第三联为收款凭证，由国库作收入传票；第四联为回执，由国库收款盖章后退给征收机关；第五联为报查，由国库收款盖章后退给财政机关（自收汇缴的退给基层税务机关）。"一般缴款书"第二联样式如图 9-1 所示。

"税收通用缴款书"一式六联。第一联至第四联，与一般缴款书相同；第五联为报查，由国库收款盖章后退给基层征收机关；第六联为存根，由基层税务机关留存。"税收通用缴款书"第一联样式如图 9-2 所示。

×××省政府废水收入一般缴款书

填制单位：　　　　　　年　月　日　　　　执收单位名称：　　　　执行单位编码：

组织机构编码：

付款人	全称			收款人	全称		
	账号				账号		
	开户银行				开户银行		
币种：	金额（大写）			(小写)			
项目编码	收入项目名称		单位	数量	收缴单位	金额	
此款支付给收款人 付款人签章 （盖预留银行印章）		上列款项已收妥并 划转收款单位账户 银行盖章		科目（借）：_____ 对方科目（贷）：_____ 复核：　　　记账：			

图 9-1　×××省政府废水收入一般缴款书

中华人民共和国税收缴款书

隶属关系：																		
注册类型：		填发日期：　年　月　日　征收机关：																
缴款单位 （人）	代码					电话		预算 科目	编码									
	全称								名称									
	开户银行								级次		地方级							
	账户								收款国库									
缴款所属时期　年　月　日至　年　月　日								缴款限缴日期　年　月　日										
品目 名称	课税 数量	计税金额 或销售收入	税率或 单位税赋	已缴或扣除额		实缴税额												
						亿	千	百	十	万	千	百	十	元	角	分		
金额合计（大写）亿 仟 佰 拾 万 仟 佰 拾 元 角 分																		
缴款单位（人） （盖章） 经办人（章）				上列款项已收妥并划转收款单位账户 国库（银行）盖章　　年　月　日								备注：						

图 9-2　中华人民共和国税收缴款书

（三）划分

中国实行分税制财政管理体制。国库收到预算收入后，按照财政管理体制规定的预算级次和收入划分，将入库款项分别划解入各级国库。

以税收收入为例，税收收入分为固定收入和共享收入。固定收入是指固定为各级财政的预算收入，由中央固定收入和地方固定收入构成；共享收入亦称分成收入，是按各级财政的财力情况按比例或其他方法进行分配的收入。

（1）中央固定收入。中央固定收入包括关税以及海关代征的消费税和增值税，海洋石油资源税，消费税，中央企业所得税，中央企业上缴利润，铁道部门、各银行总行、保险总公司等集中缴纳的增值税、所得税、利润和城市维护建设税，地方银行和外资银行及非银行金融企业所得税等。

（2）地方固定收入。地方固定收入包括增值税（不含铁道部门、各银行总行及保险公司集中缴纳的增值税）、地方企业所得税（不含地方银行和外资银行及非银行金融企业所得税）、地方企业上缴利润、个人所得税、城镇土地使用税、城市维护建设税（不含铁道部门、各银行总行、各保险总公司集中缴纳的部分）、房产税、车船使用税、印花税、屠宰税、农牧业税、农业特产税、耕地占用税、契税、土地增值税和国有土地有偿使用收入等。

（3）共享收入。共享收入是指上下级财政之间共同参与分享的预算收入，包括增值税、个人所得税、企业所得税、证券交易印花税、海洋石油资源以外的资源税等。其中，增值税中央分享 75%，地方分享 25%；资源税按品种划分中央预算与地方预算的分享份额。地方各级财政之间的划分，由上一级财政制定本级与下级之间的财政管理体制，根据各地情况按规定的划分方法执行。因此，共享收入的划分方法会因地而异。

（四）报解

政府收入缴国库和划分后，国库就需要对政府收入进行报解。报是指国库要向各级财政机关报告政府收入的收取情况，以便各级财政机关掌握政府收入的收取进度等情况。解是指国库对已划分的财政国库款解缴到各级财政国库存款账户上。

支库是基层金库，各级预算收入款项应以缴入支库作为正式入库。支库在每日营业终了时，应先将缴款书按预算级次分开，然后分别按政府预算收支分类科目汇总，编制收入日报表。其中，一般公共预算收入日报表格式如表 9-1 所示。

表 9-1　一般公共预算收入日报表

预算科目	本日收入
合计	

国库盖章　　　　　　　　　复核　　　　　　　　　制表

（五）退库

预算收入退库是指各级国库部门根据国家政策及有关规定，由财政部门或征收机关签发收入退库凭证，将已入库的预算收入款项退还给纳税单位或纳税人的行为。

（1）可以办理退库的项目。国库收纳预算收入的退付，必须在国家规定的退库项目范围内，按照规定的审批程序办理。属于下列范围的，可以办理收入退库：

①由于工作疏忽，发生技术性差错需要退库的；

②改变企业隶属关系办理财务结算需要退库的；

③企业按计划上缴税利，超过应缴数额需要退库的，按规定可以从预算收入中退库的国有企业计划亏损补贴；

④财政部明文规定或专项批准的其他退库项目。

凡是不符合规定的收入退库，各级财政机关、税务机关，不得办理审批手续，各级国库对不合规定的退库有权拒绝办理。

（2）退库原则。各级预算收入退库的审批权属于本级政府财政部门。中央预算收入、中央和地方共享收入的退库，由财政部或财政部授权的机构批准。地方预算收入的退库，由地方政府财政部门或其授权的机构批准。

预算收入库款的退付，应按预算收入的级次办理。中央预算收入退库，从中央级库款中退付；地方各级预算固定收入的退库，从地方各级库款中退付；各种分成收入的退库（包括总额分成收入和共享收入的退库），按规定的分成比例，分别从上级和本级库款中退付。

征收机关退付代征代扣税款手续费款项时，必须按照国家规定的退付比例和审批程序，通过国库办理退库，不得自行从税款中抵扣。

（3）退库程序。办理预算收入退库，必须由申请退库的单位或个人向财政、征收机关提出书面申请，经财政或征收机关审查批准后填写收入退还书，报送国库退库；必须按照国家规定将退库款直接退给申请单位或申请个人，任何部门、单位和个人不得截留、挪用退库款项。

各级国库在办理退库时，必须有文件依据。

各级预算收入的退库，原则上通过转账办理。对个别特殊情况，需付现金时，财政、征收机关应从严审核后，在收入退还书上加盖"退付现金"的戳记，由收款人持原缴款书复印件及身份证明，到原缴款国库办理退库。

外资企业、中外合资企业和其他外籍人员，以外币缴纳税款的，因发生多缴或错缴需退库时，经征收机关审查批准，签发收入退还书时，应加盖"可退付外币"戳记。国库退库后，应将款项通过银行划给经收行，通过"外汇买卖"，按缴款人取款或转入缴款人账户时当天的卖出牌价，折成外币退给缴款人或转入缴款单位的外币存款账户。

"收入退还书"一式五联。第一联为报查联，由退款国库盖章后，退还签发退还书的机关；第二联为付款凭证，由退款国库作借方传票；第三联为收入凭证，由收款单位开户行作贷方传票；第四联为收账通知，由开户行通知收款单位收账；第五联为付款通知，由国库随收入日报表送退款的财政机关。"税收收入退还书"第一联样式如图9-3所示。

中华人民共和国税收收入退还书

（981）京国退 × × 号

经济类型		填发日期：　年　月　日			税务机关：		
预算科目	编码		缴款单位（人）	代码			
	名称			全称			
	级次			开户银行			
退款国库				账号			
退库性质		原税款征收品目名称		退款金额			
金额合计大写：仟　佰　拾　万　仟　佰　拾　元　角　分							
税务机关				上列款项已办妥退款手续并划转收款单位账户			备注：
（盖章）	负责人（章）	填票人（章）		国库（银行）盖章　　年　　月　　日			

图9-3　中华人民共和国税收收入退还书

（六）错误更正

各级财政机关、税务机关、海关、国库和缴款单位，在办理预算收入的收纳、退还和报解时，都应认真办理，事后发现的个别错误事项，应按下列方法办理更正。

（1）缴款书的预算级次、预算科目等填写错误，由征收机关填制更正通知书，送国库更正。征收机关更正缴款书的更正通知书一式三联。第一联征收机关留存；第二、三联送国库审核签章更正后，第二联国库留存，凭以更正当日收入的账表；第三联随收入日报表送同级财政机关。

（2）国库在编制收入日报表中发生的错误，由国库填制更正通知书，进行更正。国库更正收入日报表的更正通知书一式三联。一联国库留存，凭以更正当日收入的账表；二联随收入日报表送财政机关；三联随收入日报表送征收机关。国库"更正通知书"的一般样式如图9-4所示。

财政直接支付退款（更正）通知书

预算单位编码：

预算单位名称：　　　　　　　　　　　　　　　　　　　　　　　　　　　　　单位：元

内容事项	业务类型	支付申请号	日期	金额					退款单位
				小计	预算内	预算外	财政暂存	其他资金	
原列事项									
调整事项									
退款（更正）原因									
预算单位				代理银行					
负责人			签章	负责人			签章		
经办人				经办人					

图 9-4　财政直接支付退款（更正）通知书

（3）国库在办理库款分成上解工作中发生的错误，由国库另编冲正传票更正。更正错误均应及时办理，并在发现错误的当月调整账表，不再变更以前月份的账表。年终整理期内，更正上年度的错误，均在上年度决算中调整。

（七）对账

为了正确反映预算收入执行情况，各级财政、征收机关和国库必须严格遵守预算收入对账制度。各级财政机关对于核对账务工作负有组织和监督的责任。各级财政、征收机关和国库的收入对账，应当按月、按年按照预算科目对账，对账单样式如图 9-5 所示。

××银行基层预算单位财政授权支付会计对账单

基层预算单位名称：

基层预算单位组织机构代码：　　　　　　　　　　　　　　　　　　　　第　　页，共　　页

账号：　　　　　　　　　　　制表日期：　　年　　月　　日　　　　　　单位：元

预算来源	科目编码	科目名称	本期下达额度	本期支出数			累计下达额度	累计支出数（含退款）	累计退款数	本年未支用额度
				合计	本期支款数	本期退款数				
总计				1＝2－3＝4＋5	2	3				
当年预算支出合计				4						
科目1										
科目2										
……										
国库集中支付结余支出合计				5						
科目1										
科目2										
……										
上列数据对账结果（是否核对无误）：_____					上列数据核对无误后，请签章退回我行。					
对账人：_____　　复核人：_____　　基层预算单位盖章					会计负责人：_____　　制表人：_____　　基层经办行盖章					

说明：（1）会计对账的支出数，口径统一为"支款数与退款数之差"。

（2）基层经办行于每月终了后 2 个工作日内向各基层预算单位发出本表。

（3）基层预算单位在对账单回执上注明对账结果并加盖对账印章，于每月终了后 4 个工作日内反馈基层经办行。

（4）依据对账需要，本表可相应增减对账内容。

图 9-5　××银行基层预算单位财政授权支付会计对账单

（1）月份对账。每月终了，支库应在 3 日内根据预算科目明细账或登记簿的余额制月份对账单一式四份，送财政和征收机关于 3 日内核对完毕并盖章后，财政、征收机关各留一份，退回支库两份，支库留存一份，报中心支库一份（中央预算和省级预算收入月份对账单，直接报分库）。如有错误，应在月后 6 日内通知国库更正。无正当理由的更正，不予受理。

中心支库、分库、总库三级收纳的预算收入对账工作，也按上述办法办理。

（2）年度对账和年终决算。年度终了后，支库应设置 10 天库款报解整理期，经收处 12 月 31 日以前所收之款项，应在库款报解整理期内报达支库，支库应列入当年决算。

（八）年终决算

支库应按中央、省、地（市）、县四级分别编制预算收入年度决算表各一式四份，于年后 20 天内送财政、征收机关核对，财政、征收机关应于 5 日内核对签章完毕，对账中发现错误，应及时纠正，同时通知编表单位更正。财政、征收机关各留存一份，退回支库两份，支库留存一份，其余一份决算表报中心支库。

中心支库根据支库上报的各级预算收入年度决算表，经审核无误后，汇总编制全辖（包括县）各级预算收入年度决算表一式四份，送财政、征收机关核对无误并盖章后，财政、征收机关各留存一份，退回中心支库两份，中心支库留存一份，上报分库一份。

分库根据中心支库上报的中央预算收入和地方预算收入年度决算表，经审核无误后，分别汇总编制全辖（包括地市县级）的地方预算收入年度决算表一式三份，送财政机关一份，分库留存一份，上报总库一份。中央预算收入年度决算表由分库汇总编制一式两份，一份留存，一份报总库。

总库收到分库上报的中央预算收入年度决算表经审核无误后，汇总编制中央预算收入年度决算表一式两份，留存一份，报财政部一份。总库收到的地方预算收入要分别审核，计算核对分成收入的有关数字，分析国家预算收入的执行情况。

二、政府支出的组织管理

（一）政府支出的预算管理

财政总预算会计应严格管理政府支出，科学预测和调度资金，严格按照批准的年度预算和用款计划办理支出，严格审核拨付申请，严格按预算管理规定和拨付实际列报支出，不得办理无预算、无用款计划、超预算、超用款计划的支出，不得任意调整预算支出科目。

各级政府、各部门、各单位的支出必须以经批准的预算为依据，未列入预算的不得支出。

预算年度开始后，各级预算草案在本级人民代表大会批准前，可以安排下列支出：

①上一年度结转的支出；

②参照上一年同期的预算支出数额安排必须支付的本年度部门基本支出、项目支出，以及对下级政府的转移性支出；

③法律规定必须履行支付义务的支出，以及用于自然灾害等突发事件处理的支出。

（二）政府支出的拨付

各级国库应当按照国家有关规定，及时准确地办理预算支出的拨付。

1. 财政直接支付下的拨付

预算单位按照批复的部门预算和资金使用计划，向财政国库支付执行机构提出支付申请，财政国库支付执行机构根据批复的部门预算和资金使用计划及相关要求对支付申请审核无误后，向代理银行发出支付令，并通知中国人民银行国库部门，通过代理银行进入全国银行清算系统实时清算，财政资金从国库单一账户划拨到收款人的银行账户。

财政直接支付主要通过转账方式进行，也可以通过"国库支票"支付。财政国库支付执行机构根据预算单位的要求签发支票，并将签发给收款人的支票交给预算单位，由预算单位转给收款人。收款人持支票到其开户银行入账，收款人开户银行再与代理银行进行清算。每日营业终了前由国库单一账户与代理银行进行清算。

2. 财政授权支付下的拨付

预算单位按照批复的部门预算和资金使用计划，向财政国库支付执行机构申请授权支付的月度用款限额，财政国库支付执行机构将批准后的限额通知代理银行和预算单位，并通知中国人民银行国库部门。预算单位在月度用款限额内，自行开具支付令，通过财政国库支付执行机构转由代理银行向收款人付款，并与国库单一账户清算。

在现代化银行支付系统和财政信息管理系统的国库管理操作系统尚未建立和完善前，财政国库支付执行机构或预算单位的支付令通过人工操作转到代理银行，代理银行通过现行银行清算系统向收款人付款，并在每天轧账前，与国库单一账户进行清算。

第二节　财政总预算会计的收入与支出的核算

一、收入与支出内容

（一）财政总预算会计核算的收入内容

财政总预算会计核算的收入内容与政府收入的内容不完全相同，两者的差异在于，前者不包括社会保险基金预算收入，而后者包括。

根据《财政总预算会计制度》，财政总预算会计核算的收入包括：

（1）一般公共预算本级收入。一般公共预算本级收入是指政府财政筹集的纳入本级一般公共预算管理的税收收入和非税收入。

（2）政府性基金预算本级收入。政府性基金预算本级收入是指政府财政筹集的纳入本级政府性基金预算管理的非税收入。

（3）国有资本经营预算本级收入。国有资本经营预算本级收入是指政府财政筹集的纳入本级国有资本经营预算管理的非税收入。

（4）财政专户管理资金收入。财政专户管理资金收入是指政府财政纳入财政专户管理的教育收费等资金收入。

（5）专用基金收入。专用基金收入是指政府财政根据法律法规等规定设立的各项专用基金（包括粮食风险基金等）取得的资金收入。

（6）转移性收入。转移性收入是指在各级政府财政之间进行资金调拨以及在本级政府财政不同类型资金之间调剂所形成的收入，包括补助收入、上解收入、调入资金、债务转贷收入、接受其他地区援助收入和动用预算稳定调节基金等。其中，补助收入是指上级政府财政按照财政体制规定或因专项需要补助给本级政府财政的款项，包括上级税收返还、转移支付等。上解收入是指按照财政体制规定由下级政府财政上缴给本级政府财政的款项。调入资金是指政府财政为平衡某类预算收支、从其他类型预算资金及其他渠道调入的资金。债务转贷收入是下级政府收到的上级政府转贷的债务收入。接受其他地区援助收入是指受援方政府财政收到援助方政府财政转来的可统筹使用的各类援助、捐赠等资金收入。动用预算稳定调节基金是用于弥补收支缺口的预算稳定调节基金。

（7）债务收入。债务收入是指政府财政根据法律法规等规定，通过发行债券、向外国政府和国际金融组织借款等方式筹集的纳入预算管理的资金收入。

（二）财政总预算会计核算的支出内容

财政总预算会计核算的支出内容与政府支出的内容不完全相同，两者的差异在于，前者不包括社会保险基金预算支出，而后者包括。

根据《财政总预算会计制度》，财政总预算会计核算的支出包括：

（1）一般公共预算本级支出。一般公共预算本级支出是指政府财政管理的由本级政府使用的列入一般公共预算的支出。

（2）政府性基金预算本级支出。政府性基金预算本级支出是指政府财政管理的由本级政府使用的列入政府性基金预算的支出。

（3）国有资本经营预算本级支出。国有资本经营预算本级支出是指政府财政管理的由本级政府使用的列入国有资本经营预算的支出。

（4）财政专户管理资金支出。财政专户管理资金支出是指政府财政用纳入财政专户管理的教育收费等资金安排的支出。

（5）专用基金支出。专用基金支出是指政府财政用专用基金收入安排的支出。

（6）转移性支出。转移性支出是指在各级政府财政之间进行资金调拨以及在本级政府财政不同类型资金之间调剂所形成的支出，包括补助支出、上解支出、调出资金、债务转贷支出、援助其他地区支出、安排预算稳定调节基金和补充预算周转金等。其中，补助支出是指本级政府财政按财政体制规定或因专项需要补助给下级政府财政的款项，包括对下级的税收返还、转移支付等。上解支出是指按照财政体制规定由本级政府财政上缴给上级政府财政的款项。调出资金是指政府财政为平衡预算收支、从某类资金向其他类型预算调出的资金。债务转贷支出是指本级政府财政向下级政府财政转贷的债务支出。援助其他地区支出是指援助方政府财政安排用于受援方政府财政统筹使用的各类援助、捐赠等资金支出。安排预算稳定调节基金是反映设置和补充预算稳定调节基金的支出。补充预算周转金是反映设置和补充预算周转金的支出。

（7）债务还本支出。债务还本支出是指政府财政偿还本级政府承担的债务本金支出。

二、收入与支出的入账金额及时间

（一）收入的入账金额及时间

1. 入账金额

一般公共预算本级收入、政府性基金预算本级收入、国有资本经营预算本级收入、财政专户管理资金收入、专用基金收入和债务转贷收入应当按照实际收到的金额入账。

转移性收入应当按照财政体制的规定或实际发生的金额入账，债务转贷收入除外。

债务收入应当按照实际发行额或借入的金额入账。

2. 入账时间

已建乡（镇）国库的地区，乡（镇）财政的本级收入以乡（镇）国库收到数为准。

县（含县本级）以上各级财政的各项预算收入（含固定收入与共享收入）以缴入基层国库数额为准。

未建乡（镇）国库的地区，乡（镇）财政的本级收入以乡（镇）财政总预算会计收到县级财政返回数额为准。

（二）支出的入账金额及时间

1. 入账金额

一般公共预算本级支出、政府性基金预算本级支出、国有资本经营预算本级支出一般应当按照实际支付的金额入账，年末可采用权责发生制将国库集中支付结余列支入账。

从本级预算支出中安排提取的专用基金，按照实际提取金额列支入账。

财政专户管理资金支出、专用基金支出应当按照实际支付的金额入账。

债务转贷支出应当按照实际转贷的金额入账。

其他转移性支出应当按照财政体制的规定或实际发生的金额入账。

债务还本支出应当按照实际偿还的金额入账。

对于收回当年已列支出的款项，应冲销当年支出。对于收回以前年度已列支出的款项，除财政部门另有规定外，应冲销当年支出。

2. 入账时间

地方各级财政部门除国库集中支付结余外，不得采用权责发生制列支。权责发生制列支只限于年末采用，平时不得采用。这意味着，除国库集中支付结余外，所有的财政总预算会计的支出均应于拨付时入账。

三、一般公共预算本级收入与支出

（一）概念及内容

1. 一般公共预算本级收入

一般公共预算本级收入包括政府财政筹集的纳入本级一般公共预算管理收入，包括类级科目"税收收入"的全部内容和类级科目"非税收入"的部分内容。

1）税收收入（101）

税收收入全部通过"一般公共预算本级收入"科目核算。

根据《分类科目》，税收收入类级科目下设共20个款级科目：增值税、消费税、企业所得税、企业所得税退税、个人所得税、资源税、城市维护建设税、房产税、印花税、城镇土地使用税、土地增值税、车船税、船舶吨税、车辆购置税、关税、耕地占用税、契税、烟叶税、环境保护税和其他税收收入。

除其他税收收入外，每个款级科目下均设项级科目，如增值税款级科目下设5个项级科目：国内增值税、进口货物增值税、出口货物退增值税、改征增值税和改征增值税出口退税。

项级科目下设目级科目，如国内增值税项级科目下设共23个目级科目：国有企业增值税、集体企业增值税、股份制企业增值税、联营企业增值税、港澳台和外商投资企业增值税、私营企业增值税、其他增值税、增值税税款滞纳金、罚款收入、残疾人就业增值税退税、软件增值税退税、宣传文化单位增值税退税、核电站增值税退税、资源综合利用增值税退税、黄金增值税退税、光伏发电增值税退税、风力发电增值税退税、管道运输增值税退税、融资租赁增值税退税、其他增值税退税、免抵调增增值税、成品油价格和税费改革增值税划出、成品油价格和税费改革增值税划入。

2）非税收入（103）

根据《分类科目》，非税收入类级科目下设共10个款级科目：政府性基金收入、专项收入、行政事业性收费收入、罚没收入、国有资本经营收入、国有资源（资产）有偿使用收入、捐赠收入、政府性住房基金收入、专项债券对应项目专项收入和其他收入。

非税收入中，"一般公共预算本级收入"的核算范围不包括政府性基金收入（10301）、专项债券对应项目专项收入（10310）和国有资本经营收入（10306），前两款收入通过"政府性基金预算本级收入"科目核算，第三款收入通过"国有资本经营预算本级收入"科目核算。

款级科目下再设项级科目，如"行政事业性收费收入"款级科目下设共 57 个项级科目：公安、法院、司法、外交、商贸、财政、税务、海关、审计、国管局、科技、保密、市场监管、新闻出版广电、安全生产、档案、港澳办、贸促会、宗教、人防办、中直管理局、其他缴入国库的中直管理局、文化、教育、科技、体育、发展与改革（物价）、统计、自然资源、建设、知识产权、生态环境、旅游、海洋、测绘、铁路、交通运输、工业和信息产业、农业、林业、水利、卫生健康、食品药品监管、民政、人力资源和社会保障、证监会、银监会、保监会、电力市场监管、仲裁委、编办、党校、监察、外文局、南水北调办、国资委和其他。

项级科目下再分设目级科目，如"公安行政事业性收费收入"项级科目下再设共 16 个目级科目：外国人签证费、外国人证件费、公民出入境证件费、中国国籍申请手续费、户籍管理证件工本费、居民身份证工本费、机动车号牌工本费、机动车行驶证工本费、机动车登记证书工本费、驾驶证工本费、驾驶许可考试费、临时入境机动车号牌和行驶证工本费、临时机动车驾驶证工本费、保安员资格考试费、消防职业技能鉴定考务考试费和其他缴入国库的公安行政事业性收费。

2. 一般公共预算本级支出

一般公共预算本级支出指政府财政管理的由本级政府使用的列入一般公共预算的支出。

如前所述，《分类科目》中设置了共 28 个类级科目。"一般公共预算本级支出"科目的核算内容是除类级科目"社会保险基金支出""转移性支出""债务还本支出"以及类级科目"非税收入"中通过会计科目"政府性基金预算本级支出"和"国有资本经营本级支出"核算的相关款级或项级科目内容。

类级科目下设款级科目。如"一般公共服务支出（201）"类级科目下设共 27 个款级科目：人大事务、政协事务、政府办公厅（室）及相关机构事务、发展与改革事务、统计信息事务、财政事务、税收事务、审计事务、海关事务、人力资源事务、纪检监察事务、商贸事务、知识产权事务、民族事务、港澳台侨事务、档案事务、民主党派及工商联事务、群众团体事务、党委办公厅（室）及相关机构事务、组织事务、宣传事务、统战事务、对外联络事务、其他共产党事务支出、网信事务、市场监管事务和其他一般公共服务支出。

款级科目下再设项级科目。如"人大事务（20101）"款级科目下设 11 个项级科目：行政运行、一般行政管理事务、机关服务、人大会议、人大立法、人大监督、人大代表履职能力提升、代表工作、人大信访工作、事业运行和其他人大事务支出。

（二）账户设置

财政总预算会计应当设置"一般公共预算本级收入"科目核算政府财政筹集的纳入本级一般公共预算管理收入，该科目根据《分类科目》中"一般公共预算收入科目"规定进行明细核算。

财政总预算会计应当设置"一般公共预算本级支出"科目核算政府财政管理的由本级政府使用的列入一般公共预算的支出，该科目应当根据《分类科目》中支出功能分类科目设置明细科目。同时，根据管理需要，按照支出经济分类科目、部门等进行明细核算。

（三）账务处理

一般公共预算本级收支业务的账务处理涉及收取收入、支出发生及年终结转。

收到款项时，根据当日预算收入日报表所列一般公共预算本级收入数

借：国库存款

　　贷：一般公共预算本级收入

实际发生一般公共预算本级支出时

借：一般公共预算本级支出

　　贷：国库存款

　　　　其他财政存款

年度终了，对纳入国库集中支付管理的、当年未支而需结转下一年度支付的款项（国库集中支付结余），采用权责发生制确认支出时

借：一般公共预算本级支出

　　贷：应付国库集中支付结余

年终转账时，收入科目贷方余额及支出科目借方余额均应全数转入"一般公共预算结转结余"科目

借：一般公共预算本级收入

　　贷：一般公共预算结转结余

借：一般公共预算结转结余

　　贷：一般公共预算本级支出

【例 9-1】某市财政收到国库报来的"一般预算收入日报表"，其中，"税收收入——增值税——进口货物增值税——进口货物退增值税"–100 000 元，"税收收入——企业所得税——国有电力工业所得税"280 000 元，"税收收入——个人所得税——储蓄存款利息所得税"90 000 元，"非税收入——行政事业性收费收入——工业和信息产业行政事业性收费收入——考试考务费"800 000 元。

收到财政国库支付执行机构报来的预算支出结算清单，财政国库支付执行机构以财政直接支付的方式，通过财政零余额账户支付属于一般预算支出的款项共计 600 000 元，其中："一般公共服务支出——政协事务——政协会议"200 000 元，"公共安全支出——公安——机关服务"300 000 元。以财政授权支付的方式，通过预算单位零余额账户支付属于一般预算支出的"卫生健康支出——公共卫生——基本公共卫生服务"70 000 元、"农林水支出——水利——水利工程运行与维护"30 000 元。

该市财政总预算会计分录为：

借：国库存款 1 070 000

　　贷：一般公共预算本级收入 1 070 000

同时，登记明细账如下：

税收收入——增值税——进口货物增值税——进口货物退增值税 –100 000

　　　　　——企业所得税——国有电力工业所得税 280 000

　　　　　——个人所得税——储蓄存款利息所得税 90 000

非税收入——行政事业性收费收入——工业和信息产业行政事业性收费收入

　　　　　　　　　　——考试考务费 800 000

借：一般公共预算本级支出 600 000

　　贷：国库存款 600 000

同时，登记明细科目如下：

一般公共服务支出——政协事务——政协会议	200 000
公共安全支出——公安——机关服务	300 000
生健康支出——公共卫生——基本公共卫生服务	70 000
农林水支出——水利——水利工程运行与维护	30 000

【例9-2】某市财政年终结清"一般公共预算本级收入"科目贷方余额1 000 000元，"一般公共预算本级支出"科目借方余额990 000元。

该市财政总预算会计分录为：

借：一般公共预算本级收入　　　　　　　　　　1 000 000
　　贷：一般公共预算结转结余　　　　　　　　　　　　　1 000 000
借：一般公共预算结转结余　　　　　　　　　　990 000
　　贷：一般公共预算本级支出　　　　　　　　　　　　　990 000

同时，结清"一般公共预算本级收入"及"一般公共预算本级支出"的所有明细科目的余额。

四、政府性基金预算本级收入与支出

（一）概念及内容

政府性基金预算是对依照法律、行政法规的规定在一定期限内向特定对象征收、收取或者以其他方式筹集的资金，专项用于特定公共事业发展的收支预算。政府性基金应当做到以收定支。

政府性基金收入是各级政府及其所属部门根据法律、行政法规规定并经国务院或财政部门批准，向公民、法人和其他组织征收的政府性基金，以及参照政府性基金管理或纳入基金预算、具有特定用途的财政资金。

1. 政府性基金预算本级收入

政府性基金预算本级收入是指政府财政筹集的纳入本级政府性基金预算管理的非税收入。

根据《分类科目》，"政府性基金预算收入（10301）"科目包括：

（1）"非税收入（103）"下的2个款级科目：政府性基金收入（10301）和专项债券对应项目专项收入（10310）。

（2）"债务收入（105）"下的1个款级科目：地方政府债务收入（10504）。

（3）"转移性收入（110）"下的4个款级科目：政府性基金转移收入（11004）、上年结余收入（11008）、调入收入（11009）和债务转贷收入（11011）。

其中，"政府性基金收入（10301）"款级科目下设26个项级科目：农网还贷资金收入、铁路建设基金收入、民航发展基金收入、海南省高等级公路车辆通行附加费收入、港口建设费收入、旅游发展基金收入、国家电影事业发展基金收入、国有土地收益基金收入、农业土地开发资金收入、国有土地使用权出让收入、大中型水库库区基金收入、三峡水库库区基金收入、中央特别国债经营基金收入、中央特别国债经营基金财务收入、彩票公益金收入、城市基础设施配套费收入、小型水库移民扶助基金收入、国家重大水利工程建设基金收入、车辆通行费、核电站乏燃料处理处置基金收入、可再生资源电价附加费收入、船舶油污损害赔基金收入、废弃电器电子产品处理基金收入、污水处理费收入、彩票发行机构和彩票销售机构的业务费用和其他政府性基金收入。

部分项级科目下设目级科目，如"彩票公益金收入（1030155）"下设 2 个目级科目：福利彩票公益金收入和体育彩票公益金收入。

2. 政府性基金预算本级支出

政府性基金预算本级支出是指政府财政管理的由本级政府使用的列入政府性基金预算的支出。

根据《分类科目》，"政府性基金预算支出"功能分类的科目包括：

（1）"科学技术支出（206）"的 1 个款级科目：核电站乏燃料处理处置基金支出。

（2）"文化旅游体育与传媒支出（207）"的 3 个款级科目：国家电影事业发展专项资金安排的支出、旅游发展基金支出、国家电影事业发展专项资金对应专项债务收入安排的支出。

（3）"社会保障与就业支出（208）"的 3 个款级科目：大中型水库移民后期扶持基金支出、小型水库移民扶助基金安排的支出、小型水库移民扶持基金对应专项债务收入安排的支出。

（4）"节能环保支出（211）"的 2 个款级科目：可再生能源电价附加收入安排的支出、废弃电器电子产品处理基金支出。

（5）"城乡社区支出（212）"的 9 个款级科目：国有土地使用权出让收入及对应专项债务收入安排的支出、国有土地收益基金及对应专项债务收入安排的支出、农业土地开发资金安排的支出、城市基础设施配套费安排的支出、污水处理费安排的支出、土地储备专项债券收入安排的支出、棚户区改造专项债券收入安排的支出、城市基础设施配套费对应专项债务收入安排的支出、污水处理费对应专项债务收入安排的支出。

（6）"农林水支出（213）"的 5 个款级科目：大中型水库库区基金安排的支出、三峡水库库区基金支出、国家重大水利工程建设基金安排的支出、大中型水库库区基金对应专项债务收入安排的支出、国家重大水利工程建设基金对应专项债务收入安排的支出。

（7）"交通运输支出（214）"的 10 个款级科目：海南省高等级公路车辆通行附加费安排的支出、车辆通行费安排的支出、港口建设费安排的支出、铁路建设基金支出、船舶油污损害赔偿基金支出、民航发展基金支出、海南省高等级公路车辆通行附加费对应专项债务收入安排的支出、政府收费公路专项债务收入安排的支出、车辆通行费对应专项债务收入安排的支出和港口建设费对应专项债务收入安排的支出。

（8）"资源勘探信息等支出（215）"的 1 个项级科目：农网还贷资金支出。

（9）"金融支出（217）"的 1 个项级科目：金融调控支出。

（10）"其他支出（229）"的 3 个款级科目：其他政府性基金及对应专项债务收入安排的支出、彩票发行销售机构业务费安排的支出、彩票公益金安排的支出。

（二）账户设置

财政总预算会计应设置"政府性基金预算本级收入"核算政府财政筹集的纳入本级政府性基金预算管理的非税收入。该科目应当根据《分类科目》中"政府性基金预算收入科目"规定进行明细核算。

财政总预算会计还应设置"政府性基金预算本级支出"科目核算政府财政管理的由本级政府使用的列入政府性基金预算的支出。该科目应当按照《分类科目》中支出功能分类科目设置明细科目。同时，根据管理需要，按照支出经济分类科目、部门等进行明细核算。

（三）账务处理

政府性基金预算本级收支业务的账务处理涉及收取收入、支出发生及年终结转三方面。

收到款项时，根据当日预算收入日报表所列政府性基金预算本级收入数

借：国库存款

贷：政府性基金预算本级收入

实际发生政府性基金预算本级支出时

借：政府性基金预算本级支出

贷：国库存款

年度终了，对纳入国库集中支付管理的、当年未支而需结转下一年度支付的款项（国库集中支付结余），采用权责发生制确认支出时

借：政府性基金预算本级支出

贷：应付国库集中支付结余

年终转账时，"政府性基金预算本级收入"科目贷方余额和"政府性基金预算本级支出"科目借方余额全数转入"政府性基金预算结转结余"科目

借：政府性基金预算本级收入

贷：政府性基金预算结转结余

借：政府性基金预算结转结余

贷：政府性基金预算本级支出

【例9-3】某市财政收到国库"基金预算收入日报表"："政府性基金收入——国有土地使用权出让收入——土地出让价款收入"15 600 000元，"政府性基金收入——彩票公益金收入——福利彩票公益金收入"24 780 000元。国库报来的预算支出结算清单：财政直接支付属于基金预算支出的"其他支出——彩票公益金安排的支出——用于红十字事业的彩票公益金支出"5 000 000元，财政授权支付"城乡社区事务——棚户区改造专项债券收入安排的支出——土地开发支出"320 000元。

该市财政总预算会计分录为：

借：国库存款 40 380 000

贷：政府性基金预算本级收入 40 380 000

同时，登记明细账如下：

国有土地使用权出让收入——土地出让价款收入 15 600 000

彩票公益金收入——福利彩票公益金收入 24 780 000

借：政府性基金预算本级支出 5 320 000

贷：国库存款 5 320 000

同时，登记明细账如下：

其他支出——彩票公益金安排的支出

——用于红十字事业的彩票公益金支出 5 000 000

城乡社区事务——棚户区改造专项债券收入安排的支出

——土地开发支出 320 000

【例9-4】某市财政年终，对纳入国库集中支付管理的、当年未支而需结转下一年度支付的用于"交通运输支出——车辆通行费安排的支出——政府还贷公路养护"的国库集中支付结余款项为2 600 000元，结清"政府性基金预算本级收入"科目贷方余额2 000 000元，"政府性基金预算本级支出"科目借方余额1 960 000元。

该市财政总预算会计分录为：

借：政府性基金预算本级支出　　　　　　　　　　　2 600 000

　　贷：应付国库集中支付结余　　　　　　　　　　　　　　　　2 600 000

同时，登记支出明细账如下：

交通运输支出——车辆通行费安排的支出——政府还贷公路养护　2 600 000

结转收入及支出

借：政府性基金预算本级收入　　　　　　　　　　　2 000 000

　　贷：政府性基金预算结转结余　　　　　　　　　　　　　　　2 000 000

借：政府性基金预算结转结余　　　　　　　　　　　1 960 000

　　贷：政府性基金预算本级支出　　　　　　　　　　　　　　　1 960 000

同时，结清所有政府性基金预算本级收入与支出明细账的余额。

五、国有资本经营预算本级收入与支出

（一）概念及内容

国有资本经营预算是对国有资本收益做出支出安排的收支预算。国有资本经营预算应当按照收支平衡的原则编制，不列赤字，并安排资金调入一般公共预算。

1. 国有资本经营预算收入

根据《分类科目》，国有资本经营预算收入包括政府财政筹集的纳入本级国有资本经营预算管理的"非税收入"中的"国有资本经营收入（10306）"和"转移性收入"中的"国有资本经营预算转移支付收入"。

"国有资本经营收入（10306）"是指各级人民政府及其部门、机构履行出资人职责的企业（即一级企业）上缴的国有资本收益，包括4个项级科目：利润收入、股利、股息收入、产权转让收入、清算收入。

每个项级科目下都包括目级科目，如"产权转让收入（1030603）"下包括5个目级科目：国有股减持收入，国有股权、股份转让收入，国有独资企业产权转让收入，金融企业产权转让收入，其他国有资本经营预算企业产权转让收入。

国有资本经营预算转移支付收入是指下级政府收到上级政府的国有资本经营预算转移支付收入。

2. 国有资本经营预算支出

国有资本经营预算支出是指政府财政管理的由政府使用的列入国有资本经营预算的支出。

根据《分类科目》，国有资本经营预算支出涉及3个类级科目：

（1）"社会保障和就业支出（208）"下的款级科目下的补充全国社会保障金下的1个项级科目：国有资本经营预算补充社保基金支出。

（2）"国有资本经营预算支出（223）"下的5个款级科目：解决历史遗留问题及改革成本支出、国有资本金注入、国有企业政策性补贴、金融国有资本经营预算支出和其他国有资本经营预算支出。

每个款级科目下均设有项级科目，如"解决历史遗留问题及改革成本支出（22301）"下设有：厂办大集体改革支出、"三供一业"移交补助支出、国有企业职教幼教补助支出、国有企业办公服务机构补助支出、国有企业退休人员社会化管理补助支出、国有企业棚户

区改造支出、国有企业改革成本支出、离休干部医药费补助支出和其他解决历史遗留问题及改革成本支出。

（3）转移性支出（230）下的2个款级科目：国有资本经营预算转移支付和调出资金。

（二）账户设置

财政总预算会计应设置"国有资本经营预算本级收入"核算政府财政筹集的纳入本级国有资本经营预算管理的非税收入。该科目应当根据《分类科目》中"国有资本经营预算收入科目"规定进行明细核算。

财政总预算会计还应设置"国有资本经营预算本级支出"科目核算政府财政管理的由本级政府使用的列入国有资本经营预算的支出。该科目应当按照《分类科目》中支出功能分类科目设置明细科目。同时，根据管理需要，按照支出经济分类科目、部门等进行明细核算。

（三）账务处理

国有资本经营预算本级收支的账务处理包括取得收入、发生支出、年终结转等业务。

收到款项时，根据当日预算收入日报表所列国有资本经营预算本级收入数

借：国库存款

　　贷：国有资本经营预算本级收入

实际发生国有资本经营预算本级支出时

借：国有资本经营预算本级支出

　　贷：国库存款

年度终了，对纳入国库集中支付管理的、当年未支而需结转下一年度支付的款项（国库集中支付结余），采用权责发生制确认支出时

借：国有资本经营预算本级支出

　　贷：应付国库集中支付结余

年终转账时，收支科目余额均全数转入"国有资本经营预算结转结余"科目

借：国有资本经营预算本级收入

　　贷：国有资本经营预算结转结余

借：国有资本经营预算结转结余

　　贷：国有资本经营预算本级支出

【例9-5】某市财政收到国库报来的"国有资本经营预算收入日报表"。其中，"利润收入——烟草企业利润收入"39 400 000元，"股利、股息收入——金融企业股利、股息收入（国资预算）"42 800 000元。根据批准的国有资本经营预算直接向某国有资本经营预算资金使用单位拨付资金，预算经费请拨单及其他有关凭证载明："国有资本金注入——支持科技进步支出"770 000元，"国有企业政策性补贴——国有经济结构调整支出"480 000元资金用于国有资本经营预算本级支出。

该市财政总预算会计分录为：

借：国库存款　　　　　　　　　　　　　　　　　　82 200 000

　　贷：国有资本经营预算本级收入　　　　　　　　　　　　　82 200 000

同时，登记收入明细账如下：

利润收入——烟草企业利润收入　　　　　　　　　　39 400 000

股息收入——金融企业股利、股息收入（国资预算）　　42 800 000

实际发生国有资本经营预算本级支出时

借：国有资本经营预算本级支出   1 250 000

    贷：国库存款   1 250 000

同时，登记支出明细账如下：

国有资本金注入——支持科技进步支出   770 000

国有企业政策性补贴——国有经济结构调整支出   480 000

【例9-6】某市财政年终，对纳入国库集中支付管理的、当年未支而需结转下一年度支付的用于"解决历史遗留问题及改革成本支出——国有企业职教幼教补助支出"的国库集中支付结余款项为260 000元，结转"国有资本经营预算本级收入"科目贷方余额6 100 000元，"国有资本经营预算本级支出"科目借方余额1 960 000元。

该市财政总预算会计分录为：

借：国有资本经营预算本级支出   260 000

    贷：应付国库集中支付结余   260 000

年终转账时，收支科目余额均全数转入"国有资本经营预算结转结余"科目

借：国有资本经营预算本级收入   6 100 000

    贷：国有资本经营预算结转结余   6 100 000

借：国有资本经营预算结转结余   1 960 000

    贷：国有资本经营预算本级支出   1 960 000

同时，结清所有国有资本经营预算本级收入与支出明细账的余额。

六、财政专户管理资金收入与支出

（一）概念及内容

财政专户管理资金是指政府财政纳入财政专户管理的特定资金，包括社会保险基金、国际金融组织和外国政府贷款赠款、偿债准备金、待缴国库单一账户的非税收入、教育收费、彩票发行机构和销售机构业务费、代管预算单位资金等。

财政部门应对财政专户资金实行集中管理、分账核算，确保资金安全，提高资金使用效益，可在确保资金安全前提下开展保值增值管理。

其中，财政专户管理资金收入是指政府财政纳入财政专户管理的教育收费等资金收入，财政专户管理资金支出是指政府财政用纳入财政专户管理的教育收费等资金安排的支出。

（二）账户设置

财政总预算会计应设置"财政专户管理资金收入"科目核算政府财政纳入财政专户管理的教育收费等资金收入。该科目应根据管理需要，按部门（单位）等进行明细核算。

财政总预算会计还应设置"财政专户管理资金支出"科目核算政府财政用纳入财政专户管理的教育收费等资金安排的支出。该科目应当根据管理需要，按照支出经济分类科目、部门（单位）等进行明细核算。

（三）账务处理

财政专户管理资金的账务处理包括取得收入、发生支出、年终结转等业务。

收到财政专户管理资金时

借：其他财政存款

    贷：财政专户管理资金收入

发生财政专户管理资金支出时

借：财政专户管理资金支出

　　贷：其他财政存款

年终转账时，财政专户管理资金收支科目余额全数转入"财政专户管理资金结余"科目

借：财政专户管理资金收入

　　贷：财政专户管理资金结余

借：财政专户管理资金结余

　　贷：财政专户管理资金支出

【例9-7】某市财政专户收到本市公安系统教育收费800 000元和教育系统教育收费1 000 000元。按规定从财政专户管理的资金存款支付7 600 000元用于"教育支出——普通教育——小学教育"。年终结转"财政专户管理资金收入"贷方余额500 000 000元，"财政专户管理资金支出"借方余额400 000 000元。

该市财政总预算会计分录为：

收到财政专户管理资金时

借：其他财政存款　　　　　　　　　　　　　　　　　1 800 000

　　贷：财政专户管理资金收入——公安系统教育收费　　　　　800 000

　　　　　　　　　　　　　　——教育系统教育收　　　　　1 000 000

发生财政专户管理资金支出时

借：财政专户管理资金支出

　　——教育支出——普通教育——小学教育　　　　　7 600 000

　　贷：其他财政存款　　　　　　　　　　　　　　　　　　7 600 000

年终转账时，财政专户管理资金收支科目余额全数转入"财政专户管理资金结余"科目

借：财政专户管理资金收入　　　　　　　　　　500 000 000

　　贷：财政专户管理资金结余　　　　　　　　　　　500 000 000

借：财政专户管理资金结余　　　　　　　　　　400 000 000

　　贷：财政专户管理资金支出　　　　　　　　　　　400 000 000

同时，结清所有财政专户管理资金收入与支出明细账的余额。

七、专用基金收入与支出

(一) 概念及内容

专用基金收入是指政府财政根据法律法规等规定设立的各项专用基金取得的资金收入。例如，粮食风险基金就是中央和地方政府财政根据法律法规等规定设立的，用于平抑粮食市场价格，维护粮食正常流通秩序，实施经济调控的专项资金。

专用基金支出是指政府财政用专用基金收入安排的支出。例如，政府设置的粮食风险基金可用于：①国家储备粮油、国家专项储备粮食的利息、费用支出；②特殊情况下需动用中央储备粮调节粮食市场价格时所需的开支；③地方政府为平抑粮食市场价格吞吐粮食发生的利息、费用和价差支出；④对贫困地区吃返销粮农民因粮价提高而增加的开支补助等。

（二）账户设置

财政总预算会计应设置"专用基金收入"科目核算政府财政按照法律法规和国务院、财政部规定设置或取得的粮食风险基金等专用基金收入。该科目应当按照专用基金的种类进行明细核算。

财政总预算会计还应设置"专用基金支出"科目核算政府财政用专用基金收入安排的支出。该科目应当根据专用基金的种类设置明细科目。同时，根据管理需要，按部门等进行明细核算。

（三）账务处理

专用基金收支的账务处理包括取得收入、发生支出、年终结转等业务。

通过预算支出安排取得专用基金收入转入财政专户的

借：其他财政存款

　　贷：专用基金收入

同时

借：一般公共预算本级支出

　　贷：国库存款（通过本级预算安排的支出）

　　　　补助收入（通过上级预算安排的支出）

退回专用基金收入时

借：专用基金收入

　　贷：其他财政存款

通过财政预算支出安排取得专用基金收入仍存在国库的

借：一般公共预算本级支出

　　贷：专用基金收入

发生专用基金支出时

借：专用基金支出

　　贷：其他财政存款

退回专用基金支出时，做相反的会计分录。

年终转账时，专用基金收支科目余额分别全数转入"专用基金结余"科目

借：专用基金收入

　　贷：专用基金结余

借：专用基金结余

　　贷：专用基金支出

【例9-8】某市财政局通过预算支出安排粮食风险基金340 000元，并将资金拨入该市农发行"粮食风险基金"专户，其中，省级财政厅通过财政直接支付拨入200 000元，市级财政局安排140 000元。按规定从专户向粮食部门拨付油品储备风险基金300 000元。年终，专用基金结账，其中，"专用基金收入——粮食风险基金收入"科目贷方余额20 000 000元，"专用基金支出——粮食风险基金"借方余额18 000 000元。

该市财政总预算会计分录为：

设置时

借：其他财政存款　　　　　　　　　　　　　　　　　　340 000

　　贷：专用基金收入——粮食风险基金收入　　　　　　　　　340 000

同时

借：一般公共预算本级支出　　　　　　　　　　340 000

　　贷：国库存款　　　　　　　　　　　　　　　　　　　　140 000

　　　　补助收入　　　　　　　　　　　　　　　　　　　　200 000

向粮食部门拨付时

借：专用基金支出——粮食风险基金　　　　　300 000

　　贷：其他财政存款　　　　　　　　　　　　　　　　　　300 000

年终转账时

借：专用基金收入——粮食风险基金收入　　20 000 000

　　贷：专用基金结余　　　　　　　　　　　　　　　　20 000 000

借：专用基金结余　　　　　　　　　　　　　18 000 000

　　贷：专用基金支出——粮食风险基金　　　　　　　18 000 000

八、转移性收入与支出

(一) 概念及内容

在中央和地方分税制体制下，为推进地区间基本公共服务均等化，国家实行规范、公平、公开的财政转移支付制度。

转移性收支是指在各级政府财政之间进行资金调拨以及在本级政府财政不同类型资金之间调剂所形成的收入与支出，包括4部分内容：一般公共预算收支科目中的转移性收支、政府性基金预算收支科目中的转移性收支、国有资本经营预算收支科目中的转移性收支、社保基金预算收支科目中的转移性收支。

（1）一般公共预算收支科目中的转移性收支。该部分转移性收支包括返还性收入与支出、一般转移支付收入与支出、专项转移收支、上解收入与支出、上年结余收入与年终结余、调入与调出资金、债务转贷收入与支出、接受其他地区援助收入与支出、动用与安排预算稳定调节基金和补充预算周转金。

（2）政府性基金预算收支科目中的转移性收支。该部分转移性收支包括政府性基金转移收入与支付、上年结余收入与年终结余、调入与调出资金、债务转贷收入与支出。

（3）国有资本经营预算收支科目中的转移性收支。该部分转移性收支包括国有资本经营预算转移支付收入与支出、国有资本经营预算调出资金。

(二) 补助收入与补助支出

1. 具体内容

补助收支业务内容涉及补助收入与补助支出。

（1）补助收入。补助收入是指上级政府财政按照财政体制规定或因专项需要补助给本级政府财政的款项，包括一般公共预算收入中的上级税收返还、一般转移支付和专项转移支付、政府性基金补助收入和国有资本经营预算转移支付收入。

（2）补助支出。补助支出是指本级政府财政按财政体制规定或因专项需要补助给下级政府财政的款项，包括一般公共预算支出中的对下级的税收返还、一般转移支付、专项转移性支付、政府性基金转移支付和国有资本经营预算转移支付以及调出资金。

2. 账户设置

财政总预算会计应设置"补助收入"科目核算上级政府财政按照财政体制规定或因专项需要补助给本级政府财政的款项，包括税收返还、转移支付等。该科目下应当按照不同的资金性质设置"一般公共预算补助收入""政府性基金预算补助收入""国有资本经营预算补助收入"等明细科目。

财政总预算会计还应设置"补助支出"科目核算本级政府财政按财政体制规定或因专项需要补助给下级政府财政的款项，包括对下级的税收返还、转移支付等。该科目下应当按照不同资金性质设置"一般公共预算补助支出""政府性基金预算补助支出""国有资本经营预算补助支出"等明细科目，同时还应当按照补助地区进行明细核算。

3. 账务处理

（1）本级财政收到上级政府财政拨入的补助款时，应分别根据以下情况编制会计分录。

收到补助的本级财政

借：国库存款

其他财政存款

贷：补助收入

发生补助支出的上级财政

借：补助支出

贷：国库存款

其他财政存款

【例 9-9】市财政收到国库报来一般预算收入日报表，收到省财政厅拨入的转移性收入情况为："转移性收入——返还性收入——所得税基数返还收入"856 000 元，"转移性收入——一般性转移支付收入——体制补助收入"555 000 元，"转移性收入——专项转移支付收入——社会保障和就业"932 000 元。收到基金预算收入日报表，收到省财政厅拨入的转移性收入情况为："转移性收入——政府性基金转移收入"70 000 000 元。

该市财政总预算会计分录为：

借：国库存款 72 343 000

贷：补助收入——一般公共预算补助收入——返还性收入 856 000

——一般性转移支付 555 000

——专项转移支付 932 000

——政府性基金预算补助收入 70 000 000

省财政总预算会计分录为：

借：补助支出——一般公共预算补助支出——返还性支出 856 000

——一般性转移支付 555 000

——专项转移支付 932 000

——政府性基金预算补助支出 70 000 000

贷：国库存款 72 343 000

（2）专项转移支付资金实行财政专户管理的，应分别根据以下情况编制会计分录。

收到补助的本级政府财政应当根据上级政府财政下达的预算文件确认补助收入

借：其他财政存款

贷：与上级往来

年度终了，接受补助的本级政府财政根据专项转移支付资金预算文件

借：与上级往来

　　贷：补助收入

支付补助的本级政府财政应当根据下达的预算文件确认补助支出

借：补助支出

　　贷：国库存款　　（已支付补助）

　　　　与下级往来　（未支付补助）

（3）从"与上级往来"科目转入时，应编制如下会计分录。

借：与上级往来

　　贷：补助收入

【例9-10】某市级财政向所属A县财政直接拨付"一般转移支出——农村综合公共转移支付支出"686 000元，基金性基金补助支出85 000元。根据向所属B县财政下达的预算文件，通过财政特设账户支付"专项转移支出——社会保障和就业"318 000元。

A县财政总预算会计分录为：

借：国库存款　　　　　　　　　　　　　　　　　　771 000

　　贷：补助收入

　　　　——一般公共预算补助收入——一般性转移支付收入　　686 000

　　　　——政府性基金预算补助收入——A县　　　　　　　　85 000

B县财政总预算会计分录为：

借：其他财政存款　　　　　　　　　　　　　　　　318 000

　　贷：与上级往来　　　　　　　　　　　　　　　　　　318 000

年终

借：与上级往来　　　　　　　　　　　　　　　　　318 000

　　贷：补助收入

　　　　——一般公共预算补助收入——专项转移支付收入　　318 000

该市财政总预算会计分录为：

借：补助支出——一般公共预算补助支出——A县

　　　　——一般性转移支付　　　　　　　　　　　　　　686 000

　　　　——政府性基金预算补助支出——A县　　　　　　　85 000

　　　　——一般公共预算补助支出——B县

　　　　——专项转移支付　　　　　　　　　　　　　　　318 000

　　贷：国库存款　　　　　　　　　　　　　　　　　　1 089 000

（4）有主权外债业务的财政部门，贷款资金由本级政府财政同级部门（单位）使用，且贷款的最终还款责任由上级政府财政承担的，分两种情况处理。

情况1：市级政府财政部门收到贷款资金时

借：其他财政存款

　　贷：补助收入

承担最终还款责任的省级政府财政部门支付贷款资金时

借：补助支出

　　贷：其他财政存款

同时，根据债务管理部门转来的相关外债转贷管理资料，省级财政按照实际支付的金额

借：待偿债净资产

　　贷：借入款项

【例9-11】2019年初，某省政府向世界银行直接贷款1 060 000元用于某市农业支持服务项目，贷款期限20年，由省财政专项资金偿还。该省举借的世界银行贷款全部通过财政特设账户管理。款项已全额通过财政直接支付拨入某市财政特设账户。

该市财政总预算会计分录为：

借：其他财政存款　　　　　　　　　　　　　　　　　　　　　1 060 000

　　贷：补助收入

　　　　——一般公共预算补助收入——专项转移支付收入　　　　　　　　　1 060 000

该省财政总预算会计分录为：

借：补助支出

　　——一般公共预算补助支出——专项转移支付支出　　1 060 000

　　贷：其他财政存款　　　　　　　　　　　　　　　　　　　　　　　1 060 000

情况2：若外方将贷款资金直接支付给供应商或用款单位时

本级政府财政部门

借：一般公共预算本级支出

　　贷：补助收入

上级政府财政部门

借：补助支出

　　贷：债务收入

　　　　债务转贷收入

同时，根据债务管理部门转来的相关外债转贷管理资料，上级财政按照实际支付的金额

借：待偿债净资产

　　贷：借入款项

　　　　应付主权外债转贷款

【例9-12】2016年初，某省政府经芬兰政府向芬兰某银行贷款670 000元购置医疗设备，其中：所属A市第二人民医院440 000元，肿瘤医院230 000元。贷款期限20年，由省财政专项资金偿还。该笔主权外债由芬兰政府将本国某银行贷款全额直接支付给A市第二人民医院和肿瘤医院。

A市财政总预算会计分录为：

借：一般公共预算本级支出　　　　　　　　　　　　　　　　670 000

　　贷：补助收入

　　　　——一般公共预算补助收入——专项转移支付收入　　　　　　　670 000

该省财政总预算会计分录为：

借：补助支出

　　——一般公共预算补助支付——专项转移支付支出　　670 000

　　贷：债务转贷收入　　　　　　　　　　　　　　　　　　　　　670 000

同时，根据债务管理部门转来的相关外债转贷管理资料，省财政总预算会计按照实际支付的金额

借：待偿债净资产　　　　　　　　　　　　　　　　　　　　670 000

　　贷：应付主权外债转贷款　　　　　　　　　　　　　　　　　　　670 000

（5）年终与上级政府财政结算时，根据预算文件，按照尚未收到的补助款金额，本级财政

借：与上级往来

　　贷：补助收入

退还或核减补助收入时

借：补助收入

　　贷：国库存款

　　　　与上级往来

年终与下级政府财政结算时，按照尚未拨付的补助金额，本级财政

借：补助支出

　　贷：与下级往来

退还或核减补助支出时

借：国库存款

　　　　与下级往来

　　贷：补助支出

【例 9-13】某市财政退还省财政"转移性收入——一般性转移支付收入——结算补助收入"500 000 元。

该市财政总预算会计分录为：

借：补助收入——一般公共预算补助收入——结算补助收入　500 000

　　贷：国库存款　　　　　　　　　　　　　　　　　　　　　　500 000

省财政总预算会计分录为：

借：国库存款　　　　　　　　　　　　　　　　　　　　500 000

　　贷：补助支出——一般公共预算补助支出——结算补助支出　　　500 000

（6）年终转账时，"补助收入"科目贷方余额应根据不同资金性质分别转入对应的结转结余科目。

借：补助收入——一般公共预算补助收入

　　　　　　——政府性基金预算补助收入

　　　　　　——国有资本经营预算补助收入

　　贷：一般公共预算结转结余

　　　　政府性基金预算结转结余

　　　　国有资本经营预算结转结余

"补助支出"科目借方余额应根据不同资金性质分别转入对应的结转结余科目。

借：一般公共预算结转结余

　　政府性基金预算结转结余

　　国有资本经营预算结转结余

　　贷：补助支出——一般公共预算补助支出

　　　　　　　——政府性基金预算补助支出

　　　　　　　——国有资本经营预算补助支出

（三）上解收入与上解支出

1. 具体内容

上解收支业务内容涉及上解收入与上解支出。

（1）上解收入。上解收入是指按照财政体制规定由下级政府财政上缴给本级政府财政的款项，包括一般公共预算收入中的上解收入和政府性基金上解收入。

其中，一般公共预算收入中的上解收入包括体制上解收入和专项上解收入。

（2）上解支出。上解支出是指按照财政体制规定由本级政府财政上缴给上级政府财政的款项，包括一般公共预算支出功能分类科目中的上解支出以及政府性基金上解支出。

其中，一般公共预算支出中的上解支出包括体制上解支出和专项上解支出。

2. 账户设置

财政总预算会计应设置"上解收入"科目核算按照体制规定由下级政府财政上缴给本级政府财政的款项。该科目下应当按照不同资金性质设置"一般公共预算上解收入""政府性基金预算上解收入"等明细科目。同时，还应当按照上解地区进行明细核算。

财政总预算会计还应设置"上解支出"科目核算本级政府财政按照财政体制规定上缴给上级政府财政的款项。该科目下应当按照不同资金性质设置"一般公共预算上解支出""政府性基金预算上解支出"等明细科目。

3. 账务处理

（1）本级财政收到下级政府财政的上解款时，应编制如下会计分录。

借：国库存款

    贷：上解收入

下级财政发生上解支出时

借：上解支出

    贷：国库存款

        与上级往来

（2）财政年终与下级政府财政结算时，根据预算文件，按照尚未收支的上解款金额，本级财政总预算会计，应编制如下会计分录。

借：与下级往来

    贷：上解收入

下级财政总预算会计

借：上解支出

    贷：与上级往来

退还或核减上解收入支出时

本级财政总预算会计

借：上解收入

    贷：国库存款

        与下级往来

下级财政总预算会计

借：国库存款

    与上级往来

    贷：上解支出

（3）年终转账时，"上解收入"及"上解支出"科目余额应根据不同资金性质分别转入对应的结转结余科目。

　　借：上解收入——一般公共预算上解收入
　　　　　　　　——政府性基金预算上解收入
　　　贷：一般公共预算结转结余
　　　　　政府性基金预算结转结余
　　借：一般公共预算结转结余
　　　　政府性基金预算结转结余
　　　贷：上解支出——一般公共预算上解支出
　　　　　　　　　——政府性基金预算上解支出

　　【例 9-14】某市级财政按财政体制规定通过国库上解省级财政一般预算款项 1 431 000
元。年终结算时与下级 A 县政府财政结算，根据预算文件，按照尚未收到 A 县的"转移性
收入——政府性基金上解收入"2 210 000 元。按规定通过国库退还所属 B 县财政"转移性
收入——专项转移支付收入——专项上解收入"300 000 元。

　　该市财政总预算会计分录为：
　　借：上解支出——一般公共预算上解支出——体制上解支出　1 431 000
　　　　贷：国库存款　　　　　　　　　　　　　　　　　　　　　　　　1 431 000
　　借：与下级往来——A 县　　　　　　　　　　　2 210 000
　　　　贷：上解收入——政府性基金预算上解收入　　　　　　　　　　　2 210 000
　　借：上解收入——一般公共预算上解收入——B 县　　　300 000
　　　　贷：国库存款　　　　　　　　　　　　　　　　　　　　　　　　　300 000
　　省财政总预算会计分录为：
　　借：国库存款　　　　　　　　　　　　　　　　1 431 000
　　　　贷：上解收入——一般公共预算上解收入——体制上解收入　　　　1 431 000
　　A 县财政总预算会计分录为：
　　借：上解支出——政府性基金预算上解支出　　　2 210 000
　　　　贷：与上级往来　　　　　　　　　　　　　　　　　　　　　　　2 210 000
　　B 县财政总预算会计：
　　借：国库存款　　　　　　　　　　　　　　　　　300 000
　　　　贷：上解支出——一般公共预算上解支出——体制上解支出　　　　　300 000

（四）债务转贷收入与债务转贷支出

1. 具体内容

　　（1）债务转贷收入的具体内容。债务转贷收入是指本级政府财政收到上级政府财政转贷
贷的债务收入。

　　根据《收支分类》，"债券转贷收入（11011）"下设 2 个项级科目：地方政府一般债务
转贷收入和地方政府专项债务转贷收入。

　　其中，"地方政府一般债务转贷收入"下设 4 个目级科目：地方政府一般债券转贷收
入、地方政府向国外政府借款转贷收入、地方政府向国际组织借款转贷收入和地方政府其
他一般债务转贷收入。

　　"地方政府专项债务转贷收入"下设共 17 个目级科目：海南省高等级公路车辆通行附
加费债务收入、港口建设费债务收入、国家电影事业发展专项资金债务收入、国有土地使

用权出让金债务收入、国有土地收益基金债务收入、农业土地开发资金债务收入、大中型水库库区基金债务收入、城市基础设施配套费债务收入、小型水库移民扶助基金债务收入、国家重大水利工程建设基金债务收入、车辆通行费债务收入、污水处理费债务收入、土地储备专项债券收入、政府收费公路专项债券收入、棚户区改造专项债券收入、其他地方自行试点项目收益专项债券收入和其他政府性基金债务收入。

（2）债务转贷支出的具体内容。债务转贷支出是指本级政府财政向下级政府财政转贷的债务支出。

根据《收支分类》，债务转贷支出包括一般公共预算支出功能分类的债务转贷支出和政府性基金预算的债务转贷支出。

其中，一般公共预算支出功能分类的债务转贷支出包括：地方政府一般债券转贷支出、地方政府向国外政府借款转贷支出、地方政府向国际组织借款转贷支出和地方政府向其他一般债务转贷支出。

政府性基金预算的债务转贷支出下设的 17 个项级科目与前面债务转贷收入中的地方政府专项债务转贷收入下设的 17 个目级科目一一对应。

2. 账户设置

财政总预算会计应设置"债务转贷收入"科目核算省级以下（不含省级）政府财政收到上级政府财政转贷的债务收入。该科目下应当设置"地方政府一般债券转贷收入""地方政府专项债务转贷收入"明细科目。

财政总预算会计应设置"债务转贷支出"科目核算本级政府财政向下级政府财政转贷的债务支出。该科目下应当设置"地方政府一般债务转贷支出""地方政府专项债务转贷支出"明细科目，同时还应当按照转贷地区进行明细核算。

3. 账务处理

债务转贷的核算涉及政府债券或主权外债的转贷、偿还、付息等业务。

（1）省级以上政府财政收到政府债券发行或主权外债收入时账务处理与本章第二节"十、举债收入与偿还"中的"（五）账务处理"中的"1. 政府债券发行、偿还、付息、发行费用等业务"中的政府债券发行相同，留待后续介绍。

（2）本级（中央或省级）政府财政向下级政府财政转贷地方政府债券资金或主权外债时，应编制如下会计分录。

借：债务转贷支出
　　贷：国库存款
　　　　其他财政存款
根据债务管理部门转来的相关资料，按照到期应收回的转贷款本金金额
借：应收地方政府债券转贷款
　　应收主权外债转贷款
　　贷：资产基金——应收地方政府债券转贷款
　　　　　　　　——应收主权外债转贷款

（3）收到上级政府财政转贷的地方政府债券或主权外债资金时，按照实际收到的金额，应编制如下会计分录。

借：国库存款
　　其他财政存款
　　贷：债务转贷收入

根据债务管理部门转来的相关资料，按照到期应偿还的转贷款本金金额

借：待偿债净资产——应付地方政府债券转贷款
　　　　　　　　　——应付主权外债转贷款
　　贷：应付地方政府债券转贷款
　　　　应付主权外债转贷款

（4）期末确认地方政府债券转贷款的应收利息时，根据债务管理部门计算出的转贷款本期应收未收利息金额，应编制如下会计分录。

上级政府财政部门：

借：应收地方政府债券转贷款
　　应收主权外债转贷款
　　贷：资产基金——应收地方政府债券转贷款
　　　　　　　　——应收主权外债转贷款

下级政府财政部门：

借：待偿债净资产——应付地方政府债券转贷款
　　　　　　　　　——应付主权外债转贷款
　　贷：应付地方政府债券转贷款
　　　　应付主权外债转贷款

（5）偿还本级政府财政承担的地方政府债券转贷款本金时，应编制如下会计分录。

借：债务还本支出
　　贷：国库存款
　　　　其他财政存款

根据债务管理部门转来的相关资料，按照实际偿还的本金金额

借：应付地方政府债券转贷款
　　应付主权外债转贷款
　　贷：待偿债净资产——应付地方政府债券转贷款
　　　　　　　　　　——应付主权外债转贷款

（6）偿还本级政府财政承担的地方政府债券转贷款的利息时，应编制如下会计分录。

借：一般公共预算本级支出
　　政府性基金预算本级支出
　　贷：国库存款
　　　　其他财政存款

实际支付利息金额中属于已确认的应付利息部分，还应根据债务管理部门转来的相关资料

借：应付地方政府债券转贷款
　　应付主权外债转贷款
　　贷：待偿债净资产——应付地方政府债券转贷款
　　　　　　　　　　——应付主权外债转贷款

（7）收回下级政府财政偿还的转贷款本息时，按照收回的金额，应编制如下会计分录。

借：国库存款
　　其他财政存款
　　贷：其他应付款（或）其他应收款

根据债务管理部门转来的相关资料，按照收回的转贷款本金及已确认的应收利息金额

借：资产基金——应收地方政府债券转贷款

　　　　——应收主权外债转贷款

　　贷：应收地方政府债券转贷款

　　　应收主权外债转贷款

【例 9-15】某直辖市 2019 年初新增发行政府一般债券 100 亿元，全部转贷所辖 A 区政府使用，用于支持棚户区改造等保障性安居工程等重大公益性项目支出。债券期限 3 年，按债券发行面值的 0.5‰ 向承销团成员支付发行费，票面利率 3%，利息按单利计算，到期还本付息。发行取得圆满成功，债券款项及发行费按照收支两条线管理，分别通过国库直接收付。

该市财政总预算会计分录为：

（1）直辖市政府取得债券发行时，应编制如下会计分录。

借：国库存款　　　　　　　　　　　　　　　　10 000 000 000

　　贷：债务收入　　　　　　　　　　　　　　　　　　　　10 000 000 000

同时，在债务收入明细账登记如下：

地方政府债务收入——一般债务收入——地方政府一般债券收入　10 000 000 000

根据债务管理部门转来的债券发行确认文件等相关资料，按照到期应付的政府债券本金金额

借：待偿债净资产——应付长期政府债券　　　　10 000 000 000

　　贷：应付长期政府债券　　　　　　　　　　　　　　　10 000 000 000

（2）支付发行政府债券的发行费用时，应编制如下会计分录。

借：一般公共预算本级支出　　　　　　　　　　　5 000 000

　　贷：国库存款　　　　　　　　　　　　　　　　　　　　5 000 000

同时，在支出明细账登记如下：

债务发行费用支出——地方政府一般债务发行费用支出　　　5 000 000

（3）直辖市政府财政向所辖 A 区政府财政转贷地方政府债券资金时，应编制如下会计分录。

借：债务转贷支出——地方政府一般债券转贷支出　10 000 000 000

　　贷：国库存款　　　　　　　　　　　　　　　　　　　　10 000 000 000

根据债务管理部门转来的相关资料，按照到期应收回的转贷款本金金额，

借：应收地方政府债券转贷款　　　　　　　　　10 000 000 000

　　贷：资产基金——应收地方政府债券转贷款　　　　　　10 000 000 000

（4）A 区政府收到直辖市政府财政转贷的地方政府债券资金时，按照实际收到的金额，应编制如下会计分录。

借：国库存款　　　　　　　　　　　　　　　　10 000 000 000

　　贷：债务转贷收入——地方政府一般债券转贷收入　　　10 000 000 000

根据债务管理部门转来的相关资料，按照到期应偿还的转贷款本金金额，

借：待偿债净资产——应付地方政府债券转贷款　10 000 000 000

　　贷：应付地方政府债券转贷款　　　　　　　　　　　　10 000 000 000

（5）每年末，根据债务管理部门计算出的转贷款本期应收未收利息金额 300 000 000 元，应编制如下会计分录。

直辖市政府财政部门：

借：应收地方政府债券转贷款　　　　　　　　　300 000 000

　　贷：资产基金——应收地方政府债券转贷款　　　　　　300 000 000

A区政府财政部门:

借:待偿债净资产——应付地方政府债券转贷款　　300 000 000

　　贷:应付地方政府债券转贷款　　　　　　　　　　　　　　300 000 000

(6)3年后,偿还本级政府财政承担的地方政府债券转贷款本金及利息时,应编制如下会计分录。

借:债务还本支出　　　　　　　　　　　　　10 000 000 000

　　一般公共预算本级支出　　　　　　　　　　　　　　900 000 000

　　贷:国库存款　　　　　　　　　　　　　　　　　　10 900 000 000

同时,在支出明细账登记如下:

地方政府一般债务还本支出——地方政府一般债券还本支出　　10 000 000 000

债务付息支出

——地方政府一般债务付息支出——地方政府一般债券付息支出　　900 000 000

根据债务管理部门转来的相关资料,按照实际偿还的本金及实际支付利息中属于已确认的应付利息部分金额

借:应付地方政府债券转贷款　　　　　　　　10 900 000 000

　　贷:待偿债净资产——应付地方政府债券转贷款　　　　　　10 900 000 000

(7)收回下级政府财政偿还的转贷款本息时,按照收回的金额,应编制如下会计分录。

借:国库存款　　　　　　　　　　　　　　　10 900 000 000

　　贷:其他应付款　　　　　　　　　　　　　　　　　10 900 000 000

根据债务管理部门转来的相关资料,按照收回的转贷款本金及已确认的应收利息金额,应编制如下会计分录。

借:资产基金——应收地方政府债券转贷款　　10 900 000 000

　　贷:应收地方政府债券转贷款　　　　　　　　　　　10 900 000 000

(五)调入资金与调出资金

1.具体内容

(1)调入资金。调入资金是指政府财政为平衡某类预算收支、从其他类型预算资金及其他渠道调入的资金。

根据《分类科目》,调入资金包括调入一般公共预算资金和调入政府性基金预算资金。

其中,调入一般公共预算资金包括从政府性基金预算调入、从国有资本经营预算调入和从其他资金调入。

(2)调出资金。调出资金是指政府财政为平衡预算收支、从某类资金向其他类型预算调出的资金。

根据《分类科目》,调出资金包括一般公共预算调出资金、政府性基金预算调出资金和国有资本经营预算调出资金。

2.账户设置

财政总预算会计应设置"调入资金"科目核算政府财政为平衡某类预算收支,从其他类型预算资金及其他渠道调入的资金。该科目下应当按照不同资金性质设置"一般公共预算调入资金""政府性基金预算调入资金"等明细科目。

财政总预算会计还应设置"调出资金"科目核算政府财政为平衡预算收支,从某类资金向其他类型预算调出的资金。该科目下应当设置"一般公共预算调出资金""政府性基金

预算调出资金"和"国有资本经营预算调出资金"等明细科目。

3. 账务处理

（1）从其他类型预算资金及其他渠道调入一般公共预算时，按照调入的资金金额，应编制如下会计分录。

  借：调出资金——政府性基金预算调出资金
      ——国有资本经营预算调出资金
    国库存款
    贷：调入资金——一般公共预算调入资金

（2）从其他类型预算资金及其他渠道调入政府性基金预算时，按照调入的资金金额，应编制如下会计分录。

  借：调出资金——一般公共预算调出资金
    国库存款
    贷：调入资金——政府性基金预算调入资金

（3）年终转账时，"调入资金"及"调出资金"科目余额分别转入相应的结转结余科目，应编制如下会计分录。

  借：调入资金——一般公共预算调入资金
      ——政府性基金预算调入资金
    贷：一般公共预算结转结余
     政府性基金预算结转结余
  借：一般公共预算结转结余
    政府性基金预算结转结余
    国有资本经营预算结转结余
    贷：调出资金——一般公共预算调出资金
      ——政府性基金预算调出资金
      ——国有资本经营预算调出资金

【例 9-16】 某市财政为平衡一般预算，从基金预算结余中调入资金 745 000 元，从国有资本经营预算中调出资金 1 280 000 元。

该市财政总预算会计分录为：

借：调出资金——政府性基金预算调出资金	745 000	
——国有资本经营预算调出资金	1 280 000	
贷：调入资金——一般公共预算调入资金		2 025 000

（六）地区间援助收入与地区间援助

1. 账户设置

财政总预算会计应设置"地区间援助收入"科目核算受援方政府接受的可统筹使用的各类援助、捐赠等资金收入。该科目应当按照援助地区及管理需要进行相应的明细核算。

财政总预算会计还应设置"地区间援助支出"科目核算援助方政府安排的由受援方政府财政统筹使用的各类援助、捐赠等资金支出。该科目应当按照受援地区及管理需要进行相应明细核算。

2. 账务处理

（1）接受援助方政府财政转来的资金时，接受援助的政府财政总预算会计，应编制如下会计分录。

借：国库存款

　　贷：地区间援助收入

发生地区间援助支出时，支付援助的政府财政总预算会计

借：地区间援助支出

　　贷：国库存款

（2）年终转账时，"地区间援助收入"及"地区间援助支出"科目余额全数转入"一般公共预算结转结余"科目。

借：地区间援助收入

　　贷：一般公共预算结转结余

借：一般公共预算结转结余

　　贷：地区间援助支出

【例9-17】 在支持中国援疆建设工程中，东部某城市负责支持西部某省县级市建设5A级风景区。该县级市政府收到东部城市政府转来可统筹使用的援疆资金16 000 000元，用于加快景区四大核心景点的建设。

东部城市财政总预算会计分录为：

借：地区间援助支出　　　　　　　　　　　　　　16 000 000

　　贷：国库存款　　　　　　　　　　　　　　　　　　　　16 000 000

年终，

借：一般公共预算结转结余　　　　　　　　　　　16 000 000

　　贷：地区间援助支出　　　　　　　　　　　　　　　　　16 000 000

西部县级市财政总预算会计分录为：

借：国库存款　　　　　　　　　　　　　　　　　16 000 000

　　贷：地区间援助收入　　　　　　　　　　　　　　　　　16 000 000

年终，

借：地区间援助收入　　　　　　　　　　　　　　16 000 000

　　贷：一般公共预算结转结余　　　　　　　　　　　　　　16 000 000

（七）动用预算稳定调节基金与安排预算稳定调节基金

1. 预算稳定调节基金

预算稳定调节基金是指政府财政安排用于弥补以后年度预算资金不足的储备资金。

《预算法》规定各级政府应当建立跨年度预算平衡机制。具体做法是各级一般公共预算按照国务院的规定可以设置预算稳定调节基金，用于弥补以后年度预算资金的不足。

补充预算稳定调节基金的资金来源于各级一般公共预算：①年度执行超收收入；②结余资金；③预算周转金。

2. 账户设置

财政总预算会计应设置"动用预算稳定调节基金"科目核算政府财政为弥补本年度预算收支缺口，调用的预算稳定调节基金。

财政总预算会计还应设置"安排预算稳定调节基金"科目核算政府财政按照有关规定

安排的预算稳定调节基金。

3. 账务处理

（1）调用预算稳定调节基金时，应编制如下会计分录。

 借：预算稳定调节基金

  贷：动用预算稳定调节基金

（2）补充预算稳定调节基金时，应编制如下会计分录。

 借：安排预算稳定调节基金

  贷：预算稳定调节基金

（3）年终转账时，"动用预算稳定调节基金"和"安排预算稳定调节基金"科目余额全数转入"一般公共预算结转结余"科目，应编制如下会计分录。

 借：动用预算稳定调节基金

  贷：一般公共预算结转结余

 借：一般公共预算结转结余

  贷：安排预算稳定调节基金

九、举债收入与偿还

（一）政府债务概念

政府债务（亦称公债）是指政府凭借其信誉，政府作为债务人与债权人之间按照有偿原则发生信用关系来筹集财政资金的一种信用方式，也是政府调度社会资金，弥补财政赤字，并借以调控经济运行的一种特殊分配方式。

2018 年，全国发行地方政府债券 41 652 亿元。其中，发行一般债券 22 192 亿元，发行专项债券 19 460 亿元；按用途划分，发行新增债券 21 705 亿元，占当年新增债务限额的 99.6%，发行置换债券和再融资债券 19 947 亿元。一般债券和专项债券发行期均为 6.1 年；平均发行利率 3.89%，其中一般债券 3.89%、专项债券 3.9%。

截至 2018 年末，全国地方政府债务余额 183 862 亿元，控制在全国人大批准的限额之内。其中，一般债务 109 939 亿元，专项债务 73 923 亿元；政府债券 180 711 亿元，非政府债券形式存量政府债务 3 151 亿元。债券剩余平均年限 4.4 年，其中一般债券 4.4 年、专项债券 4.6 年；平均利率 3.51%，其中一般债券 3.5%、专项债券 3.52%。⊖

（二）政府债务的管理

1. 中央政府债务的管理

中央政府债务是由中央政府发行与偿还的债务，也称作国债。国债收入列入中央预算，由中央政府安排支出和使用，还本付息也由中央政府承担，用于实现中央政府的职能。

中央一般公共预算中必需的部分资金，可以通过举借国内和国外债务等方式筹措，主要方式包括：①政府在国内外发行的债券；②向外国政府借款；③国际组织借款；④银行借款。

国务院财政部门具体负责对中央政府债务的统一管理。中央政府举借债务应当控制适当的规模，保持合理的结构。中央一般公共预算中举借的债务实行余额管理，余额的规模不得超过全国人民代表大会批准的限额。

⊖ 预算司 . 2018 年地方政府债券发行和债务余额情况［EB/OL］. (2019-1-23). http://yss.mof.gov.cn/zhuantilanmu/dfzgl/sjtj/201901/t20190123_3131019.html

2. 地方政府债务的管理

地方政府债务是由地方政府发行和偿还的债务。债务收入列入地方预算，由地方政府安排使用，还本付息也由地方政府承担，地方公债的发行范围并不局限于本地区。

中国建立"借、用、还"相统一的地方政府性债务管理机制。

经国务院批准的省、自治区、直辖市的预算中必需的建设投资的部分资金，可以在国务院确定的限额内，通过发行地方政府债券举借债务的方式筹措，地方政府及其所属部门不得以任何方式举借债务。没有收益的公益性事业发展确需政府举借一般债务的，由地方政府发行一般债券融资，主要以一般公共预算收入偿还。有一定收益的公益性事业发展确需政府举借专项债务的，由地方政府通过发行专项债券融资，以对应的政府性基金或专项收入偿还。

经国务院批准，省、自治区、直辖市政府可以适度举借债务，市县级政府确需举借债务的，由省、自治区、直辖市政府代为举借。

举借债务的规模，由国务院报全国人民代表大会或者全国人民代表大会常务委员会批准。省、自治区、直辖市依照国务院下达的限额举借的债务，列入本级预算调整方案，报本级人民代表大会常务委员会批准。经第十三届全国人民代表大会第二次会议审议批准，2019 年全国地方政府债务限额为 240 774.3 亿元。其中，一般债务限额为 133 089.22 亿元，专项债务限额 107 685.08 亿元。

除法律另有规定外，地方政府及其所属部门不得为任何单位和个人的债务以任何方式提供担保。

地方政府举借的债务，只能用于公益性资本支出和适度归还存量债务，不得用于经常性支出。

地方政府要将一般债务收支纳入一般公共预算管理，将专项债务收支纳入政府性基金预算管理，将政府与社会资本合作项目中的财政补贴等支出按性质纳入相应政府预算管理。

（三）政府债务的内容

1. 债务收入的内容

债务收入是指政府根据法律法规等规定，通过发行债券、向外国政府和国际金融组织借款等方式筹集的纳入预算管理的资金收入。

根据《分类科目》，"债务收入（105）"下设 2 个款级科目：中央政府债务收入和地方政府债务收入。

（1）中央政府债务收入。"中央政府债务收入（10503）"下又设 2 个项级科目：中央政府国内债务收入和中央政府国外债务收入。其中，后者又包括 4 个目级科目：中央政府境外发行主权债券收入、中央政府向国外政府借款收入、中央政府向国际组织借款收入和中央政府其他国外借款收入。

（2）地方政府债务收入。"地方政府债务收入（10504）"下又设 2 个项级科目：一般债务收入和专项债务收入。

其中，"一般债务收入（1050401）"包括 4 个目级科目：地方政府一般债券收入、地方政府向国外政府借款收入、地方政府向国际组织借款收入和地方政府其他一般债务收入。

"专项债务收入（1050402）"包括 17 个目级科目：海南省高等级公路车辆通行附加费债务收入、港口建设费债务收入、国家电影事业发展专项资金债务收入、国有土地使用权出让金债务收入、国有土地收益基金债务收入、农业土地开发资金债务收入、大中型水库库区基金债务收入、城市基础设施配套费债务收入、小型水库移民扶助基金债务收入、国家重大水利工程建设基金债务收入、车辆通行费债务收入、污水处理费债务收入、土地储备专项债券收入、政府收费公路专项债券收入、棚户区改造专项债券收入、其他地方自行试点项目收益专项债券收入和其他政府性基金债务收入。

2. 债务还本支出的内容

债务还本支出是指政府偿还本级政府承担的债务本金支出。

根据《分类科目》，"债务还本支出（231）"下设 4 个款级科目：中央政府国内债务还本支出、中央政府国外债务还本支出、地方政府一般债务还本支出和地方政府专项债务还本支出。

其中，"地方政府一般债务还本支出（23103）"包括 5 个项目科目：地方政府一般债券还本支出、地方政府向国外政府借款还本支出、地方政府向国际组织借款还本支出和地方政府其他一般债务还本支出。

"地方政府专项债务还本支出（23104）"包括 17 个项级科目，这 17 个项级科目与前面的"专项债务收入（1050402）"的 17 目级科目一一对应。

3. 债务付息支出及债务发行费用支出的内容

"债务付息支出（232）"的款、项级科目与债务还本支出完全一样。

中央政府国内、国外债务发行费支出和地方政府一般债务发行费支出下都不设项级科目，只有地方政府专项债务发行费用支出下设有项级科目，且其项级科目与债务还本支出完全一样。

（四）账户设置

财政总预算会计应设置"债务收入"科目核算政府财政按照国家法律、国务院规定以发行债券等方式取得的，以及向外国政府、国际金融组织等机构借款取得的纳入预算管理的债务收入。该科目应根据《分类科目》中"债务收入"有关规定设置明细科目。

财政总预算会计还应设置"债务还本支出"科目核算政府财政偿还本级政府财政承担的纳入预算管理的债务本金支出。该科目应当根据《分类科目》中"债务还本支出"有关规定设置明细科目。

（五）账务处理

1. 政府债券发行、偿还、付息、发行费用等业务

（1）省级以上政府财政收到政府债券发行收入时，应编制如下会计分录。

借：国库存款　　　　　　　　　　（实际收到的金额）

借或贷：一般公共预算本级支出　　（发行收入和发行额的差额）

借或贷：政府性基金预算本级支出　（发行收入和发行额的差额）

　贷：债务收入　　　　　　　　　（政府债券实际发行额）

根据债务管理部门转来的债券发行确认文件等相关资料，按照到期应付的政府债券本金金额

借：待偿债净资产——应付短期政府债券

　　　　　　　　——应付长期政府债券

　贷：应付短期政府债券

　　　应付长期政府债券

（2）支付发行政府债券的发行费用时，应编制如下会计分录。

借：一般公共预算本级支出　（政府一般债券发行费用）

　　政府性基金预算本级支出　（政府专项债券发行费用）

　贷：国库存款

（3）期末确认政府债券的应付利息时，根据债务管理部门计算出的本期应付未付利息金额，应编制如下会计分录。

借：待偿债净资产——应付短期政府债券

     ——应付长期政府债券

 贷：应付短期政府债券

   应付长期政府债券

（4）支付发行政府债券的利息时，应编制如下会计分录。

借：一般公共预算本级支出 （政府一般债券利息）

 政府性基金预算本级支出 （政府专项债券利息）

 贷：国库存款

同时，按照支付的金额

借：应付短期政府债券

  应付长期政府债券

 贷：待偿债净资产——应付短期政府债券

      ——应付长期政府债券

（5）偿还本级政府财政承担的政府债券本金时，应编制如下会计分录。

借：债务还本支出

 贷：国库存款

   其他财政存款

根据债务管理部门转来的相关资料，按照实际偿还的本金金额

借：应付短期政府债券

  应付长期政府债券

 贷：待偿债净资产——应付短期政府债券

      ——应付长期政府债券

【例9-18】为加快基础设施建设的要求，某省政府2019年发行10年期地方政府专项债券100亿元用于道路、桥梁等重要基础设施及其配套建设，并按债券发行面值的1‰向承销团成员支付发行费，票面利率3.47%，按年付息，到期还本。发行取得圆满成功，债券款项及发行费按照收支两条线管理，分别通过国库直接收付。

该省财政总预算会计分录为：

（1）发行时，应编制如下会计分录。

借：国库存款   10 000 000 000

 贷：债务收入   10 000 000 000

同时，在债务收入明细账登记如下：

地方政府债务收入——专项债务收入

     ——城市基础设施配套费债务收入 10 000 000 000

根据债务管理部门转来的债券发行确认文件等相关资料，按照到期应付的政府债券本金金额

借：待偿债净资产——应付长期政府债券 10 000 000 000

 贷：应付长期政府债券   10 000 000 000

（2）支付发行政府债券的发行费用时，应编制如下会计分录。

借：政府性基金预算本级支出   10 000 000

 贷：国库存款   10 000 000

同时，在支出明细账登记如下：

债券发行费用支出——地方性政府专项债务发行费用支出——城市基础设施配套费债务发行费用支出   10 000 000

（3）期末根据债务管理部门计算出的本期应付未付利息金额 347 000 000 元。

借：待偿债净资产——应付长期政府债券   347 000 000

    贷：应付长期政府债券   347 000 000

（4）支付发行政府债券的利息时，应编制如下会计分录。

借：政府性基金预算本级支出   347 000 000

    贷：国库存款   347 000 000

同时，在支出明细账登记如下：

债券付息支出——地方性政府专项债务付息支出

              ——城市基础设施配套费债务付息支出   347 000 000

同时，按照支付的金额

借：应付长期政府债券   347 000 000

    贷：待偿债净资产——应付长期政府债券   347 000 000

（5）10 年后偿还本级政府财政承担的政府债券本金时，应编制如下会计分录。

借：债务还本支出   10 000 000 000

    贷：国库存款   10 000 000 000

同时，在支出明细账登记如下：

地方政府专项债务还本支出——城市基础设施配套费债务还本支出 10 000 000 000

根据债务管理部门转来相关资料，按照实际偿还的本金金额

借：应付长期政府债券   10 000 000 000

    贷：待偿债净资产——应付长期政府债券   10 000 000 000

2. 外国政府、国际金融组织等机构借款业务

（1）政府财政向外国政府、国际金融组织等机构借款时，按照借入的金额，应编制如下会计分录。

借：国库存款

    其他财政存款

    贷：债务收入

根据债务管理部门转来的相关资料，按照实际承担的债务金额，

借：待偿债净资产——借入款项

    贷：借入款项——应付本金

（2）期末确认借入主权外债的应付利息时，根据债务管理部门计算出的本期应付未付利息金额，应编制如下会计分录。

借：待偿债净资产——借入款项

    贷：借入款项——应付利息

（3）偿还本级政府财政承担的主权外债等纳入预算管理的债务本金及利息时，应编制如下会计分录。

借：债务还本支出   （本金）

    一般公共预算本级支出   （利息）

  贷：国库存款
    其他财政存款
 根据债务管理部门转来相关资料，按照实际偿还的本金及利息金额
 借：借入款项——应付本金
     ——应付利息
  贷：待偿债净资产——借入款项

  【例 9-19】 2019 年年初，世界银行为中国某省 A 市古城修复与保护项目提供 6 500 000 元贷款，期限为 15 年（含宽限期 5 年），贷款利率 6.3%，承诺费为 0.4%。A 市财政国库已经收到该笔贷款扣除承诺费后的金额。按年付息，到期还本，均通过国库直接支付。

  该市财政总预算会计分录为：
  （1）A 市政府财政收到借入世界银行贷款时，应编制如下会计分录。

借：国库存款	6 474 000
一般公共预算本级支出	26 000
贷：债务收入	6 500 000

  同时，分别登记收入与支出明细账如下：

地方政府债务收入——地方政府向国际组织借款收入	6 500 000
文化旅游体育与传媒支出——文物——历史名城与古迹	26 000

  根据债务管理部门转来的相关资料，按照实际承担的债务金额

借：待偿债净资产——借入款项	6 500 000
贷：借入款项——应付本金	6 500 000

  （2）每年末，根据债务管理部门计算出的本期应付未付利息金额 409 500 元，应编制如下会计分录。

借：待偿债净资产——借入款项	409 500
贷：借入款项——应付利息	409 500

  支付时

借：一般公共预算本级支出	409 500
贷：国库存款	409 500
借：借入款项——应付利息	409 500
贷：待偿债净资产——借入款项	409 500

  同时，登记支出明细账如下：

文化旅游体育与传媒支出——文物——历史名城与古迹	409 500

  （3）15 年后，偿还本级政府财政承担的债务本金及最后 1 年利息时，应编制如下会计分录。

借：债务还本支出	6 500 000
一般公共预算本级支出	409 500
贷：国库存款	6 909 500

  同时，分别登记支出明细账如下：

地方政府一般债务还本支出——地方政府向国际组织借款还本支出	6 500 000
文化旅游体育与传媒支出——文物——历史名城与古迹	409 500

 根据债务管理部门转来相关资料，按照实际偿还的本金及利息金额

借：借入款项——应付本金 6 500 000
　　　　　　——应付利息 409 500
　贷：待偿债净资产——借入款项 6 909 500

3. 年终转账，结清债务收支科目余额

年终转账时，"债务收入""债务转贷收入""债务还本支出""债务转贷支出"科目下专项债务明细科目的贷方余额应按照对应的政府性基金种类分别转入"政府性基金预算结转结余"相应明细科目，其他明细科目的贷方余额全数转入"一般公共预算结转结余"科目

借：债务收入
　　债务转贷收入
　贷：政府性基金预算结转结余 （专项债务明细科目转入）
　　　一般公共预算结转结余 （其他债务明细科目转入）
借：政府性基金预算结转结余 （专项债务明细科目转入）
　　一般公共预算结转结余 （其他债务明细科目转入）
　贷：债务还本支出
　　　债务转贷支出

【例9-20】2016年年末，某市财政总预算会计"债务收入""债务转贷收入""债务还本支出""债务转贷支出"科目余额如下表9-2所示：

表9-2　年末结转前有关债务收支科目余额　　　　　　　　　　单位：百万元

会计科目	发生额	
	借	贷
债务收入——地方政府债务收入——一般债务收入——地方政府一般债券收入		100
——专项债务收入——车辆通行费债务收入		200
债务转贷收入——地方政府一般债务转贷收入——地方政府向国际组织借款转贷收入		50
——地方政府专项债务转贷收入——污水处理费债务转贷收入		150
债务还本支出——地方政府一般债务还本支出——地方政府一般债券还本支出	30	
——地方政府专项债务还本支出——车辆通行费债务还本支出	5	
债务转贷支出——地方政府一般债券转贷支出——地方政府向国际组织借款转贷支出	6	
——地方政府专项债务转贷支出——污水处理费债务转贷支出	40	

该市财政总预算会计分录为：

借：债务收入 300 000 000
　　债务转贷收入 200 000 000
　贷：政府性基金预算结转结余 350 000 000
　　　一般公共预算结转结余 150 000 000
借：政府性基金预算结转结余 45 000 000
　　一般公共预算结转结余 36 000 000
　贷：债务还本支出 35 000 000
　　　债务转贷支出 46 000 000

同时，登记明细账如下

1）"债务收入"科目明细账

地方政府债务收入——一般债务收入——地方政府一般债券收入 100 000 000
　　　　　　——专项债务收入——车辆通行费债务收入 200 000 000

2）"债务转贷收入"科目明细账

地方政府一般债务转贷收入——地方政府向国际组织借款转贷收入　　50 000 000

地方政府专项债务转贷收入——污水处理费债务转贷收入　　150 000 000

3）"债务还本支出"科目明细账

地方政府一般债务还本支出——地方政府一般债券还本支出　　30 000 000

地方政府专项债务还本支出——车辆通行费债务还本支出　　5 000 000

4）"债务转贷支出"科目明细账

地方政府一般债券转贷支出——地方政府向国际组织借款转贷支出　　6 000 000

地方政府专项债务转贷支出——污水处理费债务转贷支出　　40 000 000

▶ 本章小结

政府收入的组织管理涉及征收、缴库、划分、报解、退库、错误更正对账和年终决算等8个环节。财政总预算会计核算的收入具体包括一般公共预算本级收入、政府性基金预算本级收入、国有资本经营预算本级收入、财政专户管理资金收入、专用基金收入、转移性收入、债务收入和债务转贷收入。政府通过财政直接支付或财政授权支付来拨付用于各项支出的预算资金，财政总预算会计核算的支出具体包括一般公共预算本级支出、政府性基金预算本级支出、国有资本经营预算本级支出、财政专户管理资金支出、专用基金支出、转移性支出、债务转贷支出和债务还本支出。财政总预算会计应按规定对各项收入和支出进行确认、计量和记录，年末，应将各收入和支出的资金来源或性质转入相应的结转结余科目。

▶ 关键术语

▶ 想一想，做一做

第十章

财政总预算会计的资产、负债及净资产

▶ **学习目标** ◀

1. 掌握财政总预算会计资产、负债的定义及内容。
2. 理解结转结余的含义及具体内容。
3. 掌握财政总预算会计资产、负债及净资产账户的设置方法。
4. 掌握财政总预算会计资产、负债及净资产的账务处理。

▶ **开篇案例**

6 省市试点地方债柜台发行

首批 6 个参与地方债柜台发售的试点省市分别为宁波市、浙江省、四川省、陕西省、山东省和北京市。从 2019 年 3 月 25 日起，这些地区的地方债即可陆续通过银行柜台销售。目前参与地方债首批柜台发行承办银行共有 8 家，包括工商银行、农业银行、中国银行、建设银行、交通银行、兴业银行、浦发银行和宁波银行。

随着地方债柜台发售正式启动，意味着地方政府债券的一二级市场完全面向个人及中小投资者开放。地方政府债券成为继记账式国债、政策性银行债券和国家开发银行债券后又一类可开展银行间债券市场柜台业务的品种。

宁波市、浙江省是首批试点中最早启动发行地方债的地区。3 月 22 日，宁波市土地储备专项债券完成招标，该期债券期限 3 年，发行利率 3.04%，投标倍数 37.46 倍，面向全国银行间债券市场（不含商业银行柜台市场）及证券交易所债券市场发行 5.4 亿元，面向商业银行柜台市场发行 3 亿元。

根据财政总预算会计，如何对上述地方债券进行会计核算？

第一节　财政总预算会计的资产

一、资产概念、分类及内容

（一）概念及分类

财政总预算会计的资产是指政府财政占有或控制的，能以货币计量的经济资源。

财政总预算会计核算的资产按照流动性，分为流动资产和非流动资产。

流动资产是指预计在 1 年内（含 1 年）变现的资产。

非流动资产是指流动资产以外的资产。

（二）具体内容

财政总预算会计核算的资产具体包括财政存款、有价证券、应收股利、借出款项、暂付及应收款项、预拨经费、应收转贷款和股权投资等。

财政存款是指政府财政部门代表政府管理的国库存款、国库现金管理存款以及其他财政存款等。财政存款的支配权属于同级政府财政部门，并由财政总预算会计负责管理，统一在国库或选定的银行开立存款账户，统一收付，不得透支，不得提取现金。

有价证券是指政府财政按照有关规定取得并持有的政府债券。

应收股利是指政府因持有股权投资应当收取的现金股利或利润。

借出款项是指政府财政按照对外借款管理相关规定借给预算单位临时急需，并需按期收回的款项。

暂付及应收款项是指政府财政业务活动中形成的债权，包括与下级往来和其他应收款等。暂付及应收款项应当及时清理结算，不得长期挂账。

预拨经费是指政府财政在年度预算执行中预拨出应在以后各月列支以及会计年度终了前根据"二上"预算预拨出的下年度预算资金。预拨经费（不含预拨下年度预算资金）应在年终前转列支出或清理收回。

应收转贷款是指政府财政将借入的资金转贷给下级政府财政的款项，包括应收地方政府债券转贷款、应收主权外债转贷款等。

股权投资是指政府持有的各类股权投资资产，包括国际金融组织股权投资、投资基金股权投资、国有企业股权投资等。

（三）确认时点与计量

符合资产定义的经济资源，应当在取得对其相关的权利，并且能够可靠地进行货币计量时确认，并应当按照取得或发生时的实际金额进行计量。

二、财政存款

（一）账户设置

财政总预算会计应设置"国库存款"科目核算政府财政存放在国库单一账户的款项。该科目期末借方余额反映政府财政国库存款的结存数。

财政总预算会计应设置"国库现金管理存款"科目核算财政国库支付执行机构在代理银行办理财政直接支付的业务。财政国库支付执行机构未单设的地区不使用该科目。科目期末借方余额反映政府财政实行国库现金管理业务持有的存款。

财政总预算会计应设置"其他财政存款"科目核算政府财政未列入"国库存款"和"国库现金管理存款"科目反映的各项存款。该科目应当按照资金性质和存款银行等进行明细核算，期末借方余额反映政府财政持有的其他财政存款。

（二）账务处理

1. 国库存款

（1）收到预算收入时

借：国库存款

　　贷：有关预算收入科目

当日收入数为负数时，以红字记入（采用计算机记账的，用负数反映）。

（2）收到国库存款利息收入时

借：国库存款

　　贷：一般公共预算本级收入

（3）收到缴入国库的来源不清的款项时

借：国库存款

　　贷：其他应付款

（4）国库库款减少时，按照实际支付的金额

借：有关预算支出科目

　　贷：国库存款

2. 国库现金管理存款

商业银行定期存款，是指将暂时闲置的国库现金按一定期限存放商业银行，商业银行提供足额质押并向地方财政部门支付利息。

（1）按照国库现金管理有关规定，将库款转存商业银行时，按照存入商业银行的金额

借：国库现金管理存款

　　贷：国库存款

（2）国库现金管理存款收回国库时

借：国库存款　　　　　　　　　（实际收回金额）

　　贷：国库现金管理存款　　　（原存入商业银行的存款本金金额）

　　　　一般公共预算本级收入　（差额）

【例 10-1】某市财政按照国库现金管理有关规定，将库款 1 800 000 元转存建设银行。2 个月后收回本息共计 1 813 000 元。

财政总预算会计分录为：

（1）转存建设银行

借：国库现金管理存款　　　　　　　　　　　　　　　1 800 000

　　贷：国库存款　　　　　　　　　　　　　　　　　　　　　　1 800 000

（2）国库现金管理存款收回国库时

借：国库存款　　　　　　　　　　　　　　　　　　　1 813 000

　　贷：国库现金管理存款　　　　　　　　　　　　　　　　　　1 800 000

　　　　一般公共预算本级收入　　　　　　　　　　　　　　　　　　13 000

3. 其他财政存款

1）主要内容

其他财政存款主要有：未设国库的乡（镇）财政在专业银行的预算资金存款，部分由财政部指定存入专业银行的专用基金存款，实行财政专户管理的存款等。

2）账务处理

财政专户收到款项时

借：其他财政存款

　　贷：财政专户管理资金收入等

其他财政存款产生的利息收入，除规定作为专户资金收入外，其他利息收入都应缴入国库纳入一般公共预算管理。

取得其他财政存款利息收入时，按照实际获得的利息金额，根据以下情况分别处理：

借：其他财政存款

　　贷：应付代管资金　（其他财政存款产生的利息作为专户资金收入）

　　　　其他应付款　　（其他财政存款产生的利息按规定应缴入国库）

将其他财政存款产生的利息缴入国库时

借：其他应付款

　　贷：其他财政存款

同时

借：国库存款

　　贷：一般公共预算本级收入

其他财政存款减少时，按照实际支付的金额

借：有关支出科目等

　　贷：其他财政存款

【例 10-2】某市财政收到国库预算收入日报表，当日收到政府性基金预算本级收入 29 000 000 元，国有资本经营预算本级收入 300 000 元，作为财政专户资金收入的财政专户存款利息收入 40 000 元。收到财政国库支付执行机构报来的预算支出结算清单，财政国库支付执行机构以财政直接支付的方式，通过财政零余额账户存款账户支付有关预算单位属于一般预算支出的工资福利支出款项共计 700 000 元。以财政授权支付的方式，通过单位零余额账户支付有关预算单位属于国有资本经营预算支出的款项共计 870 000 元。

财政总预算会计分录为：

借：国库存款　　　　　　　　　　　　　 29 300 000

　　贷：政府性基金预算本级收入　　　　　　　　　　 29 000 000

　　　　国有资本经营预算本级收入　　　　　　　　　 　　300 000

借：其他财政存款　　　　　　　　　　　 　　40 000

　　贷：应付代管资金　　　　　　　　　　　　　　　 　　 40 000

借：一般公共预算本级支出　　　　　　　 　 700 000

　　国有资本经营预算本级支出　　　　　 　 870 000

　　贷：国库存款　　　　　　　　　　　　　　　　　　 1 570 000

（二）单设财政国库支付执行机构的集中支付业务

1. 账户设置

单设的财政国库支付执行机构应设置：

"财政零余额账户存款"科目核算财政国库支付执行机构在代理银行办理财政直接支付的业务。财政国库支付执行机构未单设的地区不使用该科目。该科目当日资金结算后一般应无余额。

"已结报支出"科目核算政府财政国库支付执行机构已清算的国库集中支付支出数额。财政国库支付执行机构未单设的地区，不使用该科目。该科目年终转账后无余额。

2. 账务处理

1）财政直接支付

财政国库支付执行机构为预算单位直接支付款项时

借：有关预算支出科目

　　贷：财政零余额账户存款

每日汇总清算后，财政国库支付执行机构会计根据有关划款凭证回执联和按部门分"类""款""项"汇总的《预算支出结算清单》

借：财政零余额账户存款

　　贷：已结报支出

2）财政授权支付

每日汇总清算后，财政国库支付执行机构会计根据有关划款凭证回执联和按部门分"类""款""项"汇总的《预算支出结算清单》

借：一般公共预算本级支出

　　政府性基金预算本级支出

　　国有资本经营预算本级支出

　　贷：已结报支出

3）年终转账

财政国库支付执行机构按照累计结清的支出金额，与有关方面核对一致后转账时

借：已结报支出

　　贷：一般公共预算本级支出

　　　　政府性基金预算本级支出

　　　　国有资本经营预算本级支出

三、有价证券

（一）概念

有价证券，是指标有票面金额，用于证明持有人或该证券指定的特定主体对特定财产拥有所有权或债权的凭证，分为政府证券、政府机构债券和公司证券。

政府证券通常是由中央政府或地方政府发行的债券。中央政府债券也称国债或国库券，通常由一国财政部发行。地方政府债券由地方政府发行，以地方税或其他收入偿还。

财政总预算会计的有价证券有别于一般的有价证券，是指政府财政按照有关规定取得并持有的政府债券。

2019年1月，中国政府持有的美国国债合计增至1.1266万亿美元，2018年12月为1.1235万亿美元，仍然是美国国债最大持有者。

（二）账户设置

财政总预算会计应设置"有价证券"科目核算政府财政按照有关规定取得并持有的有价证券金额。该科目应当按照有价证券种类和资金性质进行明细核算，期末借方余额反映政府财政持有的有价证券金额。

（三）账务处理

购入有价证券时，按照实际支付的金额

借：有价证券

　　贷：国库存款

　　　　其他财政存款

收到持有的有价证券利息根据资金来源计入相应的收入科目

借：国库存款

　　其他财政存款

　　贷：一般公共预算本级收入

　　　　政府性基金预算本级收入等

转让或到期兑付有价证券时，按照实际收到的金额

借：国库存款　　　　　　　　　（实收额）

　　其他财政存款　　　　　　　（实收额）

　　贷：有价证券　　　　　　　（有价证券的账面余额）

　　　　一般公共预算本级收入　（差额）

【例 10-3】某市财政 2019 年 3 月 31 日采用直接支付方式，通过国库用一般预算结余 1 000 000 元购买国库券，并收到本年 1 月 4 日用政府性基金结余购买的国库券的利息为 30 000 元。2019 年 6 月 21 日，部分用一般预算结余购买的国库券到期兑付本金 1 000 000 元，利息 60 000 元。

财政总预算会计分录为：

购买时

借：有价证券——国库券　　　　　　　　　　　1 000 000

　　贷：国库存款　　　　　　　　　　　　　　　　　　　1 000 000

收到利息时

借：国库存款　　　　　　　　　　　　　　　　　30 000

　　贷：政府性基金预算本级收入　　　　　　　　　　　　30 000

转让或到期兑付有价证券时，按照实际收到的金额

借：国库存款　　　　　　　　　　　　　　　　1 060 000

　　贷：有价证券　　　　　　　　　　　　　　　　　　1 000 000

　　　　一般公共预算本级收入　　　　　　　　　　　　　60 000

四、在途款

（一）概念

财政总预算会计的在途款是指在规定的决算清理期和库款报解整理期内收到的应属于上年度收入和收回上年不应列支的款项。这些尚未转到支库或者尚未报解到各该上级国库的各种收入称为在途款。其中，决算清理期一般是指预算年度结束之后，从 1 月 1 日起至 7 日止，共 7 天左右。

库款报解整理期是指年度终了后，各级国库可根据本地实际情况，设置 1 至 10 天库款报解整理期。国库经收处于 12 月 31 日以前所收款项，应在整理期内划缴国库，国库应按要求列入当年决算。

（二）账户设置

财政总预算会计应设置“在途款”科目核算决算清理期和库款报解整理期内发生的需

要通过该科目过渡处理的属于上年度收入、支出等业务的资金数。该科目期末借方余额反映政府财政持有的在途款。

（三）账务处理

决算清理期和库款报解整理期内收到属于上年度收入时，在上年度账务中

借：在途款

　　贷：有关收入科目

收回属于上年度拨款或支出时，在上年度账务中

借：在途款

　　贷：预拨经费或有关支出科目

冲转在途款时，在本年度账务中

借：国库存款

　　贷：在途款

【例 10-4】 年终清理期，某省财政清理出 200 000 元的一般预算收入未收；当年 10 月有一笔 210 000 元基金预算支出属于错支，并通知有关单位。

财政总预算会计分录为：

1）在预算年度的收入账户中

借：在途款　　　　　　　　　　　　　　　　　　 200 000

　　贷：一般公共预算本级收入　　　　　　　　　　　　　　 200 000

2）对于错支的基金预算支出，先登记在途款账户，并冲销当年基金预算支出

借：在途款　　　　　　　　　　　　　　　　　　 210 000

　　贷：政府性基金预算本级支出　　　　　　　　　　　　　 210 000

3）款项收到时

借：国库存款　　　　　　　　　　　　　　　　　　 410 000

　　贷：在途款　　　　　　　　　　　　　　　　　　　　 410 000

五、预拨经费

（一）概念

1. 财政预算的"两上两下"程序

"一上"：指各部门按照年度部门预算编制要求，根据本部门发展规划、年度工作目标和重点，编制本部门年度预算建议计划报送财政部门，同时报送人员、资产等基础数据和项目支出安排依据等情况。

"一下"：财政部门审核部门报送的年度预算建议计划，综合考虑财力可能，汇总平衡形成部门预算初步方案，在法定时间内下达各部门预算控制数。

"二上"：各部门在财政部门下达的部门预算控制数以内，汇总编报本部门及所属单位年度预算草案，在规定时间内报送财政部门。

"二下"：财政部门对各部门报送的年度预算草案进行审核汇总，形成年度预算草案，在报同级政府、党委审议通过后报经同级人大常委会审议后，提交同级人民代表大会审议，在同级人民代表大会审议批准后法定时间内将部门预算批复到各部门。

2. 预拨经费概念

预拨经费是指政府财政在年度预算执行中预拨出应在以后各月列支以及会计年度终了

前根据"二上"预算预拨出的下年度预算资金。预拨经费（不含预拨下年度预算资金）应在年终前转列支出或清理收回。

（二）账户设置

财政总预算会计应设置"预拨经费"科目核算政府财政预拨给预算单位尚未列为预算支出的款项。该科目应当按照预拨经费种类、预算单位等进行明细核算。科目借方余额反映政府财政年末尚未转列支出或尚待收回的预拨经费数。

（三）账务处理

拨出款项时

借：预拨经费

　　贷：国库存款

转列支出或收回预拨款项时

借：一般公共预算本级支出

　　政府性基金预算本级支出

　　国库存款

　　贷：预拨经费

【例 10-5】某县决定于 2 月 20 日召开本县人民代表大会。县财政 2019 年 12 月完成了财政预算的"二上"程序。根据"二上"一般预算，通过财政直接支付方式拨给其所属某预算单位 2020 年第 1 季度日常公用经费 360 000 元。2020 年 1 月，经审核，该县财政将预拨给该预算单位的经费 130 000 元转作支出。

县财政总预算会计分录为：

2019 年 12 月份

借：预拨经费——某预算单位　　　　　　　　　　　　　　360 000

　　贷：国库存款　　　　　　　　　　　　　　　　　　　　　　　360 000

2020 年 1 月份

借：一般公共预算本级支出　　　　　　　　　　　　　　130 000

　　贷：预拨经费——某预算单位　　　　　　　　　　　　　　130 000

六、借出款项

（一）账户设置

财政总预算会计应设置"借出款项"科目核算政府财政按照对外借款管理相关规定借给预算单位临时急需的，并需按期收回的款项。该科目应当按照借款单位等进行明细核算。科目期末借方余额反映政府财政借给预算单位尚未收回的款项。

（二）账务处理

将款项借出时，按照实际支付的金额

借：借出款项

　　贷：国库存款

收回借款时，按照实际收到的金额

借：国库存款

　　贷：借出款项

【例 10-6】 某县交通局某年 5 月 12 日临时急需 1 000 000 元修复因暴雨冲毁的部分公路，县财政按照对外借款管理相关规定，通过国库直接支付借给交通局，规定 7 月归还财政。

县财政总预算会计分录为：

将款项借出时

借：借出款项——交通局　　　　　　　　　　　　　　1 000 000

　　贷：国库存款　　　　　　　　　　　　　　　　　　　　　　1 000 000

收回借款时

借：国库存款　　　　　　　　　　　　　　　　　　　1 000 000

　　贷：借出款项——交通局　　　　　　　　　　　　　　　　　1 000 000

七、财政业务活动中的债权债务

(一) 概念

政府财政业务活动中形成的债权被称为暂付及应收款项，包括与下级往来和其他应收款等。暂付及应收款项应当及时清理结算，不得长期挂账。

政府财政业务活动中形成的债务被称为暂收及应付款项，包括与上级往来和其他应付款等。暂收及应付款项应当及时清理结算。其中：

下级往来和上级往来是指本级政府与下级、上级政府财政之间的往来结算款项。

其他应收、应付款是指本级政府与下级、上级政府财政之间临时发生的其他应收、暂付、垫付款项。

(二) 账户设置

1. 与下级往来

财政总预算会计应设置"与下级往来"科目核算本级政府财政与下级政府财政的往来待结算款项。该科目应当按照下级政府财政、资金性质等进行明细核算。科目期末借方余额反映下级政府财政欠本级政府财政的款项；期末贷方余额反映本级政府欠下级政府财政的款项。

2. 与上级往来

财政总预算会计应设置"与上级往来"科目核算本级政府财政与上级政府财政的往来待结算款项。该科目应当按照往来款项的类别和项目等进行明细核算。该科目期末贷方余额反映本级政府财政欠上级政府财政的款项；借方余额反映上级政府财政欠本级政府财政的款项。

3. 其他应收款

财政总预算会计应设置"其他应收款"科目核算政府财政临时发生的其他应收、暂付和垫付款项。项目单位拖欠外国政府和国际金融组织贷款本息和相关费用导致相关政府财政履行担保责任，代偿的贷款本息费，也通过该科目核算。该科目应当按照资金性质、债务单位等进行明细核算。科目应及时清理结算。年终，原则上应无余额。

4. 其他应付款

财政总预算会计应设置"其他应付款"科目核算政府财政临时发生的暂收、应付和收到的不明性质款项。税务机关代征入库的社会保险费、项目单位使用并承担还款责任的外国政府和国际金融组织贷款，也通过该科目核算。该科目应当按照债权单位或资金来源等进行明细核算，科目期末贷方余额反映政府财政尚未结清的其他应付款项。

（三）账务处理

1. 与下级往来

1）借给下级政府财政款项时

借：与下级往来——×× 收入

　　贷：国库存款

2）体制结算中应当由下级政府财政上缴的收入数

借：与下级往来——×× 收入

　　贷：上解收入

3）借款收回、转作补助支出或体制结算应当补助下级政府财政的支出

借：国库存款

　　补助支出

　　贷：与下级往来——×× 收入

4）发生上解多交应当退回的，按照应当退回的金额

借：上解收入

　　贷：与下级往来——×× 收入

5）发生补助多补应当退回的，按照应当退回的金额

借：与下级往来——×× 收入

　　贷：补助支出

2. 与上级往来

1）本级政府财政从上级政府财政借入款项或体制结算中发生应上缴上级政府财政款项时

借：国库存款

　　上解支出

　　贷：与上级往来

2）本级政府财政归还借款、转作上级补助收入或体制结算中应由上级补给款项时

借：与上级往来

　　贷：国库存款

　　　　补助收入

【例 10-7】年终，某市财政体制结算中，应补助所属 A 县财政款项 400 000 元，B 县财政应上解款项 900 000 元，C 县财政上缴性质不明款 800 000 元，应上缴省级财政一般预算款 5 700 000 元。

各级财政总预算会计处理为：

1）市财政总预算会计，年终应补助 A 县

借：补助支出　　　　　　　　　　　　　　　　　400 000

　　贷：与下级往来——A 县　　　　　　　　　　　　　　400 000

应收 B 县上解款，

借：与下级往来——B 县　　　　　　　　　　　　900 000

　　贷：上解收入　　　　　　　　　　　　　　　　　　　900 000

收到 C 县上缴性质不明款

| 借：国库存款 | 800 000 | |
| 　贷：其他应付款 | | 800 000 |

应上缴省级财政

| 借：上解支出 | 5 700 000 | |
| 　贷：与上级往来——一般预算 | | 5 700 000 |

2）A县财政总预算会计，年终应收结算补助收入

| 借：与上级往来 | 400 000 | |
| 　贷：补助收入 | | 400 000 |

3）B县财政总预算会计年终，应上解收入

| 借：上解支出 | 900 000 | |
| 　贷：与上级往来——一般预算 | | 900 000 |

4）C县财政总预算会计，年终上缴性质不明款

| 借：其他应付款——应上缴来源不明款 | 800 000 | |
| 　贷：国库存款 | | 800 000 |

3. 其他应收款

1）发生其他应收款项时

借：其他应收款
　贷：国库存款
　　　其他财政存款

2）收回或转作预算支出时

借：国库存款
　　其他财政存款
　　有关支出科目
　贷：其他应收款

【例10-8】某市财政因某所属预算单位临时急需资金，借给该下级A县一般预算款项500 000元；后经研究，全数转作一般预算支出。

各级财政总预算会计处理为：

1）市财政总预算会计，借款给A县

| 借：其他应收款——一般预算——A县 | 500 000 | |
| 　贷：国库存款 | | 500 000 |

转为支出

| 借：一般公共预算本级支出 | 500 000 | |
| 　贷：其他应收款——一般预算——A县 | | 500 000 |

2）A县财政总预算会计，收到借款

| 借：国库存款 | 500 000 | |
| 　贷：其他应付款——一般预算 | | 500 000 |

转作收入

| 借：其他应付款——一般预算 | 500 000 | |
| 　贷：一般公共预算本级收入 | | 500 000 |

　　3）政府财政对使用外国政府和国际金融组织贷款资金的项目单位履行担保责任，代偿贷款本息费时

　　　借：其他应收款
　　　　贷：国库存款
　　　　　　其他财政存款

　　政府财政行使追索权，收回项目单位贷款本息费时

　　　借：国库存款
　　　　　其他财政存款
　　　　贷：其他应收款

　　政府财政最终未收回项目单位贷款本息费，经核准列支时

　　　借：一般公共预算本级支出
　　　　贷：其他应收款

4.其他应付款

　　1）收到暂存款项时

　　　借：国库存款
　　　　　其他财政存款
　　　　贷：其他应付款

　　2）将暂存款项清理退还或转作收入时

　　　借：其他应付款
　　　　贷：国库存款
　　　　　　其他财政存款
　　　　　　有关收入科目

　　3）社会保险费代征入库时

　　　借：国库存款
　　　　贷：其他应付款

　　社会保险费国库缴存社保基金财政专户时

　　　借：其他应付款
　　　　贷：国库存款

　　4）收到项目单位承担还款责任的外国政府和国际金融组织贷款资金时

　　　借：其他财政存款
　　　　贷：其他应付款

　　付给项目单位时

　　　借：其他应付款
　　　　贷：其他财政存款

　　收到项目单位偿还贷款资金时

　　　借：其他财政存款
　　　　贷：其他应付款

　　付给外国政府和国际金融组织项目单位还款资金时

　　　借：其他应付款
　　　　贷：其他财政存款

【例 10-9】某建设机械制造厂获得亚洲银行贷款 10 000 000 元，该笔贷款专门用于省高等级公路养护设备摊铺机项目，贷款期限 3 年，年利率为 4%，每年支付一次利息，由建设机械制造厂还本付息，省政府承担担保责任并代理收付。若制造厂无法按期偿还本息，由省政府代偿贷款本息。2019 年 1 月 5 日财政特设账户已经收到款项，于 1 月 15 日直接支付给制造厂。假设，前两年机械厂均能如期支付利息。因业绩欠佳，现金紧缺，2019 年 1 月 5 日，机械厂只能偿还本金 8 000 000 元及利息 400 000 元，不足部分 2 000 000 元由政府先行代偿。假设 2022 年 7 月 8 日，业绩回升，现金充裕，支付政府代偿还的 2 000 000 元。

省财政总预算会计：

2019 年 1 月 5 日，收款

借：其他财政存款　　　　　　　　　　　　　　　10 000 000

　　贷：其他应付款——制造厂　　　　　　　　　　　　　　10 000 000

2019 年 1 月 15 日，付给项目单位时

借：其他应付款——制造厂　　　　　　　　　　　10 000 000

　　贷：其他财政存款　　　　　　　　　　　　　　　　　　10 000 000

2019～2020 年每年 1 月 5 日，收到项目单位付息资金时

借：其他财政存款　　　　　　　　　　　　　　　　400 000

　　贷：其他应付款——制造厂　　　　　　　　　　　　　　　400 000

转付给亚洲银行时

借：其他应付款——制造厂　　　　　　　　　　　　400 000

　　贷：其他财政存款　　　　　　　　　　　　　　　　　　　400 000

2022 年 1 月 5 日，收到项目单位还本付息资金时

借：其他财政存款　　　　　　　　　　　　　　　8 400 000

　　贷：其他应付款——制造厂　　　　　　　　　　　　　　8 400 000

转付给亚洲银行时

借：其他应付款——制造厂　　　　　　　　　　　8 400 000

　　贷：其他财政存款　　　　　　　　　　　　　　　　　　8 400 000

代制造厂偿还本金时

借：其他应收款——制造厂　　　　　　　　　　　2 000 000

　　贷：其他财政存款　　　　　　　　　　　　　　　　　　2 000 000

2022 年 7 月 8 日，政府财政行使追索权，收回项目单位贷款本息费时

借：其他财政存款　　　　　　　　　　　　　　　2 000 000

　　贷：其他应收款——制造厂　　　　　　　　　　　　　　2 000 000

八、政府债券转贷款

（一）概念

1. 转贷款

转贷款是指由地方政府既作为债务人借入又作为债权人转贷给下级政府的资金，包括：

（1）应收转贷款。应收转贷款是指政府财政将借入的资金转贷给下级政府财政的款项，

包括应收地方政府债券转贷款、应收主权外债转贷款等。

（2）应付转贷款。应付转贷款是指地方政府财政向上级政府财政借入转贷资金而形成的负债，包括应付地方政府债券转贷款和应付主权外债转贷款等。

2. 主权外债

主权外债是指由国务院授权机构代表国家举借的、以国家信用保证对外偿还的外债。国际金融组织贷款和外国政府贷款由国家统一对外举借。未经国务院批准，任何政府机关、社会团体、事业单位不得举借外债或对外担保。

主权外债包括：

（1）统借统还主权外债。这类主权外债是指由国家统一对外举借和偿还。主权外债资金由财政部直接或通过金融机构转贷给国内债务人的，国内债务人应当对财政部或转贷金融机构承担偿还责任。

（2）统借自还主权外债。这类主权外债是由财政部代表国家统一借入，由地方财政部门、中央或地方项目单位负责偿还的外国政府贷款和国际金融组织贷款。

3. 外债转贷款

外债转贷款是指境内单位使用的以外币承担的具有契约性偿还义务的下列外汇资金，包括：①国际金融组织转贷款和外国政府转贷款；②国际金融转租赁和国内外汇租赁；③国内银行及非银行金融机构的外汇贷款；④其他形式的转贷款。

（二）账户设置

1. 应收地方政府债券转贷款

财政总预算会计应设置"应收地方政府债券转贷款"科目核算本级政府财政转贷给下级政府财政的地方政府债券资金的本金及利息。该科目下应当设置"应收地方政府一般债券转贷款"和"应收地方政府专项债券转贷款"明细科目，其下分别设置"应收本金"和"应收利息"两个明细科目，并按照转贷对象进行明细核算。

2. 应付地方政府债券转贷款

财政总预算会计应设置"应付地方政府债券转贷款"科目核算地方政府财政从上级政府财政借入的地方政府债券转贷款的本金和利息。该科目下应当设置"应付地方政府一般债券转贷款"和"应付地方政府专项债券转贷款"一级明细科目，在一级明细科目下再分别设置"应付本金"和"应付利息"两个明细科目，分别对应付本金和利息进行明细核算。科目期末贷方余额反映本级政府财政尚未偿还的地方政府债券转贷款的本金和利息。

3. 应收主权外债转贷款

财政总预算会计应设置"应收主权外债转贷款"科目核算本级政府财政转贷给下级政府财政的外国政府和国际金融组织贷款等主权外债资金的本金及利息。该科目下应当设置"应收本金"和"应收利息"两个明细科目，并按照转贷对象进行明细核算。科目期末借方余额反映政府财政应收但未收的主权外债转贷款本金和利息。

4. 应付主权外债转贷款

财政总预算会计应设置"应付主权外债转贷款"科目核算本级政府财政从上级政府财政借入的主权外债转贷款的本金和利息。该科目下应当设置"应付本金"和"应付利息"两个明细科目，分别对应付本金和利息进行明细核算。科目期末贷方余额反映本级政府财政尚未偿还的主权外债转贷款本金和利息。

（三）账务处理

1. 地方政府债券转贷业务

（1）债券转贷款的收取与转付。

1）本级财政总预算会计

向下级政府财政转贷地方政府债券资金时，按照转贷的金额

借：债务转贷支出

贷：国库存款

根据债务管理部门转来的相关资料，按照到期应收回的转贷本金金额

借：应收地方政府债券转贷款——应收地方政府××债券转贷款——应收本金

贷：资产基金——应收地方政府债券转贷款

2）下级财政总预算会计

收到上级政府财政转贷的地方政府债券资金时

借：国库存款

贷：债务转贷收入

根据债务管理部门转来的相关资料，按照到期应偿还的转贷款本金金额

借：待偿债净资产——应付地方政府债券转贷款

贷：应付地方政府债券转贷款——应付地方政府××债券转贷款——应付本金

（2）期末应计利息的确认。

1）本级财政总预算会计

期末确认地方政府债券转贷款的应收利息时，根据债务管理部门计算出的转贷款本期应收利息金额

借：应收地方政府债券转贷款——应收地方政府××债券转贷款——应收利息

贷：资产基金——应收地方政府债券转贷款

2）下级财政总预算会计

期末确认地方政府债券转贷款的应付利息时，根据债务管理部门计算出的转贷款本期应付利息金额

借：待偿债净资产——应付地方政府债券转贷款

贷：应付地方政府债券转贷款——应付地方政府××债券转贷款——应付利息

（3）本息的偿还。

1）本级财政总预算会计

收回下级政府财政偿还的转贷款本息时，按照收回的金额

借：国库存款

贷：其他应付款（或其他应收款）

同时，根据债务管理部门转来的相关资料，按照收回的转贷款本金及已确认的应收利息金额

借：资产基金——应收地方政府债券转贷款

贷：应收地方政府债券转贷款——应收地方政府××债券转贷款——应收本金

——应收利息

偿还后

借：其他应付款（或其他应收款）

贷：国库存款

同时

借：待偿债净资产——应付短期政府债券

      ——应付长期政府债券

 贷：应付短期政府债券——应付本金

       ——应付利息

   应付长期政府债券——应付本金

       ——应付利息

2）下级财政总预算会计

偿还本级政府财政承担的地方政府债券转贷款本金时

借：债务还本支出   （本金）

 一般公共预算本级支出 （利息）

 政府性基金预算本级支出 （利息）

 贷：国库存款   （本息）

根据债务管理部门转来的相关资料，按照实际偿还的本息金额

借：应付地方政府债券转贷款——应付地方政府××债券转贷款——应付本金

              ——应付利息

 贷：待偿债净资产——应付地方政府债券转贷款

【例 10-10】某省 2019 年 3 月 1 日新增发行政府一般债券 30 亿元。其中，2.4 亿元转贷所辖 A 市政府用于农村民生工程、农村基础设施、生态建设工程支出。债券期限 1 年，按债券发行面值的 1‰ 向承销团成员支付发行费，票面利率 3.5%，到期还本付息。发行取得圆满成功，且债券期满 A 市按期支付本息。债券款项及发行费按照收支两条线管理，分别通过国库直接收付。

各级财政总预算会计处理为：

1）省政府取得债券发行收入时

借：国库存款   3 000 000 000

 贷：债务收入   3 000 000 000

根据债务管理部门转来的债券发行确认文件等资料，按到期应付的政府债券本金金额

借：待偿债净资产——应付长期政府债券   3 000 000 000

 贷：应付短期政府债券

   ——应付地方政府一般债券——应付本金   3 000 000 000

2）省政府支付发行费用时

借：一般公共预算本级支出   3 000 000

 贷：国库存款   3 000 000

3）省政府财政向所辖 A 市政府财政转贷地方政府债券资金时

借：债务转贷支出——地方政府一般债券转贷支出   240 000 000

 贷：国库存款   240 000 000

根据债务管理部门转来的相关资料，按照到期应收回的转贷款本金金额

借：应收地方政府债券转贷款

   ——应收地方政府一般债券转贷款——应收本金   240 000 000

 贷：资产基金——应收地方政府债券转贷款   240 000 000

4）A 市政府收到省政府财政转贷的地方政府债券资金时，按照实际收到的金额

借：国库存款　　　　　　　　　　　　　　　　　　240 000 000

　　贷：债务转贷收入——地方政府一般债券转贷收入　　　　　　240 000 000

根据债务管理部门转来的相关资料，按照到期应偿还的转贷款本金金额

借：待偿债净资产——应付地方政府债券转贷款　　240 000 000

　　贷：应付地方政府债券转贷款

　　　　　——应付地方政府一般债券转贷款——应付本金　　　240 000 000

5）2019 年 12 月 31 日，根据债务管理部门计算出的转贷款本期应计利息 7 000 000 元

省政府财政总预算会计

借：应收地方政府债券转贷款

　　　　——应收地方政府一般债券转贷款——应收利息　　7 000 000

　　贷：资产基金——应收地方政府债券转贷款　　　　　　　　　7 000 000

A 市政府财政总预算会计

借：待偿债净资产——应付地方政府债券转贷款　　7 000 000

　　贷：应付地方政府债券转贷款

　　　　　——应付地方政府一般债券转贷款——应付利息　　　　7 000 000

6）2020 年 3 月 1 日，A 市偿还本级政府财政承担的地方政府债券转贷款本金 2.4 亿元及利息 840 万元时

借：债务还本支出　　　　　　　　　　　　　　　240 000 000

　　一般公共预算本级支出　　　　　　　　　　　　8 400 000

　　贷：国库存款　　　　　　　　　　　　　　　　　　　248 400 000

根据债务管理部门转来的相关资料，按照实际偿还的本金及实际支付利息中属于已确认的应付利息部分金额

借：应付地方政府债券转贷款

　　　——应付地方政府一般债券转贷款——应付本金　240 000 000

　　　　　　　　　　　　　　　　　　　　——应付利息　　 7 000 000

　　贷：待偿债净资产——应付地方政府债券转贷款　　　　　247 000 000

7）省政府收回下级政府财政偿还的转贷款本息时，按照收回的金额

借：国库存款　　　　　　　　　　　　　　　　　248 400 000

　　贷：其他应付款　　　　　　　　　　　　　　　　　　248 400 000

根据债务管理部门转来的相关资料，按照收回的转贷款本金及已确认的应收利息金额

借：资产基金——应收地方政府债券转贷款　　　247 000 000

　　贷：应收地方政府债券转贷款

　　　　——应收地方政府一般债券转贷款——应收本金　　　240 000 000

　　　　　　　　　　　　　　　　　　　——应收利息　　　　 7 000 000

代偿到期债券本息

借：其他应付款　　　　　　　　　　　　　　　　248 400 000

　　贷：国库存款　　　　　　　　　　　　　　　　　　　248 400 000

同时

借：待偿债净资产——应付长期政府债券　　　　　240 000 000

　　贷：应付短期政府债券——应付地方政府一般债券

　　　　　　　　　　　　　——应付本金　　　　　　　　　240 000 000

支付省级财政负责偿还的 6 000 万元本息

借：债务还本支出 60 000 000

　　一般公共预算本级支出 2 100 000

　　贷：国库存款 62 100 000

（4）转贷款本息的扣缴。

1）本级财政总预算会计

扣缴下级政府财政的转贷款本息时，按照扣缴的金额

借：与下级往来

　　贷：其他应付款 / 其他应收款

根据债务管理部门转来的相关资料，按照扣缴的转贷款本金及已确认的应收利息金额

借：资产基金——应收地方政府债券转贷款

　　贷：应收地方政府债券转贷款

2）下级财政总预算会计

被上级政府财政扣缴地方政府债券转贷款本息时

借：其他应收款

　　贷：与上级往来

根据债务管理部门转来的相关资料，按照实际扣缴的本金及已确认的应付利息金额

借：应付地方政府债券转贷款

　　贷：待偿债净资产——应付地方政府债券转贷款

列报支出时，对本级政府财政承担的还本支出

借：债务还本支出　　　　　（本金）

　　一般公共预算本级支出　（利息）

　　政府性基金预算本级支出（利息）

　　贷：其他应收款　　　　　（本息）

【例 10-11】B 县 2019 年 7 月 1 日从省政府财政获得 60 000 000 元转贷款，债券期限 2 年，票面利率 3.6%，到期还本，按年付息。所有款项均通过国库直接收付。2020 年 7 月 1 日，B 县因财政困难，暂时无法支付首期利息，由所属州政府财政扣缴，代为上缴省政府财政。

各级财政总预算会计处理为：

1）2020 年 7 月 1 日，州财政总预算会计

扣缴 B 县政府财政的转贷款利息 2 160 000 元时，按照扣缴的金额

借：与下级往来——B 县 2 160 000

　　贷：其他应付款 / 其他应收款——省财政 2 160 000

根据债务管理部门转来的相关资料，按照扣缴的转贷款本金及已确认的应收利息金额

借：资产基金——应收地方政府债券转贷款 2 160 000

　　贷：应收地方政府债券转贷款

　　　　——应收地方政府一般债券转贷款——应收利息 2 160 000

上缴省财政时

借：其他应付款 / 其他应收款——省财政 2 160 000

　　贷：国库存款 2 160 000

2）B县财政总预算会计

被上级政府财政扣缴地方政府债券转贷款利息时

借：其他应收款——州政府　　　　　　　　　　　　　　2 160 000

　　贷：与上级往来　　　　　　　　　　　　　　　　　　　　　2 160 000

根据债务管理部门转来的相关资料，按照实际扣缴的本金及已确认的应付利息金额

借：应付地方政府债券转贷款

　　　　——应付地方政府一般债券转贷款——应付利息　2 160 000

　　贷：待偿债净资产——应付地方政府债券转贷款　　　　　　　2 160 000

根据州政府通知，利息全部由B县政府承担

借：一般公共预算本级支出　　　　　　　　　　　　　　2 160 000

　　贷：其他应收款——州政府　　　　　　　　　　　　　　　　2 160 000

（5）置换存量债务。

采用定向承销方式发行地方政府债券置换存量债务时，省级以下（不含省级）财政部门根据上级财政部门提供的债权债务确认相关资料

借：债务还本支出　　（按照置换本级政府存量债务的额度）

　　债务转贷支出　　（按照置换下级政府存量债务的额度）

　　贷：债务转贷收入　（按照置换存量债务的总额度）

根据债务管理部门转来的相关资料，按照置换存量债务的总额度

借：待偿债净资产——应付地方政府债券转贷款

　　贷：应付地方政府债券转贷款——应付地方政府一般债券转贷款——应付本金

　　　　　　　　　　　　　　　　　　　　　　　　　　——应付利息

同时，按照置换下级政府存量债务额度

借：应收地方政府债券转贷款——应收地方政府一般债券转贷款——应收本金

　　　　　　　　　　　　　　　　　　　　　　　　　　——应收利息

　　贷：资产基金——应收地方政府债券转贷款

【例10-12】A市2019年6月1日采用定向承销方式发行60亿元一般债券一期至四期，全部为置换债券，依法用于偿还经清理甄别后确定的截至2018年年末政府债务余额中负有偿还责任的本级政府存量债务的本金20亿元本金及1亿元利息，置换下级政府存量债务的本金35亿元本金及4亿元利息。

A市财政总预算会计：

借：债务还本支出　　　　　　　　　　　　　　　　　2 100 000 000

　　债务转贷支出　　　　　　　　　　　　　　　　　3 900 000 000

　　贷：债务转贷收入　　　　　　　　　　　　　　　　　　　6 000 000 000

根据债务管理部门转来的相关资料，按照置换存量债务的总额度

借：待偿债净资产——应付地方政府债券转贷款　　　　6 000 000 000

　　贷：应付地方政府债券转贷款

　　　　——应付地方政府一般债券转贷款——应付本金　　　　5 500 000 000

　　　　　　　　　　　　　　　　　　——应付利息　　　　　　500 000 000

同时，按照置换下级政府存量债务额度

借：应收地方政府债券转贷款

   ——应收地方政府一般债券转贷款——应收本金　3 500 000 000

           ——应收利息　400 000 000

  贷：资产基金——应收地方政府债券转贷款　　　　　　　　　　　　3 900 000 000

2. 主权外债转贷业务

（1）收到上级财政转贷的主权外债款。

1）上级财政总预算会计

根据转贷资金支付相关资料

借：债务转贷支出

  贷：其他财政存款

根据债务管理部门转来的相关资料，按照实际持有的债权金额

借：应收主权外债转贷款——应收本金

  贷：资产基金——应收主权外债转贷款

2）本级财政总预算会计

收到上级政府财政转贷的主权外债资金时

借：其他财政存款

  贷：债务转贷收入

根据债务管理部门转来的相关资料，按照实际承担的债务金额

借：待偿债净资产——应付主权外债转贷款

  贷：应付主权外债转贷款——应付本金

（2）直接支付、本级财政还款、本级部门用款。

从上级政府财政借入主权外债转贷款，且外方将贷款资金直接支付给用款单位或供应商，本级政府财政承担还款责任，贷款资金由本级政府财政同级部门（单位）使用的，应做如下会计处理。

1）上级财政总预算会计

根据转贷资金支付的相关资料

借：债务转贷支出

  贷：债务收入 / 债务转贷收入

根据债务管理部门转来的相关资料，按照实际持有的债权金额

借：应收主权外债转贷款——应收本金

  贷：资产基金——应收主权外债转贷款

同时

借：待偿债净资产

  贷：借入款项 / 应付主权外债转贷款——应付本金

2）本级财政总预算会计

借：一般公共预算本级支出

  贷：债务转贷收入

根据债务管理部门转来的相关资料，按照实际承担的债务金额

借：待偿债净资产——应付主权外债转贷款
　　贷：应付主权外债转贷款——应付本金

【例 10-13】某省交通厅 2019 年 11 月 1 日获得世界银行直接支付的主权外债转贷款——城市圈交通一体化示范项目贷款折合人民币 12 亿元，款项用于利用技术手段来实现无缝对接和减少拥堵，改善公共交通和非机动交通，提升交通的可及性和公平性。由省政府财政承担还款付息责任，贷款资金由省交通厅按规定用途使用。

各级财政总预算会计处理为：

1）中央财政总预算会计

根据转贷资金支付相关资料

借：债务转贷支出　　　　　　　　　　　1 200 000 000
　　贷：债务收入　　　　　　　　　　　　　　　　　1 200 000 000

根据债务管理部门转来的相关资料，按照实际持有的债权金额

借：应收主权外债转贷款——应收本金　　1 200 000 000
　　贷：资产基金——应收主权外债转贷款　　　　　　1 200 000 000

同时

借：待偿债净资产　　　　　　　　　　　1 200 000 000
　　贷：应付主权外债转贷款——应付本金　　　　　　1 200 000 000

2）省财政总预算会计

借：一般公共预算本级支出　　　　　　　1 200 000 000
　　贷：债务转贷收入　　　　　　　　　　　　　　　1 200 000 000

根据债务管理部门转来的相关资料，按照实际承担的债务金额

借：待偿债净资产——应付主权外债转贷款　1 200 000 000
　　贷：应付主权外债转贷款——应付本金　　　　　　1 200 000 000

（3）直接支付、本级财政还款、下级部门用款。

从上级政府财政借入主权外债转贷款，且由外方将贷款资金直接支付给用款单位或供应商时，本级政府财政承担还款责任，贷款资金由下级政府财政同级部门（单位）使用的：

1）上级财政总预算会计的会计处理同第 349 页的"（2）中 1）"

2）本级财政总预算会计

根据贷款资金支付相关资料及预算指标文件

借：补助支出
　　贷：债务转贷收入

根据债务管理部门转来的相关资料，按照实际承担的债务金额

借：待偿债净资产——应付主权外债转贷款
　　贷：应付主权外债转贷款

【例 10-14】某省教育厅 2019 年 12 月 1 日获得世界银行直接支付的主权外债转贷款 6 000 万元，款项专门用于农村幼儿园建设、学前教育质量提升等，包括县幼儿园教师和管理人员培训、院校教师教育项目、建立学前教育研究中心、建立教师培训中心等。由省政

府财政承担还款付息责任，贷款资金由申请立项的县级各教育机构或组织按规定用途使用。

各级财政总预算会计处理为：

①中央财政总预算会计：

根据转贷资金支付相关资料

借：债务转贷支出 60 000 000

　　贷：债务收入 60 000 000

根据债务管理部门转来的相关资料，按照实际持有的债权金额

借：应收主权外债转贷款——应收本金 60 000 000

　　贷：资产基金——应收主权外债转贷款 60 000 000

同时

借：待偿债净资产 60 000 000

　　贷：应付主权外债转贷款——应付本金 60 000 000

②省财政总预算会计：

借：补助支出 60 000 000

　　贷：债务转贷收入 60 000 000

根据债务管理部门转来的相关资料，按照实际承担的债务金额

借：待偿债净资产——应付主权外债转贷款 60 000 000

　　贷：应付主权外债转贷款——应付本金 60 000 000

（4）直接支付、下级财政还款、下级部门用款。

从上级政府财政借入主权外债转贷款，且由外方将贷款资金直接支付给用款单位或供应商时，下级政府财政承担还款责任，贷款资金由下级政府财政同级部门（单位）使用的，

1）上级财政总预算会计的会计处理同第 349 页"（2）"中的"1）"

2）本级财政总预算会计的会计处理也同第 349 页"（2）"中的"1）"

3）下级财政总预算会计的会计处理

借：一般公共预算本级支出

　　贷：债务转贷收入

借：待偿债净资产

　　贷：借入款项／应付主权外债转贷款——应付本金

（5）期末应计利息的确认。

1）上级财政总预算会计

期末，根据债务管理部门计算出转贷款的本期应收未收利息金额

借：应收主权外债转贷款——应收利息

　　贷：资产基金——应收主权外债转贷款

2）本级财政总预算会计

期末，按照债务管理部门计算出的本期应付未付利息金额

借：待偿债净资产——应付主权外债转贷款

　　贷：应付主权外债转贷款——应付利息

（6）主权外债本息的收回和转付。

1）上级财政总预算会计

收回主权外债的本息时，按照收回的金额

借：其他财政存款

　　贷：其他应付款/其他应收款

根据债务管理部门转来的相关资料，按照实际收回的转贷款本金及已确认的应收利息金额

借：资产基金——应收主权外债转贷款

　　贷：应收主权外债转贷款——应收本金

　　　　　　　　　　　　　——应收利息

代偿时

借：其他应付款/其他应收款

　　贷：其他财政存款

2）本级财政总预算会计

偿还本级政府财政承担的借入主权外债转贷款的本息时

借：债务还本支出　　　　　　（本金）

　　一般公共预算本级支出　（利息）

　　贷：其他财政存款　　　　（本息）

同时，根据债务管理部门转来的相关资料，按照实际偿还的本息金额

借：应付主权外债转贷款——应付本金

　　　　　　　　　　　　——应付利息

　　贷：待偿债净资产——应付主权外债转贷款

偿还下级政府财政承担的借入主权外债转贷款的本息时

借：其他应付款/其他应收款

　　贷：其他财政存款

同时，根据债务管理部门转来的相关资料，按照实际偿还的本金及已确认的应付利息金额

借：应付主权外债转贷款——应付本金

　　　　　　　　　　　　——应付利息

　　贷：待偿债净资产——应付主权外债转贷款

【例10-15】某省A市2019年7月1日获得世界银行直接支付的主权外债转贷款——省农村公路提升改造示范项目贷款折合人民币3.6亿元，款项用于人口较多、基础设施较薄弱的农村地区，实施农村公路安保工程、村级公路网化工程和县乡公路升级改造工程。款项期限5年，利率为7%，每半年支付一次利息。由该省A市政府财政承担还款付息责任，贷款资金由市交通局按项目规定用途使用。2020年7月1日按期支付第1年利息。

各级财政总预算会计处理为：

2019年7月1日

1）中央财政总预算会计

根据转贷资金支付相关资料

借：债务转贷支出　　　　　　　　　　　　　　　360 000 000

　　贷：债务收入　　　　　　　　　　　　　　　　　　　　　360 000 000

根据债务管理部门转来的相关资料

借：应收主权外债转贷款——应收本金　　　　　　360 000 000
　　贷：资产基金——应收主权外债转贷款　　　　　　　　　360 000 000
同时
借：待偿债净资产　　　　　　　　　　　　　　360 000 000
　　贷：应付主权外债转贷款——应付本金　　　　　　　　　360 000 000

2）省财政总预算会计
借：债务转贷支出　　　　　　　　　　　　　　360 000 000
　　贷：债务转贷收入　　　　　　　　　　　　　　　　　　360 000 000
根据债务管理部门转来的相关资料，按照实际持有的债权金额
借：应收主权外债转贷款——应收本金　　　　　　360 000 000
　　贷：资产基金——应收主权外债转贷款　　　　　　　　　360 000 000
同时，
借：待偿债净资产　　　　　　　　　　　　　　360 000 000
　　贷：应付主权外债转贷款——应付本金　　　　　　　　　360 000 000

3）A市财政总预算会计
借：一般公共预算本级支出　　　　　　　　　　360 000 000
　　贷：债务转贷收入　　　　　　　　　　　　　　　　　　360 000 000
借：待偿债净资产　　　　　　　　　　　　　　360 000 000
　　贷：应付主权外债转贷款——应付本金　　　　　　　　　360 000 000

2019年12月31日确认应计利息
1）中央财政总预算会计
根据债务管理部门计算出转贷款的本期应收未收利息12 600 000元
借：应收主权外债转贷款——应收利息　　　　　12 600 000
　　贷：资产基金——应收主权外债转贷款　　　　　　　　　12 600 000

2）省财政总预算会计
根据债务管理部门计算出转贷款的本期应收未收、应付未付利息12 600 000元
借：应收主权外债转贷款——应收利息　　　　　12 600 000
　　贷：资产基金——应收主权外债转贷款　　　　　　　　　12 600 000
借：待偿债净资产——应付主权外债转贷款　　　12 600 000
　　贷：应付主权外债转贷款——应付利息　　　　　　　　　12 600 000

3）A市财政总预算会计
按照债务管理部门计算出的本期应付未付利息12 600 000元
借：待偿债净资产——应付主权外债转贷款　　　12 600 000
　　贷：应付主权外债转贷款——应付利息　　　　　　　　　12 600 000

2020年7月1日，偿还利息25 200 000元
1）中央财政总预算会计，收回主权外债的利息时
借：其他财政存款　　　　　　　　　　　　　　25 200 000
　　贷：其他应付款——世界银行　　　　　　　　　　　　　25 200 000
根据债务管理部门转来的相关资料，按照实际已确认的应收利息金额
借：资产基金——应收主权外债转贷款　　　　　12 600 000
　　贷：应收主权外债转贷款——应收利息　　　　　　　　　12 600 000

　代偿时

　借：其他应付款——世界银行   25 200 000

　　贷：其他财政存款   25 200 000

2）省财政总预算会计

收到时

　借：其他财政存款   25 200 000

　　贷：其他应付款——世界银行   25 200 000

代 A 市政府财政偿还承担的利息时

　借：其他应付款——省财政   25 200 000

　　贷：其他财政存款   25 200 000

同时，根据债务管理部门转来的相关资料，按照已确认的应付利息金额

　借：应付主权外债转贷款——应付利息   12 600 000

　　贷：待偿债净资产——应付主权外债转贷款   12 600 000

3）A 市财政总预算会计

偿还本级政府财政承担的借入主权外债转贷款的本息时

　借：一般公共预算本级支出   25 200 000

　　贷：其他财政存款   25 200 000

根据债务管理部门转来的相关资料，按照实际偿还的利息金额

　借：应付主权外债转贷款——应付利息   25 200 000

　　贷：待偿债净资产——应付主权外债转贷款   25 200 000

（7）转贷款本息的扣缴。

1）上级财政总预算会计

扣缴下级政府财政的转贷款本息时，按照扣缴的金额

　借：与下级往来

　　贷：其他应付款 / 其他应收款

根据债务管理部门转来的相关资料，按照扣缴的转贷款本金及已确认的应收利息金额

　借：资产基金——应收主权外债转贷款

　　贷：应收主权外债转贷款——应收本金

　　　　　　　　　　　　——应收利息

2）本级财政总预算会计

被上级政府财政扣缴借入主权外债转贷款的本息时

　借：其他应收款

　　贷：与上级往来

根据债务管理部门转来的相关资料，按照被扣缴的本金及已确认的应付利息金额

　借：应付主权外债转贷款——应付本金

　　　　　　　　　　　　——应付利息

　　贷：待偿债净资产——应付主权外债转贷款

列报支出时，对本级政府财政承担的还本付息支出

　借：债务还本支出   （本金）

　　　一般公共预算本级支出   （利息）

　　贷：其他应收款

（8）上级政府财政对主权外债转贷款的豁免。

1）上级财政总预算会计

借：资产基金——应收主权外债转贷款

　　贷：应收主权外债转贷款

2）本级财政总预算会计

豁免本级政府财政承担偿还责任的主权外债转贷款本息时，根据债务管理部门转来的相关资料，按照豁免转贷款的本金及已确认的应付利息金额

借：应付主权外债转贷款

　　贷：待偿债净资产——应付主权外债转贷款

豁免下级政府财政承担偿还责任的主权外债转贷款本息时，根据债务管理部门转来的相关资料，按照豁免转贷款的本金及已确认的应付利息金额

借：应付主权外债转贷款

　　贷：待偿债净资产——应付主权外债转贷款

同时

借：资产基金——应收主权外债转贷款

　　贷：应收主权外债转贷款

3）下级财政总预算会计

借：应付主权外债转贷款

　　贷：待偿债净资产——应付主权外债转贷款

【例 10-16】某省获得中央财政对本省主权外债转贷款，其中，豁免省级财政承担偿还责任的主权外债转贷款本息分别为 5 000 万元和 200 万元，豁免所辖 A 市财政承担偿还责任的主权外债转贷款本息分别为 2 000 万元和 70 万元。

各级财政总预算会计处理为：

1）中央财政总预算会计

借：资产基金——应收主权外债转贷款　　　　　　　72 700 000

　　贷：应收主权外债转贷款——应收本金　　　　　　　　　70 000 000

　　　　　　　　　　　　　——应收利息　　　　　　　　　　2 700 000

2）省财政总预算会计

豁免本级政府财政承担偿还责任的主权外债转贷款本息时，根据债务管理部门转来的相关资料，按照豁免转贷款的本金及已确认的应付利息金额

借：应付主权外债转贷款——应付本金　　　　　　　50 000 000

　　　　　　　　　　　　——应付利息　　　　　　　　2 000 000

　　贷：待偿债净资产——应付主权外债转贷款　　　　　　　　52 000 000

豁免下级政府财政承担偿还责任的主权外债转贷款本息时，根据债务管理部门转来的相关资料，按照豁免转贷款的本金及已确认的应付利息金额

借：应付主权外债转贷款——应付本金　　　　　　　20 000 000

　　　　　　　　　　　　——应付利息　　　　　　　　　700 000

　　贷：待偿债净资产——应付主权外债转贷款　　　　　　　　20 700 000

同时

借：资产基金——应收主权外债转贷款　　　　　　　　20 700 000
　　贷：应收主权外债转贷款——应付本金　　　　　　　　　　　　20 000 000
　　　　　　　　　　　　　　　——应付利息　　　　　　　　　　　　700 000
3）A市财政总预算会计
借：应付主权外债转贷款——应付本金　　　　　　　　20 000 000
　　　　　　　　　　　　——应付利息　　　　　　　　　700 000
　　贷：待偿债净资产——应付主权外债转贷款　　　　　　　　　　20 700 000

九、股权投资

（一）概念

股权投资是指政府持有的各类股权投资资产，包括国际金融组织股权投资、投资基金股权投资、国有企业股权投资等。

股权投资是政府扶持企业的方式之一。由于一次性财政补贴容易滋生腐败问题，政府扶持企业的方式由拨款转向股权投资。例如，2013年广州立案查处了市科信系统腐败窝案25件29人，其中涉及局级官员1人，处级官员7人，涉案金额5 000余万元。两年以来，3次涉及政府补贴贪腐的案件中共披露出12家企业。意识到这些问题后，广州扶持产业转型升级的方式，正在由以前的政府补贴为主，部分转向股权投资。企业发展好了，财政原价卖出股权，收回本金，投入新企业，形成滚动发展。自2016年起，全国各地政府引导基金规模数量并喷式增长，截止到2018年年底，国内股权投资基金存量已经达到9万亿元，其中，引导基金实际出资达到4万亿元，政府财政资金已成为股权投资市场最大的金主。

（二）账户设置

财政总预算会计应设置"股权投资"科目核算政府持有的各类股权投资，包括国际金融组织股权投资、投资基金股权投资和企业股权投资等。科目期末借方余额反映政府持有的各种股权投资金额。

该科目应当按照"国际金融组织股权投资""投资基金股权投资"和"企业股权投资"设置一级明细科目，在一级明细科目下，可根据管理需要，按照被投资主体进行明细核算。对每一被投资主体还可按"投资成本""收益转增投资""损益调整"和"其他权益变动"进行明细核算。

财政总预算会计还应设置"应收股利"科目核算政府因持有股权投资应当收取的现金股利或利润。该科目应当按照被投资主体进行明细核算。

（三）账务处理

股权投资一般采用权益法进行核算。

1.国际金融组织股权投资

1）政府财政代表政府认缴国际金融组织股本时，按照实际支付的金额
借：一般公共预算本级支出
　　贷：国库存款
根据股权投资确认相关资料，按照确定的股权投资成本
借：股权投资
　　贷：资产基金——股权投资

2）从国际金融组织撤出股本时，按照收回的金额

借：国库存款

　　贷：一般公共预算本级支出

根据股权投资清算相关资料，按照实际撤出的股本

借：资产基金——股权投资

　　贷：股权投资

2. 投资基金股权投资

1）政府财政对投资基金进行股权投资时，按照实际支付的金额

借：一般公共预算本级支出

　　贷：国库存款

根据股权投资确认的相关资料

借：股权投资——投资成本　　　　　　（实际支付的金额）

借或贷：股权投资——其他权益变动　　（差额）

　　贷：资产基金——股权投资　　　　（确定的在被投资基金中占有的权益金额）

2）年末，根据政府财政在被投资基金当期净利润或净亏损中占有的份额

借或贷：股权投资——损益调整

　　贷或借：资产基金——股权投资

3）政府财政将归属财政的收益留作基金滚动使用时

借：股权投资——收益转增投资

　　贷：股权投资——损益调整

4）被投资基金宣告发放现金股利或利润时，按照应上缴政府财政的部分

借：应收股利

　　贷：资产基金——应收股利

同时按照相同的金额

借：资产基金——股权投资

　　贷：股权投资——损益调整

5）实际收到现金股利或利润

借：国库存款

　　贷：有关收入科目

按照相同的金额

借：资产基金——应收股利

　　贷：应收股利

6）被投资基金发生除净损益以外的其他权益变动时，按照政府财政持股比例计算应享有的部分

借或贷：股权投资——其他权益变动

贷或借：资产基金——股权投资

7）投资基金存续期满、清算或政府财政从投资基金退出需收回出资时

借：国库存款　　　　　　　　　（实际收回的资金）

　　贷：一般公共预算本级支出　（收回的原实际出资部分）

　　　　一般公共预算本级收入　（超出原实际出资部分）

根据股权投资清算的相关资料，按照因收回股权投资而减少在被投资基金中占有的权益金额

借：资产基金——股权投资

　贷：股权投资

3. 企业股权投资

企业股权投资的账务处理，根据管理条件和管理需要，参照投资基金股权投资的账务处理。

【例 10-17】为了加强对基金运作工作的组织领导，某市成立"××市政府产业投资引导基金"管理委员会，由市政府常务副市长任组长，市财政局、市政府金融办、国资委、发改委、工信委和××银行等单位主要领导为成员，作为引导基金的决策机构，下设办公室在市财政局。引导基金的管理机构"市财政投资管理有限公司"于 2019 年 5 月 28 日正式完成工商注册，公司资本金 5 亿元。市投入财政资金 3 亿元，占 55% 的股份。2019 年 12 月 31 日，该基金盈利 100 万元，全部留作基金滚动使用。

市财政总预算会计处理为：

2019 年 5 月 28 日，市财政总预算会计

借：一般公共预算本级支出　　　　　　　　300 000 000

　贷：国库存款　　　　　　　　　　　　　　　　300 000 000

根据股权投资确认相关资料

借：股权投资——投资成本　　　　　　　　300 000 000

　贷：股权投资——其他权益变动　　　　　　　　25 000 000

　　资产基金——股权投资　　　　　　　　　　275 000 000

2019 年 12 月 31 日，根据政府财政在被投资基金当期净利润中占有的份额 55 万元

借：股权投资——损益调整　　　　　　　　550 000

　贷：资产基金——股权投资　　　　　　　　　　550 000

政府财政将归属财政的收益 55 万元留作基金滚动使用时，

借：股权投资——收益转增投资　　　　　　550 000

　贷：股权投资——损益调整　　　　　　　　　　550 000

假设，2020 年 12 月 31 日该基金盈利 400 万元，200 万元留作基金滚动使用，200 万元作为现金股利用于分配，2021 年 3 月 10 日，宣告发放现金股利，2021 年 3 月 20 日缴入国库。

2020 年 12 月 31 日，根据政府财政在被投资基金当期净利润中占有的份额为 220 万元

借：股权投资——损益调整　　　　　　　　2 200 000

　贷：资产基金——股权投资　　　　　　　　　　2 200 000

政府财政将归属财政的收益 110 万元留作基金滚动使用时

借：股权投资——收益转增投资　　　　　　1 100 000

　贷：股权投资——损益调整　　　　　　　　　　1 100 000

2021 年 3 月 10 日，宣告发放现金股利或利润时，按照应上缴政府财政的 110 万元

借：应收股利　　　　　　　　　　　　　　　　　1 100 000

　　贷：资产基金——应收股利　　　　　　　　　　　　　　　　1 100 000

同时按照相同的金额

借：资产基金——股权投资　　　　　　　　　　　1 100 000

　　贷：股权投资——损益调整　　　　　　　　　　　　　　　　1 100 000

2021 年 3 月 20 日实际收到现金利润

借：国库存款　　　　　　　　　　　　　　　　　1 100 000

　　贷：一般公共预算本级收入　　　　　　　　　　　　　　　　1 100 000

按照相同的金额

借：资产基金——应收股利　　　　　　　　　　　1 100 000

　　贷：应收股利　　　　　　　　　　　　　　　　　　　　　　1 100 000

十、待发国债

（一）账户设置

财政总预算会计应设置"待发国债"科目核算为弥补中央财政预算收支差额，中央财政预计发行国债与实际发行国债之间的差额。科目期末借方余额反映中央财政尚未使用的国债发行额度。

（二）账务处理

年度终了，实际发行国债收入用于债务还本支出后，小于为弥补中央财政预算收支差额，中央财政预计发行国债时，按两者的差额

借：待发国债

　　贷：相关科目

实际发行国债收入用于债务还本支出后，大于为弥补中央财政预算收支差额，中央财政预计发行国债时，按两者的差额

借：相关科目

　　贷：待发国债

第二节　财政总预算会计的负债

一、负债的概念、分类及内容

（一）概念及分类

财政总预算会计的负债是指政府财政承担的能以货币计量、需以资产偿付的债务。

从整体上来看，2017 年，中央财政债务余额约为 13.47 万亿元，地方显性债务规模约为 18.58 万亿元，两者之和为 32.06 万亿元，占当年名义 GDP 的比重约为 38.76%，负债率低于国际通行的 60% 警戒线，但如果计入地方政府的隐性债务 23.57 万亿元，负债率就上升至 67.26%，债务风险较高。○

截至 2018 年末，全国地方政府债务余额 183 862 亿元，如果以债务率（债务余额 / 综合财力）衡量地方政府债务水平，2018 年地方政府债务率为 76.6%，低于国际通行的 100%

○　张明，朱子阳，中国政府债务规模究竟几何［J］.财经.2018.

至 120% 警戒标准；按照国家统计局公布的 GDP 初步核算数计算，政府债务的负债率（债务余额 /GDP）为 37%，低于欧盟 60% 的警戒线，也低于主要市场经济国家和新兴市场国家水平。[⊖]

（二）分类

1. 流动负债和非流动负债

负债按照流动性，分为流动负债和非流动负债。

流动负债是指预计在 1 年内（含 1 年）偿还的负债。

非流动负债是指流动负债以外的负债。其中，1 ～ 10 年到期的为中期公债，10 年以上到期的为长期公债。其中，中期公债在各国政府发行的公债中占有较大比重。

这是《财政总预算会计制度》采用的分类。

2. 内债和外债

负债按发行地域划分，可分为内债和外债。

政府内债是指国家在本国境内发行的债券。一般是以本国居民和企事业单位认购为主，既可以以本国货币发行，也不排除外国居民在本国境内购买的可能性，同时，还可发行外币国内公债。

政府外债是指政府在国外的借款及在国外发行的公债。外债的债权人多为外国政府、国际金融组织和外国公民，也不排除本国侨民在居住国购买本国在国外发行的公债券的可能性。外债的发行及还本付息须以外币支付。

3. 强制公债和自愿公债

负债按发行的方式，可分为强制公债和自愿公债。

强制公债是国家凭借其政治权力，按照规定的计量标准，强制居民或团体购买的公债。这类公债一般是在战争时期或财政经济出现异常困难的情况下，或为推行特定政策实现某一特定目标时才采用的。

自愿公债是政府按照信用原则发行的由居民或团体自愿认购的公债。其购买量由居民或团体自行确定，政府不做任何限定。这种公债容易被国民接受，且不会产生负面效应。

4. 中央公债和地方公债

负债按发行主体，可分为中央公债和地方公债。

中央公债是由中央政府发行与偿还的债务，也称作国债。国债收入列入中央预算，由中央政府安排支出和使用，还本付息也由中央政府承担，用于实现中央政府的职能。一般认为，国债具有最高的信用度，被公认为是最安全的投资工具。

地方公债是由地方政府发行和偿还的债务。债务收入列入地方预算，由地方政府安排使用，还本付息也由地方政府承担，地方公债的发行范围并不局限于本地区。

5. 有偿还责任的债务、负有担保责任的债务以及一些其他相关债务

地方政府负有偿还责任的债务，是指确定由财政资金偿还、政府负有直接偿债责任的债务，如地方政府债券。

地方政府负有担保责任的债务，是指地方政府（包括政府部门和机构）提供直接或间接担保，当债务人无法偿还债务时，政府负有连带偿还责任的债务，如政府融资平台公司向企业举借的债务。

⊖ 曾金华，我国地方政府债务指标处于合理区间［EB/OL］.（2019-01-24）. http://www.ce.cn/xwzx/gnsz/gdxw/201901/24/t20190124_31342232.shtml.

地方政府负有偿还责任的债务与地方政府负有担保责任的债务的区别在于，前者的偿债资金由政府财政负担，而后者的偿债资金则来源债务单位的预期收入。

其他相关债务，是指政府融资平台公司、经费补助事业单位等举借的债务，由非财政资金偿还，但地方政府没有提供担保。据法律规定，该类债务政府没有偿债责任，但如果债务单位出现了债务危机，政府应承担救助责任，因此也划入地方政府性债务范畴。

6.上市公债和非上市公债

政府债务按流通性，可分为上市公债和非上市公债。

上市公债是指可以通过金融市场交易转让的公债，亦称可转让公债。这种公债流通性强，认购者可以根据金融市场上的行情和自身的资金状况随时在二级市场上出售和转让，因而对投资者很有吸引力，是各国政府筹集资金的一种主要形式，一般占全部公债比重的70%左右。中国发行的公债种类中，可转让性公债品种有记账式国债、无记名式国债、保值公债和国家建设性债券等。

非上市公债是指不通过金融市场交易转让的公债，其按发行对象可分为储蓄债券和专用债券。储蓄债券是政府专门为个人购买者设计的，用于吸收居民储蓄。其发行期限大多较长，发行条件较为优惠，这有助于提高居民的投资积极性。专用债券是政府专门向金融机构（如商业银行、保险公司等）发行的不可转让的债券。这种债券具有一定的政策性、针对性和强制性，其发行条件的优惠程度往往低于储蓄债券，甚至低于上市公债，而期限却大大长于储蓄债券。不可转让的公债品种有凭证式国债和特种定向债券等。

（三）具体内容

财政总预算会计核算的负债具体包括应付国库集中支付结余、暂收及应付款项、应付政府债券、借入款项、应付转贷款、其他负债、应付代管资金等。

应付国库集中支付结余是指国库集中支付中，按照财政部门批复的部门预算，当年未支而需结转下一年度支付的款项采用权责发生制列支后形成的债务。

暂收及应付款项是指政府财政业务活动中形成的债务，包括与上级往来和其他应付款等。暂收及应付款项应当及时清理结算。

应付政府债券是指政府财政采用发行政府债券方式筹集资金而形成的负债，包括应付短期政府债券和应付长期政府债券。

借入款项是指政府财政部门以政府名义向外国政府、国际金融组织等借入的款项，以及通过经国务院批准的其他方式借款形成的负债。

应付转贷款是指地方政府财政向上级政府财政借入转贷资金而形成的负债，包括应付地方政府债券转贷款和应付主权外债转贷款等。

其他负债是指政府财政因有关政策明确要求其承担支出责任的事项而形成的应付未付款项。

应付代管资金是指政府财政代为管理的，使用权属于被代管主体的资金。

（四）确认时点与计量

符合负债定义的债务，应当在对其承担偿还责任，并且能够可靠地进行货币计量时确认。

符合负债定义并确认的负债项目，应当列入资产负债表。

政府财政承担或有责任（偿债责任需要通过未来不确定事项的发生或不发生予以证实）

的负债，不列入资产负债表，但应当在报表附注中披露。

财政总预算会计核算的负债，应当按照承担的相关合同金额或实际发生金额进行计量。

二、政府发行债券

（一）政府债务的管理

1. 国债的管理

国债收入列入中央预算，由中央政府安排支出和使用，还本付息也由中央政府承担，用于实现中央政府的职能。

中央一般公共预算中必需的部分资金，可以通过举借国内和国外债务等方式筹措，其主要方式包括：①政府在国内外发行的债券；②向外国政府借款；③国际组织借款；④银行借款。

国务院财政部门具体负责对中央政府债务的统一管理。中央政府举借债务应当控制适当的规模，保持合理的结构。中央一般公共预算中举借的债务实行余额管理，余额的规模不得超过全国人民代表大会批准的限额。

2. 地方政府债务的管理

地方政府债务是由地方政府发行和偿还的债务。债务收入列入地方预算，由地方政府安排使用，还本付息也由地方政府承担，地方公债的发行范围并不局限于本地区。

中国建立"借、用、还"相统一的地方政府性债务管理机制。

经国务院批准的省、自治区、直辖市的预算中必需的建设投资的部分资金，可以在国务院确定的限额内，通过发行地方政府债券举借债务的方式筹措，地方政府及其所属部门不得以任何方式举借债务。没有收益的公益性事业发展确需政府举借一般债务的，由地方政府发行一般债券融资，主要以一般公共预算收入偿还。有一定收益的公益性事业发展确需政府举借专项债务的，由地方政府通过发行专项债券融资，以对应的政府性基金或专项收入偿还。

经国务院批准，省、自治区、直辖市政府可以适度举借债务，市县级政府确需举借债务的，由省、自治区、直辖市政府代为举借。

举借债务的规模由国务院报全国人民代表大会或者全国人民代表大会常务委员会批准。省、自治区、直辖市依照国务院下达的限额举借的债务，列入本级预算调整方案，报本级人民代表大会常务委员会批准。

除法律另有规定外，地方政府及其所属部门不得为任何单位和个人的债务以任何方式提供担保。

地方政府举借的债务，只能用于公益性资本支出和适度归还存量债务，不得用于经常性支出。

地方政府要将一般债务收支纳入一般公共预算管理，将专项债务收支纳入政府性基金预算管理，将政府与社会资本合作项目中的财政补贴等支出按性质纳入相应政府预算管理。

以上海为例，根据《2019 年第一批上海市政府一般债券发行信息披露文件》，在国务院批准的总规模内，2019 年第一批上海市政府一般债券发行总额 209 亿元，品种为记账式固定利率附息债券，全部为新增一般债券，期限 10 年，利率按半年支付，发行后可按规定在全国银行间债券市场和债券交易市场上市流通，证券到期后一次偿还本金。债券通过招标方式发行，参与投标机构为 2018 ~ 2019 年上海市住房债券承销团成员。债券纳入一般公共预算管理，新增一般债券资金要依法用于公益性资本支出。根据上述要求，上海市财政局认真研究制定了 2019 年上海市政府债券资金安排使用方案，并已报市政府和市人大批准。

（二）账户设置

1. 应付短期政府债券

财政总预算会计应设置"应付短期政府债券"科目核算政府财政部门以政府名义发行的期限不超过 1 年（含 1 年）的国债和地方政府债券的应付本金和利息。科目期末贷方余额，反映政府财政尚未偿还的短期政府债券本金和利息。

该科目下应当设置"应付国债""应付地方政府一般债券""应付地方政府专项债券"等一级明细科目，在一级明细科目下，再分别设置"应付本金""应付利息"明细科目，分别核算政府债券的应付本金和利息。

债务管理部门应当设置相应的辅助账，详细记录每期政府债券金额、种类、期限、发行日、到期日、票面利率、偿还本金及付息情况等。

2. 应付长期政府债券

财政总预算会计应设置"应付长期政府债券"科目核算政府财政部门以政府名义发行的期限超过 1 年的国债和地方政府债券的应付本金和利息。

该科目下应当设置"应付国债""应付地方政府一般债券""应付地方政府专项债券"等一级明细科目，在一级明细科目下，再分别设置"应付本金""应付利息"明细科目，分别核算政府债券的应付本金和利息。

债务管理部门应当设置相应的辅助账，详细记录每期政府债券金额、种类、期限、发行日、到期日、票面利率、偿还本金及付息情况等。

（三）账务处理

1. 收到债券收入

实际收到短期或长期政府债券发行收入时

借：国库存款　　　　　（实际收到的金额）

借或贷：有关支出科目　（差额）

　　贷：债务收入　　　　（短期或长期政府债券实际发行额）

根据债券发行确认文件等相关债券管理资料，按照到期应付的短期政府债券本金金额

借：待偿债净资产——应付短期政府债券

　　　　　　　　——应付长期政府债券

　　贷：应付短期政府债券

　　　　应付长期政府债券

2. 期末应付利息的确认

期末确认短期或长期政府债券的应付利息时，根据债务管理部门计算出的本期应付未付利息金额

借：待偿债净资产——应付短期政府债券

　　　　　　　　——应付长期政府债券

　　贷：应付短期政府债券

　　　　应付长期政府债券

3. 支付本级政府承担的本息

实际支付本级政府财政承担的短期或长期政府债券本金及利息时

借：债务还本支出　　　　　（本金）
　　一般公共预算本级支出　（一般预算承担的利息）
　　政府性基金预算本级支出（基金预算承担的利息）
　　贷：国库存款　　　　　（本息和）

实际支付利息金额中属于已确认的本金及已确认应付利息部分，还应根据债券兑付确认文件等相关债券管理资料

借：应付短期政府债券
　　应付长期政府债券
　　贷：待偿债净资产——应付短期政府债券
　　　　　　　　　　——应付长期政府债券

4. 发行债券置换存量债务

省级财政部门采用定向承销方式发行短期或长期地方政府债券置换存量债务时，根据债权债务确认的相关资料

借：债务还本支出　（置换本级政府存量债务的额度）
　　债务转贷支出　（置换下级政府存量债务的额度）
　　贷：债务收入　（置换存量债务的总额度）

根据债务管理部门转来的相关资料，按照置换本级政府存量债务的额度

借：待偿债净资产——应付短期政府债券
　　　　　　　　——应付长期政府债券
　　贷：应付短期政府债券
　　　　应付长期政府债券

同时，按照置换下级政府存量债务额度

借：应收地方政府债券转贷款
　　贷：资产基金——应收地方政府债券转贷款

5. 偿还下级政府承担的债券本息

本级政府财政偿还下级政府财政承担的地方政府债券本息时

借：其他应付款/其他应收款
　　贷：国库存款

根据债券兑付确认文件等相关债券管理资料，按照实际偿还的长期政府债券本金及已确认的应付利息金额

借：应付长期政府债券
　　贷：待偿债净资产——应付长期政府债券

【例 10-18】为加快基础设施建设的要求，某省政府 2019 年 6 月 30 日发行 1 年期、利率 3.2%、面值 6 000 万元的专项债券，用于市政公共厕所建设和改造，扣除发行费用后国库实际收到 5 950 万元。

省财政总预算会计处理为：

2019 年 6 月 30 日，取得收入

借：国库存款　　　　　　　　　　　　　　　　59 500 000
　　一般公共预算本级支出　　　　　　　　　　　　500 000
　　贷：债务收入　　　　　　　　　　　　　　　　　　　60 000 000

根据债券发行确认文件等相关债券管理资料，按照到期应付的短期政府债券本金金额

借：待偿债净资产——应付短期政府债券　　　　　　　60 000 000

　　贷：应付短期政府债券　　　　　　　　　　　　　　　　　60 000 000

2019 年 12 月 31 日，根据债务管理部门计算出的本期应付未付利息 96 万元

借：待偿债净资产——应付短期政府债券　　　　　　　960 000

　　贷：应付短期政府债券　　　　　　　　　　　　　　　　　960 000

2020 年 6 月 30 日，实际支付本级政府财政承担的短期政府债券本金及利息

借：债务还本支出　　　　　　　　　　　　　　　　　60 000 000

　　一般公共预算本级支出　　　　　　　　　　　　　1 920 000

　　贷：国库存款　　　　　　　　　　　　　　　　　　　　　61 920 000

实际支付利息金额中属于已确认的本金及已确认应付利息部分，还应根据债券兑付确认文件等相关债券管理资料

借：应付短期政府债券　　　　　　　　　　　　　　　960 000

　　贷：待偿债净资产——应付短期政府债券　　　　　　　　　960 000

三、应付国库集中支付结余

（一）概念

应付国库集中支付结余是指国库集中支付中，按照财政部门批复的部门预算，当年未支而需结转下一年度支付的款项采用权责发生制列支后形成的债务，包括行政事业单位经费结余、政府采购结余、项目经费结余、基本建设项目竣工和投资包干结余等。

财政总预算会计在年末对该部分结余可采用权责发生制进行核算，即年末均将已下达预算指标给各预算单位的结余资金全部列支出，但实际资金未拨付到预算单位，造成财政已确认为支出，但国库未支付，财政资金在国库中沉淀，未能充分发挥资金使用效益。

应付国库集中支付结余按规定实行个别事项的权责发生制账务处理。

（二）账户设置

财政总预算会计应设置"应付国库集中支付结余"科目核算政府财政采用权责发生制列支的、预算单位尚未使用的国库集中支付结余资金。该科目应当根据管理需要，按照政府收支分类科目等进行相应明细核算。科目期末贷方余额反映政府财政尚未支付的国库集中支付结余。

（三）账务处理

年末，对当年形成的国库集中支付结余采用权责发生制列支时

借：一般公共预算本级支出

　　政府性基金预算本级支出等

　　贷：应付国库集中支付结余

以后年度实际支付国库集中支付结余资金时，分以下情况处理：

1）按原结转预算科目支出的

借：应付国库集中支付结余

　　贷：国库存款

2）调整支出预算科目的，应当按原结转预算科目做冲销处理

借：应付国库集中支付结余

　　贷：一般公共预算本级支出

　　　　政府性基金预算本级支出等

同时，按实际支出预算科目作列支账务处理

借：一般公共预算本级支出

　　政府性基金预算本级支出等

　　贷：国库存款

【例 10-19】为支持新能源汽车开发，某科研单位获得国家 863 电动汽车重大项目课题立项，总金额 1 000 万元。项目经费已下达某市财政。按市财政部门批准的预算，2019 年需市财政集中支付 500 万元。2019 年市财政实际支付 400 万元，尚未支付的 100 万元需结转下一年度支付，继续用于电动汽车开发项目。

市财政总预算会计处理为：

2019 年年末，市财政采用权责发生制将形成的国库集中支付结余 100 万元列支时

借：一般公共预算本级支出　　　　　　　　　　　　　1 000 000

　　贷：应付国库集中支付结余　　　　　　　　　　　　　　　　1 000 000

市财政 2020 年度按原结转预算科目支出支付结余资金 100 万元时

借：应付国库集中支付结余　　　　　　　　　　　　　1 000 000

　　贷：国库存款　　　　　　　　　　　　　　　　　　　　　　1 000 000

四、应付代管资金

（一）概念

应付代管资金是指政府财政代为管理的，使用权属于被代管主体的资金。

例如，乡镇财政所对乡镇政府所属单位及村级财务和资金在一个平台上统一管理、统一运行，包括预算单位资金、村级资金、保证金、工会经费等。

（二）账户设置

财政总预算会计应设置"应付代管资金"科目核算政府财政代为管理的、使用权属于被代管主体的资金。该科目应当根据管理需要进行相关明细核算。科目期末贷方余额反映政府财政尚未支付的代管资金。

（三）账务处理

收到代管资金时

借：其他财政存款

　　贷：应付代管资金

支付代管资金时

借：应付代管资金

　　贷：其他财政存款

代管资金产生的利息收入按照相关规定仍属于代管资金的

借：其他财政存款

　　贷：应付代管资金

【例 10-20】某县为建立健全村级各项财务管理制度，实行"村账乡代管"制度。村级收入一律使用统一的票据，所收资金及时交乡镇会计委托代理服务中心代为管理，村组发生资金支出时实行报批制度，不允许坐收坐支。同时，要求每个村组每半年至少公开一次财务信息，确保村级资金使用的公开、透明。2019 年 8 月 23 日，A 村交来荒山，荒地、荒

滩、山林、水面的承包费金额 6 万元。2019 年 9 月，B 村向乡镇会计委托代理服务中心报销了 1 万元。2019 年度乡镇会计委托代理服务中心代管的 A 村资金利息共计 5 000 元。

乡财政总预算会计处理为：

收到 A 村代管资金时

借：其他财政存款   60 000

  贷：应付代管资金——A 村   60 000

支付 B 村代管资金时

借：应付代管资金——B 村   10 000

  贷：其他财政存款   10 000

代管资金产生的利息收入按照相关规定仍属于代管资金的

借：其他财政存款   5 000

  贷：应付代管资金——A 村   5 000

五、借入款项

（一）概念

借入款项是指政府财政部门以政府名义向外国政府、国际金融组织等借入的款项，以及通过经国务院批准的其他方式借款形成的负债。

例如，世界银行自 1996 年起在中国实施扶贫贷款项目。根据 2019 年 3 月 18 日织金县人民政府门户网发布的《织金县扶贫开发办公室关于世行六期扶贫贷款项目寻找能人大户或公司组建农民专业合作社的公告》，织金县作为选定的项目县，世界银行支持资金在县级作为扶贫资金使用，不承担任务债务，所有贷款资金都由省级财政进行偿还。世行银行贷款资金支持织金县资金共计 10 317.8 万元人民币，其中：一是有条件支持合作社发展资金 6 276.2 万元；二是公共基础设施与服务支持 2 282.4 万元；三是管理、产业、少数民族（农户）培训 494.9 万元；四是公私合作 241.4 万元；五是产业扶贫机制研究与发展 40 万元；六是项目管理、监测及评价 288.9 万元；七是预留不可预见费 694 万元。

（二）账户设置

财政总预算会计应设置"借入款项"科目核算政府财政部门以政府名义向外国政府和国际金融组织等借入的款项，以及经国务院批准的其他方式借入的款项。科目期末贷方余额反映本级政府财政尚未偿还的借入款项本金和利息。

该科目下应当设置"应付本金""应付利息"明细科目，分别对借入款项的应付本金和利息进行明细核算，还应当按照债权人进行明细核算。债务管理部门应当设置相应的辅助账，详细记录每笔借入款项的期限、借入日期、偿还及付息情况等。

（三）账务处理

本部分账务处理以主权外债借入款为例进行说明，其他借入款项账务处理参照"借入款项"科目使用说明中"借入主权外债业务"的账务处理。

1. 本级政府财政收到借入的主权外债资金时

借：其他财政存款

  贷：债务收入

根据债务管理部门转来的相关资料，按照实际承担的债务金额

借：待偿债净资产——借入款项

  贷：借入款项

2. 本级政府财政借入主权外债，且由外方将贷款资金直接支付给用款单位或供应商时，应根据以下情况分别处理

1）本级政府财政承担还款责任，贷款资金由本级政府财政同级部门（单位）使用的，本级政府财政部门根据贷款资金支付相关资料

借：一般公共预算本级支出

　　贷：债务收入

根据债务管理部门转来的相关资料，按照实际承担的债务金额

借：待偿债净资产——借入款项

　　贷：借入款项

2）本级政府财政承担还款责任，贷款资金由下级政府财政同级部门（单位）使用的，本级政府财政部门根据贷款资金支付相关资料及预算指标文件

借：补助支出

　　贷：债务收入

根据债务管理部门转来的相关资料，按照实际承担的债务金额

借：待偿债净资产——借入款项

　　贷：借入款项

3）下级政府财政承担还款责任，贷款资金由下级政府财政同级部门（单位）使用的，本级政府财政部门根据贷款资金支付相关资料

借：债务转贷支出

　　贷：债务收入

根据债务管理部门转来的相关资料，按照实际承担的债务金额

借：待偿债净资产——借入款项

　　贷：借入款项

同时

借：应收主权外债转贷款

　　贷：资产基金——应收主权外债转贷款

3. 期末确认借入主权外债的应付利息时，根据债务管理部门计算出的本期应付未付利息金额

借：待偿债净资产——借入款项

　　贷：借入款项

4. 偿还本级政府财政承担的借入主权外债本金时

借：债务还本支出

　　贷：国库存款／其他财政存款

根据债务管理部门转来的相关资料，按照实际偿还的本金金额

借：借入款项

　　贷：待偿债净资产——借入款项

5. 偿还本级政府财政承担的借入主权外债利息时

借：一般公共预算本级支出

　　贷：国库存款／其他财政存款

实际偿还利息金额中属于已确认的应付利息部分，还应根据债务管理部门转来的相关资料

借：借入款项

　　贷：待偿债净资产——借入款项

6. 偿还下级政府财政承担的借入主权外债的本息时

借：其他应付款 / 其他应收款

　　贷：国库存款 / 其他财政存款

根据债务管理部门转来的相关资料，按照实际偿还的本金及已确认的应付利息金额

借：借入款项

　　贷：待偿债净资产——借入款项

7. 被上级政府财政扣缴借入主权外债的本息时

借：其他应收款

　　贷：与上级往来

根据债务管理部门转来的相关资料，按照实际扣缴的本金及已确认的应付利息金额

借：借入款项

　　贷：待偿债净资产——借入款项

列报支出时，对应由本级政府财政承担的还本支出

借：债务还本支出

　　贷：其他应收款

对应由本级政府财政承担的利息支出

借：一般公共预算本级支出

　　贷：其他应收款

8. 债权人豁免本级政府财政承担偿还责任的借入主权外债本息时，根据债务管理部门转来的相关资料，按照被豁免的本金及已确认的应付利息金额

借：借入款项

　　贷：待偿债净资产——借入款项

债权人豁免下级政府财政承担偿还责任的借入主权外债本息时，根据债务管理部门转来的相关资料，按照被豁免的本金及已确认的应付利息金额

借：借入款项

　　贷：待偿债净资产——借入款项

同时

借：资产基金——应收主权外债转贷款

　　贷：应收主权外债转贷款

【例 10-21】2019 年 1 月 5 日，世界银行给中国某省贷款 5 亿元。该贷款由该省还本付息，期限为 2019 年至 2023 年，贷款利率 6%。按年付息，到期还本，均通过国库直接支付。款项 A 市使用，以支持该市智能交通示范项目和城市交通基础设施建设。2019 年 1 月 5 日，款项由世界银行直接支付给所辖 A 市财政国库。

（1）2019 年 1 月 5 日，外方将贷款资金直接支付给 A 市财政国库，由省财政承担还款责任，贷款资金由下级 A 市政府财政同级部门（单位）使用，省财政部门根据贷款资金支付相关资料及预算指标文件。

借：补助支出　　　　　　　　　　　　　500 000 000

　　贷：债务收入　　　　　　　　　　　　　　　　500 000 000

根据债务管理部门转来的相关资料，按照实际承担的债务金额，

借：待偿债净资产——借入款项　　　　　　　　　　500 000 000

　　贷：借入款项　　　　　　　　　　　　　　　　　　　　500 000 000

（2）2019年12月31日，省财政确认借入主权外债的应付利息，根据债务管理部门计算出的本期应付未付利息金额3 000万元。

借：待偿债净资产——借入款项　　　　　　　　　　30 000 000

　　贷：借入款项　　　　　　　　　　　　　　　　　　　　30 000 000

（3）2020年1月5日至2022年1月5日，省财政每次偿还承担的借入主权外债利息时，应编制如下会计分录。

借：一般公共预算本级支出　　　　　　　　　　　　30 000 000

　　贷：国库存款　　　　　　　　　　　　　　　　　　　　30 000 000

同时，

借：借入款项　　　　　　　　　　　　　　　　　　30 000 000

　　贷：待偿债净资产——借入款项　　　　　　　　　　　　30 000 000

（4）2022年12月31日，省财政确认借入主权外债的应付利息，根据债务管理部门计算出的本期应付未付利息金额3 000万元，应编制如下会计分录。

借：待偿债净资产——借入款项　　　　　　　　　　30 000 000

　　贷：借入款项　　　　　　　　　　　　　　　　　　　　30 000 000

（5）2023年1月5日，省财政偿还承担的借入主权外债本金和最后一年利息时，应编制如下会计分录。

借：债务还本支出　　　　　　　　　　　　　　　　500 000 000

　　一般公共预算本级支出　　　　　　　　　　　　30 000 000

　　贷：国库存款　　　　　　　　　　　　　　　　　　　　530 000 000

根据债务管理部门转来的相关资料，按照实际偿还的本金金额

借：借入款项　　　　　　　　　　　　　　　　　　530 000 000

　　贷：待偿债净资产——借入款项　　　　　　　　　　　　530 000 000

六、其他负债

（一）概念

其他负债是指政府财政因有关政策明确要求其承担支出责任的事项而形成的应付未付款项。

（二）账户设置

财政总预算会计应设置"其他负债"科目核算政府财政因有关政策明确要求其承担支出责任的事项而形成的应付未付款项。该科目应当按照债权单位和项目等进行明细核算。科目贷方余额反映政府财政承担的尚未支付的其他负债余额。

（三）账务处理

有关政策已明确政府财政承担的支出责任，按照确定应承担的负债金额

借：待偿债净资产

　　贷：其他负债

实际偿还负债时

借：有关支出等科目

　　贷：国库存款等

同时，按照相同的金额

借：其他负债

　　贷：待偿债净资产

第三节　财政总预算会计的净资产

一、净资产的确认与计量

（一）具体内容

财政总预算会计的净资产是指政府财政资产减去负债的差额。

财政总预算会计核算的净资产包括以下 9 项：

（1）一般公共预算结转结余。一般公共预算结转结余是指一般公共预算收支的执行结果。

（2）政府性基金预算结转结余。政府性基金预算结转结余是指政府性基金预算收支的执行结果。

（3）国有资本经营预算结转结余。国有资本经营预算结转结余是指国有资本经营预算收支的执行结果。

（4）财政专户管理资金结余。财政专户管理资金结余是指纳入财政专户管理的教育收费等资金收支的执行结果。

（5）专用基金结余。专用基金结余是指专用基金收支的执行结果。

（6）预算稳定调节基金。预算稳定调节基金是指政府财政安排用于弥补以后年度预算资金不足的储备资金。

（7）预算周转金。预算周转金是指政府财政为调剂预算年度内季节性收支差额，保证及时用款而设置的库款周转资金。

（8）资产基金。资产基金是指政府财政持有的债权和股权投资等资产（与其相关的资金收支纳入预算管理）在净资产中占用的金额。

（9）待偿债净资产。待偿债净资产是指政府财政承担应付短期政府债券、应付长期政府债券、借入款项、应付地方政府债券转贷款、应付主权外债转贷款、其他负债等负债（与其相关的资金收支纳入预算管理）而相应需在净资产中冲减的金额。

（二）确认时点与计量

各项结转结余应每年结算一次。

二、一般公共预算结转结余

（一）账户设置

财政总预算会计应设置"一般公共预算结转结余"科目核算政府财政纳入一般公共预算管理的收支相抵形成的结转结余。该科目年终贷方余额反映一般公共预算收支相抵后的滚存结转结余。

（二）账务处理

1. 年终转账

将一般公共预算的有关收入科目贷方余额转入"一般公共预算结转结余"科目的贷方

借：一般公共预算本级收入

　　地区间援助收入

　　动用预算稳定调节基金

　　补助收入——一般公共预算补助收入

　　上解收入——一般公共预算上解收入

　　调入资金——一般公共预算调入资金

　　债务收入——一般债务收入

　　债务转贷收入——地方政府一般债务转贷收入

　　贷：一般公共预算结转结余

将一般公共预算的有关支出科目借方余额转入"一般公共预算结转结余"科目的借方

借：一般公共预算结转结余

　　贷：一般公共预算本级支出

　　　　地区间援助支出

　　　　安排预算稳定调节基金

　　　　上解支出——一般公共预算上解支出

　　　　补助支出——一般公共预算补助支出

　　　　调出资金——一般公共预算调出资金

　　　　债务转贷支出——地方政府一般债务转贷支出

　　　　债务还本支出——一般债务还本支出

2. 设置和补充预算周转金

借：一般公共预算结转结余

　　贷：预算周转金

三、政府性基金预算结转结余

（一）账户设置

财政总预算会计应设置"政府性基金预算结转结余"科目核算政府财政纳入政府性基金预算管理的收支相抵形成的结转结余。该科目应当根据管理需要，按照政府性基金的种类进行明细核算。科目年终贷方余额反映政府性基金预算收支相抵后的滚存结转结余。

（二）账务处理

政府性基金预算连续两年未用完的结转资金，应当作为结余资金，可以调入一般公共预算。

年终，应将政府性基金预算的有关收入科目贷方余额按照政府性基金种类分别转入"政府性基金预算结转结余"科目下相应明细科目的贷方。

借：政府性基金预算本级收入

　　补助收入——政府性基金预算补助收入

　　上解收入——政府性基金预算上解收入

　　调入资金——政府性基金预算调入资金

　　债务收入——专项债务收入

　　债务转贷收入——地方政府专项债务转贷收入

　　贷：政府性基金预算结转结余

年终，将政府性基金预算的有关支出科目借方余额按照政府性基金种类分别转入"政府性基金预算结转结余"科目下相应明细科目的借方。

借：政府性基金预算结转结余

　　贷：政府性基金预算本级支出

　　　　上解支出——政府性基金预算上解支出

　　　　补助支出——政府性基金预算补助支出

　　　　调出资金——政府性基金预算调出资金

　　　　债务还本支出——专项债务还本支出

　　　　债务转贷支出——地方政府专项债务转贷支出

四、国有资本经营预算结转结余

（一）账户设置

财政总预算会计应设置"国有资本经营预算结转结余"科目核算政府财政纳入国有资本经营预算管理的收支相抵形成的结转结余。科目年终贷方余额反映国有资本经营预算收支相抵后的滚存结转结余。

（二）账务处理

国有资本经营预算连续两年未用完的结转资金，应当作为结余资金，可以调入一般公共预算。

年终转账时，应将国有资本经营预算的有关收入科目贷方余额转入"国有资本经营预算结转结余"科目贷方。

借：国有资本经营预算本级收入

　　贷：国有资本经营预算结转结余

将国有资本经营预算的有关支出科目借方余额转入"国有资本经营预算结转结余"科目借方。

借：国有资本经营预算结转结余

　　贷：国有资本经营预算本级支出

　　　　调出资金——国有资本经营预算调出资金

【例 10-22】2019 年 12 月 31 日结账时，某市财政有关收入科目余额如表 10-1 所示（百万元）：

表 10-1　相关收入科目年终余额表

科目	贷方余额
一般公共预算本级收入	100
补助收入——一般公共预算补助收入	20
——政府性基金预算补助收入	10
上解收入——一般公共预算上解收入	15
——政府性基金预算上解收入	7
调入资金——一般公共预算调入资金	—
——政府性基金预算调入资金	3
地区间援助收入	4
债务收入——一般债务收入	5
——专项债务收入	6

（续）

科目	贷方余额
债务转贷收入——地方政府一般债务转贷收入	11
——地方政府专项债务转贷收入	12
国有资本经营预算本级收入	80

市财政总预算会计的账务处理为：

借：一般公共预算本级收入 100 000 000

补助收入——一般公共预算补助收入 20 000 000

——政府性基金预算补助收入 10 000 000

上解收入——一般公共预算上解收入 15 000 000

——政府性基金预算上解收入 7 000 000

调入资金——政府性基金预算调入资金 3 000 000

地区间援助收入 4 000 000

债务收入——一般债务收入 5 000 000

——专项债务收入 6 000 000

债务转贷收入——地方政府一般债务转贷收入 11 000 000

——地方政府专项债务转贷收入 12 000 000

国有资本经营预算本级收入 80 000 000

贷：一般公共预算结转结余 155 000 000

政府性基金预算结转结余 38 000 000

国有资本经营预算结转结余 80 000 000

【例 10-23】2019 年 12 月 31 日，某市财政有关支出科目余额分别如表 10-2 所示（百万元）：

表 10-2 相关支出科目年终余额表

科目	借方余额
一般公共预算本级支出	102
上解支出——一般公共预算上解支出	12
——政府性基金预算上解支出	13
补助支出——一般公共预算补助支出	40
——政府性基金预算补助支出	30
地区间援助支出	6
调出资金——一般公共预算调出资金	—
——政府性基金预算调出资金	8
——国有资本经营预算调出资金	42
债务转贷支出——地方政府一般债务转贷支出	9
——地方政府专项债务转贷支出	7.5
债务还本支出——一般债务还本支出	15
——专项债务还本支出	16
安排预算稳定调节基金	4
国有资本经营预算本级支出	70

市财政总预算会计账务处理为：

借：一般公共预算结转结余	188 000 000	
政府性基金预算结转结余	74 500 000	
国有资本经营预算结转结余	112 000 000	
贷：一般公共预算本级支出		102 000 000
上解支出——一般公共预算上解支出		12 000 000
——政府性基金预算上解支出		13 000 000
补助支出——一般公共预算补助支出		40 000 000
——政府性基金预算补助支出		30 000 000
地区间援助支出		6 000 000
调出资金——政府性基金预算调出资金		8 000 000
——国有资本经营预算调出资金		42 000 000
债务转贷支出——地方政府一般债务转贷支出		9 000 000
——地方政府专项债务转贷支出		7 500 000
债务还本支出——一般债务还本支出		15 000 000
——专项债务还本支出		16 000 000
安排预算稳定调节基金		4 000 000
国有资本经营预算本级支出		70 000 000

五、财政专户管理资金结余

（一）账户设置

财政总预算会计应设置"财政专户管理资金结余"科目核算政府财政纳入财政专户管理的教育收费等资金收支相抵后形成的结余。该科目应当根据管理需要，按照部门（单位）等进行明细核算。科目年终贷方余额反映政府财政纳入财政专户管理的资金收支相抵后的滚存结余。

（二）账务处理

年终转账时，将财政专户管理资金的有关收入科目贷方余额转入"财政专户管理资金结余"科目贷方。

借：财政专户管理资金收入
　贷：财政专户管理资金结余

将财政专户管理资金的有关支出科目借方余额转入"财政专户管理资金结余"科目借方。

借：财政专户管理资金结余
　贷：财政专户管理资金支出

六、专用基金结余

（一）账户设置

财政总预算会计应设置"专用基金结余"科目核算政府财政管理的专用基金收支相抵形成的结余。该科目应当根据专用基金的种类进行明细核算。科目年终贷方余额反映政府财政管理的专用基金收支相抵后的滚存结余。

（二）账务处理

年终转账时，将专用基金的有关收入科目贷方余额转入"专用基金结余"科目贷方。

借：专用基金收入

　　贷：专用基金结余

将专用基金的有关支出科目借方余额转入"专用基金结余"科目借方。

借：专用基金结余

　　贷：专用基金支出

七、预算稳定调节基金

(一) 账户设置

财政总预算会计应设置"预算稳定调节基金"科目核算政府财政设置的用于弥补以后年度预算资金不足的储备资金。科目期末贷方余额反映预算稳定调节基金的规模。

(二) 预算稳定调节基金的补充和调用

预算法规定：

(1) 各级一般公共预算年度执行中有超收收入的，只能用于冲减赤字或者补充预算稳定调节基金；

(2) 各级一般公共预算连续两年未用完的结转资金，应当作为结余资金补充预算稳定调节基金；

(3) 各级一般公共预算的结余资金应当全额补充预算稳定调节基金，不得挪作他用。

省、自治区、直辖市一般公共预算年度执行中出现短收，通过调入预算稳定调节基金予以补充。

(三) 账务处理

(1) 使用超收收入或一般公共预算结余补充预算稳定调节基金时

借：安排预算稳定调节基金

　　贷：预算稳定调节基金

(2) 将预算周转金调入预算稳定调节基金时

借：预算周转金

　　贷：预算稳定调节基金

(3) 调用预算稳定调节基金时

借：预算稳定调节基金

　　贷：动用预算稳定调节基金

八、预算周转金

(一) 账户设置

财政总预算会计应设置"预算周转金"科目核算政府财政设置的用于调剂预算年度内季节性收支差额周转使用的资金。该科目期末贷方余额反映预算周转金的规模。

(二) 预算周转金的设置

预算周转金应根据《中华人民共和国预算法》要求设置。根据《中华人民共和国预算法实施条例（修订草案征求意见稿)》，经本级政府批准，各级政府财政部门可以设置预算周转金，额度不得超过本级一般公共预算支出总额的1%。年度终了，各级政府财政部门应当将预算周转金全部收回，作为结余资金调入预算稳定调节基金。

(三) 账务处理

1）设置和补充预算周转金时

借：一般公共预算结转结余

　　贷：预算周转金

2）将预算周转金调入预算稳定调节基金时

借：预算周转金

　　贷：预算稳定调节基金

【例 10-24】2019 年 12 月 31 日，某市财政补充预算周转金 6 亿元，将本年超收收入 2 亿元补充预算稳定调节基金，本年度调用 2018 年度预算稳定调节基金 7 亿元。假设 2020 年 12 月 31 日将本年预算周转金 5 亿元作为调入预算稳定调节基金。

2019 年 12 月 31 日

补充预算周转金 6 亿元

借：一般公共预算结转结余　　　　　　　600 000 000

　　贷：预算周转金　　　　　　　　　　　　　　　600 000 000

将本年超收收入 2 亿元补充预算稳定调节基金

借：安排预算稳定调节基金　　　　　　　200 000 000

　　贷：预算稳定调节基金　　　　　　　　　　　　200 000 000

调用 2018 年度预算稳定调节基金 7 亿元

借：预算稳定调节基金　　　　　　　　　700 000 000

　　贷：动用预算稳定调节基金　　　　　　　　　　700 000 000

2020 年 12 月 31 日

借：预算周转金　　　　　　　　　　　　500 000 000

　　贷：预算稳定调节基金　　　　　　　　　　　　500 000 000

九、资产基金

（一）账户设置

财政总预算会计应设置"资产基金"科目核算政府财政持有的应收地方政府债券转贷款、应收主权外债转贷款、股权投资和应收股利等资产（与其相关的资金收支纳入预算管理）在净资产中占用的金额。

该科目下应当设置"应收地方政府债券转贷款""应收主权外债转贷款""股权投资""应收股利"等明细科目，进行明细核算。

科目期末贷方余额，反映政府财政持有应收地方政府债券转贷款、应收主权外债转贷款、股权投资和应收股利等资产（与其相关的资金收支纳入预算管理）在净资产中占用的金额。

（二）账务处理

资产基金的账务处理参见本章第一节"八、政府债券转贷款"和"九、股权投资"部分内容。

十、待偿债净资产

（一）账户设置

财政总预算会计应设置"待偿债净资产"科目核算政府财政因发生应付政府债券、借入款项、应付地方政府债券转贷款、应付主权外债转贷款、其他负债等负债（与其相关的资金收支纳入预算管理）相应需在净资产中冲减的金额。

该科目下应当设置"应付短期政府债券""应付长期政府债券""借入款项""应付地方政府债券转贷款""应付主权外债转贷款""其他负债"等明细科目，进行明细核算。

科目期末借方余额，反映政府财政承担应付政府债券、借入款项、应付地方政府债券转贷款、应付主权外债转贷款和其他负债等负债（与其相关的资金收支纳入预算管理）而相应需冲减净资产的金额。

（二）账务处理

待偿债净资产的账务处理参见本章第一节"八、政府债券转贷款"和第二节"五、借入款项"部分内容。

▶ 本章小结

财政总预算会计核算的资产分为流动资产和非流动资产，具体包括财政存款、有价证券、应收股利、借出款项、暂付及应收款项、预拨经费、应收转贷款和股权投资等。财政总预算会计的资产应当在取得其相关权利，并且能够可靠地进行货币计量时确认，并应当按照取得或发生时实际金额进行计量。债务，应当在承担偿还责任，并且能够可靠地进行货币计量时确认。财政总预算会计资产与负债的会计核算包括财政存款、有价证券、在途款、预拨经费、借出款项、财政业务活动中的与下级往来、与上级往来、其他应收款、其他应付款等债权债务、地方政府债券转贷款和主权外债转贷款等政府债券转贷业务、股权投资业务、待发国债、政府发行债券业务、应付国库集中支付结余、应付代管资金、借入款项业务。财政总预算会计核算的净资产包括一般公共预算结转结余、政府性基金预算结转结余、国有资本经营预算结转结余、财政专户管理资金结余、专用基金结余、预算稳定调节基金、预算周转金、资产基金和待偿债净资产。单设的财政国库支付执行机构应设置"财政零余额账户存款"科目核算财政国库支付执行机构在代理银行办理财政直接支付的业务，设置"已结报支出"科目核算政府财政国库支付执行机构已清算的国库集中支付支出数额。

▶ 关键术语

▶ 想一想，做一做

第十一章

财政总预算会计报表

► **学习目标** ◄

1. 熟悉财政总预算会计报表体系的内容。
2. 熟悉进行年终清理结算、转账、结清旧账和记入新账的方法。
3. 了解预算执行情况表的构成。
4. 掌握资产负债表的编制方法。
5. 掌握收入支出表、一般公共预算执行情况表、政府性基金预算执行情况表、国有资本经营预算执行情况表编制方法。
6. 掌握财政专户管理资金收支情况表、专用基金收支情况表的编制方法。

► **开篇案例**

厦门市湖里区 2018 年预算执行情况

根据厦门市湖里区人民政府发布的《关于湖里区 2018 年预算执行情况和 2019 年预算草案的报告》，摘引其中部分内容如下：

2018 年，全区实现一般公共预算总收入 2 011 789 万元（预计数，下同），完成区八届人大常委会第十五次会议批准预算调整数的 100.02%，增长 4.66%；区级一般公共预算收入 467 549 万元，完成预算调整数的 100.32%，比上年增长 6.69%。全区一般公共预算支出 617 237 万元（其中上级专项及上年结转支出 30 318 万元），完成预算调整数的 100.53%，比上年下降 5.83%。

上级政府性基金专项转移收入 578 357 万元（主要是枋湖—后埔片区土地出让收入返还 51.3 亿元，灾后重建项目补助 3.6 亿元，高林学校建设补助 1.66 亿元），上年结余 808 万元，调入其他资金 298 万元，基金收入总计 579 463 万元。政府性基金中预算调整时安排支出 55 450 万元，因土地拍卖市专项返还 90% 的收入，增加土地基金支出 51.3 亿元，全年政府性基金支出 579 463 万元，完成预算调整的 1043.02%，基金预算无结余。

国有资本经营预算收入 561 万元，完成预算调整的 100%；全部调入一般公共预算，统筹用于企业扶持等支出。

上述各类预算收支分别通过哪些财政总预算会计报表列报？

资料来源：厦门市湖里区人民政府.关于湖里区 2018 年预算执行情况和 2019 年预算草案的报告［EB/OL］.(2019-01-10). http://www.huli.gov.cn/zwgk/xzdgk/czy/qjzfyjsgjf/201902/t20190214_183530.htm.

第一节　财政总预算会计报表概述

一、财政总预算会计报表的概念及种类

财政总预算会计报表是反映政府财政预算执行结果和财务状况的书面文件，是各级政府和各级财政部门了解情况、掌握政策、指导预算执行工作的重要资料，也是编制下年度预算的基础。

财政总预算会计报表包括资产负债表、收入支出表、一般公共预算执行情况表、政府性基金预算执行情况表、国有资本经营预算执行情况表、财政专户管理资金收支情况表、专用基金收支情况表等会计报表和附注。

其中，附注是指对在会计报表中列示项目的文字描述或明细资料，以及对未能在会计报表中列示项目的说明。财政总预算会计报表附注应当至少披露下列内容：

（1）遵循《财政总预算会计制度》的声明。

（2）本级政府财政预算执行情况和财务状况的说明。

（3）会计报表中列示的重要项目的进一步说明，包括其主要构成、增减变动情况等。

（4）或有负债情况的说明。

（5）有助于理解和分析会计报表的其他需要说明的事项。

二、财政总预算会计报表的编制要求

财政总预算会计应当编制并提供真实、完整的会计报表，切实做到账表一致，不得估列代编，弄虚作假。

财政总预算会计要严格按照统一规定的种类、格式、内容、计算方法和编制口径填制会计报表，以保证全国统一汇总和分析。汇总报表的单位，要把所属单位的报表汇集齐全，防止漏报。

三、财政总预算会计决算草案的审编

财政总预算会计参与或具体负责组织下列决算草案编审工作：

（1）参与组织制定决算草案编审办法。根据上级政府财政的统一要求和本行政区域预算管理的需要，提出年终收支清理、数字编列口径、决算审查和组织领导等具体要求，并对财政结算、结余处理等具体问题制定管理办法。

（2）根据上级政府财政的要求，结合本行政区域的具体情况制定本行政区域政府财政总决算统一表格。

（3）办理全年各项收支、预拨款项、往来款项等会计对账、结账工作。

（4）对下级政府财政布置决算草案编审工作，指导、督促其及时汇总报送决算。

（5）审核、汇总所属财政部门总决算草案，向上级政府财政部门报送本辖区汇总的财政总决算草案。

（6）编制决算说明和决算分析报告，向上级政府财政汇报决算编审工作情况，进行上

下级政府财政之间的财政体制结算以及财政总决算的文件归档工作。

（7）各级政府财政应将汇总编制的本级决算草案及时报本级政府审定。各级政府财政应按照上级政府财政部门的要求，将经本级人民政府审定的本行政区域决算草案逐级及时报送备案。计划单列市的财政决算，除按规定报送财政部外，应按所在省的规定报所在省。

具体的决算编审工作，按照财政决算管理部门的相关规定执行。

第二节　编制财政总预算会计报表前的准备工作

一、年终清理结算

各级各预算会计，在会计年度结束前，应当对会计事项全面进行年终清理结算。年终清理结算的主要工作有以下内容。

（一）核对年度预算

预算是预算执行和办理会计结算的依据。年终前，财政总预算会计应配合预算管理部门将本级政府财政全年预算指标与上、下级政府财政总预算和本级各部门预算进行核对，及时办理预算调整和转移支付事项。

本年预算调整和对下转移支付一般截止到 11 月底；各项预算拨款，一般截止到 12 月 25 日。

（二）清理本年预算收支

认真清理本年预算收入，督促征收部门和国家金库年终前如数缴库。应在本年预算支领列报的款项，非特殊原因，应在年终前办理完毕。

清理财政专户管理资金和专用基金收支。凡属应列入本年的收入，应及时催收，并缴入国库或指定财政专户。

（三）组织征收部门和国库进行年度对账

（四）清理核对当年拨款支出

财政总预算会计对本级各单位的拨款支出应与单位的拨款收入核对无误。属于应收回的拨款，应及时收回，并按收回数相应冲减预算支出。属于预拨下年度的经费，不得列入当年预算支出。

（五）核实股权、债权和债务

财政部门内部相关资产、债务管理部门应于 12 月 20 日前向财政总预算会计提供与股权、债权、债务等核算和反映相关的资料。财政总预算会计对股权投资、借出款项、应收股利、应收地方政府债券转贷款、应收主权外债转贷款、借入款项、应付短期政府债券、应付长期政府债券、应付地方政府债券转贷款、应付主权外债转贷款、其他负债等余额应与相关管理部门进行核对，记录不一致的要及时查明原因，按规定调整账务，做到账实相符，账账相符。

（六）清理往来款项

政府财政要认真清理其他应收款、其他应付款等各种往来款项，在年度终了前予以收回或归还。应转作收入或支出的各项款项，要及时转入本年有关收支账。

（七）进行年终财政结算

财政预算管理部门要在年终清理的基础上，于次年元月底前结清上下级政府财政的转移支付收支和往来款项。财政总预算会计要按照财政管理体制的规定，根据预算结算单，与年度预算执行过程中已补助和已上解数额进行比较，结合往来款和借垫款情况，计算出全年最后应补或应退数额，填制"年终财政决算结算单"，经核对无误后，作为年终财政结算凭证，据以入账。

财政总预算会计对年终决算清理期内发生的会计事项，应当划清会计年度。属于清理上年度的会计事项，记入上年度会计账；属于新年度的会计事项，记入新年度会计账，防止错记漏记。

二、年终结账

经过年终清理和结算，把各项结算收支入账后，即可办理年终结账。年终结账工作一般分为年终转账、结清旧账和记入新账三个步骤，依次做账。

（一）年终转账

计算出各科目12月份合计数和全年累计数，结出12月末余额，编制结账前的"资产负债表"，再根据收支额填制记账凭证，将收支分别转入"一般公共预算结转结余""政府性基金预算结转结余""国有资本经营预算结转结余""专用基金结余""财政专户管理资金结余"等科目冲销。

（二）结清旧账

将各个收入和支出科目的借方、贷方结出全年总计数。

对年终有余额的科目，在"摘要"栏内注明"结转下年"字样，表示转入新账。

（三）记入新账

根据年终转账后的总账和明细账余额编制年终"资产负债表"和有关明细表，将表列各科目余额直接记入新年度有关总账和明细账年初余额栏内，并在"摘要"栏注明"上年结转"字样，以区别新年度发生数。

决算经本级人民代表大会常务委员会（或人民代表大会）审查批准后，如需更正原报决算草案收入、支出时，则要相应调整有关账目，重新办理结账事项。

第三节　资产负债表

一、资产负债表的结构

资产负债表是反映政府财政在某一特定日期财务状况的报表。资产负债表应当按照资产、负债和净资产分类、分项列示。

二、资产负债表的格式

财政总预算会计报表的格式如表11-1所示。

表 11-1　资产负债表

会财政 01 表

编制单位：　　　　　　　　　　年　　月　　日　　　　　　　　　　单位：元

资　　产	年初余额	期末余额	负债和净资产	年初余额	期末余额
流动资产：			**流动负债：**		
国库存款			应付短期政府债券		
国库现金管理存款			应付利息		

（续）

资　产	年初余额	期末余额	负债和净资产	年初余额	期末余额
其他财政存款			应付国库集中支付结余		
有价证券			与上级往来		
在途款			其他应付款		
预拨经费			应付代管资金		
借出款项			一年内到期的非流动负债		
应收股利			流动负债合计		
应收利息			**非流动负债：**		
与下级往来			应付长期政府债券		
其他应收款			借入款项		
流动资产合计			应付地方政府债券转贷款		
非流动资产：			应付主权外债转贷款		
应收地方政府债券转贷款			其他负债		
应收主权外债转贷款			**非流动负债合计**		
股权投资			**负债合计**		
待发国债			一般公共预算结转结余		
非流动资产合计			政府性基金预算结转结余		
			国有资本经营预算结转结余		
			财政专户管理资金结余		
			专用基金结余		
			预算稳定调节基金		
			预算周转金		
			资产基金		
			减：待偿债净资产		
			净资产合计		
资产总计			**负债和净资产总计**		

三、资产负债表的编制

资产负债表及其附注应当至少按年度编制。

（一）"年初余额"栏的填列

资产负债表"年初余额"栏应当根据上年末资产负债表"期末余额"栏内数字填列。

如果本年度资产负债表规定的各个项目的名称和内容同上年度不相一致，应对上年年末资产负债表各项目的名称和数字按照本年度的规定进行调整，填入"年初余额"栏内。

（二）"期末余额"栏的内容

1. 资产类项目的内容

（1）"国库存款"项目，反映政府财政期末存放在国库单一账户的款项金额。

（2）"国库现金管理存款"项目，反映政府财政期末实行国库现金管理业务持有的存款金额。

（3）"其他财政存款"项目，反映政府财政期末持有的其他财政存款金额。

（4）"有价证券"项目，反映政府财政期末持有的有价证券金额。

（5）"在途款"项目，反映政府财政期末持有的在途款金额。

（6）"预拨经费"项目，反映政府财政期末尚未转列支出或尚待收回的预拨经费金额。

（7）"借出款项"项目，反映政府财政期末借给预算单位尚未收回的款项金额。

（8）"应收股利"项目，反映政府期末尚未收回的现金股利或利润金额。

（9）"应收利息"项目，反映政府财政期末尚未收回应收利息金额。

（10）"与下级往来"项目，正数反映下级政府财政欠本级政府财政的款项金额；负数反映本级政府财政欠下级政府财政的款项金额。

（11）"其他应收款"项目，反映政府财政期末尚未收回的其他应收款的金额。

（12）"应收地方政府债券转贷款"项目，反映政府财政期末尚未收回的地方政府债券转贷款的本金金额。

（13）"应收主权外债转贷款"项目，反映政府财政期末尚未收回的主权外债转贷款的本金金额。

（14）"股权投资"项目，反映政府期末持有的股权投资的金额。

（15）"待发国债"项目，反映中央政府财政期末尚未使用的国债发行额度。

2. 负债类项目的内容

（1）"应付短期政府债券"项目，反映政府财政期末尚未偿还的发行期限不超过1年（含1年）的政府债券的本金金额。

（2）"应付利息"项目，反映政府财政期末尚未支付的应付利息金额。

（3）"应付国库集中支付结余"项目，反映政府财政期末尚未支付的国库集中支付结余金额。

（4）"与上级往来"项目，正数反映本级政府财政期末欠上级政府财政的款项金额；负数反映上级政府财政欠本级政府财政的款项金额。

（5）"其他应付款"项目，反映政府财政期末尚未支付的其他应付款的金额。

（6）"应付代管资金"项目，反映政府财政期末尚未支付的代管资金金额。

（7）"一年内到期的非流动负债"项目，反映政府财政期末承担的1年以内（含1年）到偿还期的非流动负债。

（8）"应付长期政府债券"项目，反映政府财政期末承担的偿还期限超过1年的长期政府债券的本金金额及到期一次还本付息的长期政府债券的应付利息金额。

（9）"应付地方政府债券转贷款"项目，反映政府财政期末承担的偿还期限超过1年的地方政府债券转贷款的本金金额。

（10）"应付主权外债转贷款"项目，反映政府财政期末承担的偿还期限超过1年的主权外债转贷款的本金金额。

（11）"借入款项"项目，反映政府财政期末承担的偿还期限超过1年的借入款项的本金金额。

（12）"其他负债"项目，反映政府财政期末承担的偿还期限超过1年的其他负债金额。

3. 净资产类项目的内容

（1）"一般公共预算结转结余"项目，反映政府财政期末滚存的一般公共预算结转金额。

（2）"政府性基金预算结转结余"项目，反映政府财政期末滚存的政府性基金预算结转结余金额。

（3）"国有资本经营预算结转结余"项目，反映政府财政期末滚存的国有资本经营预算结转结余金额。

（4）"财政专户管理资金结余"项目，反映政府财政期末滚存的财政专户管理资金结余金额。

（5）"专用基金结余"项目，反映政府财政期末滚存的专用基金结余金额。

（6）"预算稳定调节基金"项目，反映政府财政期末预算稳定调节基金的余额。

（7）"预算周转金"项目，反映政府财政期末预算周转金的余额。

（8）"资产基金"项目，反映政府财政期末持有的应收地方政府债券转贷款、应收主权外债转贷款、股权投资和应收股利等资产在净资产中占用的金额。

（9）"待偿债净资产"项目，反映政府财政期末因承担应付短期政府债券、应付长期政府债券、借入款项、应付地方政府债券转贷款、应付主权外债转贷款、其他负债等负债相应需在净资产中冲减的金额。

（三）"期末余额"栏的填列

1. 根据相关科目的期末余额直接填列

（1）直接填列的资产项目。这类项目有：国库存款、国库现金管理存款、其他财政存款、有价证券、在途款、预拨经费、与下级往来、借出款项、应收股利、其他应收款、股权投资和待发国债。

（2）直接填列的负债项目。这类项目有：应付国库集中支付结余、与上级往来、其他应付款、应付代管资金、其他负债。

（3）直接填列的净资产项目。这类项目有：一般公共预算结转结余、政府性基金预算结转结余、国有资本经营预算结转结余、财政专户管理资金结余、专用基金结余、预算稳定调节基金、预算周转金、资产基金、待偿债净资产。

2. 根据相关科目的期末余额分析填列

（1）资产类项目。"应收利息"项目，应根据"应收地方政府债券转贷款"科目和"应收主权外债转贷款"科目下"应收利息"明细科目的期末余额合计数填列。

"应收地方政府债券转贷款"项目，应根据"应收地方政府债券转贷款"科目下"应收本金"明细科目的期末余额填列。

"应收主权外债转贷款"项目，应根据"应收主权外债转贷款"科目下的"应收本金"明细科目的期末余额填列。

（2）负债类项目。"应付短期政府债券"项目，应根据"应付短期政府债券"科目下的"应付本金"明细科目的期末余额填列。

"应付利息"项目，应根据"应付短期政府债券""借入款项""应付地方政府债券转贷款""应付主权外债转贷款"科目下的"应付利息"明细科目期末余额，以及属于分期付息到期还本的"应付长期政府债券"的"应付利息"明细科目期末余额计算填列。

"一年内到期的非流动负债"项目，应根据"应付长期政府债券""借入款项""应付地方政府债券转贷款""应付主权外债转贷款""其他负债"等科目的期末余额及债务管理部门提供的资料分析填列。

"应付长期政府债券"项目，应根据"应付长期政府债券"科目的期末余额分析填列。

"应付地方政府债券转贷款"项目，应根据"应付地方政府债券转贷款"科目下"应付本金"明细科目的期末余额分析填列。

"应付主权外债转贷款"项目，应根据"应付主权外债转贷款"科目下"应付本金"明细科目的期末余额分析填列。

"借入款项"项目，应根据"借入款项"科目下"应付本金"明细科目的期末余额分析填列。

第四节 预算执行情况表

一、预算执行情况表的概念

预算执行情况表是反映政府财政预算执行结果的书面文件,包括收入支出表、一般公共预算执行情况表、政府性基金预算执行情况表、国有资本经营预算执行情况表及其附注。

二、收入支出表的格式及编制

(一)收入支出表的格式

收入支出表根据资金性质按照收入、支出、结转结余的构成分类、分项列示,格式如表 11-2 所示。

表 11-2 收入支出表

会财政 02 表

编制单位:　　　　　　　　　　年　　月　　　　　　　　　　单位:元

项目	一般公共预算		政府性基金预算		国有资本经营预算		财政专户管理资金		专用基金	
	本月数	本年累计数	本月数	本年累计数	本月数	本年累计数	本月数	本年累计数	本月数	本年累计数
年初结转结余										
收入合计										
本级收入										
其中:来自预算安排的收入										
补助收入										
上解收入										
地区间援助收入										
债务收入										
债务转贷收入										
动用预算稳定调节基金										
调入资金										
支出合计										
本级支出										
其中:权责发生制列支										
预算安排专用基金的支出										
补助支出										
上解支出										
地区间援助支出										
债务还本支出										
债务转贷支出										
安排预算稳定调节基金										
调出资金										
结余转出										
其中:增设预算周转金										
年末结转结余										

（二）收入支出表的编制

收入支出表按月度和年度编制。

1. 栏目的内容及填列

（1）"本月数"栏。

收入支出表的"本月数"反映各项目的本月实际发生数。

在编制年度收入支出表时，应将本栏改为"上年数"栏，反映上年度各项目的实际发生数。

如果本年度收入支出表规定的各个项目的名称和内容同上年度不一致，应对上年度收入支出表各项目的名称和数字按照本年度的规定进行调整，填入本年度收入支出表的"上年数"栏。

（2）"本年累计数"栏。

"本年累计数"栏反映各项目自年初起至报告期末止的累计实际发生数。编制年度收入支出表时，应当将本栏改为"本年数"。

2. "本月数"栏的内容和填列

（1）"年初结转结余"项目。该项目反映政府财政本年初各类资金结转结余金额。其中：

一般公共预算的"年初结转结余"应当根据"一般公共预算结转结余"科目的年初余额填列。

政府性基金预算的"年初结转结余"应当根据"政府性基金预算结转结余"科目的年初余额填列。

国有资本经营预算的"年初结转结余"应当根据"国有资本经营预算结转结余"科目的年初余额填列。

财政专户管理资金的"年初结转结余"应当根据"财政专户管理资金结余"科目的年初余额填列。

专用基金的"年初结转结余"应当根据"专用基金结余"科目的年初余额填列。

（2）"收入合计"项目。该项目反映政府财政本期取得的各类资金的收入合计金额。其中：

一般公共预算的"收入合计"应当根据属于一般公共预算的"本级收入""补助收入""上解收入""地区间援助收入""债务收入""债务转贷收入""动用预算稳定调节基金"和"调入资金"各行项目金额的合计填列。

政府性基金预算的"收入合计"应当根据属于政府性基金预算的"本级收入""补助收入""上解收入""债务收入""债务转贷收入"和"调入资金"各行项目金额的合计填列。

国有资本经营预算的"收入合计"应当根据属于国有资本经营预算的"本级收入"项目的金额填列。

财政专户管理资金的"收入合计"应当根据属于财政专户管理资金的"本级收入"项目的金额填列。

专用基金的"收入合计"应当根据属于专用基金的"本级收入"项目的金额填列。

（3）"本级收入"项目。该项目反映政府财政本期取得的各类资金的本级收入金额。其中：

一般公共预算的"本级收入"应当根据"一般公共预算本级收入"科目的本期发生额填列。

政府性基金预算的"本级收入"应当根据"政府性基金预算本级收入"科目的本期发

生额填列。

国有资本经营预算的"本级收入"应当根据"国有资本经营预算本级收入"科目的本期发生额填列。

财政专户管理资金的"本级收入"应当根据"财政专户管理资金收入"科目的本期发生额填列。

专用基金的"本级收入"应当根据"专用基金收入"科目的本期发生额填列。

（4）"补助收入"项目。该项目反映政府财政本期取得的各类资金的补助收入金额。其中：

一般公共预算的"补助收入"应当根据"补助收入"科目下的"一般公共预算补助收入"明细科目的本期发生额填列。

政府性基金预算的"补助收入"应当根据"补助收入"科目下的"政府性基金预算补助收入"明细科目的本期发生额填列。

（5）"上解收入"项目。该项目反映政府财政本期取得的各类资金的上解收入金额。其中：

一般公共预算的"上解收入"应当根据"上解收入"科目下的"一般公共预算上解收入"明细科目的本期发生额填列。

政府性基金预算的"上解收入"应当根据"上解收入"科目下的"政府性基金预算上解收入"明细科目的本期发生额填列。

（6）"地区间援助收入"项目。该项目反映政府财政本期取得的地区间援助收入金额。本项目应当根据"地区间援助收入"科目的本期发生额填列。

（7）"债务收入"项目。该项目反映政府财政本期取得的债务收入金额。其中：

一般公共预算的"债务收入"应当根据"债务收入"科目下除"专项债务收入"以外的其他明细科目的本期发生额填列。

政府性基金预算的"债务收入"应当根据"债务收入"科目下的"专项债务收入"明细科目的本期发生额填列。

（8）"债务转贷收入"项目。该项目反映政府财政本期取得的债务转贷收入金额。其中：

一般公共预算的"债务转贷收入"应当根据"债务转贷收入"科目下"地方政府一般债务转贷收入"明细科目的本期发生额填列。

政府性基金预算的"债务转贷收入"应当根据"债务转贷收入"科目下的"地方政府专项债务转贷收入"明细科目的本期发生额填列。

（9）"动用预算稳定调节基金"项目。该项目反映政府财政本期调用的预算稳定调节基金金额，应当根据"动用预算稳定调节基金"科目的本期发生额填列。

（10）"调入资金"项目。该项目反映政府财政本期取得的调入资金金额。其中：

一般公共预算的"调入资金"应当根据"调入资金"科目下"一般公共预算调入资金"明细科目的本期发生额填列。

政府性基金预算的"调入资金"应当根据"调入资金"科目下"政府性基金预算调入资金"明细科目的本期发生额填列。

（11）"支出合计"项目。该项目反映政府财政本期发生的各类资金的支出合计金额。其中：

一般公共预算的"支出合计"应当根据属于一般公共预算的"本级支出""补助支

出""上解支出""地区间援助支出""债务还本支出""债务转贷支出""安排预算稳定调节基金"和"调出资金"各行项目金额的合计填列。

政府性基金预算的"支出合计"应当根据属于政府性基金预算的"本级支出""补助支出""上解支出""债务还本支出""债务转贷支出"和"调出资金"各行项目金额的合计填列。

国有资本经营预算的"支出合计"应当根据属于国有资本经营预算的"本级支出"和"调出资金"项目金额的合计填列。

财政专户管理资金的"支出合计"应当根据属于财政专户管理资金的"本级支出"项目的金额填列。

专用基金的"支出合计"应当根据属于专用基金的"本级支出"项目的金额填列。

（12）"补助支出"项目。该项目反映政府财政本期发生的各类资金的补助支出金额。其中：

一般公共预算的"补助支出"应当根据"补助支出"科目下的"一般公共预算补助支出"明细科目的本期发生额填列。

政府性基金预算的"补助支出"应当根据"补助支出"科目下的"政府性基金预算补助支出"明细科目的本期发生额填列。

（13）"上解支出"项目。该项目反映政府财政本期发生的各类资金的上解支出金额。其中：

一般公共预算的"上解支出"应当根据"上解支出"科目下的"一般公共预算上解支出"明细科目的本期发生额填列。

政府性基金预算的"上解支出"应当根据"上解支出"科目下的"政府性基金预算上解支出"明细科目的本期发生额填列。

（14）"地区间援助支出"项目。该项目反映政府财政本期发生的地区间援助支出金额，应当根据"地区间援助支出"科目的本期发生额填列。

（15）"债务还本支出"项目。该项目反映政府财政本期发生的债务还本支出金额。其中：

一般公共预算的"债务还本支出"应当根据"债务还本支出"科目下除"专项债务还本支出"以外的其他明细科目的本期发生额填列。

政府性基金预算的"债务还本支出"应当根据"债务还本支出"科目下的"专项债务还本支出"明细科目的本期发生额填列。

（16）"债务转贷支出"项目。该项目反映政府财政本期发生的债务转贷支出金额。其中：

一般公共预算的"债务转贷支出"应当根据"债务转贷支出"科目下"地方政府一般债务转贷支出"明细科目的本期发生额填列。

政府性基金预算的"债务转贷支出"应当根据"债务转贷支出"科目下的"地方政府专项债务转贷支出"明细科目的本期发生额填列。

（17）"安排预算稳定调节基金"项目。该项目反映政府财政本期安排的预算稳定调节基金金额，应根据"安排预算稳定调节基金"科目的本期发生额填列。

（18）"调出资金"项目。该项目反映政府财政本期发生的各类资金的调出资金金额。其中：

一般公共预算的"调出资金"应当根据"调出资金"科目下"一般公共预算调出资金"

明细科目的本期发生额填列。

政府性基金预算的"调出资金"应当根据"调出资金"科目下"政府性基金预算调出资金"明细科目的本期发生额填列。

国有资本经营预算的"调出资金"应当根据"调出资金"科目下"国有资本经营预算调出资金"明细科目的本期发生额填列。

（19）"增设预算周转金"项目。该项目反映政府财政本期设置和补充预算周转金的金额，应当根据"预算周转金"科目的本期贷方发生额填列。

（20）"年末结转结余"项目。该项目反映政府财政本年末的各类资金的结转结余金额。其中：

一般公共预算的"年末结转结余"应当根据"一般公共预算结转结余"科目的年末余额填列。

政府性基金预算的"年末结转结余"应当根据"政府性基金预算结转结余"科目的年末余额填列。

国有资本经营预算的"年末结转结余"应当根据"国有资本经营预算结转结余"科目的年末余额填列。

财政专户管理资金的"年末结转结余"应当根据"财政专户管理资金结余"科目的年末余额填列。

专用基金的"年末结转结余"应当根据"专用基金结余"科目的年末余额填列。

三、一般公共预算执行情况表的格式及编制

（一）一般公共预算执行情况表的格式

一般公共预算执行情况表是反映政府财政在某一会计期间一般公共预算收支执行结果的报表，按照《分类科目》中一般公共预算收支科目列示，格式如表 11-3 所示。

表 11-3　一般公共预算执行情况表

会财政 03-1 表

编制单位：　　　　　　　　年　月　旬　　　　　　　　单位：元

项　目	本月（旬）数	本年（月）累计数
一般公共预算本级收入		
101 税收收入		
10101 增值税		
1010101 国内增值税		
……		
一般公共预算本级支出		
201 一般公共服务支出		
20101 人大事务		
2010101 行政运行		
……		

（二）一般公共预算执行情况表的编制

一般公共预算执行情况表应当按旬、月度和年度编制。

1. "一般公共预算本级收入"项目

该项目及所属各明细项目,应当根据"一般公共预算本级收入"科目及所属各明细科目的本期发生额填列。

2. "一般公共预算本级支出"项目

该项目及所属各明细项目,应当根据"一般公共预算本级支出"科目及所属各明细科目的本期发生额填列。

四、政府性基金预算执行情况表的格式及编制

(一)政府性基金预算执行情况表的格式

政府性基金预算执行情况表是反映政府财政在某一会计期间政府性基金预算收支执行结果的报表,按照《分类科目》中政府性基金预算收支科目列示,格式如表11-4所示。

表11-4 政府性基金预算执行情况表

会财政03-2表

编制单位: 年 月 旬 单位:元

项 目	本月(旬)数	本年(月)累计数
政府性基金预算本级收入		
10301 政府性基金收入		
1030102 农网还贷资金收入		
103010201 中央农网还贷资金收入		
……		
政府性基金预算本级支出		
206 科学技术支出		
20610 核电站乏燃料处理处置基金支出		
2061001 乏燃料运输		
……		

(二)政府性基金预算执行情况表的编制

政府性基金预算执行情况表应当按旬、月度和年度编制。

1. "政府性基金预算本级收入"项目

该项目及所属各明细项目,应当根据"政府性基金预算本级收入"科目及所属各明细科目的本期发生额填列。

2. "政府性基金预算本级支出"项目

该项目及所属各明细项目,应当根据"政府性基金预算本级支出"科目及所属各明细科目的本期发生额填列。

五、国有资本经营预算执行情况表的格式及编制

(一)国有资本经营预算执行情况表的格式

国有资本经营预算执行情况表是反映政府财政在某一会计期间国有资本经营预算收支执行结果的报表,按照《分类科目》中国有资本经营预算收支科目列示,格式如表11-5所示。

表 11-5 国有资本经营预算执行情况表

会财政 03-3 表

编制单位： 年 月 旬 单位：元

项 目	本月（旬）数	本年（月）累计数
国有资本经营预算本级收入		
10306 国有资本经营收入		
1030601 利润收入		
103060103 烟草企业利润收入		
……		
国有资本经营预算本级支出		
208 社会保障和就业支出		
20804 补充全国社会保障基金		
2080451 国有资本经营预算补充社保基金支出		
……		

（二）国有资本经营预算执行情况表的编制

国有资本经营预算执行情况表应当按旬、月度和年度编制。

1."国有资本经营预算本级收入"项目

该项目及所属各明细项目，应当根据"国有资本经营预算本级收入"科目及所属各明细科目的本期发生额填列。

2."国有资本经营预算本级支出"项目

该项目及所属各明细项目，应当根据"国有资本经营预算本级支出"科目及所属各明细科目的本期发生额填列。

第五节 收支情况表

一、财政专户管理资金收支情况表

（一）财政专户管理资金收支情况表的格式

财政专户管理资金收支情况表是反映政府财政在某一会计期间纳入财政专户管理的财政专户管理资金全部收支情况的报表，按照相关政府收支分类科目列示。格式如表 11-6 所示。

表 11-6 财政专户管理资金收支情况表

会财政 04 表

编制单位： 年 月 单位：元

项目	本月数	本年累计数
财政专户管理资金收入		
财政专户管理资金支出		

（二）财政专户管理资金收支情况表的编制

财政专户管理资金收支情况表应当按月度和年度编制。

1."财政专户管理资金收入"项目

该项目及所属各明细项目，应当根据"财政专户管理资金收入"科目及所属各明细科目的本期发生额填列。

2."财政专户管理资金支出"项目

该项目及所属各明细项目，应当根据"财政专户管理资金支出"科目及所属各明细科目的本期发生额填列。

二、专用基金收支情况表

（一）专用基金收支情况表的格式

专用基金收支情况表是反映政府财政在某一会计期间专用基金全部收支情况的报表，按照不同类型的专用基金分别列示，格式如表 11-7 所示。

表 11-7 专用基金收支情况表

会财政 05 表

编制单位：　　　　　　　　　年　　月　　　　　　　　　　单位：元

项　目	本月数	本年累计数
专用基金收入		
粮食风险基金		
……		
专用基金支出		
粮食风险基金		
……		

（二）专用基金收支情况表的编制

专用基金收支情况表应当按月度和年度编制。

1."专用基金收入"项目

该项目及所属各明细项目，应当根据"专用基金收入"科目及所属各明细科目的本期发生额填列。

2."专用基金支出"项目

该项目及所属各明细项目，应当根据"专用基金支出"科目及所属各明细科目的本期发生额填列。

▶ 本章小结

财政总预算会计报表是各级政府和各级财政部门了解情况、掌握政策、指导预算执行工作的重要资料，也是编制下年度预算的基础。财政总预算会计报表包括资产负债表、收入支出表、一般公共预算执行情况表、政府性基金预算执行情况表、国有资本经营预算执行情况表、财政专户管理资金收支情况表、专用基金收支情况表等会计报表和附注。财政总预算会计编制财政总预算会计报表前应做好准备工作，包括核对年度预算、清理本年预算收支、组织征收部门和国库进行年度对账、清理核对当年拨款支出、核实股权、债权和债务、清理往来款项、进行年终财政结算和年终结账。

资产负债表及其附注应当至少按年度编制，其项目填列大致可分为根据相关科目的期末余额直接填列和分析填列两种情况。收入支出表、一般公共预算执行情况表、政府性基金预算执行情况表、国有资本经营预算执行情况表都属于预算执行情况表，表内各项目主要根据相关科目的期末余额直接填列。财政专户管理资金收支情况表、专用基金收支情况表等会计报表和附注属于收支情况表，表内各项目主要也是根据相关科目的期末余额直接填列。

▶ **关键术语** ————————————

▶ **想一想，做一做** ————————

第四篇

政府决算报告与财务报告概述

第十二章

政府决算报告和财务报告的目标、构成与列报

▶ 学习目标 ◀

1. 理解政府会计主体应编制的报告类型。
2. 理解政府财务报告的构成。
3. 理解政府合并财务报表的层次及构成。
4. 掌握各层次政府合并财务报表的合并范围确定方法。
5. 掌握合并报表抵销分录的编制方法。

▶ 开篇案例

2018 年度政府财务报告编制试点工作

2019 年 5 月 20 日，财政部发布了《关于开展 2018 年度政府财务报告编制试点工作的通知》，要求：

（1）40 个试点中央部门编制 2018 年度政府部门财务报告。

（2）全国 36 个省、自治区、直辖市、计划单列市的试点地区财政部门组织编制 2018 年度政府部门财务报告。试点地区县级以上财政部门应按照《财政部关于修订印发〈政府部门财务报告编制操作指南（试行）〉的通知》规定，组织本级预算部门编制 2018 年度政府部门财务报告，还应按照《财政部关于修订印发〈政府综合财务报告编制操作指南（试行）〉的通知》规定，在组织编制政府部门财务报告的基础上，编制本级政府 2018 年度政府综合财务报告。试点地区乡镇本级政府综合财务报告试点编制工作由地方财政部门根据实际情况作出规定。

（3）山西省、黑龙江省、上海市、浙江省、重庆市、广东省、海南省、北京市、安徽省、青岛市、宁波市、深圳市等 12 个地区县级以上财政部门除完成上述编制工作外，还应按照《财政部关于印发〈地方政府综合财务报告合并编制操作指南（试行）〉的通知》规定，编制 2018 年度地方政府综合财务报告。

2019 年 8 月 31 日前，试点中央部门应将 2018 年度政府部门财务报告（纸质版）和电子数据、试点工作总结（纸质和电子版），以及所属单位政府部门财务报告电子数据，试点地区省级财政部门应将省级政府综合财务报告（纸质版）和电子数据及相关资料、本地区试点工作总结（纸质和电子版），以及所属市、县政府综合财务报告电子数据报送财政部（国库司）。2019 年 9 月 30 日前，12 个地区的省级财政部门将本辖区内所有县级以上（含县级）政府财政部门编制的地方政府综合财务报告（电子版）报送财政部（国库司），同时报送省级政府财政部门编制的本省（市）政府综合财务报告（纸质版）。

那么，上述政府财务报告属于政府会计报告吗？政府会计主体应编制哪些报告？

第一节　政府决算报告目标与内容

一、政府决算体系

政府决算是国家经济活动在财政上的集中反映，它反映年度政府预算收支的最终结果，是政府预算执行的总结。根据《中华人民共和国预算法》规定，各级政府、各部门、各单位在每一预算年度后，应按国务院规定的时间编制预算，以便及时对预算执行情况进行总结。

政府决算包括中央级决算和地方总决算。根据《中华人民共和国宪法》和国家预算管理体系的具体规定，一级政权建立一级预算，凡是编制预算的地区、部门和单位都要编制预算。行政单位由执行单位预算的国家机关编制，事业单位决算由执行单位预算的事业单位编制。参加组合组织预算、经办预算资金收纳和拨款的机构，如国库、税务部门、国有企业利润监缴机关也要编制年报和决算。

二、政府决算报告

政府决算报告是综合反映政府会计主体年度预算收支执行结果的文件。

政府决算报告使用者包括各级人民代表大会及其常务委员会、各级政府及其有关部门、政府会计主体自身、社会公众和其他利益相关者。

决算报告的目标是向决算报告使用者提供与政府预算执行情况有关的信息，综合反映政府会计主体预算收支的年度执行结果，有助于决算报告使用者进行监督和管理，并为编制后续年度预算提供参考和依据。

政府决算报告应当包括决算报表和其他应当在决算报告中反映的相关信息和资料，通常按照中国统一的决算体系汇编而成。

以上海市政府为例，2018 年上海市政府的决算报告列示如表 12-1 所示。

表 12-1　上海市政府 2018 年的决算报告

序号	决算报告名称
1	关于上海市 2018 年市对区转移支付预算执行情况的说明
2	上海市 2018 年市对区政府性基金转移支付分区执行情况表
3	上海市 2018 年市对区一般公共预算税收返还和转移支付分区执行情况表
4	上海市 2018 年市对区一般公共预算专项转移支付执行情况表
5	上海市 2018 年市对区一般公共预算转移支付执行情况表
6	关于上海市 2018 年社会保险基金预算执行情况的说明

（续）

序号	决算报告名称
7	上海市 2018 年社会保险基金结余执行情况表
8	上海市 2018 年社会保险基金支出执行情况表
9	上海市 2018 年社会保险基金收入执行情况表
10	上海市 2018 年国有资本经营支出执行情况表
11	上海市 2018 年国有资本经营收入执行情况表
12	上海市 2018 年政府性基金支出执行情况表
13	上海市 2018 年政府性基金收入执行情况表
14	上海市 2018 年一般公共预算支出执行情况表
15	上海市 2018 年一般公共预算收入执行情况表
16	关于上海市 2018 年预算执行情况和 2019 年预算草案的报告

三、政府决算报表的内容

政府决算报告的编制主要以收付实现制为基础，以预算会计核算生成的数据为准。

政府决算报告的具体内容及编制要求等，由财政部规定。

以上海市政府为例，市政府 2018 年的一般公共预算收入的决算报表如表 12-2 所示，市政府 2018 年的一般公共预算支出的决算报表如表 12-3 所示。

表 12-2 上海市 2018 年一般公共预算收入决算表内容

上海市 2018 年一般公共预算收入执行情况表

金额单位：亿元

项 目	年初预算数	经人大批准的调整后预算数	执行数	执行数为调整后预算数的 %
税收收入	6 322.0	6 322.0	6 285.0	99.4
其中：增值税	2 686.0	2 686.0	2 624.8	97.7
企业所得税	1 499.0	1 499.0	1 518.7	101.3
个人所得税	781.0	781.0	770.2	98.6
城市维护建设税	293.0	293.0	275.9	94.2
房产税	215.0	215.0	213.8	99.4
印花税	100.6	100.6	97.6	97.0
城镇土地使用税	50.0	50.0	44.0	88.0
土地增值税	388.0	388.0	421.8	108.7
车船税	29.5	29.5	25.7	87.1
耕地占用税	5.9	5.9	5.7	96.6
契税	272.0	272.0	285.0	104.8
环境保护税	2.0	2.0	1.8	90.0
非税收入	786.0	786.0	823.1	104.7
其中：专项收入	385.7	385.7	437.3	113.4
教育费附加收入	159.5	159.5	166.4	104.3
地方教育附加收入	109.0	109.0	97.3	89.3
文化事业建设费收入	14.1	14.1	15.3	108.5
残疾人就业保障金收入	60.0	60.0	61.8	103.0
教育资金收入	23.0	23.0	51.9	225.7

（续）

项　目	年初 预算数	经人大批准的 调整后预算数	执行数	执行数为调整 后预算数的 %
农田水利建设资金收入	18.4	18.4	42.6	231.5
水利建设专项收入	1.6	1.6	1.6	100.0
其他专项收入	0.1	0.1	0.4	400.0
行政事业性收费收入	78.7	78.7	71.6	91.0
国有资源（资产）有偿使用收入	232.2	232.2	229.0	98.6
政府住房基金收入	1.7	1.7	1.6	94.1
其他收入	87.7	87.7	83.6	95.3
一般公共预算收入合计	7 108.0	7 108.0	7 108.1	100.0
中央财政税收返还和补助收入	711.2	711.2	850.8	119.6
上年结转收入	152.4	152.4	154.4	101.3
地方政府一般债务收入	84.1	382.1	382.1	100.0
调入资金	31.4	31.4	265.6	845.9
动用预算稳定调节基金	101.6	466.6	665.8	142.7
总计	8 188.7	8 851.7	9 426.8	106.5

表 12-3　上海市 2018 年一般公共预算支出决算表内容

上海市 2018 年一般公共预算支出执行情况表

金额单位：亿元

	年初预算数	经人大批准的调 整后预算数	执行数	执行数为调整后 预算数的 %
一般公共服务支出	365.7	366.8	367.2	100.1
国防支出	11.3	11.3	9.9	87.6
公共安全支出	384.5	387.5	412.1	106.3
教育支出	942.8	945.8	918.0	97.1
科学技术支出	390.9	414.6	426.4	102.8
文化体育与传媒支出	163.9	163.9	186.5	113.8
社会保障和就业支出	909.5	909.9	933.4	102.6
医疗卫生与计划生育支出	469.0	475.1	470.1	98.9
节能环保支出	175.5	256.0	233.4	91.2
城乡社区支出	1 558.8	1 930.3	2 088.3	108.2
农林水支出	531.5	556.3	469.9	84.5
交通运输支出	382.4	453.3	431.5	95.2
资源勘探信息等支出	599.6	599.6	618.1	103.1
商业服务业等支出	173.6	173.7	178.3	102.6
金融支出	20.9	20.9	59.1	282.8
援助其他地区支出	47.2	47.2	60.2	127.5
国土海洋气象等支出	37.6	46.9	56.1	119.6
住房保障支出	263.4	273.0	266.7	97.7
粮油物资储备支出	21.0	21.0	20.4	97.1
预备费	236.3	236.3	——	——
债务付息支出	76.7	76.7	80.9	105.5

（续）

	年初预算数	经人大批准的调整后预算数	执行数	执行数为调整后预算数的 %
债务发行费用支出	0.3	0.3	0.4	133.3
其他支出	57.6	57.6	64.6	112.2
一般公共预算支出合计	7 820.0	8 424.0	8 351.5	99.1
上解中央财政支出	195.3	254.3	256.7	100.9
地方政府一般债务还本支出	173.4	173.4	173.5	100.1
补充预算稳定调节基金	471.6	—	—	—
结转下年支出	173.5	—	—	—
总计	8 188.7	8 851.7	9 426.8	106.5

第二节 政府财务报告目标、构成、编制与合并程序

一、政府财务报告的目标与构成

（一）政府财务报告的目标

政府财务报告是反映政府会计主体某一特定日期的财务状况和某一会计期间的运行情况和现金流量等信息的文件。其目标是向财务报告使用者提供与政府的财务状况、运行情况和现金流量等有关信息，反映政府会计主体公共受托责任履行情况，有助于财务报告使用者做出决策或者进行监督和管理。

政府财务报告使用者包括各级人民代表大会常务委员会、债权人、各级政府及其有关部门、政府会计主体自身和其他利益相关者。

（二）政府财务报告的构成

政府财务报告应当包括财务报表和其他应当在财务报告中披露的相关信息和资料，包括政府部门财务报告和政府综合财务报告。

政府部门财务报告是指政府各部门、各单位按规定编制的财务报告。

政府综合财务报告是指由政府财政部门编制的，反映各级政府整体财务状况、运行情况和财政中长期可持续性的报告。

政府财务报告的编制主要以权责发生制为基础，以财务会计核算生成的数据为准。

（三）政府财务报表的构成

财务报表是对政府会计主体财务状况、运行情况和现金流量等信息的结构性表述。

根据报表的内容划分，财务报表包括：

（1）资产负债表。资产负债表是反映政府会计主体在某一特定日期的财务状况的报表。

（2）收入费用表。收入费用表是反映政府会计主体在一定会计期间运行情况的报表。

（3）现金流量表。现金流量表是反映政府会计主体在一定会计期间现金及现金等价物流入和流出情况的报表。

（4）附注。附注是对在资产负债表、收入费用表、现金流量表等报表中列示项目所做的进一步说明，以及对未能在这些报表中列示项目的说明。

根据报表的会计主体范围划分，财务报表包括：

（1）单位（个别）财务报表。单位（个别）财务报表包括单位（个别）资产负债表、单位（个别）收入费用表、单位（个别）现金流量表和附注。

（2）合并资产负债表、合并收入费用表、合并现金流量表和附注。

政府会计主体应当根据相关规定编制合并财务报表。

二、政府财务报告编制和列报的基本要求

（一）会计要素的确认、计量与披露

政府会计主体应当以持续运行为前提，根据实际发生的经济业务或事项，按照政府会计准则制度的规定对相关会计要素进行确认和计量，在此基础上编制财务报表。政府会计主体不应以附注披露代替确认和计量，也不能通过充分披露相关会计政策而纠正不恰当的确认和计量。

如果按照政府会计准则制度规定披露的信息不足以让财务报表使用者了解特定经济业务或事项对政府会计主体财务状况和运行情况的影响，那么，政府会计主体还应当披露其他必要的相关信息。

（二）财务报表的编制基础

除现金流量表以收付实现制为基础编制外，政府会计主体还应当以权责发生制为基础编制财务报表。

（三）财务报表项目的列报要求

1.项目列报的一致性

财务报表项目的列报应当在各个会计期间保持一致，不得随意变更，但政府会计准则制度和财政部发布的其他有关规定，要求变更财务报表项目的除外，如政府会计准则。

2.项目的单独列报与单独披露

性质或功能不同的项目，应当在财务报表中单独列报，但不具有重要性的项目除外。

性质或功能类似的项目，其所属类别具有重要性的，应当按其类别在财务报表中单独列报。

某些项目的重要性程度不足以在资产负债表、收入费用表等报表中单独列示，但对理解报表具有重要性的，应当在附注中单独披露。

3.项目重要性的判断

财务报表某些项目的省略、错报等，能够合理预期将影响报表主要使用者据此做出决策的，该项目具有重要性。

重要性应当根据政府会计主体所处的具体环境，从项目的性质和金额两方面予以判断。关于各项目重要性的判断标准一经确定，不得随意变更。判断项目性质的重要性，应当考虑该项目在性质上是否显著影响政府会计主体的财务状况和运行情况等因素。判断项目金额的重要性，应当考虑该项目金额占资产总额、负债总额、净资产总额、收入总额、费用总额、盈余总额等直接相关项目金额的比重或所属报表单列项目金额的比重。

4.项目的抵销

资产负债表中的资产和负债，应当分别按流动资产和非流动资产、流动负债和非流动负债列示。

财务报表中的资产项目和负债项目的金额、收入项目和费用项目的金额不得相互抵销，但其他政府会计准则制度另有规定的除外。

资产或负债项目按扣除备抵项目后的净额列示，不属于抵销。

5.项目的比较数据

当期财务报表的列报，至少应当提供所有列报项目上一个可比会计期间的比较数据，

以及与理解当期财务报表相关的说明，但其他政府会计准则制度等另有规定的除外。

(四) 财务报表应披露的事项

政府会计主体应当至少在财务报表的显著位置披露下列各项：

（1）编报主体的名称。

（2）报告日或财务报表涵盖的会计期间。

（3）人民币金额单位。

（4）财务报表是合并财务报表的，应当予以标明。

(五) 财务报表的编制期间

政府会计主体至少应当按年编制财务报表。

年度财务报表涵盖的期间短于一年的，应当披露年度财务报表的涵盖期间、短于一年的原因以及报表数据不具可比性的事实。

三、政府合并财务报表

(一) 合并财务报表

合并财务报表，是指反映合并主体和其全部被合并主体形成的报告主体整体财务状况与运行情况的财务报表。

合并主体，是指有一个或一个以上被合并主体的政府会计主体。合并主体通常也是合并财务报表的编制主体。

被合并主体，是指符合准则规定的纳入合并主体合并范围的会计主体。

合并财务报表至少包括下列组成部分：

（1）合并资产负债表。

（2）合并收入费用表。

（3）附注。

合并财务报表附注一般应当披露下列信息：

（1）合并财务报表的编制基础。

（2）遵循政府会计准则制度的声明。

（3）合并财务报表的合并主体、被合并主体清单。

（4）合并主体、被合并主体个别财务报表所采用的编制基础，所采用的与政府会计准则制度规定不一致的会计政策，编制合并财务报表时的调整情况及其影响。

（5）本期增加、减少被合并主体的基本情况及影响。

（6）合并财务报表重要项目明细信息及说明。

（7）未在合并财务报表中列示但对报告主体财务状况和运行情况有重大影响的事项的说明。

（8）需要说明的其他事项。

(二) 政府合并财务报表的构成

政府合并财务报表按照合并级次分为部门（单位）合并财务报表、本级政府合并财务报表和行政区政府合并财务报表。

1. 部门（单位）合并财务报表

部门（单位）合并财务报表，是指以政府部门（单位）本级作为合并主体，将部门（单位）本级及其合并范围内全部被合并主体的财务报表进行合并后形成的，反映部门（单位）整体财务状况与运行情况的财务报表，是政府部门财务报告的主要组成部分。

部门（单位）合并财务报表由部门（单位）负责编制。

2.本级政府合并财务报表

本级政府合并财务报表，是指以本级政府财政作为合并主体，将本级政府财政及其合并范围内全部被合并主体的财务报表进行合并后形成的，反映本级政府整体财务状况与运行情况的财务报表，是本级政府综合财务报告的主要组成部分。

本级政府合并财务报表由本级政府财政部门负责编制。

3.行政区政府合并财务报表

行政区政府合并财务报表，是指以行政区本级政府作为合并主体，将本行政区内各级政府的财务报表进行合并后形成的，反映本行政区政府整体财务状况与运行情况的财务报表，是行政区政府财务报告的主要组成部分。

各级政府财政部门既负责编制本级政府合并财务报表，也负责编制本级政府所辖行政区政府合并财务报表。

（三）政府合并财务报表的合并程序

1.合并前的调整

合并财务报表应当以合并主体和其被合并主体的财务报表为基础，根据其他有关资料加以编制。

（1）将纳入合并范围的个别财务报表调整为权责发生制基础。

合并财务报表应当以权责发生制为基础编制。合并主体和其合并范围内被合并主体个别财务报表应当采用权责发生制基础编制。

按规定未采用权责发生制基础编制的，应当先调整为权责发生制基础的财务报表，再由合并主体进行合并。

（2）将纳入合并范围的个别财务报表调整为统一的会计政策。

编制合并财务报表时，应当将合并主体和其全部被合并主体视为一个会计主体，遵循政府会计准则制度规定的统一的会计政策。

合并范围内合并主体、被合并主体个别财务报表未遵循政府会计准则制度规定的统一会计政策的，应当先调整为遵循政府会计准则制度规定的统一会计政策的财务报表，再由合并主体进行合并。

2.编制合并财务报表的程序

完成上述（1）和（2）的调整后：

（1）将合并主体和被合并主体个别财务报表中的资产、负债、净资产、收入和费用项目进行逐项合并。

（2）抵销合并主体和被合并主体之间、被合并主体相互之间发生的债权债务、收入费用等内部业务或事项对财务报表的影响。

3.报告期内纳入合并范围的被合并主体变化的处理

对于在报告期内因划转而纳入合并范围的被合并主体，合并主体应当将其报告期内的收入、费用项目金额包括在本期合并收入费用表的本期数中，合并资产负债表的期初数不做调整。

对于在报告期内因划转而不再纳入合并范围的被合并主体，其报告期内的收入、费用项目金额不包括在本期合并收入费用表的本期数中，合并资产负债表的期初数不做调整。

合并主体应当确保划转双方的会计处理协调一致，确保不重复、不遗漏，并在合并财务报表附注中对划转情况及其影响进行充分披露。

在报告期内，被合并主体撤销的，其期初资产、负债和净资产项目金额应当包括在合并资产负债表的期初数中，其期初至撤销日的收入、费用项目金额应当包括在本期合并收入费用表的本期数中，其期初至撤销日的收入、费用项目金额所引起的净资产变动金额应当包括在合并资产负债表的期末数中。

4.被合并主体应提供的资料

在编制合并财务报表时，被合并主体除了应当向合并主体提供财务报表外，还应当提供下列有关资料：

（1）采用的与政府会计准则制度规定的统一的会计政策不一致的会计政策及其影响金额。

（2）其与合并主体、其他被合并主体之间发生的所有内部业务或事项的相关资料。

（3）编制合并财务报表所需要的其他资料。

第三节　部门（单位）合并财务报表的合并方法及项目列报

一、部门（单位）合并财务报表合并范围的确定

部门（单位）合并财务报表的合并范围一般应当以财政预算拨款关系为基础予以确定。

有下级预算单位的部门（单位）为合并主体，其下级预算单位为被合并主体。合并主体应当将其全部被合并主体纳入合并财务报表的合并范围。

部门（单位）所属的企业不纳入部门（单位）合并财务报表的合并范围。

二、部门（单位）合并资产负债表

（一）合并流程

部门（单位）合并资产负债表应当以部门（单位）本级和其被合并主体按权责发生制和统一会计政策调整后的个别资产负债表或合并资产负债表为基础，在抵销内部业务或事项对合并资产负债表的影响后，由部门（单位）本级合并编制。

（二）需要抵销的内部业务或事项

编制部门（单位）合并资产负债表时，需要抵销的内部业务或事项包括：

（1）部门（单位）本级和其被合并主体之间、被合并主体相互之间的债权（含应收款项坏账准备，下同）、债务项目，例如，部门内部单位之间发生的债权债务事项，应予以抵销。

借：应付账款
　　预收款项
　　其他应付款
　　长期应付款
　贷：应收账款
　　　预付款项
　　　其他应收款

（2）部门（单位）本级和其被合并主体之间、被合并主体相互之间其他业务或事项对部门（单位）合并资产负债表的影响。

（三）报表项目的列报方式

部门（单位）合并资产负债表中的资产类、负债类和净资产类至少应当单独列示反映表 12-4 所示的信息的项目：

表 12-4 部门（单位）合并资产负债表须单独列示的项目

须单独列示的资产类项目	须单独列示的负债类及净资产类项目
流动资产	**流动负债**
货币资金	短期借款
短期投资	应交增值税
财政应返还额度	其他应交税费
应收票据	应缴财政款
应收账款净额	应付职工薪酬
预付账款	应付票据
应收股利	应付账款
应收利息	应付政府补贴款
其他应收款净额	应付利息
存货	预收款项
待摊费用	其他应付款
一年内到期的非流动资产	预提费用
流动资产合计	一年内到期的非流动负债
非流动资产	**流动负债合计**
长期股权投资	**非流动负债**
长期债券投资	长期借款
固定资产净值	长期应付款
工程物资	预计负债
在建工程	受托代理负债
无形资产净值	**非流动负债合计**
研发支出	**负债合计**
公共基础设施净值	**净资产**
政府储备物资	累计盈余
文化文物资产	专用基金
保障性住房净值	权益法调整
长期待摊费用	**净资产合计**
待处理财产损溢	**负债和净资产总计**
受托代理资产	
非流动资产合计	
资产总计	

三、部门（单位）合并收入费用表

（一）合并流程

部门（单位）合并收入费用表应当以部门（单位）本级和其被合并主体按权责发生制和统一会计政策调整后的个别收入费用表或合并收入费用表为基础，在抵销内部业务或事项对合并收入费用表的影响后，由部门（单位）本级合并编制。

（二）需要抵销的内部业务或事项

编制部门（单位）合并收入费用表时，需要抵销的内部业务或事项包括部门（单位）本级和其被合并主体之间、被合并主体相互之间的收入、费用项目。

例如，部门内部单位之间发生的上级补助收入与对附属单位补助支出，应予以抵销。

借：上级补助收入

　　贷：对附属单位补助费用

例如，部门内部单位之间发生的上缴上级支出与附属单位上缴收入，应予以抵销。

借：附属单位上缴收入

　　贷：上缴上级费用

　　例如，付给部门内部单位的商品和服务费用、经营费用和来自部门内部单位的事业收入、经营收入、其他收入，应予以抵销。

　　借：事业收入
　　　　经营收入
　　　　其他收入
　　　贷：商品和服务费用
　　　　　经营费用

（三）样式与项目

部门（单位）合并收入费用表的收入和费用项目如表 12-5 所示。

表 12-5　部门（单位）合并收入费用表样式

编制单位：_____　　　　　　　　　____年　　　　　　　　单位：元

项目	本年数	上年数
一、本期收入		
（一）财政拨款收入		
（二）事业收入		
其中：非同级财政拨款收入		
（三）上级补助收入 *		
（四）附属单位上缴收入 *		
（五）经营收入		
（六）非同级财政拨款收入		
（七）投资收益		
（八）捐赠收入		
（九）利息收入		
（十）租金收入		
（十一）其他收入		
二、本期费用		
（一）工资福利费用		
（二）商品和服务费用		
（三）对个人和家庭补助费用		
（四）对企事业单位补贴费用		
（五）固定资产折旧费用		
（六）无形资产摊销费用		
（七）公共基础设施折旧（摊销）费用		
（八）保障性住房折旧费用		
（九）计提专用基金		
（十）所得税费用		
（十一）资产处置费用		
（十二）上缴上级费用 *		
（十三）对附属单位补助费用 *		
（十四）其他费用		
三、本期盈余		

　　注：1. 本表中"本期费用"各项目应当根据个别财务报表附注中"本期费用按经济分类的披露格式"所提
　　　　　供的信息合并填列。
　　　2. 编制部门（单位）合并收入费用表时，标 * 项目原则上应抵销完毕，金额为零。

第四节　本级政府合并财务报表的合并方法及项目列报

一、本级政府合并财务报表合并范围的确定

本级政府合并财务报表的合并范围一般应当以财政预算拨款关系为基础予以确定。本级政府财政为合并主体，其所属部门（单位）等为被合并主体。

二、本级政府合并财务报表的编制流程

本级政府合并财务报表应当以本级政府财政和其被合并主体按权责发生制和统一会计政策调整后的个别财务报表或合并财务报表为基础，在抵销内部业务或事项对合并财务报表的影响后，由本级政府财政部门合并编制。

三、需要抵销的内部业务或事项

编制本级政府合并财务报表时，需要抵销的内部业务或事项包括以下三类。

（一）本级政府财政和其被合并主体之间的债权债务

典型业务有：

（1）抵销财政与部门、土地储备资金、物资储备资金之间的往来事项。

借：应付国库集中支付结余

　　贷：财政应返还额度

（2）抵销财政的借出款项与部门的其他应付款。

借：其他应付款

　　贷：借出款项

（3）抵销财政的预拨经费与部门的其他应付款。

借：其他应付款

　　贷：预拨经费

（4）抵销财政代管预算单位资金。

财政代管预算单位资金，单位通过"其他应收款"核算的

借：应付代管资金

　　贷：其他应收款

财政代管预算单位资金，单位通过"银行存款"核算的

借：应付代管资金

　　贷：其他财政存款

（二）本级政府财政和其被合并主体之间的收入费用等项目

典型业务有：

（1）抵销部门的财政拨款收入与财政的一般公共预算支出、政府性基金预算支出等相关支出。

借：财政拨款收入

　　贷：一般公共预算本级支出

　　　　政府性基金预算本级支出等

（2）抵销部门的事业收入与财政的财政专户管理资金支出。

借：事业收入（财政专户管理资金）

　　贷：财政专户管理资金支出

（三）被合并主体相互之间的债权债务

例如，抵销政府部门之间的债权债务事项，应编制如下会计分录。

借：应付账款
　　预收账款
　　其他应付款
　　长期应付款
　　贷：应收账款
　　　　预付账款
　　　　其他应收款

（四）被合并主体相互之间的收入费用等项目

典型业务有：

（1）抵销政府部门之间的收入费用事项。

对增值税应税业务，按扣除增值税后的净额抵销

借：事业收入
　　经营收入
　　其他收入
　　贷：商品和服务费用
　　　　经营费用

（2）抵销财政内部的来自一般公共预算安排的专用基金收入与相应的一般公共预算本级支出。

借：专用基金收入
　　贷：一般公共预算本级支出

（3）抵销财政内部不同类型资金之间的调入调出事项。

借：调入资金
　　贷：调出资金

（4）动用预算稳定调节基金不属于收入，应予以调减，并调整净资产。

借：动用预算稳定调节基金
　　贷：净资产

（5）安排预算稳定调节基金不属于费用，应予以调减，并调整净资产。

借：净资产
　　贷：安排预算稳定调节基金

（6）债务收入、债务转贷收入不属于收入，应予以调减，并调整净资产。

借：债务收入
　　债务转贷收入
　　贷：净资产

（7）债务还本支出、债务转贷支出不属于费用，应予以调减，并调整净资产。

借：净资产
　　贷：债务还本支出
　　　　债务转贷支出

（8）财政直接发生的股权投资等资本性支出不属于费用，应予以调减，并调整净资产。

借：净资产
　　贷：一般公共预算本级支出
　　　　政府性基金预算本级支出
　　　　国有资本经营预算本级支出

（9）将财政总预算会计中已核算的股权投资收益调出。

借：净资产
　　贷：投资收益

（10）将未确认的政府在企业中享有的国有资本权益、应收股利、投资收益予以确认。

借：应收股利
　　长期投资
　　贷：投资收益
　　　　净资产

（11）将财政直接安排支出分析调整计入相应费用报表项目。

借：工资福利费用
　　商品和服务费用
　　对个人和家庭的补助
　　对企事业单位的补贴
　　财务费用
　　贷：一般公共预算本级支出
　　　　政府性基金预算本级支出
　　　　国有资本经营预算本级支出

（12）将财政的专用基金支出调整计入相应的费用报表项目。

借：商品和服务费用
　　对个人和家庭的补助
　　对企事业单位的补贴
　　贷：专用基金支出

四、本级政府合并财务报表应单独列示的项目

（一）本级政府合并资产负债表应单独列示的项目

本级政府合并资产负债表至少应当单独列示如表 12-6 所示的资产类、负债类和净资产类项目。

表 12-6　本级政府合并资产负债表应单独列示的项目

应当单独列示的资产类项目	应当单独列示的负债类和净资产类项目
流动资产	**流动负债**
货币资金	应付短期政府债券
短期投资	短期借款
应收及预付款项	应付及预收款项
存货	应付职工薪酬
一年内到期的非流动资产	应付政府补贴款
流动资产合计	一年内到期的非流动负债
非流动资产	**流动负债合计**
长期投资	**非流动负债**

（续）

应当单独列示的资产类项目	应当单独列示的负债类和净资产类项目
应收转贷款	应付长期政府债券
固定资产净值	应付转贷款
在建工程	长期借款
无形资产净值	长期应付款
公共基础设施净值	预计负债
政府储备物资	受托代理负债
文物文化资产	非流动负债合计
保障性住房净值	**负债总计**
受托代理资产	**净资产**
非流动资产合计	**负债和净资产总计**
资产总计	

（二）本级政府合并收入费用表应单独列示的项目

本级政府合并收入费用表至少应当单独列示如表 12-7 所示的收入类和费用类项目。

表 12-7　本级政府合并收入费用表应单独列示的项目

本级政府合并收入费用表应单独列示的项目	本级政府合并收入费用表应单独列示的项目
税收收入	对个人和家庭补助费用
非税收入	对企事业单位补贴费用
事业收入	政府间转移性费用
经营收入	折旧费用
投资收益	摊销费用
政府间转移性收入	资产处置费用
收入合计	**费用合计**
工资福利费用	**本期盈余项目**
商品和服务费用	

第五节　行政区政府合并财务报表的合并方法及项目列报

一、合并范围的确定

行政区政府合并财务报表的合并范围一般应当以行政隶属关系为基础予以确定。行政区本级政府为合并主体，其所属下级政府为被合并主体。

县级以上政府应当编制本行政区政府合并财务报表。

二、行政区政府合并财务报表的合并流程

行政区政府合并财务报表应当以本级政府和其所属下级政府合并财务报表为基础，在抵销内部业务或事项对合并财务报表的影响后，由本级政府财政部门合并编制。

编制行政区政府合并财务报表时，需要抵销的内部业务或事项包括：

①本级政府和其所属下级政府之间的债权债务、收入费用等项目；

②本级政府所属下级政府相互之间的债权债务、收入费用等项目。

三、行政区政府合并财务报表的项目列示

行政区政府合并财务报表的项目列示与本级政府合并财务报表一致。

▶ 本章小结

政府会计主体应当编制决算报告和财务报告。政府决算报告以收付实现制为基础，综合反映政府会计主体年度预算收支执行结果，其具体内容及编制要求等，由财政部规定。

政府财务报告，反映政府会计主体某一特定日期的财务状况和某一会计期间的运行情况和现金流量等信息，以向各级人民代表大会常务委员会、债权人、各级政府及其有关部门、政府会计主体自身和其他利益相关者评价政府会计主体公共受托责任履行情况。政府财务报告包括政府部门财务报告和政府综合财务报告。其中，资产负债表、收入费用表、现金流量表和附注等财务报表按报表的会计主体范围可分为单位（个别）财务报表和合并财务报表。政府会计主体至少应当按年编制财务报表。

合并财务报表，是指反映合并主体和其全部被合并主体形成的报告主体整体财务状况与运行情况的财务报表，按照合并级次分为部门（单位）合并财务报表、本级政府合并财务报表和行政区政府合并财务报表。合并财务报表至少包括合并资产负债表、合并收入费用表和附注。编制政府合并财务报表前，首先应将纳入合并范围的个别财务报表调整为权责发生制基础和统一的会计政策。其次，将合并主体和被合并主体个别财务报表中的资产、负债、净资产、收入和费用项目进行逐项合并，然后再抵销合并主体和被合并主体之间、被合并主体相互之间发生的债权债务、收入费用等内部业务或事项对财务报表的影响。最后才能计算合并后的报表各项目金额。

▶ 关键术语

▶ 想一想，做一做

第五篇

民间非营利组织会计

第十三章

民间非营利组织特定业务会计

▶ 学习目标 ◀

1. 了解民间非营利组织的基本特征及组织形式。
2. 了解民间非营利组织的科目体系。
3. 掌握民间非营利组织收入与费用的会计核算。
4. 掌握捐赠取得的资产、受托代理资产以及文物文化资产的账务处理。
5. 掌握限定性净资产和非限定性净资产的账务处理。
6. 掌握民间非营利组织资产负债表、业务活动表和现金流量表的编制方法。

▶ 开篇案例

壹基金 × 周六福"湘亲湘情·一心一爱"520 爱跑节浪漫开跑⊖

　　5月20日上午，风和日丽的五月，甜蜜浪漫的520，在被紫色包围的橘子洲赛道上，1 000名公益跑者洋溢着青春的活力与笑容，挥洒汗水、尽情狂欢。他们暂别车水马龙的喧嚣与熙攘，穿戴统一定制的装备，奔跑呼吸间自由带感，以拼搏的力量追逐更快的速度。

　　活动起跑前，周六福珠宝股份有限公司执行总经理将本次活动报名费及企业等额配捐的10万善款支票捐赠给壹基金，壹基金代表接受授赠，并表示此款项将用于关爱儿童与发展领域的公益项目。

　　现场设置了游戏抽奖区、拍照互动区，"臻爱三元素""爱の语"硬金珐琅系列的新品发布区，以时尚元素为这场慢跑增添新的亮点。并且，跑者们还能体验专业健身教练指导、创意互动闯关游戏、护肤防晒全程呵护、520专属惊喜奖品等，以及能量补给站精心提供的美味蛋糕甜品、鲜果饮料等，更有高颜值的性感男模、美女跑团率领开跑。520爱跑节作为一项超级IP公益赛事，在掀起"全民运动"新风潮的同时，更是联合全国门店一起参与，

　　⊖　壹基金 × 周六福 | "湘亲湘情·一心一爱" 520 爱跑节浪漫开跑 [EB/OL]. (2019-05-20). http://www.onefoundation.cn/index.php?m=article&a=show&id=1173.

号召更多公益跑友，用奔跑致敬历史，展现赛事精神，践行公益之举，传递心中每一份爱与祝福。

对壹基金收到的 10 万元捐赠款，应如何进行会计核算？

第一节　民间非营利组织会计概述

一、民间非营利组织的界定

（一）民间非营利组织的基本特征

民间非营利组织是指由民间出资举办的、不以营利为目的，从事教育、科技、文化、卫生、宗教等社会公益活动的社会服务组织。民间非营利组织具有以下三个方面的基本特征。

1. 民间非营利组织不以营利为宗旨和目的

民间非营利组织的设立和业务活动的最终目标不以营利为目的，而是在于按照资金提供者的期望和要求，为社会带来更多的服务或产品。

这一特征将民间非营利组织与企业的营利性相区别，但并不排除其因提供产品或者社会服务而获得相应收入或者收取合理费用，只要这些营利活动的取得最终用于组织的非营利事业。

2. 资源提供者不以取得经济回报为目标

民间非营利组织资金提供者，如捐赠人、会员等，出资目的不是期望得到同等或成比例的出资回报，而是希望组织为整个社会或特定团体提供更多的服务或产品，他们不指望获取对非营利组织净资产予以分享的权利。如果出资者等可以从组织中获得回报，应当将其视为企业对待。

3. 资源提供者不享有民间非营利组织的所有权

民间非营利组织的净资产既不属于组织所有，也不属于出资者。任何单位或个人不因为出资而拥有民间非营利组织的所有权，包括与所有者权益相关的资源出售、转让、处置权。也不存在该组织一旦清算可以分享剩余财产的分配权。非营利组织一旦进行清算，清算后的剩余财产只能交给政府或其他非营利组织或继续服务社会的公益事业。

这一特征既将民间非营利组织与企业区分开来，也将其与政府及其行政事业单位区分开来，因为政府及行政事业单位尽管也属于非营利组织，但是国家对这些组织及其净资产拥有所有权。

（二）民间非营利组织的形式

民间非营利组织的形式多种多样。

1. 社会团体

社会团体是指中国公民自愿组成，为实现会员共同意愿，按照其章程开展活动的非营利性社会组织，如中国会计学会、中国财政学会等。但是，以下团体除外：①参加中国人民政治协商会议的人民团体；②由国务院机关编制管理机关核定，并经国务院批准免于登记的团体；③机关、团体、企业事业内部经本单位批准成立，在本单位内部活动的团体。

2. 基金会

基金会是指利用自然人、法人或者其他组织捐赠的资产，以从事公益事业为目的，按照规定成立的非营利性法人,如宋庆龄基金会。基金会作为非营利法人,应当为特定的公益目的而设立。

3.民办非企业单位

民办非企业单位是指企业事业单位、社会团体和其他社会力量以及公民个人利用非国有资产举办的,从事非营利性社会服务活动的社会组织。其中有从事科学、教育、文艺、卫生、体育等非企业单位,如民办诊所、民办学校、民办剧团、各类体育俱乐部、各类民办研究所等;有从事各种社会救济的非企业单位,如民办孤儿院、养老院等;从事民间公证鉴定、法律服务、咨询服务等社会性质的社会中介组织,如商务咨询所、法律服务所等。

4.宗教活动场所

寺院、宫观、清真寺、教堂是由宗教信仰和热心宗教的公民在国家支持下兴办的,开展宗教活动的场所。主要包括佛教的寺院、道教的宫观、伊斯兰教的清真寺和基督教的教堂。

二、民间非营利组织会计的目标和核算基础

(一)民间非营利组织会计目标

要明确民间非营利组织会计的目标:谁需要民间非营利组织的财务会计信息?需要哪些财务会计信息?

1.会计信息的使用者

(1)民间非营利组织资源的提供者。民间非营利组织资源的提供者,包括捐赠者、会员和债权人。这些捐赠者、会员可能是法人、慈善家、普通公民个人、国际组织,也可能是政府。他们需要了解捐赠资产、缴纳会费的使用状况,能否为民间非营利组织开展业务活动服务,或者所捐赠的资产能否保证按照捐赠者的意愿发挥其应有的作用,预期的捐赠目标能否实现等。债权人则非常关心民间非营利组织的债务还本付息能力。

(2)民间非营利组织的服务对象。民间非营利组织需要向社会公众或者资金提供者等提供服务,许多服务对象需要了解民间非营利组织的财务状况、经营绩效以及所收取服务价格的合理性等。比如,捐资举办的民办学校向学生收取学费,学生及其家长需要了解学校的教育成本和运营效率,评估学费定价的合理性等。

(3)民间非营利组织的管理者。民间非营利组织的经营管理当局,要对民间非营利组织的运营负责,他们关心民间非营利组织所支配的资源的利用是否合理,是否按照组织成立的章程运行,是否实现预期目标,预期目标的实现程度,以及业务活动的发展趋势和财务收支的情况等。

(4)民间非营利组织的其他利益相关者。政府部门特别是民政部门、业务主管部门、财政部门、统计部门以及其他的一些相关监管机构,需要了解民间非营利组织的会计信息质量、民间非营利组织所控制的经济资源、负债状况、收入、费用的发生情况等,以便了解整个行业的发展情况,加强宏观调控和会计监管。民间非营利组织的内部职工等,也会站在自身的立场上关注民间非营利组织与自身利益相关的信息。

2.会计信息使用者的信息需求

民间非营利组织会计信息使用者的信息需求可归纳为以下三类。

(1)反映民间非营利组织财务状况和现金流量的信息,包括民间非营利组织的资产、负债、净资产和现金流入、流出、净流量方面的信息。通过这些信息,人们可以判断一个

民间非营利组织的财务状况、资金运转情况和偿债能力。

（2）反映民间非营利组织业务活动和财务收支的信息，包括民间非营利组织的收入、成本费用、净资产变动等信息。通过这些信息，人们可以判断一个民间非营利组织资源的使用情况，并预测其发展趋势。

（3）其他有关方面的会计信息，既包括一些相关的财务性质的信息，也包括一些有助于理解和评价相关情况的非财务性质的信息。

（二）民间非营利组织会计的核算基础

民间非营利组织的会计核算应当以权责发生制为基础，以更好地反映民间非营利组织资产负债和业务活动全貌，实现民间非营利组织的会计目标，满足会计信息使用者的信息需要。

三、民间非营利组织会计的基本假设

（一）会计主体

中国民间非营利组织的会计核算应当以民间非营利组织的交易或者事项为对象，记录和反映该组织本身的各项业务活动。这意味着应当以非营利组织整体而不是基金作为会计记账主体，这也是民间非营利组织与政府会计显著不同的地方。

（二）持续经营

非营利组织提供公共物品或服务具有连续性。所以，持续经营假设同样适用于非营利组织主体。需要注意的是，非营利组织主体持续经营假设是有条件的，当由于实现了组织宗旨和使命、财务资源不足而无法维持、运营失败等原因而失去捐助等情况出现时，非营利组织运作存在风险，破产、清算、解散等不可避免，该假设也就不能成立了。而且，在非营利组织以基金作为会计主体的情况下，一旦与一项基金相关的用途或时间限制解除后，该基金会计主体就消失了，其活动也将终止。这也是非营利组织会计持续经营假设与企业会计的一个区别。

（三）会计分期

非营利组织需要定期反映某个时点的财务状况及某个期间的运营情况。所以，会计分期假设对非营利组织来说也是必不可少的。从当前情况看，世界各国非营利组织会计分期一般都与本国的财政年度相同。

（四）货币计量

一般来说，非营利组织会计都以本国货币作为其记账本位币。业务收支以人民币以外的货币为主的民间非营利组织，可以选定其中一种货币作为记账本位币，但是编制的财务会计报告应当折算为人民币。

四、民间非营利组织会计核算的基本原则

民间非营利组织会计核算的基本原则是指导和约束民间非营利组织会计行为的基本规范和要求。中国民间非营利组织会计核算必须坚持的12项基本原则：客观性、相关性、实质重于形式、一致性、可比性、及时性、明晰性、配比性、实际成本、谨慎性、划分收益性支出和资本性支出、重要性。

五、民间非营利组织的会计要素

民间非营利组织会计要素则是对会计对象的进一步分类，分为资产、负债、净资产、

收入、费用。

（一）资产

资产是指由民间非营利组织过去的交易或事项形成并由民间非营利组织拥有或者控制的资源，该资源预期会给民间非营利组织带来经济利益或者服务潜能，包括各种财产、债权和权利。

资产按其流动性可以分为流动资产、长期投资、固定资产、无形资产和受托代理资产等。

（二）负债

负债是民间非营利组织过去的交易或事项形成的现时义务，履行该义务预期会导致含有经济利益或者服务潜能的资源流出民间非营利组织。

民间非营利组织的负债按流动性分为流动负债和长期负债。

流动负债是指在1年内（含1年）偿还的债务，包括短期借款、应付款项、应付工资、应缴税金、预收账款、预提费用和预计负债等。

长期负债是指偿还期限在1年以上的债务，包括长期借款、长期应付款和其他长期负债等。

（三）净资产

民间非营利组织的净资产是指资产减去负债后的余额。

净资产应当按其是否受到限制，分为限定性净资产和非限定性净资产。

限定性净资产是指如果资产或者资产所产生的经济利益（如资产的投资收益和利息等）的使用受到资产提供者或者国家有关法律、行政法规所设置的时间限制或（和）用途限制，由此形成的净资产即为限定性净资产。

时间限制是指民间非营利组织的资产提供者或者国家有关法律、行政法规要求民间非营利组织在收到资产后的特定时期之内或特定日期之后使用该项资产，或者对资产的使用设置了永久限制。

用途限制是指民间非营利组织的资产提供者或者国家有关法律、行政法规要求民间非营利组织将收到的资产用于某一特定的用途。

非限定性净资产是指除了限定性净资产以外的其他净资产。

（四）收入

收入是指民间非营利组织开展业务活动取得的、导致本期净资产增加和经济利益或者服务潜力的流入。

民间非营利组织的收入应当按照其来源分为捐赠收入、会费收入、提供服务收入、政府补助收入、投资收益、商品销售收入等主要业务活动收入和其他收入。

（五）费用

费用是指民间非营利组织为开展业务活动所发生的，导致本期净资产减少的经济利益或者服务潜力的流出。

费用应当按其功能分为业务活动成本、管理费用、筹资费用和其他费用等。

六、民间非营利组织的会计科目

会计科目是指对会计要素的具体内容进行分类核算的项目。民间非营利组织会计制度规定设置的会计科目分为资产、负债、净资产和收入费用四大类。其具体内容如表13-1所示。

表 13-1 民间非营利组织会计科目表

	编号	名称		编号	名称
	1001	现金	二、负债类	2101	短期借款
	1002	银行存款		2201	应付票据
	1009	其他货币资金		2202	应付账款
	1101	短期投资		2203	预收账款
	1102	短期投资跌价准备		2204	应付工资
	1111	应收票据		2206	应交税金
	1121	应收账款		2209	其他应付款
	1122	其他应收款		2301	预提费用
	1131	坏账准备		2401	预计负债
	1141	预付账款		2501	长期借款
	1201	存货		2502	长期应付款
	1202	存货跌价准备		2601	受托代理负债
一、资产类	1301	待摊费用	三、净资产类	3101	非限定性净资产
	1401	长期股权投资		3102	限定性净资产
	1402	长期债权投资		4101	捐赠收入
	1421	长期投资减值准备		4201	会费收入
	1501	固定资产		4301	提供服务收入
	1502	累计折旧		4401	政府补助收入
	1505	在建工程		4501	商品销售收入
	1506	文物文化资产	四、收入费用类	4601	投资收益
	1509	固定资产清理		4901	其他收入
	1601	无形资产		5101	业务活动成本
	1701	受托代理资产		5201	管理费用
				5301	筹资费用
				5401	其他费用

第二节 民间非营利组织的收入与费用

一、民间非营利组织的收入

(一)收入的含义及分类

收入是指民间非营利组织开展业务活动取得的，导致本期净资产增加的经济利益或者服务潜力的流入。

民间非营利组织收入按来源可分为捐赠收入、会费收入、提供服务收入、政府补助收入、投资收益、商品销售收入和其他收入等。

民间非营利组织收入按业务的主次分为主要业务收入和其他收入。捐赠收入、会费收入、提供服务收入、政府补助收入、投资收益、商品销售收入属于主要业务收入。

民间非营利组织收入按收入是否受到限制分为限定性收入和非限定性收入。

民间非营利组织收入按收入是否为交换交易形成的分为交换交易形成的收入和非交换交易形成的收入。商品销售收入、提供服务收入和投资收益属于交换交易形成的收入，捐赠收入和政府补贴收入等属于非交换交易形成的收入。

需要注意的是，对收入的各种分类是相互交叉的。比如，商品销售收入、提供服务收入、投资收益、其他收入通常属于交换交易收入，捐赠收入、政府补助收入、会费收入属于非交换交易收入。又如，一般情况下，商品销售收入、提供服务收入、投资收益、会费收入、其他收入属于非限定收入，但如果相关资产提供者对资产的使用设置了限制，相关收入则属于限定收入。

（二）收入的确认

民间非营利组织在确认收入时，应当区分交换交易所形成的收入和非交换交易所形成的收入。

1. 交换交易形成的收入的确认

（1）交换交易。交换交易是指按照等价交换原则所从事的交易，即当某一主体取得资产、获得服务或解除债务时，需要向交易对方支付等值或者大致等值的现金，或者提供等值或者大致等值的货物、服务等的交易。

如按照等价交换原则销售商品、提供劳务等属于交换交易。

（2）交换交易形成的商品销售收入确认。对于因交换交易形成的商品销售收入，应当在下列条件同时满足时予以确认：

①已将商品所有权上的主要风险和报酬转移给购货方；

②既没有保留通常与所有权相联系的继续管理权，也没有对已售出的商品实施控制；

③与交易相关的经济利益能够流入民间非营利组织；

④相关的收入和成本能够可靠地计量。

（3）因交换交易形成的提供劳务收入确认。对于因交换交易形成的提供劳务收入，应当按以下规定予以确认：

①在同一会计年度内开始并完成的劳务，应当在完成劳务时确认收入；

②如果劳务的开始和完成分属不同的会计年度，可以按完工进度或完成的工作量确认收入。

（4）因交换交易所形成的让渡资产使用权收入的确认。对于因交换交易所形成的让渡资产使用权而发生的收入应当在下列条件同时满足时予以确认：

①与交易相关的经济利益能够流入民间非营利组织；

②收入的金额能够可靠地计量。

2. 非交换交易形成的收入的确认

非交换交易是指除交换交易之外的交易。在非交换交易中，某一主体取得资产、获得服务或者解除债务时，不必向交易对方支付等值或者大致等值的现金，或者提供等值或者大致等值的货物、服务等；或者某一主体在对外提供货物、服务等时，没有收到等值或者大致等值的现金、货物等。例如，捐赠、政府补助等属于非交换交易。

对于因非交换交易形成的收入，应当在同时满足下列条件时予以确认：

①与交易相关的含有经济利益或者服务潜力的资源能够流入民间非营利组织并为其所控制，或者相关的债务能够得到解除；

②交易能够引起净资产的增加；

③收入的金额能够可靠地计量。

一般情况下，对于无条件的捐赠或政府补助，应当在捐赠或政府补助收到时确认收入；对于附条件的捐赠或政府补助，应当在取得捐赠资产或政府补助资产控制权时确认收入，但当民间非营利组织存在需要偿还全部或部分捐赠资产（或者政府补助资产）或者相应金额的现时义务时，应当根据需要偿还的金额同时确认一项负债和费用。

（三）收入

1. 捐赠收入

捐赠收入是指民间非营利组织接受其他单位或者个人捐赠取得的收入，不包括民间非营利组织因受托代理业务而从委托方收到的受托代理资产。

捐赠收入按资产提供者对资产的使用是否设置了时间限制或者（和）用途限制，区分为限定性捐赠收入和非限定性捐赠收入。

为了核算捐赠收入，民间非营利组织应设置"捐赠收入"科目，同时设置"限定性收入"和"非限定性收入"明细科目。

民间非营利组织接受捐赠时，按照应确认的金额

借：现金

　　　银行存款

　　　短期投资

　　　存货

　　　长期股权投资

　　　长期债权投资

　　　固定资产

　　　无形资产

　　贷：捐赠收入

期末，将"捐赠收入"科目各明细科目的余额分别转入限定性净资产和非限定性净资产

借：捐赠收入——限定性收入

　　　　　　——非限定性收入

　　贷：限定性净资产

　　　　非限定性净资产

对于接受的附条件捐赠，如果存在需要偿还全部或部分捐赠资产或者相应金额的现时义务时，例如，因无法满足捐赠所附条件而必须将部分捐赠退还该捐赠人时，按照需要偿还的金额

借：管理费用

　　贷：其他应付款

【例13-1】某基金会收到某华侨捐赠的汽车一辆，发票价值为100 000元，其他费用为2 000元，用银行存款支付。接受某归国华侨一笔捐赠款200 000元，注明只能用来救助孤寡老人，并且使用年限为1年，余额应退还。该慈善机构有关人员根据所在区域估计在1年内可能使用的款项为180 000元。

该基金会应做会计分录如下：

借：固定资产　　　　　　　　　　　　　　　　　102 000

　　贷：捐赠收入——非限定性收入　　　　　　　　　　　100 000

　　　　银行存款　　　　　　　　　　　　　　　　　　　　2 000

借：银行存款　　　　　　　　　　　　　　　　　200 000

　　贷：捐赠收入——限定性收入　　　　　　　　　　　　200 000

借：管理费用　　　　　　　　　　　　　　　　　20 000

　　贷：其他应付款　　　　　　　　　　　　　　　　　　20 000

2. 会费收入、提供服务收入和政府补助收入

（1）概念。会费收入是指民间非营利组织根据章程等的规定向会员收取的会费。

提供服务收入是指民间非营利组织根据章程等的规定向其服务对象提供服务取得的收入，包括学费收入、医疗费收入、培训费收入等。

一般情况下，民间非营利组织的会费收入、提供服务收入为非限定性收入，除非相关资产提供者对资产的使用设置了限制。

政府补助收入是指民间非营利组织接受政府拨款或者政府机构给予的补助而取得的收入。如果资产提供者对资产的使用设置了时间限制或者（和）用途限制，则所确认的相关收入为限定性收入；除此之外的其他所有收入为非限定性收入。

（2）账户设置。为了核算会费收入，民间非营利组织应设置"会费收入"科目，同时设置"限定性收入"和"非限定性收入"明细科目。如果存在多种会费，可以按会费种类，如团体会费、个人会费等，设置明细账。

为核算提供服务收入，民间非营利组织应设置"提供服务收入"账户，同时设置"限定性收入"和"非限定性收入"明细科目，如果存在多种劳务应当按照提供服务的种类设置明细账。

民间非营利组织应设置"政府补助收入"账户，同时设置"限定性收入"和"非限定性收入"明细科目。

（3）账务处理。向会员收取会费、提供劳务取得收入或接受的政府补助，在满足收入确认条件时

借：现金
　　银行存款
　　应收账款
　　贷：会费收入——限定性收入——××种类
　　　　　　　　　——非限定性收入——××种类
　　　　提供服务收入——限定性收入
　　　　　　　　　　——非限定性收入
　　　　政府补助收入——限定性收入
　　　　　　　　　　——非限定性收入

期末，将该科目的余额转入"非限定性净资产"或"限定性净资产"科目

借：会费收入——非限定性收入
　　提供服务收入——非限定性收入
　　政府补助收入——非限定性收入
　　贷：非限定性净资产
借：会费收入——限定性收入
　　提供服务收入——限定性收入
　　政府补助收入——限定性收入
　　贷：限定性净资产

对于接受的附有条件的政府补助，如果民间非营利组织存在需要偿还全部或部分政府补助资产或者相应金额的现时义务时，比如，因无法满足政府补助所附条件而必须退还部分政府补助时，按照需要偿还的金额

借：管理费用
　　贷：其他应付款

【例 13-2】 某民间医疗组织本月收到医疗费收入 5 000 元，存入银行。年末将提供劳务收入中的医疗费收入 50 000 元，转入非限定性净资产。上年收到的政府补助 8 000 元，现可以动用。

该民间医疗组织应做会计分录如下：

借：银行存款　　　　　　　　　　　　　　　　　　5 000
　　贷：提供服务收入——非限定性收入——医疗费收入　　　　　5 000
借：提供劳务收入——非限定性收入（医疗费收入）　50 000
　　贷：非限定性净资产　　　　　　　　　　　　　　　　50 000
借：政府补助收入——限定性收入　　　　　　　　8 000
　　贷：政府补助收入——非限定性收入　　　　　　　　　8 000

3. 投资收益

投资收益是指民间非营利组织因对外投资取得的投资净损益。

民间非营利组织应当在满足规定的收入确认条件时确认投资收益，为了核算投资收益的发生情况，民间非营利组织应设置"投资收益"科目。

确认实现的收入时

借：银行存款
　　短期投资跌价准备
　　贷：相关资产
贷或借：投资收益

【例 13-3】 某民间非营利组织将三个月前购入的账面余额为 52 000 元，已提跌价准备 2 000 元的短期债券投资出售，收到价款 51 000 元已存入银行。

该民间医疗组织应做会计分录如下：

借：银行存款　　　　　　　　　　　　　　　　　51 000
　　短期投资跌价准备　　　　　　　　　　　　　2 000
　　贷：短期投资——债券投资　　　　　　　　　　　52 000
　　　　投资收益——非限定性收入　　　　　　　　　　1 000

4. 商品销售收入

商品销售收入是指民间非营利组织销售商品（如出版物、药品等）等所形成的收入。一般情况下，民间非营利组织的商品销售收入为非限定性收入，除非相关资产提供者对资产的使用设置了限制。

民间非营利组织应当在满足规定的收入确认条件时确认商品销售收入。为了核算商品销售收入的实现和业务活动成本的发生情况，民间非营利组织应设置"商品销售收入"和"业务活动成本"科目。这两个科目应当按照商品的种类设置明细账，进行明细核算。

民间非营利组织实现商品销售时，应确认实现收入并结转销售成本。发生现金折扣时，确认的收入扣除现金折扣。将来债务人实际享有的现金折扣，在发生时，计入"筹资费用"科目。

发生销货退回时，分情况处理：①未确认收入的已发出商品的退货，不进行账务处理；②已经确认收入的销货退回，一般情况下直接冲减退回当月的商品销售收入、商品销售成本等，如果该销售已发生现金折扣，应在退回当月一并处理；③对于报告年度资产负债表日至财务报告批准报出日之间发生的报告年度或以前年度的销售退回，应当作为资产负债日后事

项的调整事项处理，调整报告期间会计报表的相关项目。按照应冲减的商品销售收入

  借：非限定性净资产

    限定性净资产

   贷：银行存款

     应收账款

     应收票据

按照退回商品的成本

借：存货

  贷：非限定性净资产

如果该销售已发生现金折扣，应一并处理。

  期末结转时，将"商品销售收入"和"业务活动成本"科目的余额转入非限定性净资产或限定性净资产

  借：商品销售收入

   贷：非限定性净资产

     限定性净资产

  借：非限定性净资产

    限定性净资产

   贷：业务活动成本

  【例 13-4】 某民间非营利组织 2019 年 3 月 1 日销售商品一批，发票注明价款 50 000 元，成本为 30 000 元。为了尽早收回货款，合同规定全部款项现金折扣条件为 2/10，1/20，n/30。购货方于 3 月 20 日付款。2019 年 4 月 5 日发现其中 20% 存在质量问题需退货。2019 年 4 月 15 日退回问题货物，并收到退货款。

  该民间医疗组织应做会计分录如下：

2019 年 3 月 1 日

  借：应收账款   50 000

   贷：商品销售收入   50 000

  借：业务活动成本   30 000

   贷：存货   30 000

2019 年 3 月 20 日

  借：银行存款   49 500

    筹资费用   500

   贷：应收账款   50 000

2019 年 4 月 15 日，应冲减现金折扣 = 50 000 × 1% × 20% = 100（元）

  借：商品销售收入   10 000

   贷：筹资费用   100

     银行存款   9 900

  借：存货   6 000

   贷：业务活动成本   6 000

5. 其他收入

其他收入是指民间非营利组织除捐赠收入、会费收入、提供服务收入、商品销售收入、

政府补助收入、投资收益等主要业务活动收入以外的其他收入，如确实无法支付的应付款项、存货盘盈、固定资产盘盈、固定资产处置净收入、无形资产处置净收入、在非货币性交易中收到补价情况下应确认的损益等。

一般情况下，民间非营利组织的商品销售收入为非限定性收入，除非相关资产提供者对资产的使用设置了限制。

为了核算其他收入，应设置"其他收入"科目，同时设置"限定性收入"和"非限定性收入"明细科目，还应当按照其他收入种类设置明细账，进行明细核算。

其他收入增加时

借：现金

　　　文物文化资产

　　贷：其他收入

资产等盘盈，根据管理权限报经批准后

借：文物文化资产

　　贷：其他收入

对于固定资产处置净收入

借：固定资产清理

　　贷：其他收入

对于无形资产处置净收入

借：银行存款　（实际取得的价款）

　　贷：无形资产　（账面价值）

　　　　其他收入　（差额）

确认无法支付的应付款项确认为其他收入。

期末将"其他收入"科目的余额转入非限定性净资产

借：其他收入——限定性收入

　　　　　　　——非限定性收入

　　贷：非限定性净资产

　　　　限定性净资产

【例 13-5】某慈善机构处置一项固定资产原值 200 000 元，累计折旧 50 000 元，出售收入 180 000 元，存入银行。某基金会期末存货盘盈，同类存货的公允价值为 3 000 元，按照有关管理权限批准作为非限定性收入。

该慈善机构应做如下会计分录：

借：固定资产清理　　　　　　　　　　　　　　　　150 000

　　累计折旧　　　　　　　　　　　　　　　　　　 50 000

　　贷：固定资产　　　　　　　　　　　　　　　　　　　　　 200 000

借：银行存款　　　　　　　　　　　　　　　　　　180 000

　　贷：固定资产清理　　　　　　　　　　　　　　　　　　　 180 000

借：固定资产清理　　　　　　　　　　　　　　　　 30 000

　　贷：其他收入——非限定性收入（固定资产处置净收入）　　 30 000

借：存货　　　　　　　　　　　　　　　　　　　　　3 000

　　贷：其他收入——非限定性收入（存货盘盈）　　　　　　　　 3 000

二、民间非营利组织会计的费用

（一）费用的分类

费用是指民间非营利组织为开展业务活动所发生的，导致本期净资产减少的经济利益或者服务潜力的流出。

费用应当按其功能分为业务活动成本、管理费用、筹资费用和其他费用等。

（二）费用

1.业务活动成本

业务活动成本是指民间非营利组织为了实现其业务活动目标、开展项目活动或者提供服务所发生的费用。

如果民间非营利组织从事的项目、提供的服务或开展的业务比较单一，可以将相关费用全部归集在"业务活动成本"项目下进行核算和列报；如果民间非营利组织从事的项目、提供的服务或者开展的业务种类较多，则应当在"业务活动成本"项目下分别按项目、服务或者业务大类进行核算和列报。

为了核算业务活动成本，民间非营利组织应设置"业务活动成本"科目。

发生时

借：业务活动成本

　　贷：现金

　　　　银行存款

　　　　存货

　　　　应付账款

期末将业务活动成本转入非限定性净资产

借：非限定性净资产

　　贷：业务活动成本

【例13-6】某基金会于2018年12月10日收到5万元的捐款，捐赠人要求用于购买学生教材。2019年1月10日，动用其中的30 000元购买了第1批学生教材。2019年1月15日将该批教材赠送给希望小学的学生。

该基金会应做如下会计分录：

2018年12月10日

借：银行存款　　　　　　　　　　　　　　　　　　50 000

　　贷：捐赠收入——限制性收入　　　　　　　　　　　　　　50 000

2018年12月31日，结转捐赠收入

借：捐赠收入——限制性收入　　　　　　　　　　　50 000

　　贷：限定性净资产　　　　　　　　　　　　　　　　　　50 000

2019年1月10日，购买教材

借：存货　　　　　　　　　　　　　　　　　　　　30 000

　　贷：银行存款　　　　　　　　　　　　　　　　　　　　30 000

同时，解除限制

借：限定性净资产　　　　　　　　　　　　　　　　30 000

　　贷：非限定性净资产　　　　　　　　　　　　　　　　　　30 000

2019 年 1 月 15 日，发送教材

借：业务活动成本 　　　　　　　　　　　　　　30 000

　　贷：存货 　　　　　　　　　　　　　　　　　　　　　　30 000

2019 年 1 月 31 日，结转捐赠支出

借：非限定性净资产 　　　　　　　　　　　　　30 000

　　贷：业务活动成本 　　　　　　　　　　　　　　　　　　30 000

2. 管理费用

管理费用是指民间非营利组织为组织和管理组织的业务活动所发生的各种费用，包括民间非营利组织董事会（或者理事会或者类似权力机构）经费和行政管理人员的工资、奖金、津贴、福利费、住房公积金、住房补贴、社会保障费、离退休人员工资与补助，以及办公费、水电费、邮电费、物业管理费、差旅费、折旧费、修理费、无形资产摊销费、存货盘亏损失、资产减值损失、因预计负债所产生的损失、聘请中介机构费用和应偿还的受赠资产等。

为了核算民间非营利组织为组织和管理组织的业务活动所发生的各种费用，应设置"管理费用"科目，并在"管理费用"科目下，按费用项目设置明细账进行明细核算。

发生时

借：管理费用

　　贷：累计折旧

　　　　银行存款

　　　　预计负债等

期末，将"管理费用"科目余额转入非限定性净资产

借：非限定性净资产

　　贷：管理费用

【例 13-7】 某慈善机构本月计提固定资产折旧 2 000 元，购买办公用品 1 000 元，用银行存款支付，因担保，很可能要负担 100 000 元的赔款。

该慈善机构应做会计分录如下：

借：管理费用 　　　　　　　　　　　　　　　　3 000

　　贷：累计折旧 　　　　　　　　　　　　　　　　　　　　2 000

　　　　银行存款 　　　　　　　　　　　　　　　　　　　　1 000

借：管理费用 　　　　　　　　　　　　　　　100 000

　　贷：预计负债 　　　　　　　　　　　　　　　　　　　100 000

3. 筹资费用

筹资费用是指民间非营利组织为筹集业务活动所需资金等而发生的费用，包括民间非营利组织获得捐赠资产而发生的费用以及应当计入当期费用的借款费用、汇兑损失（减汇兑收益）等。民间非营利组织为了获得捐赠资产而发生的费用包括举办募款活动费，准备、印刷和发放募款宣传资料费以及其他与募款和争取捐赠有关的费用。

为了核算民间非营利组织的筹资费用，应设置"筹资费用"科目，该科目应当按照筹资费用种类设置明细账，进行明细核算。

发生的筹资费用，

借：筹资费用
　　贷：预提费用
　　　　银行存款
　　　　长期借款
发生的应冲减筹资费用的利息收入、汇兑收益
借：银行存款
　　长期借款
　　贷：筹资费用
期末，将"筹资费用"科目的余额转入非限定性净资产
借：非限定性净资产
　　贷：筹资费用

【例 13-8】 某慈善机构 2019 年 12 月 4 日为取得捐赠收入而用银行存款支付了资料宣传费 1 000 元。

该慈善机构应做会计分录如下：

借：筹资费用 　　　　　　　　　　　　　　　　　　1 000
　　贷：银行存款 　　　　　　　　　　　　　　　　　　　　1 000

4. 其他费用

其他费用是指民间非营利组织发生的，无法归属到上述业务活动成本、管理费用或者筹资费用中的费用，包括固定资产处置净损失、无形资产处置净损失等。

为了核算民间非营利组织的其他费用，应设置"其他费用"科目，该科目应当按照费用种类设置明细账，进行明细核算。

发生的固定资产处置净损失
借：其他费用
　　贷：固定资产清理
发生的无形资产处置净损失
借：银行存款　　（实际取得的价款）
　　其他费用　　（差额）
　　贷：无形资产　（账面价值）
期末，将"其他费用"科目的余额转入非限定性净资产
借：非限定性净资产
　　贷：其他费用

【例 13-9】 某基金会处置一项无形资产，无形资产账面余额 21 000 元，处置收入 18 000 元。2019 年年末盘亏固定资产一台，价值 50 000 元，报经批准后核销。

该基金会应做会计分录如下：

借：银行存款 　　　　　　　　　　　　　　　　　　18 000
　　其他费用 　　　　　　　　　　　　　　　　　　　3 000
　　贷：无形资产 　　　　　　　　　　　　　　　　　　　21 000
借：其他费用 　　　　　　　　　　　　　　　　　　50 000
　　贷：固定资产 　　　　　　　　　　　　　　　　　　　50 000

第三节　民间非营利组织的资产、负债及净资产

一、民间非营利组织的资产

（一）资产的分类

民间非营利组织的资产按其流动性可以分为流动资产、长期投资、固定资产、无形资产和受托代理资产等。

1. 流动资产

流动资产是指预期可以在 1 年内（含 1 年）变现或者耗用的资产，包括现金、银行存款、其他货币资金、短期投资、应收款项、预付账款、存货和待摊费用等。

2. 长期投资

长期投资是相对于短期投资而言的，即民间非营利组织不准备随时变现，并且持有时间在 1 年以上的投资，包括长期股权投资和长期债权投资。

3. 固定资产

固定资产是指民间非营利组织为行政管理、提供劳务、生产商品或者出租目的而持有的，预计使用年限超过 1 年、单位价值较高的有形资产，包括房屋和建筑物、一般设备、专用设备、交通工具、文物文化资产（陈列品、图书）和其他固定资产。单位价值虽未达到规定标准，但使用期限超过 1 年的大批同类物资，如馆藏图书，也可作为固定资产核算。固定资产包括固定资产、在建工程、文物文化资产。

4. 无形资产

无形资产是指民间非营利组织为开展业务活动，出租给他人或为管理目的而持有的，没有实物形态的非货币性长期资产，包括专利权、非专利技术、商标权、著作权、土地使用权等。

5. 受托代理资产

受托代理资产是指民间非营利组织接受委托方委托从事受托代理业务而收到的资产。在受托代理过程中，民间非营利组织通常只是从委托方收到受托资产，并按照委托人的意愿将资产转赠给指定的其他组织或者个人。民间非营利组织只是在委托代理过程中起中介作用，无权改变受托代理资产的用途或者变更受益人。

（二）资产的确认

1. 初始确认

民间非营利组织在取得一项资源时，如果符合资产的定义和三个特征，而且其成本或者价值能够可靠计量，那么民间非营利组织就应当在满足这些条件时将该项资源确认为一项资产。民间非营利组织在确认资产时，原则上应当按照取得资产所发生的实际成本予以计量。但对于接受捐赠、政府补助、受托代理等特殊情况取得的资产，原则上应当按照公允价值进行初始计量。

2. 后续计量

民间非营利组织对于短期投资、应收款项、存货、长期投资必须计提减值准备。对于因技术更新、遭受自然灾害等原因而发生重大减值的固定资产、无形资产应当计提减值准备，并计入当期费用。

如果已计提减值准备的资产价值在以后会计期间得以恢复，应当在该资产已计提减值准备的范围内部分或全部转回已确认的减值损失，冲减当期费用。

（三）资产

民间非营利组织大部分资产与企业资产的核算相同，本部分仅重点介绍存在明显差异的资产会计处理。

1. 捐赠取得的资产

对于民间非营利组织接受捐赠的现金资产，应当按照实际收到的金额入账。对于民间非营利组织接受捐赠的非现金资产，如接受捐赠的短期投资、存货、长期投资、固定资产和无形资产等，应当按照以下方法确定其入账价值：

（1）如果捐赠方提供了有关凭据（如发票、报关单、有关协议等）的，应当按照凭据上标明的金额作为入账价值。如果凭据上标明的金额与受赠资产公允价值相差较大，受赠资产应当以其公允价值作为其入账价值。

（2）如果捐赠方没有提供有关凭据的，受赠资产应当以其公允价值作为入账价值。对于民间非营利组织接受的劳务捐赠，不予确认，但应当在会计报表附注中作相关披露。

其中，公允价值是指在公平交易中，熟悉情况的交易双方自愿进行资产交换或者债务清偿的金额。公允价值的确定顺序如下：

（1）如果同类或者类似资产存在活跃市场的，应当按照同类或者类似资产的市场价格确定公允价值。

（2）如果同类或者类似资产不存在活跃市场，或者无法找到同类或者类似资产的，应当采用合理的计价方法确定资产的公允价值。

如果有确凿的证据表明资产的公允价值确实无法可靠计量，则民间非营利组织应当设置辅助账，单独登记所取得资产的名称、数量、来源、用途等情况，并在会计报表附注中做相关披露。在以后会计期间，如果该资产的公允价值能够可靠计量，民间非营利组织应当在其能够可靠计量的会计期间予以确认，并以公允价值计量。

【例 13-10】某民办医院接受捐赠的设备一台，其目前的市场价值为 14 000 元，运费 600 元，用银行存款支付。

该民办医院应做会计分录如下：

借：固定资产　　　　　　　　　　　　　　　　　　14 600
　　贷：捐赠收入　　　　　　　　　　　　　　　　　　　　14 000
　　　　银行存款　　　　　　　　　　　　　　　　　　　　　　600

2. 受托代理资产

受托代理资产是指民间非营利组织接受委托方委托从事受托代理业务而收到的资产。

在受托代理过程中，民间非营利组织本身只是在委托代理过程中起中介作用，无权改变受托代理资产的用途或者变更受益人。

对于受托代理取得的资产，民间非营利组织应当比照接受捐赠原则确认和计量受托代理资产，同时应按照其金额确认相应的受托代理负债。

民间非营利组织在收到受托代理资产时，应当按照应确认的受托代理资产的入账金额，

借：受托代理资产
　　贷：受托代理负债

转赠或者转出受托代理资产时，做相反的会计处理。

民间非营利组织收到的受托代理资产如果为现金、银行存款或其他货币资金，可以不

通过"受托代理资产"科目核算,而在"现金"、"银行存款"、"其他货币资金"科目下设置"受托代理资产"明细科目进行核算。

民间非营利组织应当设置受托代理资产登记簿,加强受托代理资产的管理,同时应当在"受托代理资产"科目下,按照指定的受赠组织或个人设置明细账,进行明细核算。"受托代理资产"科目的期末借方余额,反映民间非营利组织期末尚未转出的受托代理资产价值。

【例 13-11】2019 年 12 月 10 日,甲、乙民间非营利组织与丙企业共同签订了一份捐赠协议,协议规定:丙将通过甲向乙下属的 10 家儿童福利院(附有具体的受赠福利院名单)捐赠全新的台式电脑 60 台,每家福利院 6 台,每台电脑价值 2 200 元。丙应当在协议签订后的 10 日内将电脑运至甲。甲应当在电脑运抵后的 20 日内派志愿者将电脑送至各福利院,并负责安装。2019 年 12 月 18 日,丙按照协议规定将电脑运至甲。2020 年 1 月 21 日,甲将电脑送至各福利院,不考虑其他因素和税费。此外,甲从事的业务活动中,2019 年 12 月发生应交增值税 40 000 元。假设甲为小规模纳税人。

甲应做会计分录如下:

首先根据协议规定可判断,此项交易对甲民间非营利组织而言属于受托代理交易。

2019 年 12 月 28 日,收到电脑时

借:受托代理资产——电脑　　　　　　　　　　132 000

　　贷:受托代理负债　　　　　　　　　　　　　　　　132 000

借:业务活动成本　　　　　　　　　　　　　40 000

　　贷:应交税金——应交增值税　　　　　　　　　　　40 000

2020 年 1 月 21 日,将电脑送出时

借:受托代理负债　　　　　　　　　　　　　72 000

　　贷:银行存款——受托代理资产　　　　　　　　　　72 000

3. 文物文化资产

文物文化资产是指用于展览、教育或研究等目的的历史文物、艺术品以及其他具有文化或历史价值并做长期或者永久保存的典藏等。

为了核算文物文化资产增减变动及结存情况,应设置"文物文化资产"账户。

民间非营利组织应当设置文物文化资产登记簿和文物文化资产卡片,按文物文化资产类别等设置明细账,进行明细核算。

民间非营利组织的文物文化资产主要账务处理如下:

(1)文物文化资产在取得时,应当按照取得时的实际成本入账。取得时的实际成本包括买价、包装费、运输费、交纳的有关税金等相关费用,以及为使文物文化资产达到预定可使用状态前所必要的支出。

外购的文物文化资产,按照实际支付的买价、相关税费以及为使文物文化资产达到预定可使用状态前发生的可直接归属于该文物文化资产的其他支出,如运输费、安装费、装卸费等

借:文物文化资产

　　贷:银行存款

　　　　应付账款

如果以一笔款项购入多项没有单独标价的文物文化资产，按照各项文物文化资产公允价值的比例对总成本进行分配，分别确定各项文物文化资产的入账价值。

接受捐赠的文物文化资产，按照所确定的成本

借：文物文化资产

　　贷：捐赠收入

（2）出售文物文化资产，文物文化资产毁损或者以其他方式处置文物文化资产时，按照所处置文物文化资产的账面余额，编制如下会计分录。

借：固定资产清理

　　贷：文物文化资产

（3）民间非营利组织对文物文化资产应当定期或者至少每年实地盘点一次。对盘盈、盘亏的文物文化资产，应当及时查明原因，并根据管理权限，报经批准后，在期末前结账处理完毕。如为文物文化资产盘盈，按照其公允价值，编制如下会计分录。

借：文物文化资产

　　贷：其他收入

如为文物文化资产盘亏，按照固定资产账面余额扣除可以收回的保险赔偿和过失人的赔偿等后的金额，编制如下会计分录。

借：管理费用　　　　　（差额）

　　现金或银行存款　（可以收回的保险赔偿）

　　其他应收款　　　（可以收回的过失人赔偿）

　　贷：文物文化资产　（账面价值）

【例 13-12】某民间非营利组织接受赠品书画作品两件，确定的成本为 500 000 元，出售艺术品一件，取得销售收入 40 000 元，款项存入银行。该艺术品的账面余额为 25 000 元。

该民间非营利组织应做会计分录如下：

借：文物文化资产　　　　　　　　　　　　　　　500 000

　　贷：捐赠收入　　　　　　　　　　　　　　　　　　　　500 000

借：固定资产清理　　　　　　　　　　　　　　　 25 000

　　贷：文物文化资产　　　　　　　　　　　　　　　　　　 25 000

借：银行存款　　　　　　　　　　　　　　　　　 40 000

　　贷：固定资产清理　　　　　　　　　　　　　　　　　　 40 000

借：固定资产清理　　　　　　　　　　　　　　　 15 000

　　贷：其他收入　　　　　　　　　　　　　　　　　　　　 15 000

二、民间非营利组织的负债

（一）负债的分类

负债是指过去的交易或者事项形成的现时义务，履行该义务预期会导致含有经济利益或者服务潜力的资源流出民间非营利组织。负债应当按其流动性分为流动负债、长期负债和受托代理负债等。

1. 流动负债

流动负债是指将在 1 年内（含 1 年）偿还的负债，包括短期借款、应付款项、应付工资、应交税金、预收账款、预提费用和预计负债等。

其中，预提费用是指民间非营利组织预先提取的已经发生但尚未支付的费用，如预提的租金、保险费、借款利息等。预计负债是指民间非营利组织对因或有事项所产生的现时义务而确认的负债。

2. 长期负债

长期负债是指偿还期限在1年以上（不含1年）的负债，包括长期借款、长期应付款和其他长期负债。

其中，长期应付款主要是指民间非营利组织融资租入固定资产发生的应付租赁款。其他长期负债是指除长期借款和长期应付款外的长期负债。

3. 受托代理负债

受托代理负债是指民间非营利组织因从事受托代理业务、接受受托代理资产而产生的负债。

（二）负债

由于民间非营利组织的负债科目，除受托代理负债外，负债科目其他业务的会计处理大部分与企业会计相同。

【例13-13】2019年11月，某民间非营利组织在从事业务活动中，现金支付印花税4 000元。

该民间非营利组织应做会计分录如下：

借：业务活动成本   4 000
 贷：库存现金   4 000

三、民间非营利组织的净资产

（一）净资产的含义及分类

净资产是指民间非营利组织的资产减去负债后的差额。净资产按是否受到限制，分为限定性净资产和非限定性净资产。

1. 限定性资产

限定性资产主要包括三个方面：

（1）民间非营利组织净资产的使用受到资产提供者或者国家法律、行政法规所设置的时间限制或（和）用途限制，由此形成的净资产。例如，某基金会收到一项捐赠收入，捐赠人指明只能用来援助失学儿童。

（2）民间非营利组织净资产所产生的经济利益（如资产的投资收益和利息等）的使用受到资产提供者或者国家法律、行政法规所设置的时间限制或（和）用途限制，由此形成的净资产。例如，某慈善机构收到一笔捐赠款项，该捐赠人要求该笔款项的利息只能用于慈善机构的日常维护。

（3）国家有关法律、行政法规对民间非营利组织净资产的使用直接设置限制的，该净资产亦成为限定性净资产。例如，某基金会收到一项政府补贴，要求该项补贴只能用来救济残疾人，这就是一个永久性限制。

2. 非限定性资产

非限定性净资产是指民间非营利组织的净资产中没有时间限制或（和）用途限制的部分。它主要包括：

（1）期末民间非营利组织的非限定性收入的实际发生额与当期费用的实际发生额的差额。

（2）由限定性净资产转为非限定性净资产的净资产。

当存在下列情况之一时，可以认为限定性净资产的限制已经解除：①限定性净资产的限制时间已经到期；②所限定净资产规定的用途已经实现（或者目的已经达到）；③资产提供者或者国家有关法律、行政法规撤销了所设置的限制。

如果限定性净资产受到两项或两项以上的限制，应当在最后一项限制解除时，才能认为该项限定性净资产的限制已经解除。

需要注意的是，民间非营利组织的董事会、理事会或类似权力机构对净资产的使用所做的限定性决策、决议或拨款限额等，属于民间非营利组织内部管理上对资产使用所做的限制，不属于限定性净资产。

（二）净资产的具体会计核算

1. 限定性净资产

为了核算限定性净资产业务，民间非营利组织应设置"限定性净资产"科目。该科目期末贷方余额反映民间非营利组织历年积存的限定性净资产。

期末将当期限定性收入实际发生额转为限定性净资产

借：捐赠收入——限定性收入

　　政府补助收入——限定性收入

　　会费收入——限定性收入

　　贷：限定性净资产

如果限定性净资产的限制已经解除，应当对净资产进行重新分类，将限定性净资产转为非限定性净资产

借：限定性净资产

　　贷：非限定性净资产

如果因调整以前期间收入、费用项目而涉及调整限定性净资产的，应当就需要调整的金额

借或贷：有关科目

　　贷或借：限定性净资产

【例13-14】2019年4月，某慈善机构的一项5年期有特定用途的政府补助收入200 000元到期，可以转为一般性使用。发现本月一笔会费收入3 000元和2015年一笔5 000元款项有限定性用途，而当时误作为非限定用途处理。本月一项非限定性捐赠收入2 000元误记为限定性收入，以前年度4 500元的非限定性收入误记为限定性收入。

该慈善机构应编制会计分录如下：

借：限定性净资产　　　　　　　　　　　　　　　　　200 000

　　贷：非限定性净资产　　　　　　　　　　　　　　　　　　　200 000

借：会费收入——非限定性收入　　　　　　　　　　　3 000

　　贷：会费收入——限定性收入　　　　　　　　　　　　　　　　3 000

借：非限定性净资产　　　　　　　　　　　　　　　　5 000

　　贷：限定性净资产　　　　　　　　　　　　　　　　　　　　　5 000

借：捐赠收入——限定性收入　　　　　　　　　　　　2 000

　　贷：捐赠收入——非限定性收入　　　　　　　　　　　　　　　2 000

借：限定性净资产　　　　　　　　　　　　　　　　　4 500

　　贷：非限定性净资产　　　　　　　　　　　　　　　　　　　　4 500

2. 非限定性净资产

为了核算民间非营利组织的非限定性净资产，应设置"非限定性净资产"科目。本科目期末贷方余额反映民间非营利组织历年积存的非限定性净资产。

期末，将各收入类科目所属"非限定性收入"明细科目的余额转入本科目

借：捐赠收入——非限定性收入

　　会费收入——非限定性收入

　　提供服务收入——非限定性收入

　　政府补助收入——非限定性收入

　　商品销售收入——非限定性收入

　　投资收益——非限定性收入

　　其他收入——非限定性收入

　贷：非限定性净资产

同时，将各费用类科目的余额转入本科目

借：非限定性净资产

　贷：业务活动成本

　　　管理费用

　　　筹资费用

　　　其他费用

如果因调整以前期间收入、费用项目而涉及调整非限定性净资产的，应当就需要调整的金额

借或贷：非限定性净资产

贷或借：有关科目

【例 13-15】某基金会 12 月末各收支科目的余额如表 13-2 所示（单位：元）。

表 13-2　某基金会 12 月末各收支科目的余额

科目	借方	贷方
捐赠收入——非限定性收入		10 000
——限定性收入		80 000
会费收入——非限定性收入		130 000
——限定性收入		50 000
提供服务收入		250 000
政府补助收入——非限定性收入		20 000
——限定性收入		100 000
商品销售收入		300 000
投资收益——非限定性收入		140 000
——限定性收入		40 000
其他收入		230 000
业务活动成本	220 000	
管理费用	100 000	
筹资费用	180 000	
其他费用	90 000	

基金会结转有关收支科目时，应编制会计分录如下：

借：捐赠收入——限定性收入		80 000	
政府补助收入——限定性收入		100 000	
会费收入——限定性收入		50 000	
投资收益——限定性收入		40 000	
贷：限定性净资产			270 000
借：捐赠收入——非限定性收入		10 000	
政府补助收入——非限定性收入		20 000	
会费收入——非限定性收入		130 000	
投资收益——非限定性收入		140 000	
提供服务收入		250 000	
商品销售收入		300 000	
其他收入		230 000	
贷：非限定性净资产			1 080 000
借：非限定性净资产		590 000	
贷：业务活动成本			220 000
管理费用			100 000
筹资费用			180 000
其他费用			90 000

第四节   民间非营利组织的会计报表

一、民间非营利组织财务报告概述

民间非营利组织的财务会计报告是指反映民间非营利组织某一特定日期财务状况和某一会计期间业务活动情况和现金流量的书面文件。

民间非营利组织的财务会计报告包括会计报表、会计报表附注和财务情况说明书。

非营利组织的会计报表又分为资产负债表、业务活动表和现金流量表。

会计报表附注主要包括两部分内容：一是对会计报表各项目的补充说明；二是对那些会计报表中无法描述的其他财务信息的补充说明。

财务情况说明书是指对民间非营利组织一定期间经济活动进行分析总结的文字报告。它是在会计报表的基础上，对民间非营利组织财务状况、业务成果、资金周转情况以及其发展前景等所做的总括说明。

二、资产负债表

（一）资产负债表的基本内容

资产负债表是用来反映民间非营利组织某一会计期末全部资产、负债和净资产的情况的报表。通过资产负债表，我们可以了解民间非营利组织的财务实力、组织的资金配置结构与筹资结构，了解民间非营利组织的资产变现能力及发展能力，其基本格式见表 13-3。

表 13-3 资产负债表

会民非 01 表

编制单位： 年 月 日 单位：元

资产	年初数	期末数	负债和净资产	年初数	期末数
流动资产：			流动负债：		
货币资金			短期借款		
短期投资			应付款项		
应收款项			应付工资		
预付账款			应交税金		
存货			预收账款		
待摊费用			预提费用		
一年内到期的长期债权投资			预计负债		
其他流动资产			一年内到期的长期负债		
流动资产合计			其他流动负债		
长期投资：			流动负债合计		
长期股权投资			长期负债：		
长期债权投资			长期借款		
长期投资合计			长期应付款		
固定资产：			其他长期负债		
固定资产原价			长期负债合计		
减：累计折旧			受托代理负债：		
固定资产净值			受托代理负债		
在建工程			负债合计		
文物文化资产			净资产：		
固定资产清理			非限定性净资产		
固定资产合计			限定性净资产		
无形资产：			净资产合计		
无形资产					
受托代理资产：					
受托代理资产					
资产总计			负债和净资产总计		

（二）资产负债表各项目的内容与填列

民间非营利组织资产负债表大部分项目的内容与填列方法与企业资产负债表对应项目相同，本书不再赘述。本部分重点介绍与企业资产负债表存在差异的项目。

1."货币资金"项目

该项目应当根据"现金""银行存款""其他货币资金"科目的期末余额合计填列。如果民间非营利组织的受托代理资产为现金、银行存款或其他货币资金且通过"现金""银行存款""其他货币资金"科目核算，还应当扣减"现金""银行存款""其他货币资金"科目中"受托代理资产"明细科目的期末余额。

2."受托代理资产"项目

该项目反映民间非营利组织接受委托从事受托代理业务而收到的资产。

该项目应当根据"受托代理资产"科目的期末余额填列。如果民间非营利组织的受托代理资产为现金、银行存款或其他货币资金且通过"现金""银行存款""其他货币资金"科目核算，还应当加上"现金""银行存款""其他货币资金"中"受托代理资产"明细科目的期末余额。

【例 13-16】 某慈善机构 2019 年年末"现金""银行存款""其他货币资金""受托代理资产"科目的期末余额分别为 2 000 元、408 000 元、125 000 元、1 389 000 元，受托代理的现金、银行存款且通过"现金""银行存款"科目核算的金额分别为 1 400 元、48 000 元。

该慈善机构 2019 年年末：

货币资金项目填列的金额：（2 000＋408 000＋125 000）–（1 400＋48 000）＝485 600（元）

受托代理资产项目填列的金额：1 389 000＋（1 400＋48 000）＝1 438 400（元）

3. "应付款项"项目

该项目反映民间非营利组织期末应付票据、应付账款和其他应付款等应付未付款项，应当根据"应付票据""应付账款""其他应付款"科目的期末余额合计填列。

【例 13-17】 某慈善机构 2019 年年末"应付票据""应付账款""其他应付款"科目的期末余额分别为 190 000 元、34 600 元、27 100 元。

该慈善机构 2019 年年末应付款项项目填列的金额：190 000＋34 600＋27 100＝251 700（元）。

4. "文物文化资产"项目

该项目反映民间非营利组织用于展览、教育或研究等目的的历史文物、艺术品及其他具有文化或者历史价值并作长期或者永久保存的典藏等。

5. "受托代理负债"项目

该项目反映民间非营利组织因从事受托代理业务，接受受托代理资产而产生的负债。

6. "非限定性净资产"项目

该项目反映民间非营利组织拥有的非限定性净资产期末余额。

7. "限定性净资产"项目

该项目反映民间非营利组织拥有的限定性净资产期末余额。

上述文物文化资产、受托代理负债、非限定性净资产和限定性净资产项目均应当根据"限定性净资产"科目的期末余额填列。

三、业务活动表

（一）业务活动表的基本内容与格式

业务活动表是反映民间非营利组织在某一会计期间内开展业务活动实际情况的书面报告文件，是一定期间的民间非营利组织收入与同一会计期间相关的成本费用进行配比的结果。业务活动表的格式见表 13-4。

表 13-4   业务活动表

会民非 02 表

编制单位：　　　　　　　　　　　　　年　　月　　　　　　　　　　　　单位：元

项　目	行次	本月数			本年累计数		
		非限定性	限定性	合计	非限定性	限定性	合计
一、收入							
其中：捐赠收入	1						

（续）

项　目	行次	本月数			本年累计数		
		非限定性	限定性	合计	非限定性	限定性	合计
会费收入	2						
提供服务收入	3						
商品销售收入	4						
政府补助收入	5						
投资收益	6						
其他收入	9						
收入合计	11						
二、费用							
（一）业务活动成本	12						
其中：	13						
（二）管理费用	21						
（三）筹资费用	24						
（四）其他费用	28						
费用合计	35						
三、限定性净资产转为非限定性净资产	40						
四、净资产变动额（若为净资产减少额，以"-"号填列）	45						

"本月数"栏反映各项目的本月实际发生数；在编制季度、半年度等中期财务会计报告时，应当将本栏改为"本季度数""本半年度数"等本中期数栏，反映各项目本中期的实际发生数。

在提供上年度比较报表时，应当增设可比期间栏目，反映可比期间各项目的实际发生数。如果本年度业务活动表规定的各个项目的名称和内容同上年度不相一致，应对上年度业务活动表各项目的名称和数字按照本年度的规定进行调整，填入本表上年度可比期间栏目内。

"本年累计数"栏反映各项目自年初起至报告期末止的累计实际发生数。

"非限定性"栏反映本期非限定性收入的实际发生数、本期费用的实际发生数和本期由限定性净资产转为非限定性净资产的金额。

"限定性"栏反映本期限定性收入的实际发生数和本期由限定性净资产转为非限定性净资产的金额（以"-"号填列）。在提供上年度比较报表项目金额时，限定性和非限定性栏目的金额可以合并填列。

（二）业务活动表各项目的内容与填列

1. 业务活动表各项目的内容

"捐赠收入"项目，反映民间非营利组织接受其他单位或者个人捐赠所取得的收入总额。

"会费收入"项目，反映民间非营利组织根据章程等的规定向会员收取的会费总额。

"提供服务收入"项目，反映民间非营利组织根据章程等的规定向其服务对象提供服务取得的收入总额。

"商品销售收入"项目，反映民间非营利组织销售商品等所形成的收入总额。

"政府补助收入"项目，反映民间非营利组织接受政府拨款或者政府机构给予的补助而取得的收入总额。

"投资收益"项目，反映民间非营利组织以各种方式对外投资所取得的投资净损益。

"其他收入"项目，反映民间非营利组织除上述收入项目之外所取得的其他收入总额。

"业务活动成本"项目，反映民间非营利组织为了实现其业务活动目标、开展其项目活动或者提供服务所发生的费用。

民间非营利组织应当根据其所从事的项目、提供的服务或者开展的业务等具体情况，按照"业务活动成本"科目中各明细科目的发生额，在本表第12行至第21行之间填列业务活动成本的各组成部分。

"管理费用"项目，反映民间非营利组织为组织和管理其业务活动所发生的各项费用总额。

"筹资费用"项目，反映民间非营利组织为筹集业务活动所需资金而发生的各项费用总额，包括利息支出（减利息收入）、汇兑损失（减汇兑收益）以及相关手续费等。

"其他费用"项目，反映民间非营利组织除以上费用项目之外发生的其他费用额。

"限定性净资产转为非限定性净资产"项目，反映民间非营利组织当期从限定性净资产转入非限定性净资产的金额。

"净资产变动额"项目，反映民间非营利组织当期净资产变动的金额。

2. 业务活动表各项目的填列

业务活动表项目除了"限定性净资产转为非限定性净资产"和"净资产变动额"以外的各项目均应按各科目本期发生额填列。

"限定性净资产转为非限定性净资产"项目应当根据"限定性净资产""非限定性净资产"科目的发生额分析填列。

"净资产变动额"项目应当根据本表"收入合计"项目的金额，减去"费用合计"项目的金额，再加上"限定性净资产转为非限定性净资产"项目的金额后填列。

【例 13-18】某慈善机构 2019 年度只有"捐赠收入"和"其他收入"两科目的本年发生额，分别为 3 604 021 元、55 699 元，只有"业务活动成本""管理费用""其他费用"三科目的本年发生额，分别为 204 566 元、37 783 元、32 994 元，"限定性净资产转为非限定性净资产"的金额为 90 326 元。

该慈善机构 2019 年末应填列的项目和金额分别如表 13-5 所示（单位：元）。

表 13-5　应填列项目和金额表

捐赠收入	3 604 021
其他收入	55 699
业务活动成本	204 566
管理费用	37 783
其他费用	32 994
限定性净资产转为非限定性净资产	90 326
净资产变动额	3 474 703

四、现金流量表

（一）现金流量表的基本内容与结构

现金流量表是反映民间非营利组织一定会计期间内有关现金和现金等价物的流入和流出情况的报表。

现金流量表的现金流量分为业务活动产生的现金流量、投资活动产生的现金流量和筹资活动产生的现金流量，其基本结构见表 13-6。

表 13-6　现金流量表

会民非 03 表

编制单位：　　　　　　　　　　　　年度　　　　　　　　　　　　　　　单位：元

项　目	行次	金额
一、业务活动产生的现金流量：		
接受捐赠收到的现金	1	
收取会费收到的现金	2	
提供服务收到的现金	3	
销售商品收到的现金	4	
政府补助收到的现金	5	
收到的其他与业务活动有关的现金	8	
现金流入小计	13	
提供捐赠或者资助支付的现金	14	
支付给员工以及为员工支付的现金	15	
购买商品、接受服务支付的现金	16	
支付的其他与业务活动有关的现金	19	
现金流出小计	23	
业务活动产生的现金流量净额	24	
二、投资活动产生的现金流量：		
收回投资所收到的现金	25	
取得投资收益所收到的现金	26	
处置固定资产和无形资产所收回的现金	27	
收到的其他与投资活动有关的现金	30	
现金流入小计	34	
购建固定资产和无形资产所支付的现金	35	
对外投资所支付的现金	36	
支付的其他与投资活动有关的现金	39	
现金流出小计	43	
投资活动产生的现金流量净额	44	
三、筹资活动产生的现金流量：		
借款所收到的现金	45	
收到的其他与筹资活动有关的现金	48	
现金流入小计	50	
偿还借款所支付的现金	51	
偿付利息所支付的现金	52	
支付的其他与筹资活动有关的现金	55	
现金流出小计	58	
筹资活动产生的现金流量净额	59	
四、汇率变动对现金的影响额	60	
五、现金及现金等价物净增加额	61	

（二）现金流量表各项目的内容与填列

民间非营利组织现金流量表部分项目的内容与填列方法与企业现金流量表项目的内容与填列方法相同，本书不再赘述。本部分重点介绍与企业现金流量表存在差异的项目。

（1）"接受捐赠收到的现金"项目，反映民间非营利组织接受其他单位或者个人捐赠取得的现金。该项目可以根据"现金""银行存款""捐赠收入"等科目的记录分析填列。

（2）"收取会费收到的现金"项目，反映民间非营利组织根据章程等的规定向会员收取会费取得的现金。该项目可以根据"现金""银行存款""应收账款""会费收入"等科目的记录分析填列。

（3）"提供服务收到的现金"项目，反映民间非营利组织根据章程等的规定向其服务对象提供服务取得的现金。该项目可以根据"现金""银行存款""应收账款""应收票据""预收账款""提供服务收入"等科目的记录分析填列。

（4）"销售商品收到的现金"项目，反映民间非营利组织销售商品取得的现金。该项目可以根据"现金""银行存款""应收账款""应收票据""预收账款""商品销售收入"等科目的记录分析填列。

（5）"政府补助收到的现金"项目，反映民间非营利组织接受政府拨款或者政府机构给予的补助而取得的现金。该项目可以根据"现金""银行存款""政府补助收入"等科目的记录分析填列。

（6）"收到的其他与业务活动有关的现金"项目，反映民间非营利组织收到的除以上业务之外的现金。该项目可以根据"现金""银行存款""其他应收款""其他收入"等科目的记录分析填列。

（7）"提供捐赠或者资助支付的现金"项目，反映民间非营利组织向其他单位和个人提供捐赠或者资助支出的现金。该项目可以根据"现金""银行存款""业务活动成本"等科目的记录分析填列。

▶ 本章小结

民间非营利组织不以营利为目的，资源提供者不指望取得经济回报，也不享有民间非营利组织的所有权。民间非营利组织以社会团体、基金会、民办非企业单位和宗教活动场所等方法存在。民间非营利组织向会计信息使用者提供如实反映民间非营利组织的财务状况、业务活动情况和现金流量等有助于决策的信息，采用权责发生制，以会计主体、持续经营、会计分期和货币计量为前提假设，提供的会计信息应满足客观性、相关性、实质重于形式、一致性、可比性、及时性、明晰性、配比性、实际成本、谨慎性、划分收益性支出和资本性支出、重要性要求。民间非营利组织的会计要素为收入、费用、资产、负债和净资产。会计科目则分为资产类、负债类、净资产类和收入费用类 4 大类。资产按其流动性可以分为流动资产、长期投资、固定资产、无形资产和受托代理资产等，负债应当按其流动性分为流动负债、长期负债和受托代理负债等，净资产按是否受到限制，分为限定性净资产和非限定性净资产。收入按来源可分为捐赠收入、会费收入、提供服务收入、政府补助收入、投资收益、商品销售收入和其他收入等，费用应当按其功能分为业务活动成本、管理费用、筹资费用和其他费用等。民间非营利组织的财务会计报告包括会计报表、会计报表附注和财务情况说明书。会计报表又分为资产负债表、业务活动表和现金流量表。民间非营利组织的特定会计业务包括捐赠收入、会费收入、提供服务收入和政府补助收入、投资收益、商品销售收入、其他收入、业务活动成本、管理费用、筹资费用、其他费用、捐赠取得的资产、受托代理资产、文物文化资产、限定性净资产和非限定性净资产。

▶ 关键术语

▶ 想一想，做一做

参 考 文 献

［1］ 中华人民共和国财政部会计司.政府会计准则——基本准则：中华人民共和国财政部令第78号［A/OL］.（2015-10-23）.http://www.mof.gov.cn/mofhome/kjs/zhuantilanmu/zfkjzz/zfkjzz/201902/t20190219_3173678.html.

［2］ 中华人民共和国财政部会计司.政府会计准则第1号——存货：财会［2016］12号［A/OL］.(2016-07-06).http://www.mof.gov.cn/mofhome/kjs/zhengwuxinxi/zhengcefabu/201607/t20160714_2357356.html.

［3］ 中华人民共和国财政部会计司.政府会计准则第2号——投资：财会［2016］12号［A/OL］.(2016-07-06).http://www.mof.gov.cn/mofhome/kjs/zhengwuxinxi/zhengcefabu/201607/t20160714_2357356.html.

［4］ 中华人民共和国财政部会计司.政府会计准则第3号——固定资产：财会［2016］12号［A/OL］.(2016-07-06).http://www.mof.gov.cn/mofhome/kjs/zhengwuxinxi/zhengcefabu/201607/t20160714_2357356.html.

［5］ 中华人民共和国财政部会计司.政府会计准则第4号——无形资产：财会［2016］12号［A/OL］.(2016-07-06).http://www.mof.gov.cn/mofhome/kjs/zhengwuxinxi/zhengcefabu/201607/t20160714_2357356.html.

［6］ 中华人民共和国财政部会计司.政府会计准则第5号——公共基础设施：财会［2017］11号［A/OL］.（2017-04-17）.http://www.mof.gov.cn/mofhome/kjs/zhengwuxinxi/zhengcefabu/201704/t20170425_2586955.html.

［7］ 中华人民共和国财政部会计司.政府会计准则第6号——政府储备物资：财会［2017］23号［A/OL］.（2017-07-28）.http://www.mof.gov.cn/mofhome/kjs/zhengwuxinxi/zhengcefabu/201708/t20170803_2665602.html.

［8］ 中华人民共和国财政部会计司.政府会计准则第7号——会计调整：财会［2018］28号［A/OL］.（2018-10-21）.http://www.mof.gov.cn/mofhome/kjs/zhengwuxinxi/zhengcefabu/201810/t20181031_3058858.html.

［9］ 中华人民共和国财政部会计司.政府会计准则第8号——负债：财会［2018］31号［A/OL］.（2018-11-19）.http://www.mof.gov.cn/mofhome/kjs/zhengwuxinxi/zhengcefabu/201811/t20181115_3069973.html.

［10］ 中华人民共和国财政部会计司.政府会计准则第9号——财务报表编制和列报：财会［2018］37号［A/OL］.（2018-12-26）.http://www.mof.gov.cn/mofhome/kjs/zhengwuxinxi/zhengcefabu/201812/t20181229_3111340.html.

［11］ 中华人民共和国财政部会计司.《政府会计准则第3号——固定资产》应用指南：财会［2017］4号［A/OL］.（2017-02-21）.http://www.mof.gov.cn/mofhome/kjs/zhengwuxinxi/zhengcefabu/201702/t20170228_2543859.html.

［12］ 中华人民共和国财政部预算司 . 2019 年政府收支分类科目：财预［2018］108 号［A/OL］.（2018-07-20）.http://www.mof.gov.cn/mofhome/yusuansi/zaixianfuwuyss/xiazaizhongxin/201809/t20180903_3005117.html.

［13］ 中华人民共和国财政部会计司 . 政府会计制度——行政事业单位会计科目和报表：财会［2017］25 号［A/OL］.（2017-10-24）. http://kjs.mof.gov.cn/zhengwuxinxi/zhengcefabu/201711/t20171109_2746877.html.

［14］ 赵建勇 . 政府与非营利组织会计［M］. 4 版 . 北京：中国人民大学出版社，2018.

［15］ 常丽，何东平 . 政府与非营利组织会计［M］. 5 版 . 大连：东北财经大学出版社，2018.